本书为国家社会科学基金一般项目"中国自由贸易区网络一体化水平与我国产业国际地位提升研究（20BGJ029）"结项成果；国家社会科学基金重大项目"RCEP 对亚太区域价值链重构的影响机制及应对策略研究(22&ZD178)"阶段性成果

国家社科基金丛书
GUOJIA SHEKE JIJIN CONGSHU

中国自由贸易区网络一体化水平与我国产业国际地位提升研究

Studies on the Level of China's Free Trade Area Network
Integration and Industry International Status Rising

成新轩　著

人民出版社

目　录

前　　言

近十几年来,随着逆全球化趋势明显、贸易保护主义和新冠疫情蔓延等多重因素叠加的影响,世界贸易组织(World Trade Organization,WTO)的内在治理结构逐渐失衡,已经无法满足全球价值链(Global Value Chain,GVC)重构引发的多边利益诉求,在多边框架下继续推动全球贸易自由化变得举步维艰。签署自由贸易协定(Free Trade Agreement,FTA)等区域贸易安排成为全球范围内展开双边或多边国际合作的主要方式,从而自由贸易区建设在数量和质量上均取得长足进步。尤其是近几年,随着《全面与进步跨太平洋伙伴关系协定》(Comprehensive and Progressive Agreement for Trans-Pacific Partnership,CPTPP)、《区域全面经济伙伴关系协定》(Regional Comprehensive Economic Partnership, RCEP)、《跨大西洋贸易与投资伙伴关系协定》(Transatlantic Trade and Investment Partnership,TTIP)等超大型自由贸易区的出现,推动了全球化发展,也为一国通过区域价值链提升产业国际地位提供了新的路径。我国作为世界第二大经济体,面临日益复杂的国际局面,习近平总书记提出了以国内大循环为主体、国内国际双循环相互促进的新发展格局。自由贸易区作为对外开放的主要方式,已经成为国内国际双循环实现良性互动的重要"啮合点"。自党的十七大把自由贸易区建设上升为国家战略,通过党的十八大、十九大到十九届六中全会的推动,截至 2023 年 12 月,已签署 22

个自由贸易协定(含升级)、正在谈判 10 个自由贸易协定(含升级)以及正在研究的自由贸易协定达 8 个(含升级),逐渐形成了以中国为中心,覆盖亚洲、欧洲、美洲以及大洋洲地区的多层级全球自由贸易区网络。同时,"辐条国"之间以及与其他国家也签订大量自由贸易协定。整体上,呈现出以中国与东盟分别与其他成员签订自由贸易协定的"两极集聚"空间分布,以及以韩国、澳大利亚等国家或地区的次级"轮轴—辐条"式结构。由此可见,以区域价值链嵌入全球产业链,对于提升一国产业地位具有十分重要作用。但一国签订多个协定,也将导致贸易固定成本增加,不利于贸易的边际扩展。究竟自由贸易区网络一体化发展水平与我国产业地位具有怎样的相关性? 如何构建适度的自由贸易网络一体化水平以实现区域价值链与全球价值链的耦合效应? 这些研究对促进我国产业国际地位提升具有重要的理论价值和现实意义。

为了避免对概念的混淆,本书第一章首先对自由贸易区、自由贸易区网络、自由贸易协定深度一体化、优惠原产地规则、全球价值链、产业国际地位的内涵作出明确界定,并重点介绍了相关理论。第二章描述了中国自由贸易区网络的发展现状及其特征,指出我国已经初步建成了面向全球的多级重叠式自由贸易区网络,但自由贸易区建设依然存在一些短板和薄弱环节,在对外开放水平和规则标准方面与高标准自由贸易协定相比还存在一定的差距。进一步探讨了中国自由贸易区网络形成的动因,并以整体自由贸易区网络为研究对象,分析了全球自由贸易区网络结构总体发展呈现的特征和动态变化趋势。根据自由贸易协定原产地规则文本,总结中国自由贸易区原产地规则结构特点,构建原产地规则限制性指数测算体系,测算和评价中国自由贸易区原产地规则限制指数和限制程度。

第三章依据自由贸易协定文本内容,从自由贸易区合作广度与深度两方面构建中国自由贸易区网络一体化水平的综合评价测算体系,并依据该体系对中国自由贸易协定的深度水平进行测算。发现中国已签订的自由贸易协定章节、条款结构分布存在一定共性特征,但在部分议题上会依据签订成员的经济发展水平呈现异质性,而在微观行业合作领域以及协定深度水平方面也同样存在此类异质性特征。综合分析中国自由贸易区一体化深度,结果表明,中国自由贸易区一体化深度基本稍高于全球平均水平,但与发达国家相比还存在一定差距;中国与发达国家自由贸易区的一体化深度高于中国与发展中国家自由贸易区的一体化深度;中国自由贸易区约束力一体化指数均低于覆盖力一体化指数,即中国的自由贸易区考虑法律可执行性的深度低于不考虑可执行性的深度。进一步基于广度和深度有机结合的视角对自由贸易区网络进行综合一体化水平分析,构建了自由贸易区网络一体化测度指标体系,并分析了影响自由贸易区网络综合一体化水平的因素。

第四章在理论层面探讨了中国自由贸易区网络一体化水平对我国产业国际地位的影响机理。首先,从基本路径和网络路径两个方面分析了自由贸易区网络一体化水平对一国在全球价值链中地位的影响机理;其次,基于社会网络分析法刻画自由贸易区网络对我国产业国际地位的影响机理;最后,作为自由贸易区的主要特征,原产地规则的职能在全球价值链重构的背景下发生改变。因此,本章专门研究了优惠原产地规则对我国产业国际地位的影响机理。得出优惠原产地规则主要通过贸易成本、贸易流、投资流影响区域性生产网络的分工程度,从而影响一国在国际中的产业地位。与此同时,这种改变在微观上将影响企业生产行为和资源配置方式,本章在最后一节研究优惠原产地规则对企业资源配置的影响机理。

在上述研究的基础上,第五章对自由贸易区网络一体化水平对我国产业国际地位的影响效果进行实证分析。首先,以向量自回归模型(VAR)为基础,运用脉冲响应技术,考察了自由贸易区网络广度和深度发展对我国在全球价值链分工地位的影响趋势和演变规律,并对比分析中国自由贸易区网络广度和深度对不同产业价值链和细分行业价值链分工地位影响程度。其次,运用社会网络分析法,实证检验了贸易网络三个特征指标度数中心性、网络联系强度、网络异质性均对我国的产业地位有明显的促进作用,且网络异质性的促进作用更加明显。再次,以"本国贸易附加值"有效测度制造业国际竞争力,同时将空间效应纳入自由贸易区网络中,分析网络中各个区位可能存在的空间相关性和溢出效应。最后,以企业层面原产地规则限制指数作为核心解释变量,以企业出口显示性比较优势指数(Revealed Comparative Advantage Index,RCA)作为被解释变量构建计量模型,实证研究中国自由贸易区原产地规则对企业资源配置的影响。

第六章从区域价值链的内涵出发,强调充分利用优惠原产地规则构建区域价值链,进一步分析自由贸易区区域价值链的经济效应,探讨中国自由贸易区区域价值链与全球价值链的相关性,并重点强调了自由贸易区网络是区域价值链与全球价值链耦合的重要依托。

第七章旨在以中国自由贸易区网络发展促进我国产业升级提出政策建议。依据研究得出的结论,结合中国自由贸易协定的异质性,确定未来自由贸易区网络的发展方向,以及选择新贸易伙伴的约束条件,以实现在全球价值链中培育新的竞争优势,从而提高我国产业国际地位。

绪　论

　　21世纪以来,分散化生产成为影响国际贸易格局的重要因素,全球价值链的变化既主导了全球生产体系的变化,又引致了国际经济规则的调整。区域价值链是国际贸易中资本、技术、政策等国际合作的重要组成部分。区域经济一体化发展从提出到现在呈方兴未艾之势,因此,我国对对外区域合作非常重视。自党的十七大以来,自由贸易区建设从一般经济建设上升为国家战略的高度,至党的十八大、十九大和党的二十大,初步形成了覆盖全球的自由贸易区网络。截至2023年12月,已经签订了22个自由贸易协定,共有29个国家和地区涵盖其中(塞尔维亚、厄瓜多尔、尼加拉瓜、毛里求斯、马尔代夫、格鲁吉亚、澳大利亚、韩国、瑞士、冰岛、哥斯达黎加、秘鲁、新西兰、新加坡、智利、巴基斯坦、文莱、柬埔寨、印度尼西亚、老挝、马来西亚、缅甸、菲律宾、泰国、越南、日本、印度、中国港澳地区)。其中,以区域价值链嵌入到全球价值链中的区域全面经济伙伴关系协定(RCEP)已于2022年1月1日生效。但由于我国自由贸易区伙伴大部分是发展中国家,仍存在自由贸易区内市场化和开放程度较低的问题,自由贸易区规则覆盖主要停留在"边境上"壁垒层面(货物贸易的关税、非关税削减等),同时对"边境后"壁垒层面以及跨边境互通互联方面缺乏关注,在贸易建设、知识产权、竞争政策、劳工与环境以及数字贸易等领域的协定相对缺乏,存在规则与产业提升不匹配,与世界贸易组织规则不协调等问题,导致我国通过自由贸易区提升在全球产业链中地位面临障碍。由于我国发展正处于由高增长向高质量转变的阶段,结构调整的产业新动能和新竞争优势还没有形成,因此,在全球产业价值链中依然处于由参与、被整合到主导的转变过程中。作为区域价值链形成重要载体的自由贸易区,通过构建高水平自由贸易区网络,实现区域价值链与全球价值链的耦合效应,对一国提升国际产业地位以及对世界经济繁荣和可持续发展都能够起到重要的理论指导作用和对未来方向的指明作用。

第一节　问题的提出

由于世界贸易组织存在制度上的治理结构失衡,以及无法满足全球价值链重构引发多边利益诉求的问题,导致多边贸易谈判长期处于停摆状态,在多边框架下继续推动全球贸易自由化已不现实。因此,世界各国展开双边或多边国际合作的主要方式逐渐从传统的多边模式转向签署自由贸易协定等区域贸易安排形式,从而自由贸易区建设在数量和质量上均取得重大突破。尤其是近几年,随着以《区域全面经济伙伴关系协定》《全面与进步跨太平洋伙伴关系协定》《跨大西洋贸易与投资伙伴关系协定》为代表的超大型自由贸易区的出现,区域自由贸易区建设有效地推动了全球化发展,也为一国通过区域价值链提升产业国际地位提供了新的路径。面对经济政治环境日益复杂严峻的国际形势,习近平总书记指出"面向未来,我们要逐步形成以国内大循环为主体、国内国际双循环相互促进的新发展格局"[1]作为对外开放的主要方式,自由贸易区已经成为国内国际双循环实现良性互动的重要"啮合点"。自党的十七大把自由贸易区建设上升为国家战略以来,通过党的十八大、十九大到党的二十大,逐渐形成了以中国为中心,覆盖亚洲、欧洲、美洲以及大洋洲地区的

---

[1] 《习近平著作选读》第二卷,人民出版社 2023 年版,第 324 页。

多层级全球自由贸易区网络。同时,"辐条国"之间以及与其他国家也签订了大量自由贸易协定。整体上,呈现出以中国与东盟分别与其他成员签订自由贸易协定的"两极集聚"空间分布,伴随以韩国、澳大利亚等国家或地区的次级"轮轴—辐条"式结构。由此可见,以区域价值链嵌入全球产业链,对提升我国产业地位变得尤为重要。但由于我国自由贸易区伙伴大部分是发展中国家(占比 70% 以上),自由贸易区一体化水平相对较低,导致通过自由贸易区提升产业地位面临障碍。但如果通过加深一体化贸易程度,签订更深层次贸易协定的方式来促进全球价值链参与,又是以牺牲国内政策自主权为代价,将会对发展中国家的产业升级造成严重阻碍。一国签订多个协定,也将导致贸易固定成本增加,不利于贸易的扩展边际。自由贸易区网络一体化发展水平与我国产业地位具有怎样的相关性,如何构建适度的自由贸易区网络一体化水平以实现区域价值链与全球价值链的耦合效应,这些研究对促进我国产业国际地位提升具有重要的理论价值和现实意义。

随着经济发展阶段的变化,产业国际地位的提升是所有国家都必然面临的重大课题。受经济规模、增长方式、不断变化的国际经济环境、贸易依存度等影响,我国产业转型升级进度亟须加快推进。而产业转型升级也将成为转变我国经济发展方式的核心,从而彻底改变我国经济发展不平衡、不协调、不可持续等日益突出的问题。有代表性观点指出,当前我国产业发展存在的"两头在外"和"低端嵌入"两个鲜明特征,可能导致我国产业长期被锁定在中低端位置(金京等,2013)[①]。在经济全球化条件下,我国作为一个以吸引和利用国际投资、加工贸易为主的发展中大国,只有在开放经济的条件下才能实现产业转型升级的目标。理论和实践经验表明,在各国经济已经通过广泛的国际贸易、投资和分工网络紧密联系在一起,任何国家经济结构的转型都离不开内外部力量的共同推动。中国针对国外市场的开放政策是贸易导向型,产业

---

① 金京、戴翔、张二震:《全球要素分工背景下的中国产业转型升级》,《中国工业经济》2013 年第 11 期。

发展是出口导向型,在外资驱动下,我国加工贸易占比很高,但贸易增加值最终归属于我国的占比却较低。随着国际分工的主要表现形式逐渐趋向于贸易投资、要素分工一体化,进口与出口的商品种类已经无法成为决定中国在现在和未来的国际分工交换中获得利益多寡的关键要素,而是取决于国际分工参与层次的高低和参与国际分工要素的具体形式和位置,以及对整个价值链控制能力。特别是我国在外贸方面一直保持着较高的依存度,对外贸易始终是我国经济发展的重要驱动力,这使我国产业结构呈现"外向度高、对外依存度大"的局面,具体体现在国际区域经济一体化进程上可能表现出更为敏感的属性,这必然会对我国在产业结构转型升级路径层面的探索以及要素分工的具体参与造成一定程度的影响。

当前,区域经济一体化发展进一步加速,各种形式的区域贸易协定(Regional Trade Agreements,RTAs)在以自由贸易协定为核心的基础上,总体数量呈现不断增加的趋势。建立自由贸易区可以加强区域合作,密切相关国家的贸易往来,提高本国的经济效率,从而促进区域经济一体化纵向发展。自由贸易协定的深度成为影响自由贸易区质量的关键。近年来,经济全球化思想不断遭到否定与批判,贸易保护主义渐呈抬头之势,多边贸易谈判陷入停滞,自由贸易协定谈判面临不利的外部环境,但自由贸易协定仍可能成为再全球化的重要路径(刘斌等,2018)①,而且深度一体化越来越成为世界经济的热点,成为各国学者研究的主要方向,也是未来自由贸易区建设的主要趋势。随着自由贸易区在带动经济增长方面发挥着越来越重要的作用,世界各国的优先战略已经逐渐转向构建多种类型的区域贸易合作机制,世界经济环境的变化也使自由贸易区成为当前我国产业国际地位提升最重要的契机。

随着区域一体化进程的加快,以自由贸易区为主的国际区域经济一体化进程已经成为决定一个国家产业国际地位的关键因素。以自由贸易区为主要

---

① 刘斌、甄洋、屠新泉:《逆全球化背景下中国 FTA 发展新趋势与战略选择》,《国际贸易》2018 年第 11 期。

形式的双边和多边合作在全球范围内迅猛发展的同时,也带来一些新的问题。根据目前自由贸易区网络的结构,不同自由贸易协定之间通过"轮轴国"以及"辐条国"签订的协定产生了交互影响,企业需要根据不同协定、不同区域的原产地规则进行产业链的重新配置,自由贸易区网络已不是单个自由贸易区的简单加总,自由贸易区的交叉性和复杂性改变了全球市场需求和中间品供给格局,原有单一自由贸易区深度一体化测度指标体系已经不能全面衡量一个国家签订多个自由贸易协定的多极重叠式自由贸易区网络发展水平,需要构建自由贸易区网络一体化深度水平的测度体系,探究中国自由贸易区网络一体化水平与我国产业国际地位的影响机理和效果,探寻实现区域价值链与全球价值链耦合效应的一体化适度水平,以突破我国产业被锁定"中低端"的困境,从而促进我国产业国际地位提升。

第二节　研究意义

一、学术价值

(一)创新性地构建了自由贸易区网络一体化水平的指标体系

一国签订多个自由贸易协定导致形成了盘根错节的全球自由贸易区网络。已有贸易协定深度水平的测度方法多是建立在已设定的"WTO+"条款与"WTO-X"条款上,是对假设前提是否包含条款的量化统计,从而导致该方法在设定基础条款时存在一定的主观性。本书借鉴深度水平测度思想,将自由贸易协定"广度"融入测度体系中,将研究对象聚焦于协定的整体文本内容,依据二级编码形式,从自由贸易区合作广度与深度两方面构建综合深度水平评价的测算体系,从而可以较为全面与客观地评价中国自由贸易协定的深度水平,这为贸易协定网络的评价体系构建提供了新视角与新路径。

（二）开拓性地将自由贸易区成员空间地理配置因素融入中国自由贸易区网络对制造业竞争力提升的影响研究

当前将自由贸易区网络空间效应与产业国际竞争力提升相结合的研究相对较少,且此类研究的方法多停留在定性分析方面,较少考虑空间因素的影响效应。本书在已有国内产业空间布局相关文献研究的基础上,进一步拓展国际产业空间关联性的分析。一方面,从量化角度研究中国与不同国家或地区建立自由贸易区对本国制造业产值和出口竞争力带来的影响效应;另一方面,将空间计量模型的应用扩展到自由贸易区网络空间效应中,研究成员地理、经济以及贸易空间分布对自由贸易区网络引起制造业国际竞争力的变化,讨论各个成员之间存在的空间内生交互效应和外生交互效应。因此,无论在研究内容还是方法上都具有重要的学术价值和现实意义。

（三）突破传统双边分析框架,运用多边分析方法研究中国自由贸易区网络广度和深度对我国产业国际地位的影响

已有关于自由贸易区如何影响全球价值链的研究,主要从单一自由贸易区深度一体化视角开展。但面对盘根错节的全球自由贸易区网络,传统的双边分析框架已不能对自由贸易区网络的经济效应和发展特征等进行有效的诠释。基于此,本书以整体自由贸易区网络为研究对象,考虑了我国与不同"辐条国"签订自由贸易协定之间的相互影响,把中国自由贸易区网络一体化细分为中国自由贸易区网络的深度和广度,从国家整体层面、分产业层面和制造业细分行业层面,考察自由贸易区网络深度和广度发展对我国全球价值链分工地位影响的变化趋势和演变规律,并对比分析中国自由贸易区网络深度和广度对我国在国家整体层面、分产业层面和制造业细分行业层面全球价值链分工地位的影响程度,从而对自由贸易区网络发展对我国在全球价值链分工地位影响的基本特征形成多方位深刻认识。

（四）拓展了自由贸易区网络区域价值链与全球价值链相关性的研究

随着贸易保护主义、单边主义趋势的加强，加之全球疫情的影响，全球产业链出现了区域化和本土化现象，自由贸易区区域价值链成为全球产业链的重要组成部分。究竟区域价值链与全球价值链是怎样的关系，如何形成耦合发展效果，这些问题从理论与实证层面进行研究，不仅丰富了区域一体化理论，也丰富了全球价值链理论。

二、现实意义

（一）有利于中国的全球自由贸易区网络一体化水平提升的战略制定

改革开放之后，中国一方面对内深化改革，对外采取单边、双边和多边方式实行开放，促进了我国的经济增长，也在世界经济发展中发挥了重要作用。我国对外开放的程度不断加深，建立自由贸易区的数量日益增长，但数量的增长不等于经济效应的扩大。目前，我国建立的自由贸易区存在合作水平低、层次比较浅、贸易效应和投资效应不明显等问题，急需要关注自由贸易区发展的水平。本书创新性地对自由贸易区质量、自由贸易区网络质量进行了内涵的界定，并设计相关测度指标，以此为基础，运用多种研究方法，研究中国的全球自由贸易区网络的经济效应，并分析中国的全球自由贸易区网络发展的演变特征，提出我国自由贸易区发展的优化战略，这将对我国政府开放路径的选择具有重要的现实意义。

（二）有利于通过自由贸易区网络区域价值链的建设突破"中低端锁定的困境"，提升我国产业国际地位

目前，全球价值链和我国产业国际地位都是研究的热点，在运用全球价值

链测度指标,对我国嵌入全球价值链参与和位置进行深入测度成为众多学者主要的研究方向。但很少学者从自由贸易区区域价值链的角度,研究提升一国产业国际地位的机制、渠道。本书将通过两个方面研究此问题,一是一国通过自由贸易区区域价值链嵌入全球价值链;二是一国通过自由贸易区的建设可以提升本国出口产品的竞争力,调整原有在全球价值链中的竞争优势产业,进而影响一国产业的国际地位。这些研究得出的结论都有利于指导我国政府、企业采取科学合理的措施,提升我国产业国际地位。

(三)有利于中国自由贸易区网络规则治理的制度化建设

目前,中国"轮轴—辐条"自由贸易区网络中,贸易伙伴有发展中国家和发达国家。其中,大部分为发展中国家,协定覆盖主要是货物贸易,有些协定覆盖服务贸易,并涉及劳工标准、贸易环境等内容。从整体来看,合作层次还比较低,自由贸易区管理也相对落后,在相互规则制定、规则的实施和监管方面都没有形成完备的体系,通过系统研究中国自由贸易区网络,可以加速中国自由贸易区网络治理的制度化建设,提升我国在自由贸易区中的治理能力。

(四)有利于通过中国自由贸易区网络提升我国在国际规则制定中的话语权

多哈回合之后,多边贸易体制发展一直停滞不前,导致国际经济规则的不确定性增强。我国经济实力不断增强,需要在国际经济规则中具有一定的影响力,但一国的力量毕竟有限,而且我们依然是发展中国家,因此,我国签订大量自由贸易协定,增加了贸易伙伴数量,潜在地扩张了我国的市场边界,延长了我国的产业链,提升了在国际区域中的主导地位,以及在国际经济规则制定中的话语权。

第三节　文献综述

一、自由贸易区理论研究

(一)自由贸易区的内涵与形成原因

1950 年维纳(Viner)[①]首次提出了关税同盟理论,该理论成为当时研究区域一体化的核心理论。随着经济一体化理论的发展,20 世纪 50 年代,"自由贸易区"被学术界普遍称为"经济一体化"的主要表现形式之一。彼得·罗布森(Roberson,1980)[②]提出了相对比较完整的自由贸易区理论。并将自由贸易区定义为"在降低或消除成员之间贸易壁垒的同时,对非成员的贸易壁垒保持现状",自由贸易区的核心目标是在一定的区域范围内降低或取消关税壁垒,实现生产要素在特定区域范围内的自由流动。在 2000 年以后,关于自由贸易区的研究,从以前的静态分析,逐渐加入了经济规模、运输成本、要素禀赋等因素,使自由贸易区进入动态研究阶段。20 世纪 90 年代以后,世界经济发展中的主要现象表现为经济全球化和区域化,各国之间逐渐呈相互融合、相互依赖的整体化结构。由"星型"系统发展为"轮轴—辐条"(Hub-and-Spoke)系统演变而来的重叠式自由贸易区(Overlapping Free Trade Area)应运而生,即一个国家(区域)与多个国家(区域)分别缔结自由贸易协定形成的区域贸易合作模式。进入 21 世纪以后世界贸易组织的多哈回合谈判受阻,区域经济一体化获得迅速发展。"巨型自由贸易区"一词进入国内外学者的研究视野。关于巨型自由贸易区概念界定方面,学术界依然存在不小的分歧。到目前为止,其内涵大致可以分为两类:第一类定义较为模糊,具有代表性的观点认为

[①]　Viner J., *The Customs Union Issue*, Oxford University Press, 1950.

[②]　Roberson P., *The Economics of International Integration*, Routledge, 1980.

巨型自由贸易区包括巨型区域关系(Mega Regional Relationships)和巨型双边关系(Mega Bilaterals),前者指多国参与的环太平洋、环大西洋等广域自由贸易区,后者则指两国或地区间自由贸易区,也有观点认为巨型自由贸易区是在世界贸易和外国直接投资(Foreign Direct Investment,FDI)中占很大份额的国家或区域之间的深度一体化伙伴关系。第二类定义则更为具体,如明确指出需要日本、欧盟、美国和中国的参与。

(二)自由贸易区深度一体化内涵、形成原因及测度方法

目前,全球区域经济一体化的主流趋势已经逐渐演变成加强自由贸易区的深度一体化。同时,自由贸易区深度一体化也成为自由贸易区的一种高质量体现,因此,很多学者对开展自由贸易区深度一体化的研究表现出浓厚的兴趣。深度一体化的主要标志在于自由贸易协定条款的不断拓展。深度一体化与积极一体化相类似,出现在世界贸易组织协定的承诺方式中时,是指积极建立国内法规,使其趋向于与国内贸易体制及世界贸易组织单边义务规定保持一致。总体来看,深度一体化的主要特征是自由贸易协定议题范围的扩大、合作程度的加深。深度一体化的出现是贸易、投资和生产网络等不断发展的客观要求,其功能主要体现在:第一,消除国家间投资壁垒,促进边界内贸易往来。第二,确保东道国的外国投资者其资产及权益不受损害。第三,利用统一协调成员之间的贸易投资规则,制定相关配套政策等手段,使国际生产效率得到加强(文洋,2016)[1]。

而近年来,随着各国建立自由贸易区合作程度的不断加深,学者们又开始对推动深度一体化的动因加以探讨。从贸易层面来讲,贸易联系越紧密的国家之间建立深层次自由贸易区的可能性越大。维系甚至增强已有的贸易关系就能够以参与深度一体化的方式实现(文洋和王维薇,2016)[2],而关税一类的

---

[1] 文洋:《自由贸易协定深度一体化的发展趋势及成因分析》,《财经问题研究》2016年第11期。

[2] 文洋、王维薇:《亚太地区深度一体化的评价与启示》,《亚太经济》2016年第1期。

边境措施并不仅仅是深度一体化带来的全部有利条件,其可以更进一步延伸到边境内措施等领域,如通过政府采购、海关程序、规则协调和竞争政策等促使贸易成本进一步减少。特别是,在面临劳动力流动、市场监管乃至互联网等诸多非传统议题时,服务贸易的自由化更需要通过深度一体化进行协调(Ahcar 等,2013)①。从国际生产网络层面讲,涵盖广泛规则的深度一体化协定将有效减少非生产成本,有力推动国际生产网络迅猛发展。因此,国际生产网络的增加与深度一体化之间存在密切联系(于荣光和成新轩,2021)②。从跨国投资层面讲,在深度一体化中,保护投资与实现投资的自由化始终是其主要目标,投资协定始终是深度一体化的核心议题。

在自由贸易区一体化深度测度方面,目前量化的方法主要有 HMS 评分方法、UNESCAP 评分方法、Kohl 打分方法等五种。HMS 评分方法的测度方向主要是自由贸易协定所包含条款的宽度,即根据所统计条款的包含情况作赋值加总计算,其中主要包含的条款主要分为两类,分别是"WTO+"和"WTO-X"。UNESCAP 方法则主要是对自由贸易协定所包含条款广度进行测度,其主要包含六大类,分别是投资、货物、服务、原产地规则、贸易便利化和其他领域。DESTA 数据库的评分方法是根据协定内包含知识产权、政府采购、服务贸易、投资等条款的有无情况进行赋值并加总来反映自由贸易区的广度,通常情况下取值范围为0—7。Kohl 方法是在原有 HMS 方法的基础上,统计分析了较多的协定后做了进一步改善。霍夫曼等(Hofmann 等,2017)③在前人整理的基础上,重新建立了一个数据库,主要对已向世界贸易组织报告并且具备效力的自由贸易协定数据加以梳理,并据此做 4 个类型的区分,分别是"WTO+"

① Sharon Ahcar, Oriana Galofre, Roberto González, "Regional Integration Processes in Latín America:A Political Approachs", *Revista de Economía del Caribe*, Vol.11,2013.

② 于荣光、成新轩:《贸易协定深度对我国专业化分工水平的影响研究》,《亚太经济》2021年第 2 期。

③ Hofmann C., Osnago A., Ruta M., "Horizontal Depth A New Database on the Content of Preferential Trade Agreements", *Policy Research Working Paper*, No.7981,2017.

"WTO-X""WTO+LE"和"WTO-XLE"。其中,LE 指更具法律执行力的规则,即争端解决约束规则。

随着贸易协定逐渐向自由贸易协定模式收敛,单纯依据协定类型划分已无法有效反映协定在内容上的异质性。同时,协定内容和条款范围也在不断扩大与深化,最终导致同一类型协定内容上的不同对成员产生的影响存在较大差异。部分学者开始转向对协定文本的分析,即基于条款文本分析来测度贸易协定的深度水平。区别于贸易协定深度水平的传统评价方法,条款文本分析主要围绕"WTO+"和"WTO-X"两种议题类型展开。霍恩等(Horn 等,2010)[1]将协定文本作为参考,最终分出"WTO+"和"WTO-X"两个类别:前者指在区域贸易协定中自由化程度更高,且世界贸易组织框架与区域贸易协定仍有涉及的条款;后者是指在世界贸易组织框架下完全不涉及且仅体现在区域贸易协定中的条款,"WTO-X"也被称为"新一代贸易政策规则"。依据此定义,"WTO+"和"WTO-X"每一项条款以 0、1 得分区分,0 代表协定不包括,1 代表包括。霍恩等(Horn 等,2010)[2]将 52 项条款的得分加总得到测度贸易协定整体深度的指标。

鉴于贸易协定深度水平测度方法的参差不齐,目前评价方法并未给出统一的结论。但可以发现,协定深度水平测度均以条款内容为基础,主要围绕52 项议题的覆盖情况进行深度测算,只在少数指标上有一定出入,本质上并无区别。如吴小康和韩剑(2019)[3]对杜尔等(Dür 等,2014)[4]关于贸易协定深度测度方法的相关性分析发现,这些指标虽然采用不同的方法进行计算,但

---

① Horn H., Mavroidis P. C., Sapir A.," Beyond the WTO? An Anatomy of EU and US Preferential Trade Agreements", *The World Economy*, Vol.33, No.11, 2010.

② Horn H., Mavroidis P. C., Sapir A.," Beyond the WTO? An Anatomy of EU and US Preferential Trade Agreements", *The World Economy*, Vol.33, No.11, 2010.

③ 吴小康、韩剑:《中国的自贸区战略只重量而不重质吗?——基于 RTA 文本数据的研究》,《世界经济与政治论坛》2019 年第 4 期

④ Dür A., Baccini L., Elsig M.," The Design of International Trade Agreements: Introducing a New Dataset", *The Review of International Organizations*, Vol.9, No.3, 2014.

彼此之间的相关性很高。但由于研究目标的差异性,已有文献主要还是根据研究目的来选择不同协定议题进行深度水平测度。同时,也逐渐有学者开始选取特定条款进行专题研究,如辛格尔(Shingal,2016)[1]依据杜尔等(Dür 等,2014)[2]构建的 DESTA 数据库,单独构建了服务贸易条款深度化指标,为后续的服务贸易深度研究奠定了基础。以上对包含的条款数量进行直接加总的方法,都可概括地称之为"横向测度法",贸易协定被视为"同质"的问题得到了一定程度的解决。但由于不同协定的相同条款同样存在异质性,因此,部分学者又提出了"纵向测度法",将同一条款分为不同维度,通过维度之间的差异性考察条款的异质性。

(三)自由贸易区的经济效应

对区域贸易自由化的经济效应研究主要从静态效应和动态效应两个方面展开。经济学家维纳最早开始关于关税同盟问题的研究,其分析成为区域贸易自由化静态效应分析的主要理论基础,维纳虽然考虑了关税同盟的贸易效应,但是却忽略了"消费效应"。米德(Meade,1955)[3]在此基础上进一步考虑了关税同盟的消费效应,即关税同盟成立后相对价格变化从而引起的消费结构变化。什巴塔(Shibata,1974)[4]首次将维纳的关税同盟理论的贸易效应推广到自由贸易区,认为贸易创造效应和贸易转移效应同样会出现在自由贸易区之中,随后学者在什巴塔理论的基础上实证了自由贸易区的贸易效应(Cheong 等,2015)[5]。

———————————

① Shingal A., *Going Beyond the 0/1 Dummy: Estimating the Effect of Heterogeneous Provisions in Services Agreements on Services Trade*, Edward Elgar Publishing, 2016.

② Dür A., Baccini L., Elsig M., "The Design of International Trade Agreements: Introducing a New Dataset", *The Review of International Organizations*, Vol.9, No.3, 2014.

③ Meade J.E., *The Theory of Customs Unions*, Amsterdam: North Holland Publishing Company, 1955.

④ Shibata H., "Pareto-Optimality and Gains-from-Trade: A Further Elucidation", *Economica*, Vol.41, No.161, 1974.

⑤ Cheong J., Kwak D W., Tang K.K., "Can Trade Agreements Curtail Trade Creation and Prevent Trade Diversion?", *Review of International Economics*, Vol.23, No.2, 2015.

传统的关税同盟福利效应的理论分析须保证完全竞争市场和规模收益不变这两个大前提的存在,并且强调的是区域贸易自由化的静态效应。自20世纪50年代以来,资源禀赋相似的欧美国家也都迎来了类似的贸易额迅速增长状况,而传统国际贸易理论中对此现象的解释仍存在一定程度的局限性。科登(Corden,1972)①正式把规模收益引入关税同盟理论框架,认为在规模递增情况下,除了贸易创造效应和贸易转移效应外,还有因规模经济所带来的成本下降,以及贸易抑制效应。克鲁格曼(Krugman,1980)②在现代国际贸易模式下,从产业经济角度分析规模经济与关税同盟的关系。认为当建立关税同盟后,竞争加剧和市场规模扩大会引起成员厂商移向最优规模经济点,即存在规模经济。20世纪80年代以来,新贸易理论将不完全竞争市场和规模经济结合,部分学者考察了规模报酬递增和不完全竞争市场对区域经济一体化的影响。此外,学者们进一步阐述了区域贸易自由化的"竞争效应""技术进步"(朱廷珺和林薛栋,2014)③、"资本积累"等动态效应。随着国际生产分散化程度的加深,互联网、云计算、大数据等信息基础设施和数字技术的发展,数字贸易因其去中介化、增加贸易主体与个性化消费、提高价值链管理和运营效率、降低企业参与国际经济活动成本与壁垒等特性,在全球生产和国际贸易中的作用越来越突出,已成为企业特别是中小企业融入全球价值链、促进全球贸易增长的重要驱动器。

二、自由贸易区网络研究

(一)自由贸易区网络的内涵及形成的原因

由于世界贸易组织多哈回合谈判停滞不前,各国开始纷纷转向区域性经

---

① Corden W.M.,*The Theory of Protection*,Oxford University Press,1972.

② Krugman P.R.,"Scale Economies, Product Differentiation, and the Pattern of Trade", *American Economic Review*,Vol.70,No.5,1980.

③ 朱廷珺、林薛栋:《非对称一体化如何影响区内技术差距? ——基于新经济地理学视角》,《国际经贸探索》2014年第8期。

济合作方式,以寻求新的经济发展动力。在世界经济下行压力与贸易保护主义措施不断复杂化的背景下,自由贸易区建设成为区域之间寻求共同发展的主要渠道。截至 2023 年 10 月,全球有效自由贸易区累计数量 361 个,涉及 210 多个国家(地区)。交叉重叠的自由贸易区构成了不同类型、不同规模的"轮轴—辐条"(Huband Spoke,H-S)结构和被称为"意大利面碗"的全球体系。自由贸易区网络是自由贸易区的升级版,是指一个国家通过谈判与多个国家(或单独关税区)分别缔结自由贸易协定,通过双边、多边、区域和次区域开放合作,以实现更大范围、更多领域和更大程度的贸易和投资的自由化(黄繁华和徐林萍,2015)①。当前关于自由贸易区网络研究的大部分文献主要基于经济学分析范式,围绕自由贸易区网络中的"轮轴—辐条"格局展开,随着全球自由贸易区网络重叠的"意大利面碗"现象的出现,许多研究侧重于从理论和实证上分析"轮轴国"和"辐条国"的福利效应(东艳,2006)②。学者分别在不同设定的多国模型基础上,研究了自由贸易区的形成动机以及一个国家是否有动力破坏现存自由贸易区网络的问题。随着自由贸易区数量的激增,自由贸易区出现了相互交织的复杂网络现象,国内外诸多学者将复杂社会网络分析法运用到贸易网络上,以二十国集团、中欧自由贸易区、"一带一路"沿线国家(杨丽梅和翟婧帆,2019)③、《跨太平洋伙伴关系协定》《全面与进步跨太平洋伙伴关系协定》等为研究对象(孙爱军,2019)④,研究自由贸易区网络表现的主要特征。部分学者开始利用社会网络分析法对全球自由贸易区网络进行绘制或者指标测算,进而分析自由贸易区网络的演化路径和交互效应

---

① 黄繁华、徐林萍:《构建面向全球的高标准自由贸易区网络》,《开发性金融研究》2015 年第 2 期。

② 东艳:《区域经济一体化新模式——"轮轴—辐条"双边主义的理论与实证分析》,《财经研究》2006 年第 9 期。

③ 杨丽梅、翟婧帆:《中国与"一带一路"沿线国家贸易网络分析》,《商业经济研究》2019 年第 2 期。

④ 孙爱军:《G20 国家间贸易网络特征研究》,《河海大学学报(哲学社会科学版)》2019 年第 1 期。

（彭羽等,2019）①。

（二）中国自由贸易区网络发展现状

从党的十七大报告首次提出"实施自由贸易区战略",一直到党的十八大报告中强调"进一步加快实施自由贸易区战略",再到党的十八届三中全会要求"以周边国家或地区为基础加快自由贸易区战略的步伐,形成面向全球的高标准自由贸易区网络",彰显出中国大力推进自由贸易区建设的决心与态度,正逐步从"旁观者"向"建设者"的身份转变。当前中国自由贸易区网络已逐渐形成,截至 2023 年 10 月,中国已签署自由贸易协定达 22 个,涉及 29 个国家或地区。虽然近年来中国签署的贸易协定数量迅速增加,但总体上中国自由贸易协定的签约数量较少,条款规定的深度不够。从地域上讲,与中国签署自由贸易协定的伙伴大多集中在亚太地区,且多为发展中国家,近年来,自由贸易协定已向南美洲、北美洲等区域拓展。自由贸易协定伙伴国的覆盖面还有待进一步拓宽。同时值得注意的是,中国当前正在积极推进全球自由贸易区战略。中国倡导的"一带一路"建设目的就在于形成以中国主导的多层次、广覆盖的高标准自由贸易区网络,从而与沿线各区域建立高水平、深层次的交流合作,实现共赢的目的。随着社会网络分析法在国际经济政治学领域的应用,学者开始运用社会网络分析法对中国自由贸易区网络的特征进行了分析(韩剑等,2018)②;同时随着地理拓扑关系在经济学中的应用,还有学者用空间计量模型分析中国自由贸易区网络空间分布特征(成新轩和杨博,2021)③。

---

① 彭羽、沈玉良、田肖溪:《"一带一路"FTA 网络结构特征及影响因素:基于协定异质性视角》,《世界经济研究》2019 年第 7 期。

② 韩剑、冯帆、李妍:《FTA 知识产权保护与国际贸易:来自中国进出口贸易的证据》,《世界经济》2018 年第 9 期。

③ 成新轩、杨博:《中国自由贸易区的空间效应与制造业国际竞争力的提升——基于空间计量模型的分析》,《国际贸易问题》2021 年第 10 期。

　　与此同时,不少学者通过分析自由贸易区网络建设的现状,找到应对挑战战略。首先,不少学者在理论层面展开论述。孟慧(2014)①认为自由贸易区网络的构建在提升本国的国际竞争力、促进周边国家经济增长的同时,竞争压力以及合作环境的不确定性也在增强。阿默(Armel,2020)②在理论层面分析了非洲大陆自由贸易区所面临的问题与挑战,虽然非洲大陆自由贸易区的发展提高了区域内的贸易水平,但一些不确定性因素的影响,比如流行病暴发,也会给自由贸易区的发展带来很大的挑战。其次,很多学者在数字层面对自由贸易区网络进行了分析。张晓君(2016)③首先研究了中国自由贸易区网络构建的现状,对东亚、中亚、南亚、西亚四个区域自由贸易协定的深度和广度进行了梳理,并对所签署的自由贸易协定进行深刻评析,发现我国所参与的自由贸易区网络存在法制差异和不稳定性、各经济体之间存在较多的壁垒和障碍、各经济体之间政治经济差异较大等一系列问题,并针对各类问题进行了对策研究。王蕊等(2021)④从经济领土覆盖率、货物贸易覆盖率、对外投资覆盖率等方面进行了数字层面的剖析,认为虽然自由贸易区战略实施以来取得了很大的成效,但地缘战略竞争、逆全球化思潮等都给中国自由贸易区建设带来了极大的阻碍和不确定性。相似文献还有皮提·斯里桑南等(Srisangnam 等,2020)⑤对中国—东盟自由贸易区的分析,西莫(Simo,2020)⑥对非洲大陆自由贸易区的分析。

----

　　①　孟慧:《面向全球的高标准自由贸易区网络建设研究》,《价格月刊》2014年第6期。

　　②　Armel K.,"Understanding the African Continental Free Trade Area:Beyond Single Market to Africa's Rejuvenation Analysis",*Education*,*Society and Human Studies*,Vol.1,No.2,2020.

　　③　张晓君:《"一带一路"战略下自由贸易区网络构建的挑战与对策》,《法学杂志》2016年第1期。

　　④　王蕊、袁波、宋云潇:《自由贸易区战略实施效果评估及展望》,《国际经济合作》2021年第1期。

　　⑤　Srisangnam P.,Sabhasri C.,Horachaikul S.,et al.,"Development of BIMSTEC Free Trade Area for Thailand in Indo-Pacific",*Journal of Asian Economic Integration*,Vol.2,No.2,2020.

　　⑥　Simo R.Y.,"Trade in Services in the African Continental Free Trade Area:Prospects, Challenges and WTO Compatibility",*Journal of International Economic Law*,Vol.23,No.1,2020.

（三）自由贸易区网络构建的路径选择

黄耀东和唐卉(2016)[①]对中国—东盟自由贸易区网络的瓶颈问题进行了深入分析,并针对所面临的问题进行了建设路径探讨,为更高水平的中国—东盟自由贸易区网络的建设指明了方向。计飞(2020)[②]借助理论模型,对中非自由贸易区网络建设的相关情况进行了分析,并对中非自由贸易区网络的布局进行了研究,并在此基础上对中非自由贸易区网络的构建给出了路径选择。唐魏(2020)[③]在研究了中国—新西兰自由贸易区后,提出了应积极消除非关税壁垒、拓展经贸合作范围、提高双边贸易紧密度等一系列合作路径。奥本·奥多姆(Obeng-Odoom,2020)[④]对非洲大陆自由贸易区建立的可行性进行探究,认为只有真正的自由贸易才能最终实现全球贸易的非殖民化。

三、自由贸易区与全球经济治理

（一）自由贸易区与多边贸易体制的关系

自世界贸易组织及其前身关税及贸易总协定(General Agreement on Tariffs and Trade,GATT)主导多边贸易体制以来,经济全球化和贸易自由化的发展达到了空前的地步。然而,随着多哈谈判停滞不前,以欧盟为代表区域一体化组织,和以北美自由贸易协定(North American Free Trade Agreement,NAFTA)为代表的自由贸易协定等双边和次多边区域经济合作组织获得了蓬

---

① 黄耀东、唐卉:《中国—东盟自由贸易区建设瓶颈及升级版建设路径研究》,《学术论坛》2016 年第 10 期。

② 计飞:《中非自由贸易区建设:机遇、挑战与路径分析》,《上海对外经贸大学学报》2020 年第 4 期。

③ 唐魏:《逆全球化背景下中国—新西兰自由贸易区深化合作路径探析》,《对外经贸实务》2020 年第 1 期。

④ Obeng-Odoom F.,*Urban Political Economy*,Edward Elgar Publishing,2020.

勃发展。这种双边和次多边区域一体化组织和多边贸易体制此消彼长的发展趋势日益引起了学者的关注。巴格沃蒂(Bhagwati,1992)①提出的区域贸易协定是否对多边贸易体制的发展构成威胁的疑问,拉开了对区域贸易协定和多边贸易体制两者关系的研究。克鲁格(Krueger,1995)②表示区域主义的蓬勃发展带给第三国家的消极影响,使人们将关注点从多边主义转向了区域主义。巴格沃蒂(Bhagwati,1992)③强调了自由贸易的好处,并否认了国家为了谋求进一步贸易自由化可以将区域主义作为关贸总协定补充的观点。相反地,很多学者更倾向于将地区主义视为多边主义的补充,即前者是后者的基石,而非绊脚石。鲍德温(Baldwin,1997)④认为,北美自由贸易协定引发了自由贸易区的多米诺骨牌效应。鲍德温和杰莫维奇(Baldwin 和 Jaimovich,2012)⑤提出了一种分析自由贸易区组成因素的新型计量模型,从政治、经济、地理等角度分析了自由贸易区的传递效果。21世纪区域主义更多地受政府规制和市场化程度的影响,瓦尔德斯和塔温格瓦(Valdes 和 Tavengwa,2012)⑥分析了所有区域贸易协定知识产权协定。拉特雷尔和李俊英(Latrille 和 Lee,2012)⑦比较了区域贸易协定与世界贸易组织服务规则的异同,分析了服务规则带来的贸易创造和转移的效果。

　　随着区域贸易协定的空前发展,多数学者对两者的关系基本持相辅相成

①　Bhagwati J.,"Regionalism versus Multilateralism",*The World Economy*,Vol.15,No.5,1992,pp.535-556.

②　Krueger A.O.,"Free Trade Agreements versus Customs Unions",*NBER Working Paper*,No.5084,1995.

③　Bhagwati J.,"Regionalism versus Multilateralism",*The World Economy*,Vol.15,No.5,1992.

④　Baldwin R.E.,"The Causes of Regionalism",*World Economy*,Vol.20,No.7,1997.

⑤　Baldwin R.E.,Jaimovich D.,"Are Free Trade Agreements Contagious?",*Journal of International Economics*,Vol.88,No.1,2012.

⑥　Valdes R.,Tavengwa R.,"Intellectual Property Provisions in Regional Trade Agreements",*WTO Staff Working Paper*,No.21,2012.

⑦　Latrille P.,Lee J.,"Services Rules in Regional Trade Agreements-How Diverse and How Creative as Compared to the GATS Multilateral Rules?",*WTO Staff Working Papers*,No.19,2012.

的观点。尹政平等（2017）[①]指出，世界贸易组织主导的多边贸易体制一直对区域贸易安排持开放态度，双方在一定程度上相互促进、相互发展。戈茨—查利尔（Goetz-Charlier, 2018）[②]阐述了世界贸易组织争端解决机制（Dispute Settlement System, DSS）对欧盟自由贸易协定投资者与国家之间争端的实际处理效果。

除了两者整体相辅相成的关系外，有些学者从贸易条例和规则方面对两者的关系进行了较为深入的比较分析，利德盖特和温特斯（Lydgate 和 Winters, 2019）[③]在英国脱欧背景下，分析了英国与欧盟达成一项深入但涵盖范围较窄的贸易协定是否违背世界贸易组织的义务，如最惠国待遇、原产地规则协调等。拉特雷尔和李俊英（Latrille 和 Lee, 2012）[④]以服务贸易总协定（The General Agreement on Trade in Services, GATS）为基准，比较分析了区域贸易协定中服务条款的变化和创新。研究结果表明，两者之间的差异性并非完全不能克服，如国民待遇和市场准入方面。另外，除了在服务贸易模式与透明度方面有创新外，其他如国内监管、保障措施和认证条款，区域贸易协定的发展仍然处于萌芽阶段。

（二）自由贸易区规则治理的研究

在知识产权方面，关于《区域全面经济伙伴关系协定》的研究较多。阿尔

---

① 尹政平、杜国臣、李光辉：《多边贸易体制与区域贸易安排的关系与前景》，《国际贸易》2017 年第 7 期。

② Goetz-Charlier A., "Resolving Art-Related Disputes Outside the Courtroom: A Reflective Analysis of the Procedural Aspects of ADR", *The International Journal of Arbitration*, *Mediation and Dispute Management*, Vol.84, No.4, 2018.

③ Lydgate E., Winters L.A., "Deep and Not Comprehensive? What the WTO Rules Permit for a UK-EU FTA", *World Trade Review*, Vol.18, No.3, 2019.

④ Latrille P., Lee J., "Services Rules in Regional Trade Agreements-How Diverse and How Creative as Compared to the GATS Multilateral Rules?", *WTO Staff Working Papers*, No.19, 2012.

夫斯塔姆等(Alvstam 等,2017)①认为《区域全面经济伙伴关系协定》有助于应对亚太地区错综复杂的自由贸易协定产生的"意大利面碗"效应。刘宇(2018)②指出以《与贸易有关的知识产权协定》和《跨太平洋战略伙伴关系协定》为向度,仍可发现其文本模式谈判存在不同的发展走向:概括式文本规范以及超《与贸易有关的知识产权协定》文本规范下的《跨太平洋战略伙伴关系协定》兼容模式和《跨太平洋战略伙伴关系协定》递减模式。另外,关于亚太地区的研究也层出不穷。褚童(2019)③指出《跨太平洋战略伙伴关系协定》《全面与进步跨太平洋伙伴关系协定》《美国—墨西哥—加拿大协定》(以下简称《美墨加协定》,The United States-Mexico-Canada Agreement, USMCA)、日本—欧盟经济伙伴关系协定(日欧 EPA, Economic Partnership Agreement)与《区域全面经济伙伴关系协定》等自由贸易协定中的知识产权规则,呈现"公约递增"的知识产权强化保护趋势与超出《与贸易有关的知识产权协定》内容的特点,巨型自由贸易协定可能形成在适当扩大知识产权保护范围、丰富保护内容的基础上兼顾平衡与包容的规则范式。王黎萤等(2019)④的研究对象是亚太各主要经济体所签署的 63 个具有知识产权章节的区域自由贸易协定,并在结构化文本的基础上进行了深入分析,认为国际知识产权规则正在不断地向加强保护的方向发展。

在文化产权方面,很多学者认为应加快文化规则的构建,同时,自由贸易区内的监管制度也十分重要,尤其是针对外商投资的事中事后监管。针对当前监管的"中低度"状态,应加快建立监管协同创新机制、完善事中事后监管

---

① Alvstam C. G., Kettunen E., Strom P., "The Service Sector in the Free-Trade Agreement between the EU and Singapore: Closing the Gap between Policy and Business Realities", *Asia Europe Journal*, Vol.15, No.1, 2017.

② 刘宇:《RCEP 知识产权文本模式谈判进路及其选择》,《国际经贸探索》2018 年第 4 期。

③ 褚童:《巨型自由贸易协定框架下国际知识产权规则分析及中国应对方案》,《国际经贸探索》2019 年第 9 期。

④ 王黎萤、王雁、张迪等:《RCEP 知识产权议题:谈判障碍与应对策略——基于自贸协定知识产权规则变革视角的分析》,《国际经济合作》2019 年第 4 期。

配套制度、落实安全审查和反垄断制度。从他国自由贸易区的发展历程看,中国自由贸易区的建立应是一个长期的过程,短期内可能会出现诸多问题。因此,在自我探索的同时还应充分参考其他自由贸易区的经验。同时,坚持稳步提升中国在区域经济中的话语权,把握好宏观态势,为创建规则化、多变化和共赢化的自由贸易区而做好充足准备。周念利和陈寰琦(2019)①通过对《美墨加协定》中的数字贸易规则进行分析,并根据美国在《美墨加协定》中的发言,预计未来《美墨加协定》时期的贸易谈判中,"美式模板"将会在"不断推动美国数字经济的国内监管国际化"和"督促各缔约方开放具体的数字服务领域"方面不断发展。

四、全球价值链相关研究

(一)全球价值链的内涵

全球价值链理论最早起源于管理学中的价值链理论。哈佛大学商学院教授波特(Porter,1985)②在其所写的《竞争优势》一书中提出了价值链的概念,他认为企业在设计、生产、销售、发送和辅助其产品的过程中所进行的种种活动的集合可以描述成一个价值链。随着经济全球化的不断深入,价值链的生产环节开始突破地理的限制,越来越多的生产商将价值链进行切割,然后将不同的生产过程分散到不同的国家或地区,从而产生了一群超级贸易国家(Krugman 和 Venables,1995)③。此后,国际贸易的新动向引起了其他学者的

---

① 周念利、陈寰琦:《基于〈美墨加协定〉分析数字贸易规则"美式模板"的深化及扩展》,《国际贸易问题》2019 年第 9 期。

② Porter M.,*The Competitive Advantage:Creating and Sustaining Superior Performance*,NY:Free Press,1985.

③ Krugman P.R.,Venables A.J.,"Globalization and the Inequality of Nations",*The Quarterly Journal of Economics*,Vol.110,No.4,1995.

关注。格里芬(Gereffi, 1999)[1]提出了一个关于跨国公司的"全球商品价值链",他把跨国公司看作一个国际生产网络的载体,把世界各地的各个生产单位都紧密地连接在一起,形成了一个全球性的产品链条。卡普林斯基(Kaplinsky, 2002)[2]指出,跨国公司在产品价值链各个环节的分工协作,有利于比较优势的形成,因此可以把全球价值链称为"产业链"。随后,联合国工业发展组织(UNIDO, 2002)在工业发展报告《通过创新和学习来参与竞争》中,对全球价值链作出了最有代表性的定义:全球价值链是指为实现商品或服务价值而连接区域的生产、加工、销售、回收等环节的跨国性生产网络,涉及从原料采购和运输、半成品和成品的生产和分销,直至最终消费和回收处理的整个过程,包括所有参与者和生产销售等活动的组织及其价值、利润分配。基于这种全球价值链分工产生的中间品贸易被称为全球价值链贸易(Global Value Chain Trade)。

(二)全球价值链的测算方法

随着全球价值链分工日益深入,传统的贸易统计方法已不能很好地反映出各国在国际贸易中的作用。近年来,国内外有关全球价值链嵌入的测算手段,无论是在宏观上还是从微观上都有了突破。

1. 全球价值链的宏观测算

关于全球价值链嵌入的宏观测算,方法大多集中在国家、区域、产业层面,根据研究视角的不同,大致可以分为基于增加值贸易视角和基于上游度、生产阶段数、生产链长度视角两大类。

第一类是基于增加值贸易的视角。这类方法主要包括 HIY 方法和

---

[1]　Gereffi G., "A Commodity Chain Framework for Analyzing Global Industries", *IDS Working Paper*, August 12, 1999.

[2]　Kaplinsky R., "The Globalization of Product Markets and Immiserizing Growth: Lessons From the South African Furniture Industry", *World Development*, Vol. 30, No. 7, 2002.

KPWW 方法。HIY 方法最早可以追溯到胡梅尔斯等（Hummels 等，2001）[1]基于非竞争性投入—产出表提出的狭义垂直一体化（Veritcal Specializaiton，VS），该方法用单区域投入产出模型，将一国出口中的增加值分为来自国外的增加值和来自国内的增加值两个部分，简称 HIY 方法。但是该方法提出以来，陆续受到了一些质疑，库普曼等（Koopman 等，2008）[2]指出 HIY 方法存在一个关键的假设：面向出口和面向国内市场的产品，其中间产品的投入密度基本一致。但是，这种假定未必与实际情况相符合。因此，库普曼等（Koopman 等，2010）[3]放松了 HIY 方法中的同密度中间品投入的假设，提出了新的贸易增加值分解方法，对总出口贸易进行了重新分解，得到了更为准确的增加值分解数值。在分解的基础上，库普曼又进一步构建了衡量某个国家嵌入全球价值链分工程度指标和地位指标，简称 KPWW 方法。王直等（2015）[4]将 KPWW 分解为一种新的方法，即从不同角度对其进行分析，并将其分解为不同的产品价值和不同的渠道，从而构建起一套比较完备的增加值贸易计算规则。国内许多学者基于王直等（2015）的增加值贸易核算法则做了相关课题的延伸研究（黎峰，2016；邵朝对等，2018）[5][6]。

第二类是基于上游度、生产阶段数、生产链长度视角。由于库普曼的全球价值链地位指标未能全面反映全球价值链中下游企业的参与程度，因此，提出

---

[1] Hummels D., Ishii J., Yi K.M., "The Nature and Growth of Vertical Specialization in World Trade", *Journal of International Economics*, Vol.54, No.1, 2001.

[2] Koopman R., Wang Z., Wei S.J., "How Much of Chinese Exports is Really Made In China? Assessing Domestic Value-Added When Processing Trade is Pervasive", *NBER Working Paper*, No.14109, 2008.

[3] Koopman R., Powers W., Wang Z., "Give Credit Where Credit Is Due: Tracing Value Added in Global Production Chains", *NBER Working Papers*, No.16426, 2010.

[4] 王直、魏尚进、祝坤福：《总贸易核算法：官方贸易统计与全球价值链的度量》，《中国社会科学》2015 年第 9 期。

[5] 黎峰：《全球价值链下的出口产品结构与贸易收益——基于增加值视角》，《世界经济研究》2016 年第 3 期。

[6] 邵朝对、李坤望、苏丹妮：《国内价值链与区域经济周期协同：来自中国的经验证据》，《经济研究》2018 年第 3 期。

了测算一国或部门产品的上游度、生产阶段数或生产链长度的方法来衡量某一国家或行业的产品上游度、生产阶段数或生产链长度，从而对某一国家或行业在全球价值链中的特定定位进行量化。譬如，安特拉斯等（Antràs 等，2012）[1]在全球价值链理论的基础上提出了上游度（Upstream Degree）、下游度（Downstream Degree）的指数，将某一行业在全球价值链上的位置定量描述为该行业产品原材料与最终产品间的加权平均距离。鞠建东和余心玎（2014）[2]、苏庆义和高凌云（2015）[3]基于中国投入—产出表计算出了中国各产业的上游度指数，并以此来考察中国在全球价值链中的位置。但是程大中（2015）[4]指出他们的测算是基于特定国家的投入—产出表，而非跨国投入—产出表，因而所反映的并非全球价值链分工中的上下游，真正反映的是价值链和产业链关联（或融合深化）程度。因此，关于生产阶段数或生产链长度的测算应运而生，这种测算最早来源于普热卡等（Prakas 等，2007）[5]提出的平均增值步长（APL），他们基于产业关联理论，使用平均传导长度（APL）指数，对欧盟和亚洲主要经济体的价值链长度进行了估算。王高凤和郑玉（2017）[6]将生产阶段数作为衡量制造业生产分割长度的指标，分析了中国制造业生产分割长度与其全要素生产率（Total Factor Productivity，TFP）之间的关系。

---

①　Antràs P., Chor D., Fally T., et al., "Measuring the Upstreamness of Production and Trade Flows", *American Economic Review*, Vol.102, No.3, 2012.

②　鞠建东、余心玎：《全球价值链上的中国角色——基于中国行业上游度和海关数据的研究》，《南开经济研究》2014 年第 3 期。

③　苏庆义、高凌云：《全球价值链分工位置及其演进规律》，《统计研究》2015 年第 12 期。

④　程大中：《中国参与全球价值链分工的程度及演变趋势——基于跨国投入—产出分析》，《经济研究》2015 年第 9 期。

⑤　Prakas Pal D., Dietzenbacher E., Basu D., "Economic Integration: Systemic Measures in an Input-Output Framework", *Economic Systems Research*, Vol.19, No.4, 2007.

⑥　王高凤、郑玉：《中国制造业生产分割与全要素生产率——基于生产阶段数的分析》，《产业经济研究》2017 年第 4 期。

2. 全球价值链的微观测算

关于全球价值链嵌入的微观测算,主要集中在微观企业或者产品层面,大致也可以分为产品剖析法和出口国内附加值率测算方法两类:第一类是产品剖析法。林登等(Linden 等,2009)[1]通过对 iPad、iPhone 等国际化产品进行了剖析,发现谁生产了产品、为谁生产以及贸易带来的利益分配格局情况。但产品分析仅限于对某一产品进行价值分析,无法对全部产品进行分析,难以体现一个国家总体国内生产总值增长速度与行业间的国际关联度,不能得到国家、地区和产业层面的价值链分布情况,也就无法测度一个国家或者地区在全球价值链中的位置和作用。

第二类是出口国内附加值率测算方法。阿普沃德等(Upward 等,2013)[2]将中国工业企业数据库与海关贸易数据库相结合,利用库普曼等(Koopman,Wang 和 Wei,2008)[3]构建的基于后向关联度的附加值测度方法(KWW 方法)中的核算公式,对中国企业出口的附加值率进行测算,使直接从微观层面来估算企业的出口国内附加值率成为可能。基于后向关联度的附加值测度方法既可以准确地反映一国参与纵向分工的程度,也是计算一国参与国际贸易过程中真实贸易利得的有效途径。在此基础上,很多学者开始运用微型数据库对全球价值链的嵌入进行度量。张杰等(2013)[4]将贸易代理商、中间品间接进口和资本品进口等因素纳入考虑,为企业在微观层次上的出口国内附加值率

---

① Linden G., Kraemer K. L., Dedrick J., "Who Captures Value in a Global Innovation Network?", *Communications of the ACM*, Vol.52, No.3, 2009.

② Upward R., Wang Z., Zheng J.H., "Weighing China's Export Basket: The Domestic Content and Technology Intensity of Chinese Exports", *Journal of Comparative Economics*, Vol.41, No.2, 2013.

③ Koopman R., Wang Z., Wei S.J., "How Much of Chinese Exports is Really Made In China? Assessing Domestic Value-Added When Processing Trade is Pervasive", *NBER Working Paper*, No.14109, 2008.

④ 张杰、陈志远、刘元春:《中国出口国内附加值的测算与变化机制》,《经济研究》2013 年第 10 期。

测量提供了更为精确的分析手段。吕越和吕云龙(2016)①参考阿普沃德等(2013)的计算方法,对企业全球价值链的嵌入程度进行了改进。李胜旗和毛其淋(2017)②根据基伊和唐(Kee 和 Tang,2013)③的研究成果,从理论上推导出了出口国内附加值率的计算公式,并由此对进口中间产品与企业出口国内附加值率的关系进行了研究。

(三)自由贸易区区域价值链与全球价值链关系

全球价值链理论在不断地充实与完善,其所包含的各种形式也日益多样化,包括国家价值链、区域价值链、产业价值链、产品价值链等。此类价值链由特殊的逻辑和空间布局关系构成。它们相互依存、制约、区别和分工,存在包容和被包容的关系。区域价值链是指把区域产业基础、资源特征和产业升级的阶段性要素纳入价值链的理论框架之中,是对全球价值链的补充和完善。卡普林斯基等(Kaplinsky 等,2011)④指出,在全球价值链分工地位的转型时期,可依托区域价值链从而实现全球价值链地位攀升;但是对于成功融入全球价值链分工体系的部分发展中国家,如中国而言,在全球价值链分工中主要承接的是劳动密集型低附加值的产业,面临着"低端嵌入"发展难题。因此,在依托区域价值链融入全球价值链的过程中,难以实现利用区域价值链向全球价值链高端地位攀升的目的。随着经济全球化的发展,自由贸易区发展迅速,区域性自由贸易区的建立形成了一个强而有力的"核心经济圈",以产业内分工为主要形式的区域生产网络(Regional Production Networks)形成,并逐渐扩

---

① 吕越、吕云龙:《全球价值链嵌入会改善制造业企业的生产效率吗——基于双重稳健—倾向得分加权估计》,《财贸经济》2016 年第 3 期。

② 李胜旗、毛其淋:《制造业上游垄断与企业出口国内附加值——来自中国的经验证据》,《中国工业经济》2017 年第 3 期。

③ Kee H.L.,Tang H.W.,"Domestic Value Added in Exports:Theory and Firm Evidence from China",*Policy Research Working Paper*,No.7491,2013.

④ Kaplinsky R.,Tijaja J.,Coomes O.T.,"China as a Final Market:The Gabon Timber and Thai Cassava Value Chains",*World Development*,Vol.39,No.7,2011.

大,成为国际分工的一种新格局。

五、优惠原产地规则相关研究

(一)优惠原产地规则的内容、特点和适用标准

索米宁和埃斯特瓦德奥达尔(Suominen 和 Estevadeordal,2005)[①]对 1981—2001 年世界范围内的各种优惠原产地规则进行了总结,其中包含 155 个国家的近 100 项优惠贸易安排,涵盖欧洲、美洲、亚太和中东地区的优惠贸易协定。作者指出,如果原产地规则太过苛刻,东盟的出口利益就会受到影响;中国—东盟自由贸易区的原产地规则大都是沿用东盟的原产地规则,这就给中国—东盟自由贸易区的适用带来了一定的技术壁垒。在泛欧模式下,斜边法的累加条款对中间产品的贸易具有有效性。这就意味着,对包含斜边的累加条款的原产地规则的约束程度大大降低,将会使生产效率低下的企业被迫退出市场,而高效的企业则会增加出口。

(二)优惠原产地规则职能研究

"原产地规则"是区分产品原产地的一种方式,规定只要符合原产地法规,就可以享受自由贸易区的优惠关税。如果原产地规则不存在,非成员的产品就会从低关税成员进入自由贸易区,然后出口到更高的关税成员,导致高关税成员的税收损失,使其外贸政策失效。理查森(Richardson,1995)[②]认为,对于非会员公司来说,这样的避税措施会导致成员之间的关税竞争,直至全部的国外税率都降低到零。从政府的视角来看,原产地规则具有三种作用:一是预防关税规避,即不满足其原产地条件的非成员产品不能享受关税减免优惠,即

---

① Suominen K.,Estevadeordal A.,"Rules of Origin in Preferential Trading Arrangements:Is All Well with the Spaghetti Bowl in the Americas?",*Economía*,Vol.5,No.2,2005.

② Richardson M.,"Tariff Revenue Competition in a Free Trade Area",*European Economic Review*,Vol.39,No.7,1995.

便它们已从最小外国关税成员进入自由贸易区市场。二是对自由贸易区成员的进口竞争行业进行保护,因为自由贸易区成员可以根据不同的行业或产品制定不同的原产地规则。因此,原产地规则往往成为针对敏感行业和未成熟行业的一种隐性贸易保护措施,从而使其成为成员政府游说的对象。三是吸引非会员公司进行对外直接投资。由于原产地规则的存在,会使非会员公司向其低成本的成员提供对外直接投资,从而使其产品能够在自由贸易区市场上获得符合其原产地规则的条件,从而避免来自其他成员的进口关税,即原产地规则能够吸引具有跳跃式关税的对外直接投资。

(三)优惠原产地规则的经济效应

原产地规则作为区域贸易谈判的一项重要内容,其地位越发凸显。在 20 世纪 90 年代初期,英国剑桥大学的克鲁格(Krueger,1993)[①]通过自由贸易区与关税同盟的比较探讨了不同优惠原产地规则的特点及其关税保护性。在没有原产地规则的情况下,各成员之间势必会展开激烈的竞争,以减少关税,以吸引贸易投资,直到所有的外国税率都降到零。在此基础上,各国学者对优惠原产地规则的经济效应进行了更为深入的研究,主要集中在原产地判定规则和管理制度的复杂性、差异性、限制性及其可能的贸易投资效应方面。研究范式主要有两类:一是基于规范研究方法,比较了现行自由贸易区的优惠原产地规则,从完全获得标准、实质性改变标准、制度性规则、原产地证明制度等几个方面进行了系统的比较,并提出了中国优惠原产地规则的一些不足和完善建议(厉力,2012)[②]。二是利用定量范式,通过对贸易、投资等方面的影响,找出优惠原产地规则的约束效应。主要包括以下几个方面:(1)贸易偏转效应(Trade Deflection)。(2)贸易转移。(3)对社会福利变化的影响。

---

① Krueger A. O., "Virtuous and Vicious Circles in Economic Development", *The American Economic Review*, Vol.83, No.2, 1993.

② 厉力:《原产地规则研究综述》,《国际商务研究》2012 年第 4 期。

(四)自由贸易区原产地规则对全球产业链的影响

奥吉尔等(Augier 等,2005)①认为严格的原产地规则将会成为一种贸易壁垒,原产地规则在全球范围内的扩散,限制和扭曲着国际供应链的发展,并且会对世界贸易组织多边贸易体制构成挑战。他们利用相关数据研究了原产地规则对欧盟成员之间贸易发展的影响,研究结果表明,原产地规则会导致欧盟成员间贸易量的减少,影响效果的上限是70%,下限是10%。平冢(Hiratsuka,2007)②在详细分析东亚生产网络的特征后指出,东亚出口企业在获取产品原产地证明的过程中面临较高的时间成本,这与东亚生产分工模式是相冲突的。其对原产地规则产生成本的分析主要集中在时间成本上,缺少对其他可能产生的负面影响研究。卡瓦伊和维格纳拉贾(Kawai 和 Wignaraja,2009)③认为东亚地区的原产地规则存在的巨大差异使各国政府在原产地证书的管理上十分烦琐,这加剧了"意大利面碗"效应。许祥云(2010)④分析了东亚地区自由贸易区体系原产地规则的重要特征,但他没有对东亚生产网络的特征进行分析,并且没有对未来原产地规则的完善方向提供有益的建议。金中夏和李良松(2014)⑤认为,在全球价值链分工模式下,《跨太平洋战略伙伴关系协定》成员制定的严格原产地规则对中国服装产业的发展会产生一定的阻碍效应,并建议中国加快产业升级。

---

① Augier P.,Gasiorek M.,Lai-Tong C.,"The Impact of Rules of Origin on Trade Flows:Rules of Origin and the EU-Med Partnership:The Case of Textiles",*Economic Policy*,Vol.20,No.43,2005.

② Hiratsuka D.,"Escaping from FTA Trap and Spaghetti Bowl Problem in East Asia",*Deepening Economic Integration-The ASEAN Economic Community and Beyond*-,*ERIA Research Project Report*,Chiba:IDE-JETRO,2007.

③ Kawai M.,Wignaraja G.,"The Asian 'Noodle Bowl':Is It Serious for Business?",*ADBI Working Paper Series*,No.136,2009.

④ 许祥云:《东亚 FTA 体系中的原产地规则与东亚生产体系》,《当代亚太》2010 年第1 期。

⑤ 金中夏、李良松:《TPP 原产地规则对中国的影响及对策——基于全球价值链角度》,《国际金融研究》2014 年第 12 期。

六、产业国际地位相关研究

（一）产业转型升级的内涵

产业转型升级的内涵可以分为传统产业转型升级和全球价值链视角下产业转型升级。传统产业转型升级主要是指产业结构转型升级。学术界以三次产业结构演变为研究对象，在西方发达国家产业发展历史经验的基础上总结了整个产业结构随着经济增长而演变的基本规律，其理论基础是国家或地区要素禀赋结构的动态变化。克拉克（Clark，1940）[1]最早对经济发展与产业结构演变之间的关系作出解释。在对 20 个国家各个行业的劳动力输入和产出进行统计分析的基础上，得出了国民经济中的就业人口结构首先是由第一次产业向第二次产业移动，然后再由第二次产业向第三次产业移动。在克拉克研究的基础上，库兹涅茨（Kuznets，1941）[2]综合考虑国民收入和就业人口产业结构，总结出经济结构变动理论。库兹涅茨认为随着人均收入的增长，社会消费水平不断提升，导致农业部门在劳动力投入和收入方面的占比将不断下降，工业部门尤其是新兴工业占比不断上升，以消费为主的服务部门比重将会持续提升，且服务业能容纳较多的劳动力。赤松要（Akamatsu，1962）[3]提出的雁阵模型形象地说明了一国如何通过比较优势的动态变迁顺利完成产业结构的转型升级。美国经济学家切纳里（Chenery，1980）[4]利用第二次世界大战后 9 个准工业化国家 1960—1980 年的历史资料，构建了多国标准产业结构模型，研究表明各产业间遵循着一定的演变轨迹：第一阶段以农业为主→第二阶段（工业化初期）以劳动密集型产业为主→第三阶段（工业化中期）以资本密

[1]　Clark C., *The Conditions of Economic Progress*, New York: Macmillan Company, 1940.

[2]　Kuznets S., "Economic Progress", *The Manchester School*, Vol.12, No.1, 1941.

[3]　Akamatsu K., "A Historical Pattern of Economic Growth in Developing Countries", *The Developing Economics*, Vol.1, No.1, 1962.

[4]　Chenery H., "Interactions Between Industrialization and Exports", *American Economic Review*, Vol.70, No.2, 1980.

集型产业为主→第四阶段(工业化后期)新兴服务业开始崛起→第五阶段(后工业化)技术和知识密集型产业占主导地位。

随着国际分工由产业间分工逐渐转向产业内分工、产品内分工,全球价值链的形成为产业转型升级提供了新视角和新方向。在产品内部的国际分工制度下,产品的生产常常不是靠单一的国家进行,而是由多个国家的成员共同完成,也就是说,各国利用自身的优势,在不同的价值链上形成不同的要素密集程度(劳动密集型、资本密集型、技术密集型)的环节或工序。因此,产品内部分工的本质上,就是国家利用其自身的优势因素,进行更加细致的国际分工。在以全球价值链分工为特征的时代背景下,要素禀赋与比较优势的演化路径变得更加复杂,从而使产业转型升级的含义更加丰富。波特(Porter,1985)[1]最早提出从价值链的角度对产业转型升级进行分析。格里芬(Gereffi,1999)[2]从全球产品链(Global Commodity Chain, GCC)的角度分析,认为产业转型升级是指产业或企业转换不同价值链,而这种转化并不是单纯的产业结构变化,还包括企业附加值、企业竞争力以及市场形象的提升。总之,全球价值链视角下产业转型升级不仅是要素禀赋和比较优势的动态变化导致了产业之间的更替升级,也是由于产业内部从低附加值环节向高附加值环节攀升的有力变革。

(二)产业转型升级模式路径

产业转型升级是一个系统过程。下文将从宏观、中观、微观三个层次探究产业转型升级的模式路径。

宏观层面上,产业转型升级是一国或地区产业结构的优化调整,也称作产

---

① Porter M., *The Competitive Advantage: Creating and Sustaining Superior Performance*, NY: Free Press, 1985.

② Gereffi G., "A Commodity Chain Framework for Analyzing Global Industries", *IDS Working Paper*, August 12, 1999.

业间转型升级,是促进经济长期增长的重要因素之一。产业间转型升级路径强调国家或地区依据要素禀赋结构动态变化,逐步实现国民经济主导产业的更换(产业结构高度化)和各产业之间的合理配比(产业结构合理化)。波特(Porter,1990)[1]认为各国需要依据要素禀赋的动态变化所引发的要素价格相对变化,在资源优化配置的驱动下,逐步从劳动、自然资源密集型产业向资本技术密集型产业转变。林毅夫(1999)[2]提出了一种新的观点,即产业转型升级与投入要素结构有关,而要素成本则与一国资源禀赋结构息息相关,随着要素禀赋结构发生变化,国内产业将逐步实现结构上的转型升级。产业结构的高级化是指一国经济发展重点或产业结构重心由第一产业向第二产业和第三产业逐次转移的过程,产业结构合理化是指三次产业间的协商能力增强,以及关联水平的提升。陈继勇和盛杨怿(2009)[3]指出外国直接投资进入中国后,资本供给和技术溢出效应将推动我国产业结构的高级化和高效化。但是,由于目前外资结构、外资质量等因素的制约,外国直接投资在三次产业中的发展并不平衡,而且外国直接投资所引起的知识外溢对我国的产业发展和结构优化起到了一定的促进作用。

中观层面上,产业转型升级路径是指各产业内部技术水平和附加值率从低到高的纵向演变过程。具体来说,产业内部的转型升级,主要由要素驱动向创新驱动转变、由低附加值生产环节向高附加值生产环节转变、由数量型发展模式向质量型发展模式转变、由高污染型发展模式向绿色发展模式转变、由行业生产链下游的企业向上游攀升的过程。刘仕国等(2015)[4]根据专业化分工

---

① Porter M.,"Competitive Advantage of Nations", *Competitive Intelligence Review*,Vol.1,No.1,1990.

② 林毅夫:《优化产业结构要依据比较优势》,《经济研究参考》1999年第15期。

③ 陈继勇、盛杨怿:《外国直接投资与我国产业结构调整的实证研究——基于资本供给和知识溢出的视角》,《国际贸易问题》2009年第1期。

④ 刘仕国、吴海英、马涛等:《利用全球价值链促进产业升级》,《国际经济评论》2015年第1期。

的特点,提出了"单品价值和单位产出的增加值率提升"的概念,并将其界定为在某一特定产业的专业分工中,通过改善投入、技术和产出,提高单位产出的价值和附加值,以达到企业的可持续经营和提高企业的竞争力。

微观层面上,产业转型升级是指以企业为主导的生产者,通过创新或技术进步来提高其生产效率和竞争能力的过程,主要内容包括企业全要素生产率、增加值率(或利润率、成本加成率)、产品复杂度(工艺)以及产品质量升级等。汉弗莱和施密茨(Humphrey 和 Schmitz,2002)[1]认为产业转型升级使企业能够迅速地适应市场的变化,在产品工艺、质量、功能、组织管理等方面进行持续的更新。唐东波(2013)[2]认为在全球化背景下,产业转型升级(产业深化)是企业在价值链上的位置移动、技术研发与创新能力变化的过程。

(三)产业转型升级的经济增长效应

关于产业转型升级对经济增长影响的研究,绝大部分都是以产业结构的变化为视角,即农业与非农产业或三次产业结构变动对我国经济发展的影响,并且此类研究得到的大多是肯定性的结论。产业结构变化对经济增长的推动作用主要表现为:不同行业生产力水平的差别所产生的"结构红利"对经济增长起到支撑作用,也就是说,不同产业的生产率水平具有差别,一个国家的输入要素从低生产力的行业流向高生产力的行业,会提高一个国家的生产力,从而使整体的经济得到快速发展。谢婷婷和潘宇(2018)[3]认为,中国工业结构升级对经济发展起到了积极的推动作用,对周边地区的辐射效应也很大,是当前经济发展的主要推动力。王鹏和尤济红(2015)[4]通过对生产率进行分解,

---

① Humphrey J.,Schmitz H.,"How Does Insertion in Global Value Chains Affect Upgrading in Industrial Clusters?",*Regional Studies*,Vol.36,No.9,2002.

② 唐东波:《贸易开放、垂直专业化分工与产业升级》,《世界经济》2013 年第 4 期。

③ 谢婷婷、潘宇:《金融集聚、产业结构升级与中国经济增长》,《经济经纬》2018 年第 4 期。

④ 王鹏、尤济红:《产业结构调整中的要素配置效率——兼对"结构红利假说"的再检验》,《经济学动态》2015 年第 10 期。

发现三次产业之间的劳动分配存在明显的"结构红利",但前者得出资本具有"结构负利"效应,后者得出资本要素红利效应微弱的结论。辛超等(2015)①根据多部门增长核算法对资本统计进行了调整,结果显示,中国的资本分配效率在 20 世纪 90 年代以后得到了提高,但是其作用并不显著,中国劳动力在三次产业之间的分配结构影响较大,并且预计到 2017 年还会继续。

有关产业结构转型升级对经济增长影响的研究起步较晚,也相对较少,大多数学者都是从制造业结构变化的角度进行分析,且得到的结论并不一致。赛浦和阿布莱恩(Sepp 和 Varblane,2014)②通过比较爱沙尼亚和韩国的生产率差异,也认为制造业结构变化具有明显的经济增长效应。而蒂默和兹尔迈(Timmer 和 Szirmai,2000)③关于印度、印度尼西亚、韩国等国家和地区1963—1993 年 13 个制造业行业,法格伯格(Fagerberg,2000)④关于 39 个国家1973—1990 年 24 个制造业行业的研究均没有证明"结构红利"的显著效果。张军等(2009)⑤分析了中国制造业的全要素生产率,认为产业间的再分配对产业的可持续发展起到了很大的作用,但在 21 世纪这种结构红利出现了逆转现象。根据吕铁(2002)⑥的转移—份额分析方法,得出中国 1980—1997 年各要素密集型产业间的劳动投入变动对我国劳动生产率的增长没有显著的影响。李小平和卢现祥(2007)⑦根据扩大的转移—份额分析方法,确认了在生

---

① 辛超、张平、袁富华:《资本与劳动力配置结构效应——中国案例与国际比较》,《中国工业经济》2015 年第 2 期。

② Sepp J., Varblane U., "The Decomposition of Productivity Gap between Estonia and Korea", *Ordnungspolitische Diskurse*, No.3, 2014.

③ Timmer M.P., Szirmai A., "Productivity Growth in Asian Manufacturing: the Structural Bonus Hypothesis Examined", *Structural Change and Economic Dynamics*, Vol.11, No.4, 2000.

④ Fagerberg J., "Technological Progress, Structural Change and Productivity Growth: A Comparative Study", *Structural Change and Economic Dynamics*, Vol.11, No.4, 2000.

⑤ 张军、陈诗一、Gary H.Jefferson:《结构改革与中国工业增长》,《经济研究》2009 年第7 期。

⑥ 吕铁:《制造业结构变化对生产率增长的影响研究》,《管理世界》2002 年第 2 期。

⑦ 李小平、卢现祥:《中国制造业的结构变动和生产率增长》,《世界经济》2007 年第 5 期。

产部门间的资源分配中,劳动力和资金并未流向生产力较高的产业,因而也没有明显的"结构红利假设"。此外,赵春雨等(2011)①根据要素生产率加权减法,得出了各产业之间的资本与劳动的重新分配作用都是负值,而在回归模型的基础上,发现各产业之间的要素分配效率对经济增长没有明显的作用。

七、相关研究文献述评

已有文献对自由贸易区网络特征以及我国在自由贸易区网络中的贸易地位、全球价值链进行了研究,尽管这对本书的研究有很好的参考价值,但也存在一些局限性。

第一,相对缺乏对中国自由贸易区网络一体化水平测度指标体系的研究。目前学术界对自由贸易区测度的理论和实证研究已经取得了很大的进展,但是在研究对象方面,自由贸易区测度的文献大多基于单个自由贸易协定,按照自由贸易区议题的增加和规则的深化来衡量自由贸易区发展的水平。因此,现有文献研究缺乏在自由贸易协定交互性和互动性的基础上考虑自由贸易区网络一体化水平的测度,即把自由贸易区网络的深度进行量化,以发展水平为测度指标。另外,自由贸易区深度一体化指标与自由贸易区网络广度发展指标的测算文献几乎是平行发展,两者之间很少有交集。然而,不同国家在全球自由贸易区网络建设过程中需要面对"辐条国"差异化、多元化的特征,导致自由贸易区网络范围内形成多元交叠的"意大利面碗"效应。自由贸易区网络结构特征的变化,会对各国家自由贸易区发展产生深远的影响。因此,自由贸易区深度和广度的提升都是自由贸易区网络发展的重要指标。在全球自由贸易区网络化发展的背景下,尚未形成把自由贸易区的"广度"和"深度"有机结合,并以自由贸易协定的整体文本为研究依据,构建测度自由贸易区网络一体化水平的综合性指标体系。

---

① 赵春雨、朱承亮、安树伟:《生产率增长、要素重置与中国经济增长——基于分行业的经验研究》,《中国工业经济》2011 年第 8 期。

第二,相对缺乏对自由贸易区网络空间效应与产业国际竞争力提升相关性研究。已有文献对此方面的研究多停留在定性分析方面,较少考虑到空间因素的影响效应。本书在已有国内产业空间布局相关文献研究的基础上,进一步拓展了国际产业空间关联性的分析。针对本书的研究主题,贡献主要包括以下几个方面:(1)借鉴刘培青(2017)①对真实产业竞争力地位测度的研究思路,对显示性比较优势指数进行改进,剔除指标中包含的外国增加值,重新测量了产业(这里指制造业)的国际竞争力;(2)从量化角度研究中国与不同国家或地区建立自由贸易区对本国制造业产值和出口竞争力带来的影响效应;(3)在研究方法上,将空间计量模型的应用扩展到自由贸易区网络空间效应中,研究成员地理、经济以及贸易空间分布对自由贸易区网络引起制造业国际竞争力的变化,讨论各个成员之间存在的空间内生交互效应和外生交互效应。

第三,相对缺乏从多边角度研究自由贸易区网络一体化的广度和深度对中国产业国际地位的影响研究。已有关于自由贸易区如何影响全球价值链的研究,主要从单一自由贸易区深度一体化视角开展的,通过分析区域贸易协定文本的深度,构建自由贸易区协定深度指数,进而探讨自由贸易区协定贸易投资规则对一国全球价值链地位的影响。伴随一国签订多个自由贸易区协定,形成了盘根错节的全球自由贸易区网络,传统的双边分析框架已不能对自由贸易区网络的经济效应和发展特征等进行有效的诠释。基于此,本书突破对单一自由贸易区深度一体化发展对我国全球价值链地位影响的分析,以整体自由贸易区网络为研究对象,考虑了我国与不同"辐条国"签订自由贸易协定之间的相互影响,把中国自由贸易区网络一体化细分为中国自由贸易区网络的深度和广度,可以更加精准研究自由贸易区建设中哪些因素对我国在全球价值链中实现产业升级具有促进作用。而且,从国家整体层面、分产业层面和

---

① 刘培青:《我国国际分工地位衡量指标的重构与测算》,《统计与决策》2017年第12期。

制造业细分行业层面,考察自由贸易区网络深度和广度发展对我国全球价值链分工地位影响的变化趋势和演变规律,并对比分析中国自由贸易区网络深度和广度对我国在国家整体层面、分产业层面和制造业细分行业层面全球价值链分工地位的影响程度,从而对自由贸易区网络发展对我国在全球价值链分工地位影响的基本特征形成多方位和综合性认知。

第四,相对缺乏采用社会网络分析法分析自由贸易区网络特征对我国产业国际地位的影响。已有文献所选取的研究对象大多是中国参与的一个或几个自由贸易协定,很少涉及中国所参与的全部自由贸易协定,很难清晰地将中国放置于一个较为全面的自由贸易区网络中去分析问题。在对我国产业国际地位影响的研究文献中,少有学者兼顾到复杂的贸易网络,仅仅从独立的个体去分析我国的产业国际地位。在贸易网络对我国产业国际地位影响的研究中,大部分文献仅仅分析了贸易网络所呈现出来的特征,只在理论层面进行对比研究,将贸易网络特征放置于模型中进行实证研究的文献相对匮乏。本书将采用社会网络分析法,基于联合国商品贸易统计数据库中 2010—2018 年中国与 26 个主要国家或地区制造业的双边贸易数据进行研究。构建无向和有向矩阵,对贸易网络特征进行整体分析,测度度数中心性、网络联系强度、网络异质性等网络指标,分析贸易网络指标与我国产业国际地位提升的关系,并实证检验这三个网络指标对我国产业国际地位的影响机制。

第五,相对缺乏针对中国自由贸易区网络一体化水平提升我国产业国际地位对策的多维度研究。随着外部环境深刻复杂变化,"一带一路"建设有序推进,需要以内外联动的开放主义提升中国自由贸易区网络的整体福利水平。但现有研究主要针对中国自由贸易区实施路径、中国构建高标准自由贸易区相关政策的发展现状和战略意义进行了宏观层面的解读,而缺乏从宏观、中观和微观层面对相关政策影响渠道、政策作用方向、政策选择以及路径优化等展开系统研究。同时,探讨如何提升中国自由贸易区网络一体化水平,进而实现国内国际良性循环互动等研究也比较缺乏。

第四节　研究思路

本书的总体思路是:基于新的历史条件下逆全球化现象在政治、经济和文化领域频发,现有全球价值链运行机制的政治和经济基础发生重大变化,国际分工体系面临重构的背景。在开放宏观经济学的理论框架下,立足从特征事实、理论构建到实证的分析脉络,以国际政治经济学相关理论、新国际分工理论、国际贸易理论、自由贸易区网络相关理论为依据,运用理论与实证相结合、定性与定量相结合等研究方法,构建自由贸易区网络一体化水平的测度指标体系,深入分析中国自由贸易区网络一体化水平对我国产业国际地位的影响机理和效果,进而为以中国自由贸易区网络一体化水平提升我国产业国际地位提供科学的决策依据和前瞻性政策建议。

为实现这一总体目标,首先,以自由贸易区网络发展为背景,分析全球自由贸易区网络的发展状况和动态变化特征,分析中国自由贸易区网络总体发展状况。其次,以整体自由贸易区网络为研究对象,将自由贸易区广度和自由贸易区深度有机结合,构建自由贸易区网络一体化水平测度指标体系。再次,对我国产业国际地位进行测度,进而探讨中国自由贸易区网络一体化水平对我国产业国际地位的影响机理和效果。最后,从宏观、中观、微观三个维度入手,以中国自由贸易区网络建设为国内、国际双循环良性互动的啮合点,从不同角度展开国内产业链、区域产业链、全球产业链之间的耦合分析,探索三者间的耦合发展路径,为今后提高中国自由贸易区网络一体化水平、提升我国产业国际地位研究提供新的理论视角与研究范式,丰富全球自由贸易区建设的理论框架。

本书的总体框架如图 0-1 所示。

中国自由贸易区网络一体化水平与我国产业国际地位提升研究

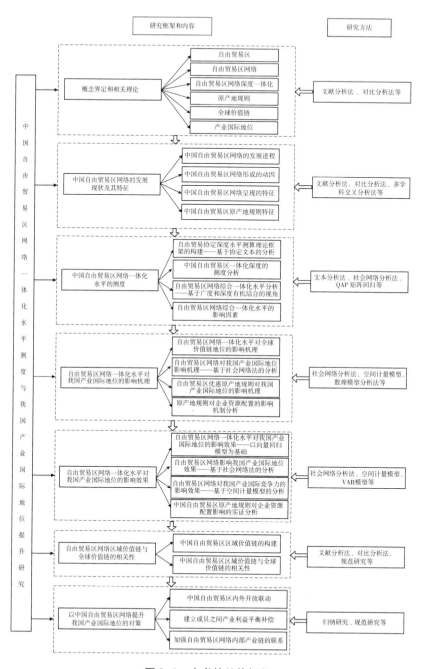

图 0-1　本书的总体框架

第五节　研究方法

一、文献分析法

依托现有文献资料和数据库资源,借助期刊数据库、数据搜集平台和互联网等途径进一步广泛搜集、整理和鉴别相关的文献和数据资料,重点梳理、比较和分析国内外有关"中国自由贸易区网络一体化水平"和"我国产业国际地位提升"的最新研究成果,对一定时期内中国自由贸易区网络发展的研究成果和进展进行系统、全面的叙述和评论。对相关理论研究、指标构建、模型方法、案例分析等进行归纳和综述,明确中国自由贸易区网络发展现状及存在的问题,以期为本书建立理论模型及实证研究提供坚实的文献基础。

二、对比分析法

对比分析法一方面针对不同年份中国自由贸易区网络的网络结构和网络地位以及网络指标进行对比分析,在此基础上梳理总结中国自由贸易区网络发展现状,通过与别国比较方式说明我国现有贸易协定的特点及存在问题。另一方面,基于重叠式自由贸易区网络背景下,通过与别国比较方式归纳和发现自由贸易区成员之间以及成员与非成员之间利益协调、双边和区域合作与多边协调等新问题和新矛盾,进而探寻我国现有贸易协定的特点及存在的问题。

三、数理模型分析法

书中关于中国自由贸易区网络经济效应和中国通过自由贸易区网络嵌入全球价值链的效果两部分,都将依赖于一定的理论基础进行实证分析,因此,需要根据研究的需要,从宏观、中观和微观层面,通过宏观供需、微观关系网络和空间集聚动力等机制设计数理模型,通过对伊顿和科特姆(Eaton 和 Kortum,2002)[1]、梅里兹(Melitz,2003)[2]的理论模型的拓展,立足成本渠道(进口关税降低)、价格渠道(出口关税降低)和对外直接投资渠道,构建中国自由贸易区网络区域价值链影响中国产业转型升级的理论分析框架。在此基础上进行计量模型的设计,保证计量模型设计的科学性和研究结论的有效性。

四、数据最优化方法

采用受约束的最优化方法,借助中国工业企业数据库、海关数据、联合国商品贸易统计数据库,进行 GTAP 数据库的拆分、拓展。需要说明的是,尽管 GTAP 提供了 120 多个国家的区域投入产出表,但其数据类型不仅未能包括国家之间的贸易往来信息,同时忽略了贸易类型的区分。通过库普曼等(Koopman 等,2012)[3]受约束的最优化方法拓展,本部分构建的数据库不但避免了忽略贸易类型、个体差异的测算偏误,同时也能最大程度上详细刻画了中国在自由贸易区网络区域价值链的嵌入程度变化。

五、综合指标体系分析法

本书以整体自由贸易区网络为研究对象,分析全球自由贸易区网络结构的总体发展状况和动态变化趋势,在已有自由贸易区深度一体化研究和测算基础上,考虑自由贸易区网络互动性,将自由贸易区的广度(经济体作为全球自由贸易区网络节点的"影响力")作为衡量自由贸易区网络一体化水平的又一重要指标。把自由贸易区广度和自由贸易区深度有机结合,构建自由贸易区网络一体化水平测度指标体系。在对贸易协定深度进行量化的基础上,采

---

[1]　Eaton J.,Kortum S.,"Technology,Geography,and Trade",*Econometrica*,Vol.70,No.5,2002.

[2]　Melitz M.J.,"The Impact of Trade on Intra-Industry Reallocation and Aggregate Industrial Productivity",*Econometrica*,Vol.71,No.6,2003.

[3]　Koopman R.,Wang Z.,Wei S.J.,"Estimating Domestic Content in Exports When Processing Trade is Pervasive",*Journal of Development Economics*,Vol.99,No.1,2012.

用稳健性的估计方法实证检验我国现有贸易协定深度对专业化分工的影响，确定贸易协定深度提高是否有利于提升我国在全球价值链分工中的参与程度。利用库普曼等（Koopman 等，2012）[1]、王直等（2015）[2]的价值链嵌入位置、上游度、下游度与价值链长度指数，计算我国相关行业贸易占比及在全球价值链地位。

六、社会网络分析法

社会网络分析法是对错综复杂的社会关系及其属性加以研究的一种规范方法。社会网络分析法侧重于研究单个和多个点之间相互耦合、反应、牵制的复杂关系，把抽象的互动关系转换成一个生动、直观的网络关系图。社会网络分析法的研究视角主要有两个：一是对网络特征的研究。即构建以个体为节点、以个体间流量数据为边的网络图，根据各个测度指标在理论层面分析每个个体在网络中的位置特征；二是对个体特征地位的研究。即根据测度公式计算出所要分析的个体在整体网络中的特征指标，最后再根据事实特征构建模型，实证分析各个测度指标对个体特征地位的影响程度。本书利用社会网络分析法构建了中国自由贸易区网络，从自由贸易区网络结构和网络地位两个层面，结合网络密度、凝聚子群、度数中心度、接近中心度和中介中心度等多个复杂网络指标指数，对中国作为全球自由贸易区网络的一个关键节点的自由贸易区网络发展状况进行系统的测评。

七、空间计量方法

空间计量经济学是计量经济学的一门学科，主要研究在横截面数据与面

---

① Koopman R., Wang Z., Wei S.J., "Estimating Domestic Content in Exports When Processing Trade is Pervasive", *Journal of Development Economics*, Vol.99, No.1, 2012.

② 王直、魏尚进、祝坤福：《总贸易核算法：官方贸易统计与全球价值链的度量》，《中国社会科学》2015 年第 9 期。

板数据的回归模式下,如何处理空间交互(空间自相关)与空间结构(空间不均匀性)。本书通过构建空间计量模型来研究中国自由贸易区网络中全球价值链的空间相关性,从而间接反映福利水平的空间相关性。具体步骤包括空间自相关检验以及空间计量模型构建。前者通常采用莫兰指数进行相关检验分析,有时也会借助吉尔里指数;后者可主要分为空间线性模型和空间异质性模型;本书拟通过构建空间线性计量模型以检验网络中是否存在价值链影响的空间溢出效应,同时借助地理加权回归模型(Geographically Weighted Regression,GWR)来进行空间效应的异质性分析。此外,考虑到空间效应极大程度依赖于空间权重矩阵的构建。因此,本书尝试引进不同空间权重矩阵进行空间效应的分析,包括地理(距离)、经济(距离)以及贸易(距离)空间权重矩阵等。在传统线性回归模型基础上,引入空间数据。依据网络结构空间增长的宏观视角与微观角度,运用线性空间计量模型以及地理加权回归模型来检验经济联系网络、经济组织网络和空间联系网络对区域经济增长的综合作用。以不同主体之间在地理区位以及时间维度上的影响效果差异性,进行网络中资源的优化配置,为自由贸易区战略调整提供参考价值。此外,通过引入空间权重矩阵,构建空间计量模型测度原产地规则和其他控制变量在经济体之间的空间溢出效应以及原产地规则对区域内各经济体的贸易联动性的溢出效应,以此研究贸易规则在改变自由贸易区网络结构中发挥的影响作用以及溢出效应。

八、文本分析法

本书相关的国内外文献和政府工作报告较为丰富,一方面,通过利用搜索引擎以及相关文献数据库对自由贸易区网络、优惠原产地规则、全球价值链与区域价值链等进行广泛搜集。另一方面,借助 Python 软件和 Citespace 软件,对这些文献进行深度的解析,并运用文本分析法,对中国已签署的自由贸易协定进行文本挖掘,从协定内容反映的广度与深度出发,构建一套关于自由贸易协定广度和深度的测算体系,为评价自由贸易协定深度水平提供新视角。

九、增加值贸易核算方法

增加值贸易核算方法的提出与改进,能够消除传统贸易统计方法造成的"统计幻象"问题。为此,本书拟在最新的增加值贸易核算方法基础上构建相关指数,即引入王直等(2015)①提出的总贸易核算法,以准确地衡量各国贸易利益分配、国际分工地位、资源禀赋差异以及产业与贸易互补性。总贸易核算法可将部门、双边等层面的国际贸易流量分解为增加值出口、返回的国内增加值、国外增加值和纯重复计算的中间品贸易等组成部分,同时,按照商品价值来源、最终吸收地、吸收途径等因素,将这些价值链划分为不同的途径。

十、多学科交叉研究法

各国参与自由贸易区的动因比较复杂,虽然经济因素是自由贸易区网络形成的主要影响因素,但地缘关系、政治联系、国际体系的权力结构等非传统收益因素也是成立自由贸易区的重要因素,因此本书综合运用国际经济学、国际政治学、国际政治经济学、国际关系学、公共经济学等多学科的理论知识对中国自由贸易区网络、中国自由贸易区网络与世界贸易组织的相关性等理论进行分析,有助于更加全面地把握经济体之间的政治往来、亲密关系与经济体之间成立自由贸易区的互动关系。同时运用数量经济学、统计学等方法,借助博弈论、动态随机一般均衡等模型分析中国自由贸易区网络一体化水平对我国产业国际地位、中间品及最终品贸易附加值的影响效果,全面系统阐释提升我国产业国际地位的有效路径。

---

① 王直、魏尚进、祝坤福:《总贸易核算法:官方贸易统计与全球价值链的度量》,《中国社会科学》2015 年第 9 期。

第六节　创　新　点

一、研究视角的创新

（一）基于自由贸易区广度和深度两个视角研究自由贸易区网络一体化水平

在当前全球自由贸易区发展呈现出错综复杂的网络化发展趋势的背景下,开展中国自由贸易区网络一体化水平相关研究,旨在为今后提高中国自由贸易区网络一体化发展水平、建立高质量自由贸易网络等问题研究提供新的理论视角与研究范式,丰富全球自由贸易区建设的理论框架。具体来说,首先,以全球自由贸易区网络发展为背景,分析全球自由贸易区网络的发展状况和动态变化特征,以及中国自由贸易协定的发展变化,提出中国自由贸易区网络理论的实质内涵。其次,围绕单个自由贸易协定垂直和水平测度以及自由贸易区网络一体化水平测度,把自由贸易区广度(经济体作为全球自由贸易区网络节点的影响力)和自由贸易区深度(经济体自由贸易区协定的总体深度发展水平)有机结合,构建评价自由贸易区网络一体化水平测度指标体系,对中国自由贸易区网络以及典型国家自由贸易区网络一体化水平进行测度,从而反映中国自由贸易区网络总体发展状况。

（二）从静态和动态变化双视角研究自由贸易区网络一体化水平对中国产业国际地位的影响

随着区域经济一体化进程的不断加深,各国之间的经济、贸易联系变得越来越密不可分。为了适应生产与分工的全球化发展,各国纷纷通过参与自由贸易区构建的方式来提高投资和贸易的自由化程度。中国自由贸易区建设的不断升级和推进,形成了重叠式网络结构。而这种结构既具有静态的性质,又具有动态特点。因此,本书从静态和动态双视角研究自由贸易区网络一体化水平对中国产业国际地位的影响机理和效果。

(三)从空间效应视角研究中国自由贸易区网络对我国制造业竞争力的影响

从地缘关系来看,中国的缔约对象遍布全球。其中,缔约国主要集中于亚洲地区,与中国已签署或正在谈判的亚洲国家或地区所占比例均在60%以上;从正在谈判或研究的自由贸易区的发展趋势来看,缔约国逐渐扩展到欧洲、美洲以及大洋洲地区。这主要由于中国处于东亚地区,与亚洲经济体的政治经济联系更为紧密。随着"一带一路"的共建,自由贸易区缔约国逐渐扩展到欧洲、美洲以及大洋洲等地区,以期形成立足周边并辐射"一带一路"沿线国家和地区的全球高标准自由贸易区网络。本书将采用空间计量模型,研究自由贸易区网络中成员地理位置对中国制造业竞争力的影响机理和效果。

(四)从宏观、中观、微观三个维度提出有利于我国产业升级的自由贸易区网络发展路径

当今世界正经历百年未有之大变局,准确把握国际经贸规则变化趋势,进行自由贸易区网络高标准建设刻不容缓,寻找提升中国自由贸易区网络一体化水平的路径逐渐成为开展对外合作的主要目标。本书立足于中国自由贸易区网络发展现状,总结我国自由贸易区网络建设发展战略实施中存在的问题,围绕中国自由贸易区网络一体化水平提升的有效路径、中国自由贸易区网络一体化水平提升的保障措施,结合全球价值链重塑的背景,选择符合中国自由贸易区网络高质量发展的政策。具体来说,首先,从建立"一带一路"多边自由贸易区网络、"一带一路"与中国自由贸易区网络对接、区域价值链与全球价值链耦合、有效衔接巨型自由贸易区规则和复制推广先进经验四个方面来

探讨国际层面的有效路径。其次,从自由贸易试验区内部制度、顶层设计、国内经济管理和监管体系、议题广度和深度四个方面来分析国家层面的有效路径。再次,从贸易伙伴的约束条件、国内和区域以及全球产业链的互动方面来研究产业层面的有效路径。最后,从企业自由贸易区优惠利用率、企业产业链配置两方面探讨企业层面的有效路径。最终设计出一条有利于我国产业升级的自由贸易区网络发展路径。

（五）强化跨学科交叉的研究视角

本书建立了一个关于"中国自由贸易区网络发展现状及水平测度、网络构建的理论基础、网络经济效应的实证分析、网络规模和结构优化研究、构建高标准自由贸易区网络的有效路径与保障措施"等问题的跨学科研究平台,组建跨学科的研究团队,从世界经济学、产业经济学、制度经济学、统计学、数量经济学、国际政治经济学、公共经济学、系统科学和管理学研究的视角,同时融合国际政治经济学理论、新国际分工理论、国际贸易理论、自由贸易区网络等相关理论,运用引力模型、空间计量模型、社会网络分析法等多种方法,以理论模型与实证分析相结合的方法对相关研究进行破题。

二、学术观点方面的突破或创新

（一）对中国自由贸易区网络的内涵与外延重新界定,设计一套具有普适性的自由贸易区网络一体化水平测度的指标体系

目前,国内外学术界关于自由贸易区一体化水平的测度主要基于自由贸易区深度发展特征,对其规则条款进行分类和量化研究。自由贸易协定深度测算大致分为两种方式:一种是基于世界贸易组织框架对自由贸易区的规则条款进行分类量化;另一种是将自由贸易区中某个条款分为不同的维度,并通过0—1赋值的方式,根据出现或实施的效力进行量化评分。随着一国签订多

个自由贸易区协定,形成了盘根错节的全球自由贸易区网络。大部分国家已经建立起了立足周边、以本国为轴心的自由贸易区网络。自由贸易区网络结构特征的变化,引起自由贸易区网络节点地位的变化,进而会对各国家自由贸易区网络一体化发展产生深远的影响。本书以整体自由贸易区网络为研究对象,分析全球自由贸易区网络结构的总体发展状况和动态变化趋势,对中国自由贸易区网络的内涵与外延进行重新界定,而且在已有自由贸易区深度一体化研究和测算基础上,考虑自由贸易区网络互动性,把自由贸易区广度和自由贸易区深度有机结合,以自由贸易协定的全部文本为依据,构建中国自由贸易区网络一体化水平测度指标体系。并运用此指标体系对中国自由贸易区网络一体化水平以及典型国家自由贸易区网络一体化水平进行测度,实现从自由贸易区网络定性认知到定量认知的飞跃。

(二)以中国为"轮轴国"的自由贸易区网络呈现出显著的空间效应

通过运用空间计量研究方法,把空间效应纳入中国自由贸易区网络对制造业竞争力影响的分析中,得出以中国为"轮轴国"的自由贸易区网络具有显著的空间效应。具体表现为:(1)网络中地理距离相近的国家或地区制造业国际竞争力之间显示出正向空间相关性;(2)经济发展水平相近的国家或地区制造业国际竞争力之间显现出负向空间相关性;(3)对外贸易开放水平相近的国家或地区制造业竞争力之间则呈现出正向空间相关性;(4)在当前自由贸易区网络中,地缘距离不再是制造业空间关联发生的主要考虑因素,而经济发展水平和贸易水平相近的经济体之间的产业空间关联性越来越强。

(三)中国自由贸易区网络的广度与深度对我国在全球价值链中的地位具有正向影响

本书以向量自回归模型为基础,运用脉冲响应技术,考察了中国2007—2019年自由贸易区网络的深度和广度发展对全球价值链分工地位的具体影响趋势,并对比分析中国自由贸易区网络深度和广度对不同产业价值链和细分行业价值链分工地位影响程度。研究结果表明:第一,自由贸易区网络深度和广度发展对我国在全球价值链分工地位的攀升均有正向的促进作用。第二,自由贸易区网络深度发展对我国在初级产业、制造业和服务业全球价值链分工地位的攀升有持续性的正向促进作用;自由贸易区网络广度发展对初级产业、制造业全球价值链分工地位攀升短期内存在正向促进作用,但长期作用有限。第三,自由贸易区网络深度和广度发展对我国在劳动密集型产业、资本密集型产业和技术密集型产业全球价值链分工地位的攀升有持续性的正向促进作用。

(四)自由贸易区网络区域价值链、全球价值链的耦合效果有利于我国产业国际地位的提升

长期以来,中国都是全球价值链的参与者和跟随者,主要嵌入欧美日等发达国家主导的价值链并处在中下游环节。因此,中国的国际产业地位提升很难摆脱发达国家的阻碍,寻求产业转型升级新路径成为中国面临的重大选择。而构建高标准中国自由贸易区网络为中国摆脱全球价值链低端锁定状态提供了可能。本书引入社会网络分析法构建中国自由贸易区网络,并基于上市公司数据库和海关数据库,测算中国以自由贸易区网络嵌入全球价值链的程度和位置。利用空间计量模型,既研究了中国自由贸易区网络一体化水平对我国产业国际地位的直接效应,又探索了各自由贸易区之间在相互依赖和相互聚集基础上对中国产业国际地位的空间溢出效应。一定程度上弥补了对中国自由贸易区互动、动态研究较少的不足。并通过研究自由贸易区网络区域价值链与全球价值链的关系,提出自由贸易区网络区域价值链、全球价值链的良性互动机制,有利于提升我国的产业国际地位。

第一章　概念界定和相关理论

第一节　概念界定

一、自由贸易区相关概念界定

(一)自由贸易区的内涵

随着经济全球化和区域经济一体化进程的不断深化,世界经济体间的经济联系日益紧密,各种经济一体化组织也迅速发展,与自由贸易区相关的概念众多,有必要对本书研究的自由贸易区概念进行清晰界定,以便开展深入的研究。从世界经济发展的实践来看,区域经济一体化是世界经济领域中与经济全球化相对应的概念,从两者的目标与内涵来看,区域经济一体化与经济全球化具有一定的共性,其目标都是为了消除经济贸易壁垒,实现商品、服务以及生产要素的跨国自由流动(董洪梅,2019)①。区域经济一体化是以对内加强经济合作、对外增强竞争实力为目的,由政府出面通过缔结一体化协定或条约,将两个或两个以上主权国家或单独关税区结合在一起的区域性经济组织。

---

① 董洪梅:《中国双边自由贸易区建设及其成效研究》,东北师范大学 2019 年博士学位论文。

从国际经济学理论角度来看,按照经济一体化程度的不同,可将区域经济一体化组织按照一体化深度由低到高划分为优惠贸易安排、自由贸易区、关税同盟、共同市场、经济同盟和完全经济一体化六种类型,见表1-1。

表1-1　区域经济一体化主要类型及一体化程度

内容	内部减免关税消除壁垒	共同的对外关税	生产要素自由流动	经济政策协调	完全统一经济政策
优惠贸易安排	√	×	×	×	×
自由贸易区	√	×	×	×	×
关税同盟	√	√	×	×	×
共同市场	√	√	√	×	×
经济同盟	√	√	√	√	×
完全经济一体化	√	√	√	√	√

自由贸易区是当前区域经济一体化进程中最为主流的一体化形式,在当前实施的区域贸易协定中,超过85%都是以自由贸易区的形式签订。随着经济一体化理论的进一步发展,20世纪50年代,"自由贸易区"更多地被称为"经济一体化"的主要表现形式之一。著名经济学家多米尼克·萨尔瓦托(Dominic Salvatore)对"自由贸易区"定义为"降低或消除成员之间的贸易壁垒,但继续保持对非成员的贸易壁垒";美国关税委员对"自由贸易区"的定义为:"在自由贸易区范围内,再出口商品的关税豁免地位高于一般关税地区";根据世界贸易组织的相关规则,"自由贸易区"即为促进国家与地区之间实现贸易自由化与便利化的地区性贸易安排。陈林和罗莉娅(2014)[①]、周玉渊(2015)[②]等认为"自由贸易区"的核心目标为在一定的区域范围内降低或取

---

① 　陈林、罗莉娅:《中国外资准入壁垒的政策效应研究——兼议上海自由贸易区改革的政策红利》,《经济研究》2014年第4期。
② 　周玉渊:《从东盟自由贸易区到东盟经济共同体:东盟经济一体化再认识》,《当代亚太》2015年第3期。

消关税壁垒,实现生产要素在特定区域范围内的自由流动。基于国内外相关学者的研究,可以对"自由贸易区"作出以下定义:自由贸易区是以关税或投资壁垒降低为手段,以生产要素的自由流动为目标,试图实现生产要素在更大空间范围整合的一种制度性安排。

(二)自由贸易区发展水平的内涵

在"十三五"期间,世界贸易格局复杂性与不确定性进一步加剧。同时,英国脱欧、美国退出巴黎气候协定、中美贸易摩擦等逆全球化趋势使世界经济前行更加曲折艰难。随着 2020 年新冠疫情的全球性蔓延,中国在国际环境中的处境也更加复杂、严峻。鉴于此,自由贸易区成为中国进一步提高对外开放水平、拓展国际贸易合作空间的重要途径。随着自由贸易区的发展,自由贸易协定的议题内容和规则深度不断深化。新一代的自由贸易协定在原有货物、服务贸易自由化、投资便利化等内容外,进一步扩展了有关知识产权保护、劳工标准、贸易争端解决机制、原产地规则、环境保护标准等方面的内容。随着自由贸易区议题的增加和规则深度的深化,各自由贸易区呈现出自由贸易协定异质性的特征(东艳等,2009)[1]。学者开始从自由贸易协定内容和议题入手,将自由贸易协定议题范围扩大、合作程度的加深作为自由贸易区经济一体化深度发展的重要标准,也成为区域一体化高质量的一个测度指标。因此,学术界大多认为自由贸易区高质量发展水平是实现自由贸易区一体化深度的发展,即通过签订高标准自由贸易区协定,实现自由贸易区一体化深度的发展,在消除成员之间的关税壁垒和贸易壁垒的基础上,取消生产要素跨区域流动的障碍,谋求协调一致的财政、货币、区域经济发展、社会福利等政策。

---

① 东艳、冯维江、邱薇:《深度一体化:中国自由贸易区战略的新趋势》,《当代亚太》2009 年第 4 期。

二、自由贸易区网络相关概念界定

(一)从自由贸易区到自由贸易区网络

自 20 世纪 90 年代以来,全球区域贸易协定形成了爆发式的发展态势。不仅位置邻近的国家积极寻求签订双边或多边自由贸易区合作,很多跨地区的国家也纷纷通过签订自由贸易协定促进贸易合作,进而实现更大的经济利益,全球自由贸易区发展呈现出错综复杂的网络化发展趋势。随着区域经济一体化发展浪潮的兴起,世界贸易组织成员中 97% 的成员至少签订了一个自由贸易协定,发达国家平均签订了 13 个自由贸易区协定,逐渐形成了多种类型的自由贸易区,其中以"轮轴—辐条式"自由贸易区网络为主要形式。从世界经济发展的实践层面,出现了从单一自由贸易区到自由贸易区网络的变化。这种现象引起了学术界的关注,但真正以自由贸易区网络为研究对象,还仅仅停留在内涵界定以及把某种要素(比如原产地规则等)引入到自由贸易区研究中(成新轩,2011)[1],或者运用社会网络分析法研究自由贸易区网络的特征等(彭羽等,2019)[2]。

从目前国际生产分工日益精细、全球产业链成为影响世界经济运行效率的主要因素看,自由贸易区网络已不是单个自由贸易区的简单加总,自由贸易区的交叉性和复杂性改变了全球市场需求和中间品供给格局,传统的双边分析框架已不能对自由贸易区网络的一体化水平、经济效应和福利效应等进行有效的诠释。本书中,自由贸易区网络内涵不仅包含自由贸易协定的广度(签订自由贸易协定数量、地理位置等)和深度(协定覆盖的政策、具体文本的层次等),还需要考虑一国签订不同协定之间的相互影响,尤其是把自由贸易

---

① 成新轩:《重叠式自由贸易区理论与实证研究》,人民出版社 2011 年版,第 17 页。
② 彭羽、沈玉良、田肖溪:《"一带一路"FTA 网络结构特征及影响因素:基于协定异质性视角》,《世界经济研究》2019 年第 7 期。

区网络的规模最优和结构最优纳入进来,同时成员发展水平、市场规模等因素也应成为核心变量。因此,在本书中不仅强调了自由贸易区网络,还强调了高标准的量化(用发展水平进行测度)。

(二)自由贸易区网络的特征

就目前自由贸易区网络而言,不同自由贸易协定之间通过"轮轴国"以及"辐条国"签订的自由贸易协定产生了交互的影响,企业需要根据不同协定、不同产业的原产地规则进行产业链的重新配置,原有单一自由贸易区深度一体化测度指标体系已经不能全面衡量一个国家签订的多个自由贸易协定形成网络的发展水平,需要用社会网络分析法的中心度指数、结构洞等指数综合分析自由贸易区网络呈现的特征以及对企业、产业竞争力等影响效果。

1. 度数中心性的概念界定

度数中心性指处于一系列联系的"核心"位置的点,该点与其他点有众多的直接联系。所谓度数就是与一点直接相连的其他点的个数。以度数为基础中心性的测量,可以用来解释有向和无向图中点的中心性,在有向图中有点入度和点出度的区分,在无向图中则表示与该节点相连关系的总和。在对网络关系图度数中心性进行测量的时候,整个关系网络并不是只有一个"核心",还可能存在其他"核心"节点。度数中心性反映贸易网络中节点的重要程度,是衡量网络中各个节点所处位置的重要变量。具体到贸易网络中,度数中心性可以衡量我国贸易范围的广度以及与我国发生贸易国家的数量,侧面反映了我国在贸易网络中所处的位置。较高的网络度数中心性预示着我国在贸易中处于核心位置,能与较多的国家存在贸易往来,我国在贸易网络中起到了"桥梁"作用,且在贸易网络中具有较高的话语权。

2. 网络联系强度的概念界定

在关系网络中,网络联系强度表示节点间联系紧密程度的大小。最初的网络联系强度反映的是节点间对话的次数和联系频繁程度,在联系强度层面反映关系网络中节点间的亲疏关系。对网络联系强度最直接的测量方法是，将两个网络节点之间的对话关系进行叠加，就是将一定时间内，两个网络节点间所发生的对话次数直接相加，用以表示两个节点间的网络联系强度的大小。如果该节点与其他节点发生关系较为紧密，则表示该节点的联系强度较强，在关系网络中较为活跃，具有较高的网络中心位置。具体到贸易网络中，我国的网络联系强度越强，表示我国与其他各经济体的联系就越深，就越能突出我国的贸易重要地位，彰显着我国较高的贸易话语权。

3.网络异质性的概念界定

网络异质性指网络中是否有"结构洞"和弱关系的存在。结构洞就是一个没有联系的个体或者团体之间的空间，而"搭桥者"就是其中的一员，它们之间的距离越远，就越难以替代。具体到贸易网络中，网络异质性表示一国对外贸易的地理集中度，网络异质性越高，说明一国对外贸易越分散，越能接触不同的伙伴国，获取各种不同的资源，降低本国的贸易风险。

三、自由贸易区网络深度一体化概念界定

自由贸易区网络的深度一体化指某一经济体作为"轮轴国"与所有"辐条国"签订自由贸易协定深度一体化发展水平。一般而言，"轮轴国"与"辐条国"签订自由贸易协定的平均深度越高，表明该经济体作为"轮轴国"的自由贸易区网络一体化深度发展水平越高。根据一体化深度的不同，可以分为深度一体化自由贸易区与浅度一体化自由贸易区。浅度一体化自由贸易区在内容上更注重关税的作用，而深度一体化是在降低关税和配额的基础上，更侧重不断完善国内市场法律法规和贸易体制，采用更加多样化的载体形式，例如投资、知识产权、竞争政策等来促进区域经济的一体化。随着全球范围内生产网络的扩张，各国的经济合作和联系日益紧密，区域之间的经济往来突破贸易范畴向各个领域扩展，区域内的自由贸易协定内容也随着合作内容不断丰富。新一代自由贸易协定所涵盖的范围越来越广，其内涵与外延也在不断深化，除

了具有传统的贸易保护与投资,还涵盖了知识产权保护、环境保护、劳工标准、原产地规则、产业合作与贸易纠纷解决机制。此外,有的协定还包括经济技术合作以及海关合作的内容,呈现出自由贸易区深度一体化的发展趋势。

四、原产地规则相关概念界定

(一)原产地规则的概念

在国际贸易的实际操作中,为了对进口产品进行国别统计并施以关税税率、配额、反倾销等不同的贸易待遇和措施,进口国海关需要明确进口货物的来源地。这种判定货物来源地的方法在国际贸易领域里被称作原产地规则(Rules of Origin,RoO)。根据世界贸易组织《原产地规则协定》的定义,"原产地规则是各成员为确定货物原产国或地区而实施的普遍适用的法律、规章和行政裁决"。当原产地规则仅作为对进口货物作为国别统计的技术工具时,它是中性的、无争议的。然而,当原产地规则作为判定一国出口货物在进口国是否享受优惠贸易待遇时,即原产地规则与优惠贸易体制联系在一起时(优惠原产地规则),它又是歧视性的,且这种歧视性的背后隐含了巨大的政策含义和经济利益,使原产地规则在国际贸易中的地位愈加明显。因此,原产地规则不仅是一种中性的、无争议的技术工具,同时又是歧视性的贸易政策工具。

(二)优惠原产地规则的概念

按照适用范围划分,原产地规则分为优惠原产地规则,如区域贸易协定中的原产地规则,以及非优惠原产地规则,如世界贸易组织原产地原则。其中,优惠原产地规则又可以分为单边优惠原产地规则和互惠优惠原产地规则。世界贸易组织《原产地规则协定》对非优惠原产地规则(Non-Preferential Rules of Origin,Non-Preferential RoO)的定义为"与导致给予超出 1994 年《关税与贸易总协定》第 1 条第 1 款适用范围的关税优惠的契约式或自主式贸易制度无关"的原产地规则。由上述定义可知,非优惠原产地规则用于判断非优惠贸易中产品的来源地,从而适用最惠国待遇等海关措施。与非优惠原产地规则相反,优惠原产地规则(Preferential Rules of Origin,Preferential RoO)往往与优惠贸易安排联系在一起,主要适用于普惠制和区域贸易协定等单边、双边和诸边优惠贸易体制。例如,普惠制优惠原产地规则、北美自由贸易区优惠原产地规则、欧盟优惠原产地规则。在实际操作中,优惠原产地规则主要用于判定进口产品能够获得优惠市场准入资格,而非优惠原产地规则主要用于判定进口货物的来源地。因此,优惠原产地规则的目的在于决定产品是否原产自受惠区,如果产品丧失了优惠进入的条件,就不需要再对其来源进行进一步的界定;而非优惠性原产地规则的辅助手段,则需要对其进行界定,以便更好地实施相关的贸易措施,这也是优惠国与非优惠国原产地规则之间的一个重要差异。

五、全球价值链相关概念界定

(一)价值链

全球价值链理论起源于20世纪80年代,其中最为流行、影响最为深远的当属波特于1985年提出的价值链理论。从企业的行为与企业的竞争优势出发,波特指出,企业的总体生产和运营活动可以按照其不同的属性和功能,被划分成一个个独立的具体活动。由于每项活动都会产生价值,因此波特将其称作创造价值的行为。价值创造活动被分为基础性活动和支持性活动,基础性活动包括生产、营销、运输和售后服务,支持性活动环节则包含原材料供应、技术、人力资源和财务等。在企业创造价值的过程中,这些行为是相互关联的,它们所产生的价值,构成了"价值链"的初始形式。价值链管理强调从整体成本的角度来衡量企业的运营效益,而非一味地追求单一的商业行为,要从价值链的各个环节进行协调,提高整体的绩效。波特分析了一般企业的价值链构成,提出了基本的价值链结构模式(如图1-1所示)。

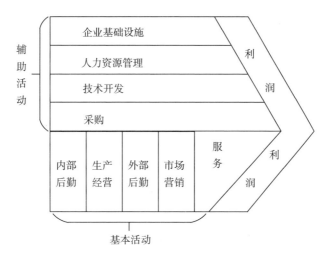

图 1-1　企业活动价值链示意图

鉴于企业间交流与协作的日益频繁,波特进一步提出了"上接供应商,下接分销商"的"价值链体系",即全球价值链的基本理念。在价值链构成中,供应商具有创造和发送用于企业价值链之中外购投入的价值链,即上游价值。很多产品都要经过一系列的销售渠道才能进入消费者手中,即渠道价值。企业的产品最终会成为其买方价值链的一部分,即顾客价值。通过这种方式,由上游到下游的价格体系构成了一个完整的价格体系。波特"价值链"的概念把原来只限于个体企业的价值链扩展到了不同的企业之间。波特的价值链理论在企业管理和企业竞争中起到了重要作用。

(二)价值增值链

科格特(Kogut,1985)①将增值链用于分析国际战略利益,认为增值链指通过技术、原材料、劳动力等多种输入环节,通过市场交易、消费,最终实现产品的流通。科格特基于价值链的理论,把价值链的定义延伸到了地区和国家

---

① Kogut B.,"Designing Global Strategies:Comparative and Competitive Value-Added Chains", *Sloan Management Review*,Vol.26,No.4,1985.

的层次,并指出了其形成的实质是各国的比较优势与企业之间竞争实力的互动。在国家或区域内,由于国家比较优势的作用,决定了企业在价值链的哪一个环节和技术层面上,为了保证竞争优势,公司必须把自己的全部资源都投入到这个价值链中。他还将增值链描述为一种价值增值的过程,即制造商将技术与其所输入的原材料与劳动相结合,生产产品、进入市场、销售产品的价值增值过程。在这个过程中,一个厂家可能只是参与了一个环节,一个供应商将整个价值的增值过程都融入了这个系统之中,而这个系统的所有活动和技术,都和其他的企业有关,如图 1-2 所示。相对于波特的价值链视角,这个观点比波特更能体现价值链的纵向分割与全球的空间重新分配,从而对于形成全球价值链的看法起到了关键作用。科格特的理论与波特的比较,它更能体现出经济全球化的大环境和垂直分离的特征,从而在全球价值链的形成中扮演了关键角色。

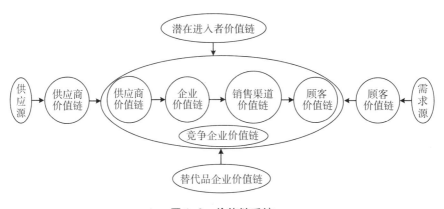

图 1-2　价值链系统

（三）全球商品链

格里芬和科尔泽涅维奇（Gereffi 和 Korzeniewicz,1994）①以美国零售业的

---

① Gereffi G., Korzeniewicz M., *Commodity Chains and Global Capitalism*, Westport, CT: Praeger,1994.

价值链为基础,将价值链理论和工业组织理论相结合,提出全球商品链分析法。在世界经济全球化的大背景下,产品的生产过程被划分为多个阶段,以特定的产品为基础,在全球范围内形成一个多层次的企业和机构,并将其组织在一个整体的生产网络中,形成一个全球性的产品链条。格里芬和科尔泽涅维奇(Gereffi 和 Korzeniewicz,1994)①认为全球商品链应该包括以下内容:"通过一系列国际网络将围绕某一商品或产品而发生关系的诸多家庭、企业和政府等紧密地联系到全球经济体系中;这些网络关系总体上具有社会结构特征、特殊适配性特征、区域性聚集特征;任何一条商品链条的特定的处理过程或组件通常是由一系列的网络联系起来的一个或多个结点组成;在一个产品链条上,每一个环节都包含了投入(原料和半成品等)组织、劳动力供应、运输、市场营销和最终消费。"格里芬等还区分了两类全球商品链:采购者驱动型(Buyer-driven)和生产者驱动型(Producer-driven)。以采购为导向的产品链条是由大型零售商、分销商和品牌生产商组成的一种组织结构,它们遍布全球。

采购驱动型商品链是指大型零售商、经销商和品牌制造商在散布全球的生产网络(特别是奉行出口导向的发展中国家)的建立和协调中起核心作用的组织形式。采购者驱动型全球商品链是通过非市场的外在调节,而不是直接的所有权关系建立高能力的供应基地来构建全球生产和分销系统。生产者驱动型商品链是一种纵向的分工系统,它使大型跨国公司在构建和调整生产网络过程中扮演着中心角色。在生产商的带动链条中,像飞机这样的高端产品的生产商,通过对原材料、零部件供应商、下游分销商和零售商的控制来获取更高的利润。通过对全球生产性产品链条中的非市场外部协作与传统的纵向整合企业进行比较,格里芬认为,生产者推动国家在商品链条上的各个行业的共同发展起着关键的作用。

---

① Gereffi G., Korzeniewicz M., *Commodity Chains and Global Capitalism*, Westport, CT: Praeger,1994.

（四）全球价值链

20世纪90年代,格里芬等学者的理论一直没有脱离商品的限制,也没有着重强调在价值链上经营的公司在创造和获得价值方面的重要性。格里芬及其研究人员从价值链的视角出发,对全球经济一体化进程进行了深入的剖析,并将其视为一种管理制度,而了解其运行机制对发展中国家的公司和决策者意义重大。价值链的形成是一家企业在一定产业内持续活动的结果,包括产品设计、生产、营销、交货等各种活动。这对全球价值链的研究具有里程碑意义。在该方面研究中,众多学者从治理、演进、升级等不同视角,对全球价值链的基本内涵和理论体系进行了深入的研究。

斯特恩(Sturgeon,2001)①从组织规模、地理分布和生产性主体三个方面对全球价值链进行了定义。从组织规模看,全球价值链是指所有从事某一产品或服务的生产活动的所有成员;从地理分布看,全球价值链必须具有全球性;从参与主体上来看,有一体化企业、零售商、领导厂商、总包供应商、配件供应商等。作者还将价值链与生产网络的概念加以区别:价值链是指一种产品或服务的生产、交货、消费、服务等一系列的过程。2002年,联合国工业发展组织在2002—2003年的《通过创新和学习来参与竞争》(*Competing Through Innovation and Learning*)中,综合众多学者的研究结果,提出了最具有代表性的全球价值链概念。全球价值链是一个全球性的跨国企业网络,它将生产、销售和回收处理等流程连接起来,以达到产品和服务的价值,包括原材料的收集和运输、半成品和成品的生产和分配、最后消费和回收处理。它涵盖了所有的参与者和活动,如制造和销售、价值收益的分配,以及通过对供应商、伙伴和顾客的自动连接,来支撑各机构的能力和效率。这一定义突出表明,全球价值链不仅包括许多相互补充的企业,更是一个以多种经济活动为纽带的企业网络,

---

① Sturgeon T.J.,"How Do We Define Value Chains and Production Networks?",*IDS Bulletin*,Vol.32,No.3,2001.

其重点并非局限于企业,而是契约关系以及不断改变的联系。可以看出,全球价值链强调的是一种纵向维度的生产分工,分工越细,则纵向链条越长。但是,在全球范围内,也有水平维度上的专业分工,而在水平方向上,专业分工将会发展为规模经济。随着产业链的不断延伸,企业的全球制造网络规模也越来越大,结构也越来越复杂。

六、产业升级相关概念界定

产业转型升级内涵可以分为传统产业转型升级和全球价值链视角下产业转型升级。传统产业转型升级主要是指产业结构转型升级。学术界以三次产业结构演变为研究对象,在西方发达国家产业发展历史经验的基础上总结整个产业结构随着经济增长而演变的基本规律,其理论基础是国家或地区要素禀赋结构的动态变化。克拉克(Clark,1940)[1]最早对经济发展与产业结构演变之间的关系作出解释。总结出国民经济中的就业人口结构首先由第一次产业向第二次产业移动,之后再由第二次产业向第三次产业移动。库兹涅茨(Kuznets,1941)[2]在克拉克研究的基础上综合考虑国民收入和就业人口产业结构,总结出经济结构变动理论。库兹涅茨认为随着人均收入的增长,社会消费水平不断提升,导致农业部门在劳动力投入和收入方面的占比不断下降,工业部门尤其是新兴工业占比不断上升,以消费为主的服务部门比重将会持续提升,且服务业能容纳较多的劳动力。赤松要(Akamatsu,1962[3])提出的雁阵模型形象地说明了一国如何通过比较优势的动态变迁顺利完成产业结构的转型升级。在此模型中,日本扮演了"领头雁"的角色,其他国家则为"雁群",日本在进行自身产业升级的同时也带动了其他国家的产业发展。美国经济学家

---

[1]　Clark C., *The Conditions of Economic Progress*, New York: Macmillan Company, 1940.

[2]　Kuznets S., "Economic Progress", *The Manchester School*, Vol.12, No.1, 1941.

[3]　Akamatsu K., "A Historical Pattern of Economic Growth in Developing Countries", *The Developing Economics*, Vol.1, No.1, 1962.

切纳里(Chenery,1980)[1]构建多国标准产业结构模型,研究表明各产业间遵循着一定的演变轨迹:第一阶段以农业为主→第二阶段(工业化初期)以劳动密集型产业为主→第三阶段(工业化中期)以资本密集型产业为主→第四阶段(工业化后期)新兴服务业开始崛起→第五阶段(后工业化)技术和知识密集型产业占主导地位。

在以全球价值链分工为特征的时代背景下,要素禀赋与比较优势的演化路径变得更加复杂,从而使产业转型升级的含义更加丰富。波特(Porter,1985)[2]最早提出从价值链的角度对产业转型升级进行分析。汉弗莱和施密茨(Humphrey 和 Schmitz,2002)[3]提出产业转型升级包含从低到高四个层次:流程升级(引进高级技术或重组生产体系)、产品升级(产品工艺、产品质量,产品附加值)、功能升级(从低附加值向高附加值转移)、价值链升级(融入新的价值链)。

第二节 理论基础

一、自由贸易区相关理论

(一)自由贸易区静态经济效应

1.贸易创造

当自由贸易区内贸易壁垒的消除导致其某个成员(如模型中的 A 国)使用区内另外一个成员(如模型中的 B 国)以更高效率生产出来的进口商品(如

---

① Chenery H.,"Interactions between Industrialization and Exports",*American Economic Review*,Vol.70,No.2,1980.

② Porter M.,*The Competitive Advantage：Creating and Sustaining Superior Performance*,NY：Free Press,1985.

③ Humphrey J.,Schmitz H.,"How Does Insertion in Global Value Chains Affect Upgrading in Industrial Clusters?",*Regional Studies*,Vol.36,No.9,2002.

G_B）来替代一些国内此前以较低效率生产出来的同类商品（如 G_A）时，就产生了贸易创造效应。这是因为自由贸易区的建立使其成员 A 从另外一个成员 B 进口商品 G_B 的成本低于本国自己生产 G_A 的成本。即：

因为生产效率 $L_A^P < L_B^P$

所以 $P_A > P_B$

$$(1-1)$$

在这种情况下，如果 $P_A > P_B + T_{FTA}$（以上已假设 $T_{FTA} = 0$ 且对运输等成本也忽略不计），那么，A 国放弃自己生产 G_A，而改用从 B 国进口的商品 G_B 显然更加经济。这样，A、B 两国之间的国际贸易就产生了促使双方福利提高的贸易创造。自由贸易区的缔结尽管给 A 国内被替代商品 G_A 的生产者带来市场调整问题，但是却使商品 G 的生产从效率较低的 A 国转移到了效率更高的 B 国，这样既可以把 A 国原先投入到效率较低商品 G_A 生产中的资源转移到更具比较优势的产业、更有效率的产品上或部门中，促进 A 国资源的有效配置，使 A 国也能够享受到这种集中或专业化分工所带来规模经济效应，又能够让 A 国消费者以更低的价格买到商品 G，使 A 国以进口商品 G 为主的行业以及该国享受价格更低廉商品 G 的消费者受益，同时还增加了 B 国的收入和就业，同样产生规模经济效应。所以，A、B 两国构建的自由贸易区同时增加了双方的经济福利。还有学者指出，作为一国贸易政策的自由贸易区是内生变量，用计量经济学的方法考虑、计算自由贸易区变量的内生性可以得出惊人的实证结果：自由贸易区对成员贸易流量的效应是使用普通最小二乘法估算的5—6 倍，10 年之后，自由贸易区可以使两个成员的贸易增长 1 倍。

获得新的市场和扩大出口机会是许多优惠性贸易自由化政策极其重要的一个考虑，自由贸易区战略当然也不例外。扩大出口有三种方式：一是扩大出口产品数量；二是扩大出口产品范围；三是扩大出口目的地。无论何种方式，都可以获得广延边际收益（对同一目的地增加出口价值）、集约边际收益（新的出口项目、新的目的地）以及可持续性收益（保持长期出口优势）。自由贸易区是帮助成员获取这三项收益的重要途径。

2. 贸易转移

当自由贸易区内的成员(如 A 国)把某些商品的进口(如 G_A)从全球最有效率但并非自由贸易区成员的来源市场(如 C 国)转移到区内成员效率不高的来源市场(如 B 国)时,就会发生贸易转移。在 A、B 两国形成自由贸易区之前,由于 $P_A > P_B > P_C$,所以,只要 $P_A > P_B + T_A > P_C + P_A$,那么 A 国从 C 国进口商品 G 就最经济。然而,在 A、B 两国构建自由贸易区后,由于它们之间的关税取消,而它们对区外的成员 C 国则仍然保留以前的较高关税 T_A 与 T_B(即所谓外生的外部关税)。这时,A 国从自由贸易区内的成员 B 国进口以较低效率生产出来的商品 G_B 可能因为它们之间的关税为零反而比进口区外 C 国以更高效率生产出来的商品 G_C 更加便宜,即虽然 $P_B > P_C$,可是 $P_B + T_{FTA} < P_C + T_A$,因而 A 国就会用 B 国以较低效率生产的商品 G_B 来取代之前对非自由贸易区成员 C 国以较高效率生产的商品 G_C 的进口。即:

因为 $L_B^P < L_C^P$

所以 $P_B > P_C$

因为 $T_A > T_{FTA} \geq 0; P_C + T_A > P_B + T_{FTA}$

所以 A 国更愿意从 B 国进口生产效率不如 G_C 的 G_B 的商品,导致贸易转移。   (1-2)

贸易转移因为把资源从效率更高的生产国 C 转移到了效率更低的生产国 B,增加了商品供给成本,降低了资源配置效率,减少了各成员经济福利。尽管有研究认为贸易转移会带来问题,但是他们也强调问题的性质和严重程度取决于此前存在的关税水平和自由贸易区成员的竞争力。罗纳德·旺纳科特(Wonnacott,1996)[①]认为自由贸易区导致的贸易转移也可能通过使贸易条件为正而不是为负增加贸易转移国家 A 的收益,并通过降低货物的生产成本

---

① Wonnacott R.J., "Trade and Investment in a Hub-and-Spoke System Versus a Free Trade Area", *World Economy*, Vol.19, No.3, 1996.

而增加整个世界的福利,因为它激起成员之间贸易自由化的进程,从而使自由贸易区范围内增加的竞争效应、专业化分工和贸易也可能降低其成员的生产成本,使其成为成本最低的供应国。

(二)自由贸易区动态经济效应

自由贸易区不仅可以产生直接的静态影响,如贸易创造和转移,还可以促使企业提高生产效率,转移知识和技术,开发新产品,促进经济增长,增加财政收入,吸引国内外投资,调整收入分配,改善劳动就业,制定贸易和投资法规,这些都会对自由贸易区成员带来长期的动态影响,而这些影响可能比其静态效果要大得多。

1.投资效应

一般来说,自由贸易区对投资的直接效应有两个方面:一是自由贸易协定中的贸易和投资简化措施,极大地减少了成员之间的投资壁垒,降低了投资成本,改善了投资环境,吸引了更多来自成员的外商直接投资,形成了一个更加公平的竞争环境,促进了经济的发展,进而有利于在自由贸易区区域发挥市场一体化的经济规模效益;二是成员外的企业为充分利用自由贸易区所提供的贸易便利,避免关税障碍,在其区域内进行投资,从而使外资在自由贸易区之外的投资有所增长。

自由贸易区对投资的间接影响主要表现在两个方面:一是生产要素的流动,自由贸易协定条款为成员之间的技术和人才的流动提供了便利,减轻了成员之间技术和管理人才的不足,促进了双方的科技进步;二是投资者对政府"锁定"更为可预见的贸易政策改革以及全球经济更广泛的整合产生了极大的信心。例如,丹尼斯·梅德韦杰夫(Medvedev,2011)[1]研究了贸易自由化安排(包括自由贸易区)对各成员外商直接投资净流入产生的影响。发现优惠

---

[1]　Medvedev D.,"Beyond Trade:The Impact of Preferential Trade Agreements on FDI Inflows", *World Development*,Vol.40,No.1,2011.

贸易关系与外商直接投资的净流入呈正相关,并且由于自由贸易成员市场规模的扩大、它们与东道国地理上的邻近,外商直接投资的收益也随之增加。

2.增长效应

增长效应与自由贸易区的静态贸易效应和投资效应互为补充,并具有一定的因果性逻辑关系。可是,如人们对自由贸易区投资效应的研究一样,目前有关自由贸易区对各国经济增长、收入、分配、社会、环境等各个方面的影响的研究尚不够全面。而在少数的研究中,学者的观点也是大相径庭。目前,学术界对自由贸易区的动态社会经济影响的定量和实证研究还不够深入。因此,在这方面,逻辑推理与定性分析成为主流。

虽然自由贸易区成员最先关注的是自由贸易区的静态贸易效应,但由于贸易壁垒的消除,这些效应和由此产生的贸易收益的逻辑必然会导致成员的产品市场扩大,生产规模扩大,降低单位生产成本,并迫使他们面对日益激烈的外部竞争,促使企业为生存而想方设法提高生产效率、优化生产流程、实施新贸易理论的规模效应、新兴贸易理论所倡导的通过专业化分工提高生产效率,以及新新贸易理论所坚持的通过企业优胜劣汰、资源优化配置推动行业平均生产率提高,从而最终帮助成员获得贸易利益。早期约翰逊(Johnson,1965)[1]等的研究发现只有零散的证据表明大多数自由贸易区实际具有这种效应,然而,随着我国自由贸易区的迅速发展,有关自由贸易区对经济增长的影响也逐渐显现出来。国际货币基金组织(International Monetary Fund,IMF)的一份报告显示,1975—2015 年,新兴经济体和发展中国家的经济增长经验,表明了贸易伙伴的需求增加对新兴经济体和发展中国家的经济增长产生了重大的影响:如果贸易伙伴的外部需求增加1%,那么这个国家的经济增长率就会增加 3.9%,效果非常显著。这份报告也对那些经历过快速增长或反转的新兴经济体和发展中国家进行了专门的调查,结果显示,那些经历过加速增长

---

① Johnson P.B., "Free Trade in Books: A Study of the London Book Trade since 1800", *The Journal of Modern History*, Vol.37, No.2, 1965.

的经济体所签订的自由贸易协定的数量要多于那些没有经历过加快增长的经济体,并且反过来也是如此;那些经历过衰退的国家或地区,其签订的自由贸易协定的数量要少于那些没有经历过衰退的国家或地区。

3. 就业效应

在自由贸易区的就业效应方面,支持者认为自由贸易区通过增加成员间的经济活动往来,促进了各个成员的相对优势。反对自由贸易区的人们认为,各国政府应当有足够的弹性来保护本国生产商不受进口产品的竞争,而自由贸易区的规定太过苛刻,使各国政府失去了政策的灵活性。他们担心,进口商品增加所带来的调整很大程度上是由贫困人口和脆弱人群造成的,而这些人的工作岗位非常有限。自由贸易区的规定范围越广、内容越详尽,就越能限制将来的政策选项。亨特(Hunt,2005)[1]在对马格里布自由贸易区的调查中发现,自由贸易区的劳动市场弹性假定忽略了内部和外部的需求限制对重新就业状况的潜在影响,从而过分乐观地看待北非经济将欧洲的廉价进口产品所取代的劳动力转移到由于自由贸易区而提高的行业。大量的证据表明,国际贸易对一个国家的就业机会的影响非常小。

4. 规则效应

规则效应对一个经济体的重要性就主要表现在其能够扩大或减慢其内部政治、经济或社会活动对其外部环境改变的反应速度。国际货币基金组织的报告显示,经济发展的周期与其宏观经济的稳定性、国内制度的质量(包括治理质量、法治环境、公共服务的可及性和受教育水平等)以及它们与世界经济一体化的水平等方面的特点相关。这些因素对一个经济体的长远发展能力产生影响,并通过对一个经济体外部因素的改变作出反应,从而对其整体的经济福祉和政治福祉产生影响。此外,更好的规章和体制常常

---

[1]　Hunt D., "Implications of the Free Trade Agreements between the EU and the Maghrib Economies for Employment in the Latter, Given Current Trends in North African exports: Cline's Fallacy of Composition Revisited", *The Journal of North African Studies*, Vol.10, No.2, 2005.

与更好的政策决定和政策框架紧密相连。在外部条件恶化的情况下,这些优良的国内特征会产生更大更显著的效果。阿西莫格鲁等(Acemoglu 等,2014)[1]也清楚地阐明了规则/体制演化的重要性,以及它们对国家的影响:如果不能激发储蓄、投资和创造动力的掠夺性的经济和政治体制,就一定会造成国家的崩溃,从而必须让所有公民都能享有同等的机会,这就是所谓的"长治久安"。

自由贸易协定作为一种国际贸易规则和制度的载体,其谈判与签署必然反映了各国在制度、规则方面的动力和追求。当前,关于各国建立自由贸易区的规则动因有三个:一是前面几节中所述的各种经济理论的分析,他们认为通过自由贸易协定制定的贸易规则能够修正由于国家的自主关税而引起的贸易条件的改变,从而有助于制度化和规则化。克鲁格曼(Krugman,1992)[2]在其研究中提及的自由贸易区的福利效果,最后实现了贸易规则的目标,即通过专业分工提高生产效率,提高交易效率,节约商品成本,提高利润率。二是运用过去数十年来较为流行的博弈论进行分析,得出结论:自由贸易协定具有一定的规则作用,可以避免各国政府在不同的关税政策选择中面临的"囚徒困境"。三是政治经济的分析,它认为,自由贸易协定的条款可以帮助各国政府明白在违反协定的情况下所面临的国际压力,甚至是报复或制裁,从而养成遵守规则、遵守承诺、在事前和事后作出决定的习惯。对美国和欧盟等发达国家和地区而言,可以在国际贸易规则的制定过程中保持自己的话语权。而相对较落后的发展中国家,可以通过自由贸易协定的规则作用,优化贸易环境,减少贸易费用;也可以通过与国际体系的接轨,加快产业结构的重组,促进经济结构的优化和升级,从而达到间接的福利效果。国际货币基金组织的调查显

---

① Acemoglu D., Robinson J.A., Lane J.E., "Why Nations Fail. The Origins of Power, Prosperity and Poverty", *International Journal of Social Economics*, Vol.41, No.7, 2014.

② Krugman P.R., "Does the New Trade Theory Require a New Trade Policy?", *World Economy*, Vol.15, No.4, 1992.

示,具有更有效的规则和体制的新兴经济体和发展中国家,其经济增长的持续性和稳定性将会更好。下文将从宏观多边贸易谈判、中观国家经济制度的改革与人才培养、企业微观发展等方面阐述其具体的规则影响。

(1)规则效应之一:创新多边贸易谈判规则和内容

自由贸易区是进一步推动贸易自由化、投资简单化的一种做法,也是世界贸易组织成员在世界贸易组织相关规则的基础上进行的一种尝试,因此,人们把自由贸易区称为"WTO+"(WTO Plus)或WTO 2.0版。比方说,自由贸易区规则通常包含成员之间管理的权利和责任,还有"关境内"的措施,这些措施对贸易和投资的流量产生了影响。在一些自由贸易协定中,关于服务、电子商务、劳工和环境的条款为更大范围的多边协定提供了一个先例。自由贸易区谈判对投资、竞争政策、环境和劳动标准的形成具有"先例效应"。由于各国实行的不同标准和规定("意大利面碗"效应)以及过高的管理成本,往往会促使各国在规范和法规方面追求统一,从而促使各国努力制定一种通用的规则和准则,从而使其能够在多边贸易体系的谈判中充当"垫脚石"。

(2)规则效应之二:双轮理论效应

自由贸易区的支持者们认为,自由贸易区不仅可以创造贸易、增加参与者的福利,也可以促进自由贸易区成员的经济发展,促进其经济发展,并在贸易谈判中形成"双重效应"。此外,参加自由贸易区谈判过程也会产生"边学边做"的巨大好处。政府官员不但要通过谈判了解国际贸易方面的先进规则,还要学习如何进行谈判,这对于发展中国家尤其重要。

(3)规则效应之三:培养企业战略眼光和国际竞争意识

自由贸易区的建立,既为各国企业提供了一个千载难逢的机会,同时也使其面临着前所未有的挑战。自由贸易区的税收减免和关税政策,无疑会使企业的运营成本下降,同时,区域内的资金、资源、技术、人才等生产要素的大量流动,也将为企业创造更加自由和优化的环境,有利于各成员企业抓住自由贸易区建设机遇,充分利用自由贸易区优惠政策,促使企业研究自由贸易区各成员的法律法规、经济周期、产业结构、市场规模、资源布局以及消费习惯,主动申请自由贸易区优惠原产地证书,充分利用好关税减免的优惠政策。区域内企业要想充分利用这种体制环境,取得更大的发展,必须通过竞争来提高自己的产品质量、服务质量、比较竞争优势,提高生产效率。这就要求企业在面对自由贸易区所带来的竞争环境时,必须提高自己的国际竞争力。

5.非传统收益理论

费尔南德斯和波特斯(Fernandez 和 Portes,1998)[1]从五个角度对非传统收入进行了较为系统的论述,指出区域自由贸易区可以使成员获得诸如静态和动态等传统经济收益,并在新的国际经济环境中产生一系列非传统的效益。席夫和温特斯(Schiff 和 Winters,1998)[2]认为,地区经济整合也能提高成员的国际安全。在此后学者的努力下,"非传统收入"的内涵逐渐趋于完善。总的来说,非传统收益包括:第一,要保证政策的一致性,增强政府的公信力。区域自由贸易协定条款对成员形成了强大的外在制约,从而确保了其政府政策的一致性和公信力,防止由于某些原因引起的政策变化,从而提高了成员政府的公信力。区域贸易协定对成员政府的政策行为有两种管理机制:一是制裁机制,如果一国违反了该协定所规定的规则,就有可能遭到对方的报复和处罚;二是建立激励机制,遵循自由贸易区的规定,将为区域内外投资者创造一个较为透明、稳定的政策环境,同时也能促进外资与技术的进入,并从中获利。第二,在外界对一国政府会不会坚持开放立场、履行自由化承诺持怀疑态度的时候,立场鲜明地宣布加入自由贸易协定就是一条清晰的信息,表明该国政府的发展方向,从而让世界上的其他国家能够正确地预测和判断它的经济政策。

① Fernandez R.,Portes J.," Returns to Regionalism", *World Bank Economic Review*, Vol. 12, No.2,1998.

② Schiff M., Winters L. A.," Regional Integration as Diplomacy", *The World Bank Economic Review*,Vol.12,No.2,1998.

第三,提供保障。沃利等(Wally 等,1994)①指出,弱小国家在加入自由贸易协定时,为了获取大国市场的利益,常常会作出更多的让步,从而享受到在大国市场上的优惠政策,以及在吸引外资方面的优势。一旦签署了自由贸易协定,强国就不会再对小国实施贸易壁垒,小国也不会被强国构成的贸易集团孤立,因此,它又被称作"保险安排"。例如,奥地利、芬兰、瑞典都是作为财政净贡献者而加入欧盟的,部分原因在于,成为欧盟的一员,可以更好地保护本国的利益。第四,提升谈判中讨价还价能力。在世界贸易组织框架内,一个国家的贸易规模决定着其在多边贸易谈判中的影响力,而地区贸易协定所产生的市场规模的扩大,将为其在多边贸易和经济贸易规则的制定中提供更多的话语权。对大国来说,加入地区经济合作组织,就能在与其他地区进行贸易谈判时,占据更加有利的地位。第五,建立协同机制。世界贸易组织主导的多边贸易体制下,由于成员众多,各成员的利益差异较大,加之贸易自由化带来的收益分布不确定,使多哈回合的多边贸易谈判出现了停滞。在自由贸易区的框架内,成员数量有限,成员之间的利益要求高度一致,并且可以更好地享受到自由贸易协定带来的好处,因此,形成一个统一的机制较为简单。

二、自由贸易区网络相关理论

(一)"轮轴—辐条"理论

胡特鲍尔等(Hufbauer 等,1993)②最早将"轮轴—辐条"模型用于解释自由贸易区网络构建。两个国家成立自由贸易区后,二者之间的贸易不仅取决于它们之间是否有自由贸易,而且还取决于双方所连接的更广泛的自由贸易

---

① Wally S., Ferrier W. J., Osmond C. P., et al., "Political Coalition Formation and Firm Configurations:The Case of U.S.And EFTA Multinationals in the European Community", *Proceedings of the International Association for Business and Society*, Vol.5,1994.

② Hufbauer G.C., Schott J.J., Dunnigan R., et al., *Nafta. An Assessment*, Washington, D. C., Institute for Intemational Economics,1993.

网络。自由贸易区成立后两个国家存在自由贸易,但两国之间的贸易数量不同,这取决于一国或两国都与一个第三方非成员签署新的自由贸易协定。当两个自由贸易区成员中有一个与第三非成员签订新的自由贸易协定,就会形成一个新的"轮轴—辐条"安排,原来自由贸易区成员之间的贸易量会增加。如果两个自由贸易区成员都与第三方非成员签署自由贸易协定,则原来两个自由贸易区成员之间的贸易量就会减少(Anderson 和 Wincoop,2003)①。许多自由贸易协定相互重叠,使一些国家成为自由贸易协定网络中的枢纽,形成了"轮轴—辐条"式重叠自由贸易协定,优惠原产地规则的职能也发生了变化(成新轩,2011)②。全球自由贸易区网络化发展以"轮轴—辐条"结构为特征呈动态化发展。但成为自由贸易协定的枢纽要承担相应的责任,例如需要同时管理类似原产地规则这样的多套贸易法规(成新轩和张玉柯,2006)③。对于处于嵌套型和交叠型自由贸易区网络中的国家在进行贸易时,必须对不同协定的细则进行对比和选择,从而会降低贸易的效率;而"轮轴—辐条"型自由贸易区除了使"中心"国家面临上述选择外,还可能对"辐条"国家形成优惠侵蚀和原产地规则限制。

(二)多米诺骨牌效应理论

多米诺骨牌效应理论认为,签署一个自由贸易协定会诱使外部国家签署他们以前回避的新自由贸易协定,因为第一轮自由贸易协定的贸易转移效应在被排除在外的国家创造了新的政治经济力量。具体而言,被排除在外的国家寻求签署自由贸易协定,作为纠正新歧视的手段。第二轮自由贸易协定反过来又创造了自己的贸易转移,这可能带来更多的自由贸易协定。埃格和拉

---

① Anderson J. G., Wincoop E. V., "Gravity with Gravitas: A Solution to the Border Puzzle", *American Economic Review*, Vol.93, No.1, 2003.

② 成新轩:《重叠式自由贸易区理论与实证研究》,人民出版社 2011 年版,第 42 页。

③ 成新轩、张玉柯:《重叠式自由贸易区与多边贸易协议的关系》,《南开学报》2006 年第 5 期。

尔克(Egger 和 Larch,2008)[1]利用空间计量的方法验证了多米诺骨牌效应的存在,鲍德温和杰莫维奇(Baldwin 和 Jaimovich,2012)[2]在此基础上进一步扩展了多米诺骨牌理论模型,将其从关税同盟拓展到自由贸易区,同时开发了一种基于理论的"传染性"测量指数,以检验多米诺骨牌效应。

(三)中国特色自由贸易区理论的探索

中国特色自由贸易区理论体系首先要解决的问题是揭示中国构建高标准自由贸易网络的基本实践和基本规律。党的十八届三中全会决定提出了"构建开放型经济新体制"。2015 年印发的《国务院关于加快实施自由贸易区战略的若干意见》明确提出,加快实施自由贸易区战略是我国构建开放型经济新体制的必然选择。因此,中国构建高标准自由贸易区网络的实践要服务于我国构建开放型经济体制的整体要求,中国特色自由贸易区理论是中国特色开放型经济理论的一部分。中国特色开放型经济的理论命题和逻辑架构可以归纳为"六个一":一个新体系(开放型经济新体系)、一个新体制(开放型经济新体制)、一种新优势(培育国际竞争与合作新优势)、一种新平衡观(开放型世界经济的多元平衡与中国国内经济大循环、国内国际双循环发展的平衡)、一个新的国际经济治理模式(新的国际公共品供给模式)、一个人类命运共同体的价值观(中国与开放型世界经济的利益汇合点和经济全球化新理念)(裴长洪和刘洪愧,2018)[3]。2020 年 5 月 14 日,中共中央政治局常委会会议提出,要深化供给侧结构性改革,充分发挥我国超大规模市场优势和内需潜力,构建国内国际双循环相互促进的新发展格局。2020 年 10 月,党的十九届五

---

[1]　Egger P., Larch M., "Interdependent Preferential Trade Agreement Memberships: An Empirical Analysis", *Journal of International Economics*, Vol.76, No.2, 2008.

[2]　Baldwin R. E., Jaimovich D., "Are Free Trade Agreements Contagious?", *Journal of International Economics*, Vol.88, No.1, 2012.

[3]　裴长洪、刘洪愧:《习近平新时代对外开放思想的经济学分析》,《经济研究》2018 年第 2 期。

中全会通过的《中共中央关于制定国民经济和社会发展第十四个五年规划和二〇三五年远景目标的建议》进一步提出："构建以国内大循环为主体、国内国际双循环相互促进的新发展格局。"基于此,中国特色自由贸易区理论体系的构建应立足中国构建高标准自由贸易区网络的实践,聚焦自由贸易区建设中的核心问题,以及全球双边、区域次区域和多边合作中凸显的新问题和新矛盾,提炼和归纳我国的自由贸易区战略从提出到逐步完善中所蕴含的大量实践的基本特征、基本规律和理论内涵,重点分析中国特色开放型经济理论的核心要素在我国高标准自由贸易区网络建设实践中的具体体现。在此基础上,构建中国特色自由贸易区理论体系的分析框架和基本内容,同时分析该理论体系与中国特色开放型经济理论的一脉相承。

中国特色自由贸易区理论体系的构建应重点聚焦对中国自由贸易区建设中的以下实践和规律的揭示。主要包括自由贸易区的合作动因、自由贸易区谈判对象的选择标准和区位布局、自由贸易区建设模式;自由贸易区的合作内容及"高标准"的确定原则、自由贸易区建设与"一带一路"建设的联动互促、自由贸易区与区域价值链构建及其与全球价值链的协调发展、多元平衡与互利共赢理论与自由贸易区网络"轮轴—辐条"结构各参与主体的利益协调、"激励相容"理论与"区域主义与多边主义"协调发展、"新经济全球化理念"与"区域主义与多边主义"协调发展。

中国特色自由贸易区理论是中国特色开放型经济理论的一部分,中国特色自由贸易区理论体系是在对我国自由贸易区建设中的特色实践和对自由贸易区建设中的共性与特有问题所提供的特色解决方案进行规律总结基础上形成的。该理论体系不仅关注中国的发展实践,还关注全球发展的共性难点问题;不仅关注中国自身的建设,同时也关注发展中国家和欠发达国家更多参与;不仅关注双边和区域合作,更要聚焦双边、区域和多边的多层面协同发展。该理论体系以马克思国际贸易理论为基础,充分借鉴国外关于自由贸易区和自由贸易区网络的相关理论,以中国开放型经济理论为指导,对揭示发展中国家参与自由贸易区建设和解决当前全球自由贸易区发展中面临的难点问题给出中国方案。

三、自由贸易协定深度一体化相关理论

深度贸易协定是相对于传统贸易协定而言的,除了更多地关注边境后贸易壁垒的削减之外,在世界贸易组织框架下的传统贸易议题体现出更高的自由化水平。霍恩等(Horn,2010)[1]将贸易协定中已经在世界贸易组织框架下涉及但自由化程度更高的条款定义为"WTO+"条款,包括海关、贸易便利化、政府采购等14项条款。世界贸易组织框架下不涉及的新政策领域定义为"WTO-X"条款,包括投资、资本流动、知识产权保护、竞争等38项条款,通过条款数量衡量贸易协定深度。劳伦斯(Lawrence,1996)[2]引入了贸易协定深度与浅度的概念,浅度贸易协定聚焦于边境贸易壁垒,主要解决市场准入的问题,深度贸易协定则同时涉及边境贸易壁垒及边境后贸易壁垒的削减问题,致力于推动经济融合。劳伦斯指出较深的贸易协定与更加复杂的贸易相关,特惠贸易协定中包含的政策领域条款数量是界定贸易协定深度的重要标准,霍恩等(Horn 等,2010)[3]对美国以及欧盟签订的特惠贸易协定深度进行了量化,将贸易协定中包含的政策领域分为两类,"WTO+"条款与"WTO-X"条款。"WTO+"条款是指世界贸易组织框架下多边谈判已经包含的政策领域,但特惠贸易协定中这些政策领域的自由化程度更高,总共包含14项条款。"WTO-X"条款是指世界贸易组织框架下未曾涉及的政策领域,总共包含38项条款。贸易协定中政策领域的条款数量成为反映贸易协定深度的指标。较

---

①　Horn H., Mavroidis P. C., Sapir A., "Beyond the WTO? An Anatomy of EU and US Preferential Trade Agreements", *The World Economy*, Vol.33, No.11, 2010.

②　Lawrence R.Z., *Regionalism, Multilateralism, and Deeper Integration*, Washington D.C.: The Brookings Institution, 1996.

③　Horn H., Mavroidis P. C., Sapir A., "Beyond the WTO? An Anatomy of EU and US Preferential Trade Agreements", *The World Economy*, Vol.33, No.11, 2010.

深的贸易协定在我国也被称为高标准贸易协定。

自由贸易区一体化水平主要通过"深度一体化"来进行衡量和测度。最早的"深度一体化"概念既包括消除关税与配额等边境壁垒,也包括消除专属于国家管辖、制约跨境贸易等法律和管制政策。之后,一些学者把深度一体化扩展到促进成员自由贸易政策和生产过程一体化政策(东艳等,2009)[1],并采用定量测度、定价测度、制度性测度、多指标综合测度。2020年,亚洲开发银行(Asian Development Bank,ADB)引入了测度全球经济一体化的指标GEII,建立了基于25个指数的区域内一体化指数和区域外一体化指数。这是目前最为全面的测度区域经济一体化水平的指标体系。

四、原产地规则相关理论

(一)原产地规则分类

按照适用的商品类型划分,原产地规则可以分为货物原产地规则(如关于"机器、器具及设备"的产品特定原产地规则)和服务原产地规则(如"跨境贸易服务"下的服务来源地)。按照适用的范围划分,原产地规则分为优惠原产地规则(如区域贸易协定中的原产地规则)和非优惠原产地规则(如世界贸易组织原产地规则)。其中,优惠原产地规则又可以分为单边优惠原产地规则和互惠优惠原产地规则。世界贸易组织《原产地规则协定》对非优惠原产地规则(Non-Preferential Rules of Origin,Non-Preferential RoO)的定义为"与导致授予超出1994年《关税与贸易总协定》第1条第1款适用范围的关税优惠的契约式或自主式贸易制度无关"的原产地规则。由上述定义可知,非优惠原产地规则主要用于确定非优惠贸易中产品的来源地,其作用主要体现在两个方面:第一,作为一项海关技术,用于贸易数据的统计和汇编;第二,作

---

① 东艳、冯维江、邱薇:《深度一体化:中国自由贸易区战略的新趋势》,《当代亚太》2009年第4期。

为一种决定商品原产地并因此适用诸如最惠国待遇等相关关税措施的非优惠辅助贸易政策工具。与非优惠原产地规则相反,优惠原产地规则(Preferential Rules of Origin,Preferential RoO)往往与优惠贸易安排联系在一起,主要适用于普惠制和区域贸易协定等单边、双边和诸边优惠贸易体制。例如,普惠制优惠原产地规则、北美自由贸易区优惠原产地规则、欧盟优惠原产地规则。

(二)自由贸易区的优惠原产地规则

根据优惠贸易安排的性质不同,优惠原产地规则的作用也不同。由于关税同盟具有统一的对外关税,使整个受惠区可以被视为一个国家来对待,因而原产地规则的职能作用仅用于确认进口产品的优惠性。然而,对于自由贸易区而言,原产地规则有效地防止了因各成员关税独立性引发的贸易偏转现象,从而保障了区域内的贸易利益,增加了原产地规则的职能作用,赋予了原产地规则的新意义。以美国、墨西哥为轮轴的重叠自由贸易区基本上以北美自由贸易区的原产地规则为模板,以欧盟为轮轴区域的重叠式自由贸易区大概以欧盟的原产地规则为模板,以中国为轮轴的重叠式自由贸易区的原产地规则具有自己的特点(郭志尧,2021)[①]。

1.自由贸易区优惠原产地规则的内容

(1)具体产品的原产地规则

①完全获得标准(Wholly Obtain)。完全获得产品是指产品生产涉及的原材料、零部件、加工组装等完全在一国境内完成的产品。一般来讲,完全获得产品通常为在一国境内获取的自然资源产品。例如,在一国境内开采的矿产品或在一国境内猎取或捕获的活体动物。完全获得标准对产品原产地的判定限制在一个国家,在技术层面上易于判断和界定,因而被各国所接受。然而,

---

① 郭志尧:《中国自由贸易区原产地规则对中国在全球价值链地位的影响研究》,河北大学 2021 年博士学位论文。

由于对相关概念缺乏统一的规定,一些产品在完全获得的判定上存在较大争议。例如,中国—东盟自由贸易区原产地规则文本的规则三第七条规定:"在该成员注册或悬挂该成员国旗的船只捕获的鱼类及其他海产品"被认定为完全获得产品。然而,中国—澳大利亚自由贸易区原产地规则三的第七条规定:"由在一方注册并悬挂该方国旗的船只在公海得到的货物(鱼类、甲壳类动物、植物及其他海洋生物)"被认定为完全获得产品。这种对完全获得定义的不一致性可能导致产品最终丧失原产地资格。

②实质性改变标准(Substantial Change)。如果一种产品被认为使用了一种进口原料,而不能被认定为完全获得产品时,则必须考虑所用的进口原料在国内生产和处理,并且在性质、特性和用途上有重大变化。如果进口的原料在国内的生产和加工过程中发生了重大变化,那么它的原产地仍然可以被授予。但是,对实质性变化的定义太过模糊和笼统,并且由于国际分工造成的生产流程的细密化,使对产品进行实质性变化的定义更加困难。大部分自由贸易区采用税则归类改变标准。

税则归类改变标准。该标准要求进口材料经过充分制造和加工,使最终产品的税则归类编码与进口材料相比发生了变化。税则归类改变标准以世界海关组织制定的《协调制度》(HS)为基础分为章改变、品目改变、子目改变和拆分子目改变,其优点在于标准的明确性、透明性以及操作简单,不仅易于企业管理其产品获得原产地资格,同时便于海关的监督和核查,是当前主流原产地标准。例如,欧盟主要采纳税目改变标准,其中欧盟与南非自由贸易区、欧盟与墨西哥自由贸易区、欧盟与智利自由贸易区都与泛欧模式完全一致。北美自由贸易协定采纳税则的章和目改变的标准,西半球6个优惠贸易安排(美国与智利、三国集团、墨西哥与哥斯达黎加、墨西哥与玻利维亚、加拿大与智利自由贸易区、北美自由贸易区)都采用"NAFTA"模式。然而在碎片化生产的国际背景下,税则归类改变标准并不总能体现产品的实质性改变或充分加工,生产技术变革导致的生产阶段的重新配置给税则归类改变标准的适用范围带来了一定的挑战(郭志尧,2021)①。

区域价值含量标准。该标准要求产品含有出口国最低限量的当地价值,也就是说它允许产品部分中含有非优惠贸易安排成员产品价值的最高比例。价值含量的计算因原产地规则制度的不同而存在差异,一般采用三种方法:一是计算出口国价值含量的价值增值必须达到的最低比例;二是计算最终产品价值与进口投入要素成本之间的差额;三是计算价值的组成部分。例如,中国—澳大利亚自由贸易区在适用区域价值含量标准时,对产品本身价格的计算使用离岸价格(Free on Board,FOB),对产品中进口成分采用到岸价格(Cost Insurance and Freight,CIF)。中国—瑞士自由贸易区对产品本身价格采用产品出厂价的计算方式,对进口成分采用海关价格。

加工工序标准。该标准要求产品只有在受惠区内完成特定的生产工序方可获得原产地资格。在适用税则归类改变标准时,可能发生这样的情况:产品发生了税则归类改变,但没有体现充分制造或产生实质性改变;产品发生了实质性改变,但其税则归类编码未发生改变。因此,在无法通过税则归类改变标准来确定产品是否原产自受惠区的情况下,需要适用加工工序标准来定义产品是否发生了实质性改变。该标准优点在于明确性和清晰性,易于生产者管理其产品的生产阶段或生产工序以便于产品获得原产资格。然而,类似于税则归类改变标准,随着生产技术的革新和生产工序的升级,旧的生产工序可能不再适用于当前产品的生产安排。因此,加工工序标准所定义的工序清单需要随着生产技术的革新而不断更新,否则可能导致企业无法获得原产地资格。另外,因特定生产阶段或生产工序由受惠区制定,从而暗含了产业保护的意图。

③产品特定原产地规则。由于税则归类改变、区域价值含量和加工工序三大主体标准各有利弊,因而在实际操作中很少存在单独使用的情况。为了

---

① 郭志尧:《中国自由贸易区原产地规则对中国在全球价值链地位的影响研究》,河北大学 2021 年博士学位论文。

提高原产地规则的灵活性、透明性及可操作性,通过对三大标准的灵活组合和搭配,形成了适用性更强的产品特定原产地规则。产品特定原产地规则也称单一清单,是针对特定产品制定的单一或复合原产地规则。在单一清单中,有些自由贸易区的产品特定原产地规则具体到章一级,如中国—智利自由贸易区,而有些自由贸易区的产品特定原产地规则具体到子目,如中国—韩国自由贸易区。其中,有些产品采用了单一标准,如中国—韩国自由贸易区将"信封"(HS4817.10)的原产地标准定义为"品目改变";有些产品采用了复合标准,如中国—瑞士自由贸易区将"干、熏、腌制的牛肉"(HS0210.20)的原产地标准定义为"品目改变且非原产材料价值50%";有些产品采用了可选择性标准,如中国—澳大利亚自由贸易区将"传声器(麦克风)及其座架"(HS8518.10)的原产地标准定义为"从任何其他品目改变至本子目;或者区域价值成分不低于40%"。这种对不同原产地标准的灵活组合和弹性选择提高了原产地规则的适用性和可操作性。

(2)制度安排的原产地规则

制度性原产地规则是辅助主体规则更好地发挥原产地判定作用的规则,对主体规则起到很好的调节和完善作用(徐进亮和丁长影,2013)。特别地,在适用主体规则时,辅以制度性原产地规则能起到降低原产地规则严格程度,提高自由贸易区优惠利用率的作用。

①最低含量原则。最低含量原则是指产品的价值中取得当地价值的最低含量。大多数优惠贸易安排中都含有最低含量的规则。欧盟与北美自由贸易区和其他美洲自由贸易区相比都有最低含量的要求,南方共同市场和非洲、亚洲的相关区域合作组织没有最低含量标准。欧盟的最低含量不应用于纺织品和服装。北美自由贸易协定的最低含量不适用于奶类产品、柑橘类水果和可可类产品以及某些机械和机械装置。但对纺织品有7%的最低含量(指全部价值)。智利与韩国自由贸易区规定8%的最低含量,但要求符合《商品名称及编码协调制度》第1—24章非原产地材料经过税则子目的改变。

②增长原则（Roll-up）。只要投入的要素在产品的加工过程中能满足具体的加工要求，而且实现了产品的实质性转型，该产品就被视为原产地产品。当采用增长原则时，非原产地的材料不被计算在实质转型的公式中。北美自由贸易区模式和欧盟的原产地规则中，一种最终产品只要从自由贸易区成员中获取原材料就被确定为原产地产品，即使中间产品和最终产品的关税税目没发生变化。

③累积规则（Accumulation Rules）。累积规则允许产品在生产过程中使用来自受惠区其他成员的原材料和中间投入品而不丧失原产地资格，即将受惠区所有成员的要素禀赋纳入一个统一的要素禀赋地，做到对生产要素的充分和有效利用。根据累积范围不同，累积规则分为双边累积、对角累积和完全累积。

双边累积（Bilateral Accumulation）：若一缔约方在产品生产过程中使用来自另一缔约方原材料和中间投入品，在随后的原产地资格认定时，可以被视为原产自该缔约国的原材料和中间投入品。

对角累积（Diagonal Accumulation）：允许在原产地规则制度相同的自由贸易区之间进行累积，如泛欧原产地规则。

完全累积（Full Accumulation）：允许来自原产地规则制度相同的所有受惠区的产品进行累积而不丧失原产地资格。

由上述定义可以看到，无论是一个受惠区还是多个受惠区，累积规则只允许在原产地规则制度相同的条件下进行累积。当前多数自由贸易区以两个缔约方为主，因而广泛地适用双边累积规则。一般来说，欧盟作为主要推动力签署的自由贸易区，在原产地规则制定方面基本以欧盟原产地规则为蓝本，从而使对角累积在泛欧自由贸易区得到广泛的应用。需要注意的是，从定义来看，完全累积和对角累积并无实质区别，但完全累积允许对进口材料的后续加工和制造进行累积，无论该加工制造是否使进口材料获得原产地资格。在对角累积中，如果进口材料在成员经过加工但制成品并未取得原产地资格时，该制成品在被其他成员进口进行复加工和制造时,不能作为受惠区原产产品进行累计,这是对角累计(或部分累计)和完全累计的本质区别。

④直运规则(Direct Consignment)。直运规则即直接运输规则。仅适用于缔约双方之间直接运输的原产地产品,其规定原产地产品经由缔约方运至另一缔约方过程中,由于地理因素或产品因素导致的原产地产品在非缔约方的停留、仓储和转运仍可被视为直接运输,但必须提供一份涵盖整个旅程的相关文件来证明,包括联运提单、仓储证明、未加工证明等文件。然而,由于对这类证明文件没有统一的模板和方法,产品最终能否获得原产地资格很大程度上取决于进口方海关部门的单独裁定。一些运输货物体量较小的中小企业往往需要和其他企业共享货运工具,这就带来在非缔约方停留产生的过境海关监督问题,因而成为中小企业参与优惠贸易协定的重要障碍之一。

⑤原产地证明(Certificate of Rules of Origin)。原产地证明是出口商或出口代理机构为证明产品原产地而提交的原产地证明文件。该文件一般由缔约方政府或缔约方授权机构签发,包括政府签发、自我签发。相对于自我签发,政府签发耗时长、成本高,对于那些对生产成本非常敏感的中小企业非常不利。当前,我国自由贸易区原产地证明均采用官方签发,而北美自由贸易区以及以北美自由贸易区为模板的自由贸易区基本采用自我签发(成新轩,2011)①。

2.自由贸易区网络中优惠原产地规则的经济效应

(1)贸易流向于投资的替代

重叠式自由贸易区原产地规则的短期效应能够影响区域内的贸易流向,成员企业为获得优惠放弃从外部获取低廉资源,而使用优惠贸易安排内部成员的投入要素,结果导致最终产品的中间成本比签订优惠贸易安排之前高。所以,优惠贸易安排下,成员内部的中间产品会产生贸易转移效应,由于只进

---

① 成新轩:《重叠式自由贸易区理论与实证研究》,人民出版社2011年版,第105页。

行成员内部贸易使最终产品的成本上升,实际上就削弱了增长潜力。

(2)扭曲了投资的流向

严格的原产地规则促使区域内厂商更多地使用区域内的生产成分,排斥区域外成本低廉的原材料或中间投入品。区域外的厂商为了保住在区域内的市场,必然调整战略,由贸易流动转为资金流动,采用直接投资的方式避免原产地规则的壁垒作用。由经济学理论可知,生产要素的流动是从利润低的地方向利润高的地方流动,这是经济规律。但贸易壁垒将会扭曲资金的流向,因为它追求的是绕过壁垒,而不是纯粹的利润。原产地规则就产生了这样效果。区域外的厂商将资金投入到进口商主要所在的地区,建立一流的工厂,这类工厂从设备和技术相对于本地的厂商既具有优势又有较少的社会成本。这种竞争实力强的厂商一旦进入区域,就成为本地厂商的威胁,本地厂商可能面临破产的风险增大,导致大量工人失业,使资源配置不合理,产生进口替代效应,降低经济效率(于荣光,2018)①。

(3)影响了跨国公司的投资战略

经济全球化的发展,提高了国际专业化分工的程度,使生产国际化的趋势加强。越来越多的商品生产需要跨国完成,跨国公司作为生产的载体,将在全球内配置资源,以实现成本最小化、利润最大化。比如一跨国公司可以把研究开发置于高科技迅速发展的国家,将技术水平要求较高的工序放在制造业发达的国家,将劳动密集型的工序放在具有劳动力优势的国家。这种配置方式是在全球贸易自由化的前提下实现的,原产地规则阻碍了自由化的发展,进而影响了跨国公司的投资战略(于荣光,2018)。

(4)对区域资源产生了再配置效果

自由贸易区的交叉、重叠,必然导致原产地规则的交叉和重叠,同一国家的产品为了享受区域的优惠待遇,需要满足不同的原产地规则。原产地规则

---

① 于荣光:《优惠原产地规则对我国在东亚生产网络中产业地位的影响研究》,河北大学2018年硕士学位论文。

限制了成员生产者的选择,生产者为了满足原产地规则,只能从区域内其他的成员购买成本较高的中间投入品,然后进行加工,生产成最终产品出口到其他的成员。原产地规则保护了区域内的生产者,而重叠性自由贸易区又导致了原产地规则将一个区域的保护传递到另一个区域,贸易转移效应在多个"辐条国"与"轮轴国"之间产生了扩大性的传递,降低了区域经济运行的效率。同时,区域内的企业将会根据不同区域的原产地规则进行配置资源,对区域的产业结构将会产生影响,区域内的产业将会出现凝聚和分散效果(成新轩,2011)①。

(三)自由贸易区优惠原产地规则与世界贸易组织原产地规则

1. 自由贸易区优惠原产地规则与世界贸易组织原产地规则的关系

世界贸易组织的原产地规则条款与自由贸易区的原产地规则的标准不同。因为自由贸易区的原产地规则比较详细、具体,但多边贸易体系的原产地规则只是提供了总体的指导原则:"限制原产地规则的应用"。如果在世界贸易组织层面上协调了各自由贸易区的原产地规则,则两者可以容易进行比较,但在非优惠原产地规则领域除外。因此,对二者关系的探讨主要基于优惠原产地规则领域(成新轩和王英,2009)②。

随着自由贸易区的迅速发展,传统的自由贸易区模式转变成了现代的多模式的自由贸易区,跨边界的自由贸易区和重叠式自由贸易区大量涌现,这使自由贸易区的原产地规则变得非常复杂,难以实现世界贸易组织层面的协调。但是一些学者提出了另外一种观点。一方面,对于一个单一国家按照从属的自由贸易区采用不同的原产地规则,这是很普遍的事情。比如,墨西哥既属于北美自由贸易区,又属于欧盟—墨西哥的成员,其生产的产品属于哪一个原产

---

① 成新轩:《重叠式自由贸易区理论与实证研究》,人民出版社 2011 年版,第 169 页。
② 成新轩、王英:《自由贸易区与多边贸易体制的冲突和协调——基于优惠原产地规则的经验分析》,《世界经济与政治》2009 年第 7 期。

地规则,需要根据不同的原产地规则来确定。墨西哥的企业也需要围绕不同的原产地规则决定它的生产、资源配置和投资战略。从自由贸易区成员来看,不同原产地规则的重叠、交叉所造成的不相容性比不上由于贸易伙伴交易成本的提高导致的损失更严重。另一方面,所有的自由贸易区的原产地规则都是基于类似的机制和标准。虽然自由贸易区的数量激增,但它们的模式大多是以北美自由贸易区与欧盟的模板复制的,中式模板还有待深化发展,自由贸易区之间存在惊人的序惯性。从这两个方面来判断,自由贸易区数量的增多,并不一定导致原产地规则协调的困难。从非成员来看,自由贸易区的增多既提高了贸易的成本,又限制了对区域外资源的使用,更多的自由贸易区的原产地规则条款缺乏透明性和预见性。原产地规则完全充当了区域贸易保护的工具,属于非关税壁垒的一种。自由贸易区的原产地规则对于生产者有很强的激励,促使它们使用更多区域中成本较高的中间投入品,保护区域内某些敏感的特殊部门。比如北美自由贸易区中的纺织、服装、汽车产业的原产地规则,就起到了这样的作用(成新轩,2019)①。

重叠式自由贸易区中原产地规则的交叉和重叠阻碍了自由贸易区向多边贸易体系的发展。重叠性自由贸易区的原产地规则具有较高的保护水平,区域内的生产者有更多的机会和动力游说政府制定保护措施(成新轩,2004)②。众所周知,在北美自由贸易协定中涉及原产地规则的包括汽车、纺织品和服装等,这些产品都必须在区域内制造才能满足原产地规则。墨西哥生产者坚持要从美国能够接受的价格中获得补偿。这就导致在重叠性自由贸易协定中,无论是"轮轴国"还是"辐条国"都会进行游说,阻碍多边自由贸易体系的发展。同时,重叠性自由贸易协定还会导致"轮轴国"的政治地位得到提升。在重叠式自由贸易协定中,"轮轴国"产品可以自由进入所有的"辐条国"市场,

---

① 成新轩:《东亚地区自贸区优惠原产地规则对我国在区域中产业地位的影响研究》,人民出版社 2019 年版,第 112 页。

② 成新轩:《试析重叠性自由贸易协定现象及其影响》,《现代国际关系》2004 年第 6 期。

享受较低的成本,所有的"辐条国"都与"轮轴国"发生经济联系,或者通过"轮轴国"与其他的"辐条国"建立联系,"轮轴国"处于核心地位,拥有了较强的经济优势,在多重区域规则的制定中将会起到重要作用,提高了话语权。而"辐条国"越来越被边缘化,最终试图与其他的国家建立自由贸易协定,成为"轮轴国"。这种现象将导致多边贸易谈判讨价还价日益激烈,谈判变得更加艰难。因此,从推动全球贸易自由化的角度,世界贸易组织层面的原产地规则的协调就非常必要,当然这需要以自由贸易区的原产地规则标准为基础来实现。

2. 自由贸易区原产地规则与全球价值链下原产地规则的职能

(1)自由贸易区优惠原产地规则的职能

作为自由贸易区的一项重要内容,优惠原产地规则明确了产品只有满足最低标准才可以被认定为原产于区域内,从而保证了原产地区的优惠待遇。原产地规则起初主要是为了防止贸易偏离,也就是非成员"搭便车"。不同于关税同盟各成员对外一致的关税水平,自由贸易区降低或取消了成员之间的关税,但允许各成员对外保持独立的关税水平,这就为非成员提供了"搭便车"的机会。在没有原产地规则的情况下,如果不考虑运输成本或运输成本很低,为享受优惠关税待遇,区域外企业首先将产品出口至受惠区关税水平最低的成员,而后再通过该成员以零关税方式复出口至受惠区其他成员,从而产生贸易偏转问题,降低了区域成员的福利水平。在存在原产地规则的情况下,由于只有被认定为原产自区域内的产品才可以享受优惠关税待遇,因此原产地规则有效地阻止了非成员的"搭便车"行为,防止了贸易偏转的发生。

(2)全球价值链条件下原产地规则的职能

随着自由贸易区的蓬勃发展,很多国家签署了两个甚至多个自由贸易区。这种纵横交错的自由贸易区网络改变和丰富了自由贸易区原产地规则的职能。首先,原产地规则作为辅助性贸易政策工具,确保了海关各项贸易措施的有效实施,特别是优惠关税待遇的授予更需要利用原产地规则,这就为各国政府利用原产地规则实现特定政治和经济目标提供了技术手段。其次,随着国际分工的深化,跨国公司采购、投资等跨境生产的空间分布日益受到原产地规则的影响。为了促进国内产业发展和优化国内产业结构升级,各国通过针对性地制定产品特定原产地规则来影响企业跨国生产的空间分布和区位选择,从而提高本国参与全球价值链的程度。最后,由于在原产地规则制定方面的自由发挥权,区域经济组织通过制定产品特定原产地规则,充分发挥原产地标准对跨国公司生产活动空间分布的作用,从而影响各国间的产业链联系和供应链联系,并最终对全球价值链的分割、重塑及整合产生重要影响。至此,原产地规则由最初毫无争议的中性技术工具逐渐有演变为全球价值链框架下带有贸易保护色彩的歧视性贸易保护工具的趋势。

3. 从自由贸易区优惠原产地规则到区域价值链、全球价值链

原产地规则的产生源于国际贸易领域对国别贸易统计的需要。自由贸易区优惠原产地规则是因为成员对外关税水平不同,以防止贸易偏转而设置。自由贸易区网络的出现(比如"轮轴—辐条"式自由贸易区)使区域生产网络综合化(产业分工多边化、互补化、交叉化),优惠原产地规则的职能发生了变化,比如强化了区域成员的经济和政治利益、原产地规则与产品生产阶段的融合程度日益加深、提高了对外的保护程度(尤其是对中间品的保护)等。这种变化一方面,使一国在签订自由贸易协定时更注重原产地规则与本国产业的匹配性;另一方面,优惠原产地规则反过来又会使区域内产品生产的原材料选择、中间品投入等产业链发生动态调整。优惠原产地规则的严格与否,不同自由贸易协定之间原产地规则的差异、交叉,必定影响企业出口产品的方向、原材料、中间投入品地点等资源配置战略的调整,改变企业在区域产业链中嵌入位置和参与度,进而影响其在全球产业链中的地位。由此,自由贸易区网络带来的优惠原产地规则限制指数的变化与区域产业链、全球产业链的相关性是值得研究的课题。因此,本书从优惠原产地规则的角度研究自由贸易区区域价值链和全球价值链的相关性。

五、全球价值链相关理论

(一)国际分工理论的演进

国际分工和国际贸易的关系密切。在传统的国际贸易理论中,产业分工所产生的利益由产业间的分工所引起,以绝对优势和比较优势为理论依据,以最终产品为研究对象。亚当·斯密在《国民财富的性质和原因的研究》一书中对劳动分工的原则及劳动报酬进行了论述,并指出劳动是人类社会发展的必然结果。同时,斯密认为,分工是由市场的作用决定的,也就是分工与交换的相互促进和相互制约,并由此提出了自由贸易与国际分工的绝对优势理论。但绝对优势理论不能很好地解释发达国家间的贸易,忽略了生产率的动态变化。由此,大卫·李嘉图在绝对优势理论基础上基于劳动生产的差异进一步提出了比较优势理论,并解释了产业间贸易的产生。他提出,由于不同国家的生产效率不同,造成了不同的产品生产成本和相对价格的不同,因此,国家应该以不同的产品价格水平参加国际分工和国际贸易。斯密的绝对优势理论与李嘉图的比较优势理论都说明了当时的国际贸易与分工基础,特别是李嘉图的比较优势学说为后来的国际贸易与分工理论提供了重要依据。赫克歇尔和俄林(1933)将劳动力与生产要素扩展到各种生产要素投入,并从要素禀赋理论(H-O)的观点出发,说明了比较优势的产生依据,并提出了国家应该按照其生产要素的相对富足程度来参加国际分工和国际贸易,即国家应当将其要素富足程度高的商品进行专业化的生产和出口,并在国际贸易进口其要素匮乏程度高的商品。

第二次世界大战之后,随着全球经济一体化进程的加快,发达国家之间的产业内分工已成为国际分工发展的一个显著特点,传统的贸易理论逐渐由基于规模经济和不完全竞争的新的贸易理论所代替。这一理论指出,随着规模报酬的不断增加,企业可以通过扩大生产规模来减少生产成本,从而选择不同的生产模式来适应不同的顾客需要,从而使传统的贸易理论中的规模报酬保持不变、产品同质化的假定得以放宽,同时也说明了为什么发达国家会出现大量的行业内贸易(Krugman,1980)①。相对于传统的贸易理论,新的国际贸易理论在解释世界分工上有了重大突破,其对国际分工的定义由产业间层面深化至产业内层面,并且认为,即使不存在要素禀赋和技术上的差别,规模经济仍能促进国家间的专业分工和行业内部的贸易。

由于生产工艺的细化,分散式生产成为可能,同时,运输费用、关税费用的减少,信息通信技术的发展,使分散式生产的交易费用减少。跨国公司以其竞争优势和东道国比较优势为基础,在一定程度上进行了产品生产的选择性转移,促进了国际分工从产业层面向产品层面过渡,形成了产品不同生产阶段空间分布的产品内分工模式。跨国公司是促进产品内部分工发展的重要力量,它根据比较优势原理,将产品生产的各个阶段按照各自的水平和垂直方向进行合理的分配。但是,传统与新的贸易理论都假定了企业具有同质性,所以不能对跨国经营的路径选择作出合理的解释。以梅里兹(Melitz,2003)②为代表的新型贸易理论,从企业异质性的视角,把产业组织和不完全契约理论引入标准贸易模式中,并对企业参与全球化生产的路径选择进行了研究,对当前国际贸易和国际投资的发展现象作出了很好的解释。在产品的要素密度方面,梅里兹(Melitz,2003)根据不完全契约理论和财产权理论,对企业跨国生产的路径选择进行了研究。他认为,对于资本密集型产品,企业更倾向于选择纵向垂直一体化组织模式并开展企业内贸易,而对于劳动密集型产品,企业更倾向于选择横向垂直一体化组织模式并开展企业间贸易。从企业生产效率来看,安

---

① Krugman P. R., "Scale Economies, Product Differentiation, and the Pattern of Trade", *American Economic Review*, Vol.70, No.5, 1980.

② Melitz M. J., "The Impact of Trade on Intra-Industry Reallocation and Aggregate Industrial Productivity", *Econometrica*, Vol.71, No.6, 2003.

特拉斯和赫尔普曼(Antràs 和 Helpman,2006)①认为,一国的体制环境与生产力水平的不同,对企业进行内部整合或外包的选择有很大的影响。通过对企业国际化路径选择的描述和分析,新新贸易理论对当前国际贸易和投资的新现象作出了解释。但是,这一理论更注重对全球化的生产组织进行企业层次的分析,即注重分析内部一体化和外包的问题,未能很好地解释国际分工的动因、原则和利益分配。随着全球价值链分工理论的诞生,比较优势理论、不完全竞争理论、规模经济理论、产业组织理论、不完全契约理论等理论逐步被整合到一个整体的分析框架中,能够很好地说明目前国际分工发展的特点。

综上所述,在传统贸易理论、新贸易理论和新新贸易理论等理论框架下,国际分工由传统的产业间分工和产业内分工过渡到以产品内分工为特征的新型国际分工。各阶段理论不仅对国际分工和国际贸易的来源和发展作出了充分的解释,同时也推动了全球价值链理论的诞生,如图1-3所示。

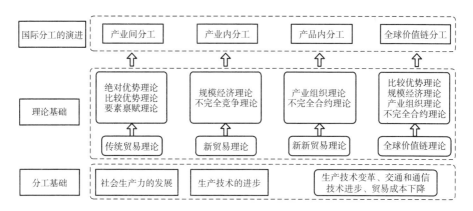

图1-3 国际分工理论的发展

(二)全球价值链相关理论

关于全球价值链的研究主要从四个层面展开:一是全球价值链的动态机

---

① Antràs P., Helpman E., "Contractual Frictions and Global Sourcing", *NBER Working Papers*, No.12747,2006.

制。基于格里芬和科尔泽涅维奇（Gereffi 和 Korzeniewicz,1994）①等对全球商品链条的分析,提出了两种模型,即生产者驱动型（Producer-driven）和购买者驱动型（Buyer-driven）。认为全球价值链的驱动因素主要是由生产商和购买者两个层面决定的。也就是说,在全球价值链的各个环节中,通过生产者和购买者的驱动,实现了全球价值链的分离、重组和正常运作。二是全球价值链的治理。包括价值链的组织结构、不同主体之间的权利配置、不同的利益主体之间利益关系的协调。治理方式是当今全球价值链治理的一个重要领域。卡普林斯基和莫里斯（Kaplinsky 和 Morris,2001）②借鉴西方三权分立原则,对价值链治理进行了分析,包括立法治理、执行治理和监督治理。三是全球价值链的升级,主要从升级的机理、方式和途径等方面进行研究。四是价值链中经济租的产生和分配,包括进入壁垒、经济租的来源（如技术、组织、技能和市场）、租金分配等（陈柳钦,2009）③。

1. 全球价值链的动力机制

全球价值链理论的一项核心内容是关于它的动力模式。全球价值链动态机理的研究,基本上遵循了全球商品链的二元驱动模型,即格里芬提出的生产者驱动和采购者驱动模型,认为全球价值链的驱动力基本来自生产者和采购者两方面。也就是说,在全球价值链的各个环节中,通过生产者和购买者的驱动,实现了全球价值链的分离、重组和正常运作。亨特森（Henderson,1998）④进一步分析了全球价值链的驱动力,并认为生产者驱动的商品链是指生产者通过投入来促进市场需求,从而在全球范围内形成一个纵向的生产链,投资者

---

① Gereffi G., Korzeniewicz M., *Commodity Chains and Global Capitalism*, Westport, CT: Praeger,1994.

② Kaplinsky R.,Morris M.,*A Handbook For Value Chain Research*,*IDRC Ottawa*,2001.

③ 陈柳钦:《有关全球价值链理论的研究综述》,《重庆工商大学学报（社会科学版）》2009年第 6 期。

④ Henderson J., *Danger and Opportunity in the Asia-Pacific*, Thompson G（eds）, Economic Dynamism in the Asia-Pacific,London:Rout Ledge,1998.

可以是具有技术优势、寻求扩大市场的跨国企业,也可以是国家政府,致力于
促进地方经济发展,建立自主工业体系,如图1-4所示。

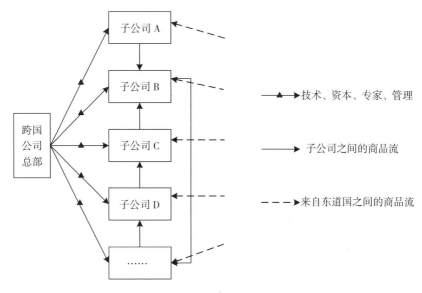

图1-4 生产者驱动型全球价值链

资料来源:Henderson J.,*Danger and Opportunity in the Asia-Pacific*,Thompson G(eds),*Economic Dynamism in the Asia-Pacific*,London:Rout Ledge,1998.

采购者驱动的商品链是指由具有较强的品牌或销售渠道的大型采购企业,利用设计与管理分散的国际生产网络(特别是第三世界)来指定生产的项目。

通过全球采购和贴牌加工等生产方式组织起来的跨国商品流通网络,在发达国家和发展中国家的市场中进行协调、生产、设计和市场营销(见图1-5)。具有劳动密集型特点,主要表现在诸如服装、鞋、玩具、消费类电子产品以及各类手工艺品等消费品上。采购者驱动型价值链存在以下三个方面的不平衡性:一是高等要素(Advanced Factors)在价值链环节间的配置极不平衡。作为全球价值链的主要供应商,海外采购者采用"捕获"的管理方式,对研发设计、市场信息、品牌渠道等进行了严格的管理;发展中国家的生产商通常只拥有基

本的资源和劳动力,而他们只是被管理者,只能开发有形的生产能力,而且总体上缺少无形的竞争能力。二是附加值在价值链环节间的分布极不平衡。价值链的驱动因素是商业资本,而不是产业资本,而附加值则是由控制设计、品牌和流通的国外采购商所创造,而在中间生产环节所能带来的附加值却非常有限。三是分工利益在价值链环节间分配极不平衡。在贸易流通中,国外的采购者通过对市场的绝对控制,在价值链上占有主导地位,而作为生产商则只能接受这种不平等的分配模式。

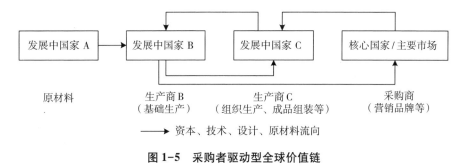

图1-5　采购者驱动型全球价值链

资料来源:Henderson J.,*Danger and Opportunity in the Asia-Pacific*,Thompson G(eds).Economic Dynamism in the Asia-Pacific.London:Rout Ledge,1998.

张辉(2006)[①]在格里芬的基础上,从企业的动力根源、核心能力、进入门槛、产业分类、典型产业部门、制造企业、主要产业联系、主要产业结构和辅助支持系统九个方面进行了对比分析(见表1-2),并给出了典型案例。

从表1-2中可以看出,全球价值链的驱动力量的差异,导致其产生的动因也各不相同,因此,这一价值链的核心竞争力也就不同。不同的企业,其价值链的分配也是不同的。这就意味着,一个国家在发展一项产业时,首先要考虑到其价值链的驱动因素,认清其所在价值链的本质和联系,并积极发展这些核心能力,从而使这个国家在这项产业的全球价值链上拥有竞争优势,并且处

---

① 张辉:《全球价值链动力机制与产业发展策略》,《中国工业经济》2006年第1期。

在一个高附加值的位置(陈柳钦,2009)①。

表1-2　生产者和采购者驱动型全球价值链比较

项目	生产者驱动的价值链	采购者驱动的价值链
动力根源	产业资本	商业资本
核心能力	研发、生产能力	设计、市场营销
进入门槛	规模经济	范围经济
产业分类	耐用消费品、中间商品、资本商品等	非耐用消费品
典型产业部门	汽车、计算机、航空器等	服装、鞋类、玩具等
制造企业	跨国企业,主要位于发达国家	地方企业,主要在发展中国家
主要产业联系	以投资为主线	以贸易为主线
主要产业结构	垂直一体化	水平一体化
辅助支撑体系	重硬件、轻软件	重硬件、轻软件
典型案例	英特尔、波音、丰田、海尔、格兰仕等	沃尔玛、国美、耐克、戴尔等

　　而对企业来说,更有意义的是:生产者驱动型全球价值链,其核心和其他环节的控制主要是通过国外直接投资实现的,而在以买方为主导的价值链中,大部分的产品都是由发达国家的零售商、品牌商和代理商委托的。这也是为何我国大部分进入国际价值链的公司都是传统行业,如服装、鞋业、玩具等。另外,亨特森(Henderson,1998)②的一项研究表明,在生产者驱动型全球价值链中,其价值的大部分附加值都在生产中。在购买者驱动型全球价值链中,大部分的增值产品都集中在了市场营销、品牌营销等流通环节上。这一研究为企业实现产业升级指明了方向。

　　通过对企业价值链的驱动机理的研究,人们发现这种简单的二元驱动模

　　①　陈柳钦:《有关全球价值链理论的研究综述》,《重庆工商大学学报(社会科学版)》2009年第6期。

　　②　Henderson J., *Danger and Opportunity in the Asia-Pacific*, Thompson G (eds), Economic Dynamism in the Asia-Pacific,London:Rout Ledge,1998.

型存在许多问题。张辉(2006)[1]认为,企业的驱动方式应按价值链的价值增值顺序排列,而非按部门划分,并以此为基础提出"中间型"或"混合型"驱动模式的价值链,其生产到流通环节边际增值率体现为由低到高,与施振荣提出的"微笑曲线"相一致。

2. 全球价值链中经济租的产生和分配

经济租是指由于其垄断地位而获得超出了要素机会成本的收益。经济租是构成要素收入(或价格)的一部分,该部分不是为当前获得该要素所必须支付的,而是指在其他地方可以获得的要素收益。简单地说,经济租等于生产要素的收益和它的机会成本之间的差额。表示要素收益中的一部分,超出了它在其他用途会得到的收益(见图1-6)。

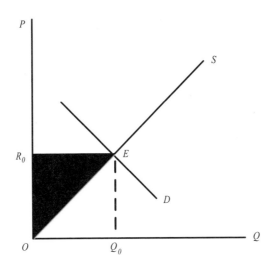

图 1-6　经济租

图1-6中要素供给曲线 S 以上、要素价格 R_0 以下的阴影部分 OR_0E 为经济租。该要素的全部收益为 OR_0EQ_0,但按照要素供给曲线,要素所有者为提供 Q_0 单位要素时所能接受的最低要素收入为 OEQ_0,因此,OR_0E 是"超额"

① 张辉:《全球价值链动力机制与产业发展策略》,《中国工业经济》2006年第1期。

收益。

只要存在垄断,不管是行政的、市场的,还是自然的,都可能存在经济租。全球价值链理论是以全球价值链为出发点,对全球价值链各个环节的价值生成和利益分配进行了分析。卡普林斯基和莫里斯(Kaplinsky 和 Morris,2003)①指出,这些利益实质上来自价值链中的参与者,他们能够避免直接的竞争,而通过租赁的概念可以了解到这一点。因此,"全球价值链"对全球市场及全球经济的影响,都是深远的。如果对过去 20 年的国际贸易进行综合分析,就会得出这一结论:从全球化的产品和市场中获益的人,其所得的收益,已不能被经典经济学称为"要素回报"或"创业收益",利润来源是"经济租",它是以"进入壁垒"为基础的垄断所创造出来的。在全球经济一体化过程中,由于要素回报率的下降,进入壁垒逐渐形成了"租"的原因。进入壁垒越高,"租"越高。要想维持高的利润,必须要有一个高的进入壁垒,使其他行业的公司难以进入;或者说,进入壁垒一直在改变,也就是企业的创新能力和生产能力在不断地发展,并在新的经济活动中创造新的进入壁垒。

经济租有哪些形态? 卡普林斯基和莫里斯(Kaplinsky 和 Morris,2003)②将经济租区分为内生的和外生的两大类,开列出一个经济租的清单:内生经济租包括技术经济租、人力资源租、组织—机构经济租、营销—品牌经济租、关系经济租(通过集聚中小企业和企业间的积极外溢所取得的收益),另外,也存在商业机密和知识产权形式的准入障碍。外生经济租的清单上包括自然资源经济租、政策经济租(因政府政策而产生差异的准入机会)、基础设施经济租(如交通设施的便利)、金融租(融资机会)。此外,经济租也是累积的,并且总是在不断变化:通过打破进入障碍,获得的经济租将会因技术的扩散而丧失;

---

① Kaplinsky R., Morris M., "Governance Matters in Value Chains", *Developing Alternatives*, Vol.9, No.1, 2003.

② Kaplinsky R., Morris M., "Governance Matters in Value Chains", *Developing Alternatives*, Vol.9, No.1, 2003.

而新的租赁也将继续出现。经济租随着竞争性的增强和进入壁垒的降低而降低,最后以低成本或高质量的方式转变成消费剩余,具体表现形式如表1-3所示。

表1-3　全球价值链上经济租的主要表现形式

经济租类型		稀缺性生产要素或进入壁垒	含义
存在于全球价值链之内(内生经济租)	企业内	技术经济租	拥有稀有技术
		人力资源租	拥有更好技能的人力资源
		组织—机构经济租	拥有较高级的内部组织形式
		营销—品牌经济租	拥有更好的营销能力和(或)有价值的商标品牌
	企业间	关系经济租	同供应商和顾客(买主)之间拥有较高质量的关系
存在于全球价值链之外(外生经济租)		自然资源经济租	获得稀有自然资源
		政策经济租	在一个高效率的政府环境:创设壁垒阻止竞争者进入
		基础设施经济租	获得高质量基础设施性投入
		金融租	获得条件更优越的金融支持

资料来源:Kaplinsky R.,Morris M.,"Governance Matters in Value Chains",*Developing Alternatives*,Vol.9,No.1,2003.

全球价值链可以分成三个部分:一是技术部分,包括研发、创意设计、生产工艺改进、技术培训等。二是生产部分,包括采购、系统生产、终端加工、测试、质量控制、包装、库存管理等。三是市场营销部分,包含销售物流、批发和零售、品牌推广和售后服务等各方面的工作。全球价值链促进国际分工向价值环节转变,也促进传统产业结构的国际梯度向增值环节的梯度转移演变。在增值能力方面,上述三个环节表现出从高到低再到高的"U"形,即"微笑曲线"(见图1-7)。价值链的各个环节所产生的附加值和所能得到的经济租也各不相同。接近"U"形曲线的中间环节,如零部件、加工制造、装配等,都会在价值链上产生较低的附加价值。因而获得较低的经济租,靠近"U"形曲线两端的环节,如研发、设计、营销、品牌等在价值链上创造了更高的增值,从而产生了更大的经济租。

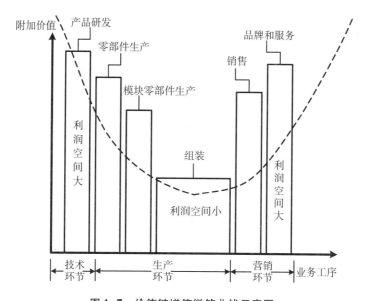

图1-7 价值链增值微笑曲线示意图

比如,美国某服装公司可以在意大利完成设计,从印度购买天然材料,从韩国购买化学纤维配件,在中国完成加工、制造、检验与包装,最后再销往美国。一种服装的制造可以分成许多生产、加工的环节,并置于各个国家和地区,形成一个完整的价值创造流程(见图1-8)。

由于技术进步,进入壁垒的减少,在经济全球化的背景下,越来越多的国家参与到了生产(装配)的过程中,"租"逐渐消解,从而造成了产品附加值的持续下降。因而,能够产生更高"租"的区域,正日益从特定的生产过程转移到更高端的过程。例如,在研发、市场等方面,由于这些行业往往属于技术密集的行业,进入壁垒较高,对知识产权的长期保护,例如70年的专利技术保护,以及近乎永久的商标,都是利润的主要来源。在知识经济时代,全球价值

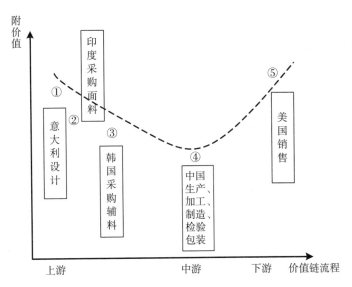

图 1-8　美国某服装公司全球价值链示意图

链上的经济租正在从物质活动向无形活动转化。这是由于无形的行为以知识和技巧为基础,并日益在组织系统中扎根。

3.全球价值链的治理

在国际分工日益精细的今天,企业的价值链条越来越复杂,企业的内部联系也越来越多。在这种情况下,为了提高企业的整体效益,必须对企业的价值链进行系统的协调,以增强企业的整体竞争力。在全球价值链中,各成员的权利有差异。发达国家和领先企业在全球价值链中的权利主要集中在价值链治理方面的制定与实行,它的"治理"是指企业之间的互动与体制机制,通过非市场机制来协调价值链上的各种行为;不同的治理方式对发展中国家或企业的产业升级前景有直接的影响。格里芬和科尔泽涅维奇(Gereffi 和 Korzeniewicz,1994)[1]将价值链的治理界定为:"政府与权利关系",它决定了人力物力在价值链中的分布与流通。汉弗莱和施密茨

---

① Gereffi G., Korzeniewicz M., *Commodity Chains and Global Capitalism*, Westport, CT: Praeger,1994.

（Humphrey 和 Schmitz，2000）[1]将价值链的治理定义为：在价值链上，企业间的关系与制度机制可以促进企业在价值链上的各种行为与各环节的非市场化协调。治理是全球价值链的中心，是一种制度安排。

（1）全球价值链治理的类型

鲍威尔（Powell，1990）[2]将全球价值链的治理模式分为市场、层级制和网络三种组织形式，如表 1-4 所示。

表 1-4　三种经济组织形式之间的典型对比

关键因素	经济组织形式（Forms）		
	市场（**Market**）	层级制（**Hierarchy**）	网络（**Network**）
一般基础	合约……产权	雇佣关系	互补性分工、努力
交易方式	价格	公司规则	网络关系
冲突解决方式	杀价……法律强制执行	管理命令……监督	互惠互利……声誉
弹性程度不同	高	低	中
委托数量级	低	中到高	中到高
组织氛围	不信任、斤斤计较	官僚体制、照章办事	回旋余地大、互利性
行为体行为选择	独立、转换成本低	从属、依赖上级，转换成本高	相互依赖
相似之处	如同等级制中文件的合约	与市场相似的特性：利润至上、转让价格	正式的规则、关联股东

卡普林斯基和莫里斯（Kaplinsky 和 Morris，2003）[3]认为，在全球价值链各

①　Humphrey J.，Schmitz H.，"Governance and Upgrading Linking Industrial Cluster and Global Value Chain"，*IDS Working Paper*，2000.

②　Powell W.，"Neither Market Nor Hierarchy：Network Forms of Organization"，*Research in Organizational Behavior*，Vol.12，1990.

③　Kaplinsky R.，Morris M.，"Governance Matters in Value Chains"，*Developing Alternatives*，Vol.9，No.1，2003.

个环节中,企业保持相互信任的一种机制就是建立和实施各种规则和标准。他们认为,只有在全球价值链中运行的各种规则和标准,才能将分散的区域连接在一起,体现了全球价值链的动态特性。而企业要想成功地融入全球价值链中,就必须充分了解治理规则和标准的重要性。所以他们提出了一种新的治理分类方法,即将全球价值链治理分为规则制定治理(Legislative Governance)、监督裁决性治理(Judicial Governance)和执行性治理(Executive Governance)三种形式。①规则制定治理。规则制定治理的实质就是为加入全球价值链而设定必要的条件和准则。除了质量、价格和传递可靠性(Quality,Price,Delivery,QPD)以及产品标准外,这些规则还包含了诸如质量标准(ISO 9000)、环境标准(ISO 14000)、劳工标准(SA 8000)以及其他特定的行业标准。影响规则制定的主要因素有两种:一是调整规则的适用范围,例如国际性、区域性和特定的企业标准;二是这些规定是否涵盖了产品或工序。②监督裁决性治理。监督裁决性治理主要是判定银行作为主体的监管机构是否遵守全球价值链的治理规则,并对其实施效果进行评价。全球价值链中的监控主体,主要是重要的供应商,例如关键性购买者;在全球价值链以外的监督机构,包括政府或区域性标准办公室、非政府组织、新闻媒体等。③执行性治理。执行性治理是为了使全球价值链的所有成员遵守管理规则,并帮助它们满足规定的要求而采取的措施。此外,卡普林斯基和莫里斯还指出不同全球价值链具有不同的治理程度和形式:一些全球价值链基本上不存在治理,或者最多存在较弱的治理形式;绝大部分全球价值链在治理的三个领域(治理规则制定、监测和执行)存在多重治理点,从而形成了横向和纵向两种形态治理重叠的局面。

在汉弗莱和施密茨分类的基础上,格里芬等(Gereffi 等,2005)①根据全球价值链中各行为主体之间协调能力的高低,将全球价值链治理模式划分为以

---

①　Gereffi G., Humphrey J., Sturgeon T., "The Governance of Global Value Chain", *Review of International Political Economy*, Vol.12, No.1, 2005.

下五种形式：市场型（Market）、模块型（Modular Value Chain）、关系型（Relational Value Chain）、领导型（Captive Value Chain）和等级制（Hierarchy）。市场型是指以市场为基础的各类经济活动主体以货币形式进行交易，其运作的核心是价格机制。而等级型则是以企业制度为代表，其运作的核心是管理与控制。模块型、关系型、领导型均属网络型，处于市场型与等级制之间，其中模块型是对系统进行拆分和整合，各子系统必须具有良好的创新效能，并且根据某种规律彼此关联集约交易成本；在关系型模式中，厂商因其社会同构性、空间邻近性、家族性和破坏性等因素而聚集起来；而领导型模式是指许多中小制造商，尤其是小企业依赖于一些大的制造商，而这些大公司对这些大公司具有很强的监控和控制能力。在实际的全球价值链治理中，这五种治理模式常常互相交织，并有一种动态的转化机制，揭示了世界范围内的权力运行方式（见图1-9）。

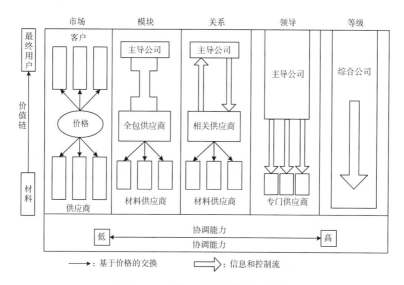

图1-9　五种全球价值链治理模式

格里芬等的全球价值链治理范式涵盖了目前多数典型的全球价值链类型，他不仅对各种治理方式的特点进行了深入研究，还运用了较多的经济分析手段,使其在理论上得到了很好的应用。但是,格里芬的范式仍然存在以下问题:第一,这种治理模型只局限于领导者与高层供应商的关系,而在特定的产业价值链中,则包含了更多的上游企业与下游企业。第二,模型中的前两个变量(交易的复杂性和交易的可标准化程度)有很强的相关性,其实,这两个变量都是通过对交易费用的影响来确定价值链的治理方式。但是,能够影响交易费用的变量并不仅是这两个。第三,单纯将三个变量分为高、中、低三个维度是不够的,例如,在模块型模式中,交易的规范化程度要比领导型高,但要比市场型低。第四,文化禀赋、企业战略、政府政策、国内外制度等因素对企业价值链的管理产生了重大影响,而格里芬的理论并未涉及这一问题。第五,格里芬的模型并未涉及价值链中的节点位置问题,例如,未提及不同的节点为何会分散在不同的区域和国家。

(2)全球价值链治理模式选择的决定因素

格里芬等认为,选择全球价值链的治理方式,主要取决于下列几个方面(见表1-5):①交易的复杂性。在价值链中,企业间的互动关系越密切,企业间的互动越强烈。采取的治理模式越倾向于网络型治理模式(模块型、关系型和领导型)和等级制的治理模式。②交易的可标准性。反映了信息和知识在价值链条上的供应情况,以及它们的传输效率和交易成本。在一些产业的价值链中,通过对产品、生产过程等复杂的信息进行规范化后,可以很方便地通过价值链进行传播。如果供应商能够接受和执行这些标准化的信息,并且在价值链中得到广泛的应用,那么就可以使用模块化的治理模式;反之,在价值链中处于支配地位的公司将会对这些信息进行垄断,从而实现对其他公司的纵向整合,即公司采用等级制治理模式;或采用外包策略,但对承包企业实施严密的监督,即公司采取了领导型治理模式。③供应商的能力。能够从价值链中接收并执行这些复杂的信息。在供应商能力不强的情况下,主要企业只能实施纵向经营,而价值链则采取等级制治理模式;也可以将其外包,采取领导型治理模式。

表 1-5 全球价值链治理模式选择的决定因素

治理模式		交易的复杂性	交易的可标准性	供应商的能力
市场		低	高	高
网络	模块	高	高	高
	领导	高	高	高
	关系	高	低	低
层级		高	低	低

格里芬等还指出,全球价值链治理模式并非一成不变,也没有与具体产业紧密联系。与此同时,全球价值链的治理模式可能从一种模式转换为另一种模式。原因主要是:①随着新的制造商获得新的能力,这种权力关系也会随之改变;②由于投资的转换,建立并保持严密的分级治理模式对主导公司的成本是很高的;③企业和集团通常不会被限制在一个价值链上,而是会在多个价值链上运行,所以可以将从一个链条学到的技能运用到其他的价值链中去。价值链治理模式的变化,可能会导致交易的复杂性、交易的可标准性和供应商的能力等的变化。

(3)全球价值链治理战略环节的识别

在全球价值链的诸多"价值环节"中,并非每个环节都能产生同等价值,这是全球价值链的基本思想。各个环节所产生的价值是不一样的,有些辅助环节不能产生价值,而那些高附加值的环节则是整个产业链中的战略性环节。正确地把握全球价值链中的战略联系,为企业在世界范围内各个生产环节的布局和发展方向指明了方向。而要维持企业或行业的竞争优势,就必须把握好这个战略环节。如何对企业的战略联系进行有效的识别,成为企业治理的一个重要课题。

在大多数全球价值链中,可能存在多个参与治理的主导企业。与此同时,这些企业也会处于不同的地位:如位于链条的最高端,或者链条的中部或者链条的底端。在对战略环节进行分析时,全球价值链理论忽略了传统的营销比例、利润等指标,采用了一些动态指标(表1-6列出了识别战略环节的若干关键性指标),由此可以看出企业战略的转变,更加凸显了企业的动态改进进程和发展的管理思想,这对企业及时调整策略和选择嵌入全球价值链的切入点尤为重要。例如,在汽车、通信等产业中,战略链的重心逐渐转向了下游,例如产品的使用与维修,而下游的价值也在不断增加。因此,传统的企业策略在保持其竞争优势的同时,也在不断减少生产成本、经营主导产品、开发差异性产品等方面表现出了一些局限性。在此背景下,企业(特别是部分具有高技术壁垒的产业)应该积极拓展下游的增值业务,例如多样化的客户服务、产品的本土化等,逐步向全球产业链延伸。

表1-6　全球价值链中识别战略环节的若干关键性指标

指标	比较	数据来源
价值链中销售比重	并非一个强势指标,因为该指标中无法规避原料部分的重复买卖活动,因此缺乏有效影响力	资产负债表,通常只能收集到企业对外发布的信息和数据
价值链中增值比重	反映了价值链的具体环节部分,因此是衡量规模的一个比较好的指标	企业调研
价值链中利润比重	较好地反映了在价值链中的竞争力,能够显示出企业的综合能力,但是高额利润也可能来自对稀缺资源的垄断,并且对下游加工环节缺乏控制力	企业调研
价值链中购买份额	一个很好的指标,特别是当购买渠道多元化而非依赖领导企业的时候,该指标更加有效	企业调研(品牌在最终市场的份额研究)
掌握价值链中核心技术或具备独特能力	更适用于生产者驱动型全球价值链,例如汽车产业	专利信息
拥有价值链中"市场标识"(品牌)	在品牌标识显得重要的市场中,该指标的优势更明显	股市信息

4. 全球价值链升级

价值链升级,就是通过提升企业的能力,使厂商在价值链上进行增值,进而获取更多的利润。从全球价值链的视角来看,产业升级是指在价值链中或尚未嵌入的企业,通过嵌入价值链取得技术进步和市场链接,从而增强竞争力并参与到增值较高的活动中。升级过程包括各个价值环节内在属性和外在组合两个方面的变动,这两个方面都连接在同一链条之中或不同链条之间。一国或区域在全球价值链中的作用关系,直接影响到其所取得的附加价值。因此,要扭转其在价值链上的被动地位,就需要进行价值链升级。

卡普林斯基(Kaplinsky,2000)[1]认为升级就是制造更好的产品、更有效地制造产品或者是参与需要更多技能的活动。在此基础上,英国萨塞克斯大学创新研究小组的学者们(Humphrey 和 Schmitz,2000)[2]提出了全球价值链中的产业升级的四种模式:工序升级(Process Upgrading)、产品升级(Product Upgrading)、功能升级(Functional Upgrading)和链条升级(Chain Upgrading),全球价值链各升级模式的实践形式如表1-7所示。

表1-7 全球价值链各升级模式的实践形式

升级模式	实践形式
工序升级	通过创新生产系统或引进先进技术,提高价值链中加工流程的效率
产品升级	通过引进新产品或改进已有产品比竞争对手更有效率,移向更先进的生产线(增加单位价值)
功能升级	重新组合价值链中的环节,以提高经济活动的附加值。获得新的功能或放弃已有的功能,增加经济活动的技术含量。例如,从生产环节向设计环节和营销等利润丰厚的环节跨越,改变企业自身在价值链中所处的位置
链条升级	从一条价值链跨越到另一条新的、价值量高的相关产业的价值链,企业把在一个产业获得的能力应用到另一个新的产业,或转向一个新的全球价值链中

对于工序升级、产品升级、功能升级和链条升级四种产业升级的方式,大

---

① Kaplinsky R.,"Globalisation and Unequalisation:What Can Be Learned from Value Chain Analysis?",*The Journal of Development Studies*,Vol.37,No.2,2000.

② Humphrey J.,Schmitz H.,"Governance and Upgrading Linking Industrial Cluster and Global Value Chain",*IDS Working Paper*,2000.

量的研究显示,它具有某种内在的规律性(陈柳钦,2009)①。一般来说,产业升级是从生产流程的升级到产品的升级,到功能的提升,最终到价值链的提升。但是,应该强调的是,产业升级并不是一成不变的。联合国工业发展组织(United Nations Industrial Development Organization,UNIDO,2002)②在 2002—2003 年度工业发展报告《通过创新和学习来参与竞争》(*Competing Through Innovation and Learning*)中这样描述全球价值链的产业升级机制:"全球价值链的扩散作用和过程使发展中国家的企业有机会改进其能力。对发展中的企业或企业集群来说,最紧迫的任务就是把它们整合到一个更大的体系中。这就要求有步骤地采取行动,使企业管理水平提高到国际水平。此外,还应自觉地进行创造性的创新与学习,以获取所需的技术技能。考虑到将来有机会进入市场,而且有了更高的技术,以上的努力是有意义的。"在现实生活中,无论是采购者驱动型或生产者驱动型全球价值链,都需要在发展中国家取得初步的技术实力。当地企业一旦进入全球价值链,由供应联系所引发的学习效应就会出现。因此,为了提高自己的技术实力,为了提升价值链,公司必须进入全球价值链(郭志尧,2021)③。

综上所述,上述四种产业升级方式都是由劳动密集型价值链向资本和技术密集型的价值链转变,从劳动密集型价值链到技术密集型价值链的转变,与资本的深度相联系。而资本的深化则是指在要素禀赋的改变下,企业为了进一步提高资源的分配效率,采用资本替代劳动来进行技术选择。一般来说,产业升级是一个由流程、产品、功能到行业的逐步升级,其发展的过程本质上是一个要素相对优势的逐步演变。

---

① 陈柳钦:《有关全球价值链理论的研究综述》,《重庆工商大学学报(社会科学版)》2009年第 6 期。

② United Nations Industrial Development Organization, " Industrial Development Report 2002/2003:Competing Through Innovation and Learning",*Industrial Development Report*,2002.

③ 郭志尧:《中国自由贸易区原产地规则对中国在全球价值链地位的影响研究》,河北大学 2021 年博士学位论文。

六、产业升级相关理论

(一)从产业转型升级到国际地位提升

产业国际地位提升一般是指产业在全球价值链下由低附加值向高附加值、由低效率生产向高效率生产、由低质量生产向高质量生产转变的过程。因此可以延伸到全球价值链地位理论。以往对国家间国际分工状况的测度,多是以贸易净指数、显性比较优势等传统贸易测度为基础的。在产品内部分工模式下,由于中间品的多次跨国贸易所造成的重复核算问题,会扭曲一个国家在国际分工中的真正利益,而不能真实地反映国家的分工状况,从而使国家对自己的工业生产能力和工业出口能力缺乏明确的认识。为此,以胡梅尔斯等(Hummels 等,2001)[1]和库普曼等(Koopman 等,2012)[2]为代表的学者提出和发展了以贸易增加值数据来衡量各国分工地位的方法。

1.贸易增加值的理论背景

现行国际贸易核算体系以国际货币基金组织(IMF)发布的《国际收支手册》(Balance of Payments Manual,BPM)和联合国制定的《国民经济核算体系》(System of National Account,SNA)为基础,其经历了传统贸易核算方法和属权贸易核算方法两个阶段。其中,传统贸易核算方法也称原产地统计方法,形成于 20 世纪 50 年代。第二次世界大战后,国际分工仍以产业间垂直分工为主。各国间商品贸易往来促成了基于物品跨境原则的贸易核算体系。鉴于当时生产的跨国分工未全面形成,国际分工和国际贸易仍以国家为单位,因此国际贸易核算方法的物品跨境原则和原产地原则契合了当时全球贸易的发展状况。

属权贸易核算方法也称综合平衡方法或全口径核算方法,该方法凸显了

---

① Hummels D.,Ishii J.,Yi K.M.,"The Nature and Growth of Vertical Specialization in World Trade",*Journal of International Economics*,Vol.54,No.1,2001.

② Koopman R.,Wang Z.,Wei S.J.,"Estimating Domestic Content in Exports When Processing Trade is Pervasive",*Journal of Development Economics*,Vol.99,No.1,2012.

商业存在的当地销售和服务贸易的重要性,是对传统核算方法关于物品跨境原则的突破。在经济全球化、贸易自由化进程中,全球范围内的货物种类、流通方式都发生了很大的改变,由以往货物商品的跨境流动,向货物商品和服务商品的跨境流动和当地销售转变。针对全球贸易发生的变化,一方面,属权贸易核算法将跨国公司在东道国投资建立的商业存在的当地销售作为其出口的延伸,将其纳入国际贸易核算当中。另一方面,属权贸易核算法将核算口径由货物贸易扩展至服务贸易,对两者进行综合核算。因此,与传统的贸易核算法比较,属权贸易核算方法更能全面地反映国际分工的发展,特别是加工贸易的快速发展,同时,它也强调了服务贸易在新的国际分工中所扮演的角色(郭志尧,2021)①。

　　然而,在产品内分工模式下,现行国际贸易核算体系主要存在以下缺陷。第一,碎片化生产大大增加了中间产品的交易量,从而使成品在制造和装配之前进行了许多跨国贸易,这就造成了以商品跨境为基础的国际贸易核算方式与中间产品之间的重复统计,进而引起了贸易不平衡,使发达国家对发展中国家采取贸易保护政策的程度更加严重。第二,在全球价值链分工条件下,由于各国仅进行产品生产的某个工序,因此其对最终产品的贡献只局限于其所参与的附加值。对于发展中国家来说,他们主要是处于劳动密集、低附加值的生产阶段,也就是进行最后的产品装配工作;而发达国家则处于研发、设计、售后等高附加值产品的制造和资本密集的制造阶段。这种分工方式导致了处于价值链底层的发展中国家出现了较大的顺差,而处于较高附加值的发达国家则出现了较大的逆差(郭志尧,2021)②。第三,由于现行贸易核算体系的贸易统计结果显著高于各国实际创造的价值,不能真实地反映一个国家的国际贸易

---

　　①　郭志尧:《中国自由贸易区原产地规则对中国在全球价值链地位的影响研究》,河北大学 2021 年博士学位论文。
　　②　郭志尧:《中国自由贸易区原产地规则对中国在全球价值链地位的影响研究》,河北大学 2021 年博士学位论文。

竞争力,这就造成了国家对参与国际分工所产生的价值和分工地位的认识不够清晰,不能制定出有效的产业政策,以加速和推动国内产业结构的调整和升级。

2. 贸易增加值的核算方法

针对传统贸易数据引发的上述问题,胡梅尔斯等(Hummels 等,2001)[①]和库普曼等(Koopman 等,2012)[②]学者提出并发展了用贸易增加值数据衡量国家间的分工状况的方法,对一国参与国际分工和在分工中所处的地位进行了开拓性的研究。胡梅尔斯等(Hummels 等,2001)[③]利用投入产出表,剔除总出口中重复计算的中间投入,将一国出口总值分解为国内间接增加值(VS1)和国外增加值(VS),提出了衡量一国参与国际分工程度的垂直专业化指标(Vertical Specialization,VS),被称为 HIY 法。其中,国内间接增加值是指一国出口中间品中被进口国生产加工后出口至第三国的成分;国外增加值则是指包含在一国出口中的国外成分。HIY 法利用投入产出表区分了中间产品和最终产品,从而能够识别并计算用于生产出口产品的进口中间产品。另外,该方法的应用建立在两个关键的假设基础之上,一是假设所有的国内消费和出口产品都存在相同比例的中间投入,明显低估了依赖大量中间品进口的加工贸易国的国外增加值;二是假设进口中间品完全由国外价值构成,也就是说,仅存在中间品的单向流通,没有考虑到在全球价值链的分工状态下,中间品的出口折返和流通状况,这将低估出口国的国内价值含量,高估出口的国外价值含量(郭志尧,2021)[④]。

---

① Hummels D.,Ishii J.,Yi K.M.,"The Nature and Growth of Vertical Specialization in World Trade",*Journal of International Economics*,Vol.54,No.1,2001.

② Koopman R.,Wang Z.,Wei S.J.,"Estimating Domestic Content in Exports When Processing Trade is Pervasive",*Journal of Development Economics*,Vol.99,No.1,2012.

③ Hummels D.,Ishii J.,Yi K.M.,"The Nature and Growth of Vertical Specialization in World Trade",*Journal of International Economics*,Vol.54,No.1,2001.

④ 郭志尧:《中国自由贸易区原产地规则对中国在全球价值链地位的影响研究》,河北大学 2021 年博士学位论文。

由于 HIY 方法存在不足,库普曼等(Koopman 等,2008)[1]构建了针对中国的非竞争型投入产出模型,并在此基础上提出并发展了 DPN 方法,弥补了 HIY 方法第一个假设的缺陷。库普曼等采用直接增加值消耗系数 V 代替 HIY 方法的进口中间产品直接消耗系数,同时将 HIY 方法的国内完全消耗矩阵替换为国家间完全消耗矩阵,从而弥补了 HIY 方法第二个假设的缺陷,即在充分考虑到各国之间流通状况的基础上,提出了一种基于后向关联度的附加值测度方法的总出口分解方法,并构建了一个标准的贸易增加值分析框架。该方法将一国总出口分解为五个部分:最终产品出口中的国内直接增加值、中间产品出口中的国内直接增加值、中间产品出口中的国内间接增加值、国内增加值回流和国外增加值。基于增加值分解,库普曼等(Koopman 等,2010)[2]构建了全球价值链参与程度和全球价值链地位指数,以衡量一个国家的全球价值链参与度和全球价值链地位。王直等(2015)[3]进一步将基于后向关联度的附加值测度方法扩展至跨部门、双边部门的范围,把国家之间的中间产品贸易分成 16 个不同的部分,使一个国家的总出口得以完全分解。但是,以上两种方法计算贸易增加值,都是以投入产出表为基础,而投入产出表对于生产技术一致性的关键假设使上述方法忽略了企业的异质性问题。因此,越来越多的学者从微观数据层面出发,不断地丰富贸易增加值的分解方法。

(二)出口技术复杂度

豪斯曼和罗德里克(Hausmann 和 Rodrik,2003)[4]最早提出"出口技术复

---

① Koopman R.,Wang Z.,Wei S.J.,"How Much of Chinese Exports is Really Made in China? Assessing Domestic Value-Added When Processing Trade is Pervasive", *NBER Working Paper*, No.14109,2008.

② Koopman R.,Powers W.,Wang Z.,"Give Credit Where Credit is Due:Tracing Value Added in Global Production Chains", *NBER Working Papers*,No.16426,2010.

③ 王直、魏尚进、祝坤福:《总贸易核算法:官方贸易统计与全球价值链的度量》,《中国社会科学》2015 年第 9 期。

④ Hausmann R.,Rodrik D.,"Economic Development as Self-Discovery", *Journal of Development Economics*,Vol.72,No.2,2003.

杂度"的概念,他认为,一个国家的出口产品质量与其技术实力成正比,技术实力越强,其出口技术越复杂,而那些仅依靠劳动力优势、技术优势不足的国家,其技术复杂程度相对较低,出口技术复杂度指数是反映各个国家的产品范围、价值和技术水平的综合指标。豪斯曼等(Hausmann 等,2005)①对出口技术复杂度的概念进行了拓展,认为出口技术复杂度包括了出口生产率和出口技术含量的含义,是对某一国家或地区工业产业出口表现的全面评估。虽然出口技术复杂度指数本身还存在改进之处,但可以直接运用产品出口贸易数据去衡量一国的国际竞争力,进而测度出一国的产业国际地位。对一国产业国际地位的测度,本书将商品的出口技术复杂度作为衡量指标。一国出口商品的技术特性往往能反映一国全球价值链分工地位的高低,进而能够反映出该国的产业地位。

---

① Hausmann R., Pritchett L., Rodrik D., "Growth Accelerations", *Journal of Economic Growth*, Vol.10, No.4, 2005.

第二章 中国自由贸易区网络的发展现状及其特征

2008 年国际金融危机之后,由于单边主义、贸易保护主义及疫情冲击等多重因素的叠加影响,多边主义发展面临一定的障碍。为了进一步获得开放利益,有效避免逆全球化带来的冲击,很多国家把区域经济一体化再次作为重要的发展战略。我国作为世界第二大经济体,面对中美长期战略竞争关系,以及国际经济政治环境日益复杂的局面,习近平总书记提出了以国内大循环为主体、国内国际双循环相互促进的新发展格局。自由贸易区作为对外开放的主要方式,已经成为国内国际双循环实现良性互动的重要"啮合点"(成新轩,2021)①。自党的十七大把自由贸易区建设上升为国家战略以来,我国面向全球的自由贸易区网络已初步形成,但自由贸易区建设过程中部分相对薄弱和不足的环节并未得到根本改善。比如与中亚、北美等地区的国家还没有实现自由贸易协定的突破,贸易协定数量相对较低。根据世界贸易组织 2021 年年底公布的已生效自由贸易协定数量排名,我国目前处于全球经济体中第 14 位,不仅与我国的经济体量不匹配,而且与欧盟、英国以及日韩一些发达国家和地区相比也存在很大差距;另外,我国自由贸易区区域内贸易比例较低,在

---

① 成新轩:《中国自由贸易区高质量发展:国内国际双循环相互促进的"啮合点"》,《河北大学学报(哲学社会科学版)》2021 年第 5 期。

对外开放水平和规则标准方面与高标准自由贸易协定相比也存在一定的差距。2022 年中国与自由贸易伙伴的贸易额占比[含《区域全面经济伙伴关系协定》成员]仅为 34% 左右,远低于日韩等国家 60%—70% 的水平(王蕊等,2021);与《全面与进步跨太平洋伙伴关系协定》高达 98% 以上的自由化程度相比,中国签署的《区域全面经济伙伴关系协定》目前也只有 90% 左右的自由化率。可见,我国自由贸易区的发展需要进一步提升数量和水平,尤其在贸易伙伴的选择、协定条款的拓展和深入等方面要以高发展水平为目标来精准甄选。据此,在党的二十大报告又进一步提出和强调实施自由贸易区提升战略,把构建面向全球的高标准自由贸易区网络作为提升对外开放质量、推动国内外统一大市场的重要发展举措。

第一节　中国自由贸易区网络的发展进程

　　中国虽然是经济体量最大的发展中国家,但自由贸易区建设开始得相对较晚。中国于 2002 年与东盟签署第一份自由贸易协定,标志着中国开始了自由贸易区建设之路。2005 年,中国—智利自由贸易区成立,标志着中国第一次突破亚洲范围建设自由贸易区。2008 年,中国与新西兰建立自由贸易区,这是中国第一次成功与发达国家签署自由贸易区,其成立标志着中国自由贸易区深度一体化的启动,在中国自由贸易区建设进程中具有突出意义。2020 年,中国签署了《区域全面经济伙伴关系协定》,在构建面向全球的高水平自由贸易区网络这条道路上也向前迈进了一大步。虽然中国的自由贸易区建设之路开启得较晚,但是,随着自由贸易区战略地位的提升和中国自由贸易区建设的积极实践,中国建立的自由贸易区的数量已经与发达国家相当。截至 2023 年 10 月,已签署 22 个自由贸易协定(含升级)、正在谈判 10 个自由贸易协定(含升级)以及正在研究的自由贸易协定达 8 个(含升级)(见表 2-1)。

表 2-1 中国自由贸易区的成员分布 （单位：%）

国家类型	亚洲	非洲	欧洲	美洲	大洋洲	跨区域	比例
中国已签协定的自由贸易区							
发达国家	韩国[*1]、新加坡[*1]（含升级）	—	冰岛、瑞士	—	澳大利亚[*]、新西兰[*1]（含升级）	区域全面经济伙伴关系协定（日本、韩国[*1]、澳大利亚[*]、新西兰[*1]、东盟[*1]）、东盟[*1]（含升级）	36.36
发展中国家	格鲁吉亚[1]、马尔代夫[1]、巴基斯坦[1]（含第二阶段）、柬埔寨[*1]	毛里求斯	塞尔维亚[1]	秘鲁[1]、哥斯达黎加[1]（含升级）、智利[1]（含升级）、厄瓜多尔[1]、尼加拉瓜[1]	—		63.64
比例	40.94	4.55	13.64	27.27	13.64	—	100.00
中国正在谈判的自由贸易区							
发达国家	日本—韩国[*]、以色列、韩国[1]（第二阶段谈判）		挪威	—	—	海合会[1]（阿联酋、阿曼、巴林、卡塔尔、科威特、沙特阿拉伯）	26.67
发展中国家	斯里兰卡[1]、巴勒斯坦		摩尔多瓦[1]	巴拿马[1]、秘鲁[1]（升级谈判）	—		73.33
比例	73.33	0.00	13.33	13.33	0.00	—	100.00
中国正在研究的自由贸易区							
发达国家	—	—	瑞士（升级联合研究）	加拿大			25.00
发展中国家	尼泊尔[1]、孟加拉国[1]、蒙古国[1]	—	—	哥伦比亚	斐济[1]、巴新[1]		75.00
比例	37.50	0.00	12.50	25.00	25.00	—	100.00

注：符号"*"代表存在重叠式自由贸易区，符号"1"代表已与中国签订共建"一带一路"合作文件国家，采用不重复原则计算成员在不同区域和国家发展程度类型中的分布比例，如韩国分别单独和通过 RCEP 与中国签订自由贸易协定，但韩国在统计中只作一次计数。

资料来源：依据中国自由贸易服务网信息整理（2022 年 2 月 5 日）。其中，经济发展水平划分参考世界银行对高收入经济体的分类。

　　从中国签订生效的区域贸易协定类型来看，主要可分为自由贸易和经济一体化协定以及部分经济一体化协定。前者相对于后者来说，在协定范围覆盖上更为广泛，涉及条款内容也更为丰富。其中，只有亚太贸易协定属于后者，其余协定均属于前者。从地缘关系来看，中国的缔约对象遍布全球。其中,缔约国主要集中于亚洲地区,与中国已签署或正在谈判的亚洲国家所占比重均在60%以上;从自由贸易区正在谈判或研究的趋势发现,缔约国逐渐扩展到欧洲、美洲以及大洋洲地区。这主要由于中国处于东亚地区,与亚洲经济体的各类往来更不容易被距离及其他地理因素所困。我国依托"一带一路"建设的推进,逐渐向欧洲、美洲以及大洋洲等地区扩展自由贸易区商签范围,推动我国自由贸易区网络以"点—线—面"形式逐渐向更广的地区扩围。

中国的缔约对象在目前主要还是围绕发展中国家展开,在已签署、正在谈判和研究的自由贸易区中,发展中国家所占比例几乎都在70%以上。一方面,这主要由于中国与以发展中国家占绝大多数的亚洲地区国家为主要合作对象。虽然发展中国家的经济水平不高,但其资源、人口等禀赋条件,将有利于中国发挥国际分工优势,通过产业转移、分工深化以及价值链融合来缩减生产成本,提升贸易附加值。另一方面,发达国家与发展中国家在经济发展水平、市场环境以及自由贸易协定条款政策等方面存在较大差距,导致南北的合作成本相对较高。由于经济发展水平差异,不同国家接受自由贸易区贸易规则的程度也有较大差异(吴小康和韩剑,2019),如发达国家对于知识产权保护、竞争规则以及电子商务市场规模等边界内措施的设置与协调方面有着较强偏好,而中国距离完全适应这些高标准规则还有一定差距。但由于全球自由贸易区网络中的"核心节点"仍然由发达国家占据,与其建立自由贸易区更有利于中国强化在全球自由贸易区网络中的枢纽功能,从而构筑以自身为中心的自由贸易区网络。

与中国签订升级协定的国家和地区包括新加坡、巴基斯坦、智利、新西兰、东盟等,同时也在谈判和研究与韩国、秘鲁、瑞士等国家的协定升级。通常,贸易协定覆盖范围越广、内容深度越深,其对贸易创造与对外开放的促进作用也较为显著(韩剑和许亚云,2021)[①]。当前,世界贸易组织框架下多边谈判陷入

---

① 韩剑、许亚云:《RCEP 及亚太区域贸易协定整合——基于协定文本的量化研究》,《中国工业经济》2021 年第 7 期。

瓶颈,各国难以在世界贸易组织框架下推进国际贸易投资规则谈判,贸易协定升级逐渐成为提升协定深度水平与高水平对外开放的有效途径。通过对原有自由贸易协定的修订、删减与新增,扩大开放承诺扩大、提升最惠国待遇承诺涵盖范围、放宽投资审查、调整原产地规则管理以及扩展电子商务内容领域等,以满足更复杂的国际经贸规则需求,深化多边产业链、供应链以及价值链的深度融合。中国自由贸易协定目前主要聚焦于边界规则,自由贸易协定的有效升级可以通过规则深化,引领国际贸易投资新规则的制定,并与国际新通行规则接轨,进而推动中国自由贸易区战略高质量实施、企业利益保障、社会福利提升、高标准自由贸易区网络构建等多项重要命题的实现。

从自由贸易区网络的结构分布来看,中国致力于构建以本国为"轮轴国"的"轮轴—辐条"式自由贸易区网络(见图2-1)。在此网络中,可以发现其他"辐条国"或地区之间也签订有大量自由贸易协定,即形成多级重叠式自由贸易区网络。除此之外,新西兰、澳大利亚以及智利等的签署比例也在65%—70%。而东盟10国的自由贸易协定签署情况最为活跃,且网络中自由贸易协定的重叠也多出现在东盟内部,这说明东盟作为亚太地区最为活跃的区域经济一体化组织,十分注重以"自由贸易区平台"形式来深化与促进多边经贸合作。同时,东盟通过签订一系列自由贸易协定,初步形成了由多个"10+1"自由贸易区构成的"同心圆"形态网络,对中国的产业、市场竞争以及自由贸易协定谈判推进等方面也带来了压力。整体上,在中国自由贸易协定的多级重叠式结构中,呈现出以中国与东盟分别与其他成员签订自由贸易协定的"两极集聚"空间分布,以韩国、澳大利亚等国家或地区的次级"轮轴—辐条"式结构。

自由贸易区网络通过产业国际分工交叉化、多边化以及互补化促使区域生产网络产生聚集效应,从而稳定产业链、供应链并构建新的价值链。同时,"轮轴国"作为关键节点,依据原产地规则充当"辐条国"间自由贸易的重要桥梁,充分带动本地的生产加工、产品贸易以及外资引进,从而获得巨大的贸易

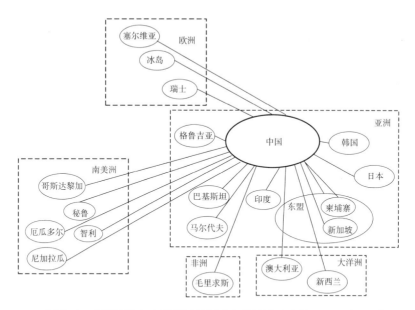

图 2-1　中国签署自由贸易区的国家与地区分布(截至 2023 年 10 月)

资料来源:世界贸易组织自由贸易协定官网(https://ftais.wto.org/UI/PublicMaintainftaHome.aspx)和中国自由贸易区服务网(http://fta.mofcom.gov.cn/)整理得出。

利益。但并不意味自由贸易协定签订数量越多越好,网络中大量自由贸易协定的交叉重叠很容易形成复杂的"意大利面碗"效应,从而导致错综冗杂的协定之间贸易规则和壁垒的重叠、冲突与竞合,增加制度、管理以及生产等方面不可避免的负面成本(张中宁,2018)①。其中,在中国已签署的自由贸易区中,与东盟的自由贸易协定覆盖与新加坡和柬埔寨的自由贸易协定;超大型自由贸易协定《区域全面经济伙伴关系协定》分别覆盖与韩国、澳大利亚、新西兰以及东盟等国家的自由贸易协定;中国正在谈判的中日韩自由贸易协定也与和韩国单独签署以及和日本、韩国联合签署的《区域全面经济伙伴关系协定》等自由贸易协定相重叠。因此,为节省非必要的贸易成本,有必要明确不同协定之间条款的差异与联系,对重叠自由贸易协定规则进行统一协调与规

---

①　张中宁:《中美两国自由贸易区战略比较研究》,对外经济贸易大学 2018 年博士学位论文。

制融合,并依据自身资源禀赋(地理池)进行协定深化、原产地规则严格程度调整等方面的优化,从而提升自由贸易区的实际利用率,而非仅停留在贸易协定数量上的增加。

第二节　中国自由贸易区网络形成的动因

在经济全球化不断推进与深化过程中,全球经济重心也发生着转移。我国对自由贸易区战略的重视程度不断提升,在全球自由贸易区网络建设中发挥的作用也逐渐由被动转向主动、由"参与"转向"引领"。

一、加快自由贸易区网络建设是全面深化改革开放的内在要求

党的十九届五中全会明确提出,要加快构建以国内大循环为主体、国内国际双循环相互促进的新发展格局。现阶段,中国经济已由高速增长阶段转向高质量发展阶段。为应对来自国内经济形势更迭、国际经济全球化受阻的双重压力,我国须持续推动对外开放的范围扩大、领域拓宽、层次深化。其中,范围扩大要求我国更积极参与区域经济一体化,领域拓宽要求我国在制造业开放基础上进一步推动服务等更多领域的开放,深化层次要求我国将开放范围由边境向边境后延伸,即推进制度开放,建设更高水平开放型经济新体制。新发展格局下,自由贸易区的作用日益凸显,已成为推动对外开放"扩围、提质、增效"的关键。对外,我国正加速构建面向全球的高标准自由贸易区网络,同步推动《区域全面经济伙伴关系协定》、中日韩自由贸易区、《全面与进步跨太平洋伙伴关系协定》等大型自由贸易区构建,截至 2023 年 10 月,中国已签署22 个自由贸易区,涉及 29 个国家和地区,自由贸易区网络已初步形成。对内,我国已批准建立 21 个国内自由贸易试验区,成为开放型经济新体制突破、创新、改革的高地,加速实现国内各区域市场畅通,构建高水平社会主义市场经济体制。至此,我国从双向发力,推动国内国际两个市场联通和新发展格局构建。

二、加快自由贸易区建设是中国参与全球经济治理的重要途径

现阶段,国际经贸规则的制定仍然以发达国家利益为首要关切,发展中国家的声音仍然较弱。以《跨太平洋战略伙伴关系协定》和《跨大西洋贸易与投资伙伴关系协定》为载体,发达国家主导着高标准自由贸易区的建设进程,以期构建符合其核心利益的国际经贸规则。对我国而言,自由贸易区正是我国在全球范围内进行"连横"的关键载体。特别是在当前全球经济乏力、国际经贸规则面临冲击与重构的背景下,加快自由贸易区建设、积极参与区域经济合作成为我国平衡机遇与挑战、在全球经贸规则制定中赢得话语权的紧迫任务。构建面向全球的高标准自由贸易区网络,不仅符合我国核心利益,对区域经济深度融合、推进区域内各国互利共赢也具有重要意义。从我国签署的自由贸易协定内容来看,除了关税、贸易与投资自由化、便利化等传统议题,电子商务、政府采购、环境保护、知识产权保护、竞争等新兴议题也逐渐被纳入协定文本。首先,规则、制度的深化将进一步强化各缔约伙伴之间相互依存的紧密程度、经济发展的协同程度、对外部市场风险的响应和解决能力,进而维护区域经济的稳定性与可持续性。从中国视角来看,构建高标准自由贸易区网络符合我国在新发展格局下推进可持续发展的目标,既从内部释放发展动能,也提升了国际经济循环的层次和质量。其次,高标准自由贸易区网络的构建符合我国推进更高水平对外开放的需求和构想,通过深化规则、标准、管理等制度型开放,增强我国在全球化创新发展中的引领能力,进而增强中国在全球经济治理体系中的话语权和全球体系发展活力。同时,接轨国际新经贸规则体系,提升自由贸易区网络建设标准和层次,能够"引入"来自外部的强制、竞争等压力因素,推动我国加速体制改革进程。在"贸易大国"向"贸易强国"的转型过程中,努力让我国的声音被国际社会听到和认可,逐渐提升我国在多边框架下的影响力和话语权。

三、加快自由贸易区网络建设以谋求多边框架下的未得利益

当前,世界贸易组织框架下的多边贸易谈判陷入停滞,各国难以继续依靠世界贸易组织机制推进多边贸易自由化的实现,而区域自由贸易协定凭借其灵活、自由的特点,成为各国进行战略合作和竞争的主要方式。同时,由于在多边框架下参与谈判主体更具多元性,其利益关系也相应更加复杂,导致一些新兴议题如环境保护、知识产权保护等的推进面临重重困难,甚至濒于"难产",这也使部分大国正努力将此类议题向区域、双边框架转移。如欧盟提出的"新加坡问题",即由于世界贸易组织谈判中各方力量互不妥协,贸易便利化、投资政策、竞争政策、政府采购透明化四项议题中,只有贸易便利化将被继续作为多哈回合谈判的内容之一。这也是主要大国将多边谈判难度大、利益代价高且实现难度大的议题转向自由贸易区谈判的典型表现。

统计数据表明,在发达国家和部分新兴大国的推动下,很多在多边谈判中受挫的议题在自由贸易区谈判中重新焕发活力,并成为相应区域深度一体化的突出优势。如欧盟在 2006 年再次启动自由贸易区谈判,一改其"不再参与新的自由贸易协定谈判"态度,转而着重推进双边谈判,并将亚洲视为重要的潜在缔约伙伴,重点关注知识产权保护、竞争、投资等横向议题。由于欧盟的经济体量、影响力巨大,在全球治理体系中居于高位,其组织推进的高标准自由贸易区将成为区内外国家竞相学习、模仿的对象。1994 年,美国牵头建立了北美自由贸易区,成为当时全球最大规模的区域一体化组织,此后美国签署的其他自由贸易协定,也多以北美自由贸易区框架为蓝本,在内容和程序上与北美自由贸易区保持高度一致,并尽可能纳入在世界贸易组织框架下难以推进的新兴议题,推动商签"WTO+"式的协定。

美、欧等发达国家和地区通过深度一体化自由贸易区谈判"挽救"世界贸易组织僵局条款的成功实践,吸引了广大发展中国家的学习和效仿热情,各国纷纷积极关注、参与自由贸易区,并努力推进相关条款的生效实施。如智利、

新加坡在自由贸易协定商签过程中会格外关注并合理参考欧盟、美国模式,进而成为全球传播链上的关键一环,而深度一体化自由贸易协定则成为重点传播对象,自由贸易区规则标准水平发生质变。

第三节 中国自由贸易区网络呈现的特征

一、中国自由贸易区网络的发展基础

自 2008 年国际金融危机后,贸易保护主义抬头,多边贸易自由化受阻,自由贸易协定重现生机。全球范围内的自由贸易区在成员和地域范围上交织形成了大量"辐条—轮轴"结构,并导致突出的"意大利面碗"现象。重叠式自由贸易区所描述的结构为,一个国家(区域)与一个以上国家(区域)缔结相互独立的自由贸易协定。这一概念起源于帕克提出的"星型"系统,即当某国(地区)与不止一个伙伴签署自由贸易协定,且这些伙伴间并未建立自由贸易区关系,则该国的角色地位类似于"轮轴",结构中其他国家则类似于"辐条"。若将该结构进一步复杂化,使各个"辐条"又自成"轮轴",那么就形成了多级重叠的自由贸易协定网络。这种重叠的自由贸易区形态使以众多轴心国向外辐射而成的"轮轴—辐条"网络将呈相互交叉、重叠态势。从全球自由贸易区网络化发展的现实来看,重叠式自由贸易区的发展,对各成员和非成员的福利,以及世界格局的演化都有着举足轻重的影响。

(一)整体网络特征分析

本章利用 Ucinet 6 软件计算了网络节点数、网络边数、网络密度、网络平均距离、网络集中度等关键指标。利用该指标分析全球自由贸易区网络动态变化趋势。其中,网络密度是衡量复杂网络关联强度的指标,网络的密度越大,则复杂网络的关联度越强。对于有 n 个节点的复杂网络来说,网络密度表示为：$2l/n(n-1)$，其中 n 为节点数，l 为连线数。网络密度值在 $[0,1]$ 之间，该值越大，意味着网络密度越大，具体分析结果如表 2-2 所示。

表 2-2　2005 年、2020 年全球自由贸易区网络特征分析

年份	网络点数	网络边数	平均网络密度	网络平均距离	网络集中度
2005	146 个	1483 条	0.1401	3.221	20.76%
2020	180 个	3347 条	0.2078	2.224	30.96%

资料来源：WTO Regional Trade Agreements 数据库整理并利用 Ucinet 6 软件计算而得。

根据表 2-2 可知，2005 年全球已签订的自由贸易协定已具有网络雏形，但尚未形成连接紧密、覆盖全球的自由贸易区网络。2020 年与 2005 年相比全球自由贸易区网络产生了膨胀式的扩张。其中，2020 年自由贸易区网络点数为 180 个，比 2005 年增加了 23.28%；网络边数从 2005 年的 1483 条增加到 2020 年的 3347 条，增长了 125.69%，表明 2005—2020 年随着区域经济一体化的发展，越来越多的经济体通过签署自由贸易协定建立经济往来，全球自由贸易区网络的覆盖面进一步扩张。2005—2020 年，网络密度由 0.1401 提高到 0.2078；全球自由贸易区网络集中度由 20.76% 提高到 30.96%；网络平均距离由 3.221 缩短到 2.224，表明 2005—2020 年随着全球自由贸易区网络的扩张，越来越多的网络节点建立起经济联系，并随着时间的推移，自由贸易区网络中节点之间联系愈加紧密，网络规模不断扩大，已初步形成相互连接、覆盖全球的自由贸易区网络。

（二）核心—边缘结构分析

核心—边缘结构是基于模块分析的研究方法，以网络中各节点联系的紧密程度为标准，将各节点分属为核心区域和边缘区域。一般而言，全球自由贸易区网络是由核心地带和边缘地带组成。本章利用 Uninet 6 软件中的 Categorical 程序对 2005 年和 2020 年全球自由贸易区网络进行核

心—边缘分析①。具体分析结构如表2-3所示。

表2-3 2005年和2020年全球自由贸易区网络核心区域

2005年全球自由贸易区网络中心地区	2020年全球自由贸易区网络中心地区
智利、以色列、墨西哥、法罗群岛、挪威、瑞士、约旦、土耳其、巴勒斯坦、突尼斯、北马其顿、摩洛哥、阿联酋、巴林王国、埃及、伊拉克、科威特、以色列、黎巴嫩、利比亚、阿曼、卡塔尔、沙特阿拉伯、苏丹、叙利亚、也门、南非、菲律宾、冰岛、列支敦士登、奥地利、阿尔及利亚、叙利亚、比利时、保加利亚、克罗地亚、塞浦路斯、捷克共和国、丹麦、爱沙尼亚、芬兰、法国	亚美尼亚、哈萨克斯坦、摩尔多瓦、土库曼斯坦、乌克兰、白俄罗斯、吉尔吉斯斯坦、俄罗斯、塔吉克斯坦、泰国、澳大利亚、新西兰、巴布亚新几内亚、智利、中国、文莱、加拿大、日本、马来西亚、墨西哥、秘鲁、新加坡、越南、库克群岛、基里巴斯、瑙鲁、纽埃、萨摩亚、所罗门群岛、汤加、图瓦卢、瓦努阿图、哥斯达黎加、多米尼加共和国、法罗群岛、挪威、瑞士、阿塞拜疆、印度、斯里兰卡、马尔代夫、比利时、保加利亚、克罗地亚、尼泊尔、巴基斯坦、不丹、菲律宾、摩洛哥、突尼斯、埃及、科威特、黎巴嫩、喀麦隆、加纳、科特迪瓦、利比亚、阿曼、卡塔尔、沙特阿拉伯、苏丹、叙利亚、阿拉伯共和国、阿拉伯联合酋长国、也门、美国、圣基茨和尼维斯、圣卢西亚、土耳其、乌拉圭、纳米比亚、津巴布韦、塞舌尔、南非、坦桑尼亚、赞比亚、塞尔维亚、波斯尼亚和黑塞哥维那、北马其顿、巴勒斯坦、叙利亚、阿尔巴尼亚、黑山、斯洛伐克、毛里求斯、缅甸、老挝、科索沃、斐济、密克罗尼西亚、安哥拉、博茨瓦纳、埃斯瓦蒂尼、莱索托、马拉维、莫桑比克、冰岛、伊拉克、巴林、爱沙尼亚、芬兰、法国、德国、希腊、匈牙利、爱尔兰、意大利、拉脱维亚、立陶宛、卢森堡、马耳他、荷兰、波兰、葡萄牙、罗马尼亚、斯洛文尼亚、瑞典、奥地利、阿尔及利亚、安提瓜和巴布达、巴哈马、巴巴多斯、伯利兹格林纳达、圭亚那、牙买加、圣文森特和格林纳丁斯、苏里南、特立尼达和多巴哥、塞浦路斯、捷克共和国、以色列、约旦、哥伦比亚、洪都拉斯、韩国、埃尔萨尔瓦多、危地马拉、尼加拉瓜、西班牙、柬埔寨、丹麦、巴拿马、印度尼西亚、格鲁吉亚、联合王国、科摩罗、列支敦士登、马达加斯加

如表2-3所示,2005—2020年,虽然核心地带所包含的国家或地区有了爆发式增长。2005年全球自由贸易区网络核心区域包含经济体43个,2020年全球自由贸易区网络核心区域包含经济体150个,比2005年有了较大的增长。2005年,位于全球自由贸易区网络核心地带的经济体主要分布于欧洲和美洲,而2020年全球自由贸易区网络核心地带覆盖区域迅速扩张,由传统区域扩展到亚太地区,亚太地区成为全球自由贸易区网络发展的亮点区域。同

① 核心—边缘分析未考虑 EU-Overseas Countries and Territories(OCT)贸易协定,主要因为该协定由欧盟与欧洲岛屿签订,经济贸易交流较少。

时,位于自由贸易区网络核心地带的新兴发展中国家占比增大,例如中国、印度、马来西亚、新加坡、文莱等新兴发展中国家已经成为自由贸易区网络的核心地带的重要节点,表明发展中国家在全球自由贸易区网络中的作用逐步增大,成为自由贸易区网络发展的重要力量。

二、中国自由贸易区网络协定文本特征

(一)自由贸易协定章节、条款结构

自由贸易协定章节、条款结构是协定深度水平测算的基础和依据,对于协定文本的充分理解与掌握十分重要。截至 2023 年 10 月,依据中国自由贸易区服务网显示的已有自由贸易协定文本内容,并基于文本内容研究范围和等效性标准,在章节涉及议题划分的基础上,计算得到与中国签署的各个自由贸易协定章节与条款在议题内容上的分布情况(见表 2-4)。通过分析各协定文本的结构分布发现,中国签订的自由贸易协定均涵盖了初始条款和定义、国民待遇和货物市场准入(货物贸易)、原产地规则和原产地实施程序、争端解决以及最终条款等基本章节内容,但在其他议题内容上存在一定差异性。具体表现为以下几个特征:

首先,中国与发达国家签订自由贸易协定的章节与条款平均覆盖数量高于与发展中国家签订的协定。但也存在部分发展中国家的覆盖数量高于平均值,如与毛里求斯、秘鲁等签订的协定的章节与条款覆盖数量甚至高于部分发达国家。发达国家在制定国际贸易投资规则方面的要求通常要超过发展中国家的承受水平,其对市场开放和准入的要求也会更高。因此,发达国家在签订自由贸易协定时,通常在贸易议题上的覆盖率普遍会高,其对伙伴国也会提出相应的高要求。

其次,无论是与发达国家还是与发展中国家签订的自由贸易协定,协定升级均促进了其章节与条款覆盖数量的提升。其中,发展中国家覆盖数量的平

均提升幅度要高于发达国家,但协定升级后的发达国家在章节与条款上的平均覆盖数量依旧高于发展中国家。自由贸易协定的有效升级意味着各国市场规则对更复杂化经贸规则与更宽领域合作范围的适配性,对自由贸易协定内容的变更与扩容在所难免。而升级对发展中国家覆盖数量的促进作用较高,主要是因为发展中国家在国际规则制定方面与发达国家差距较大,所以其进步幅度也较大。

再次,随着中国自由贸易区战略的实施,近几年签订的自由贸易协定在议题覆盖范围上均高于过去签订的自由贸易协定,呈现贸易协定规则、规范制定等方面逐渐丰富与完善的趋势,尤其是《区域全面经济伙伴关系协定》的签订以及对新西兰自由贸易协定的升级,在议题覆盖范围上显著高于过去已签订协定的平均值,均体现出自由贸易协定的高质量水平。这与中国根据自身发展条件,不断探索与构建高标准国际贸易规则相关。同时,从章节议题覆盖领域来看,原产地规则和原产地实施程序、服务贸易以及争端解决等议题内容的平均占比较大,电子商务、竞争以及环境与贸易等议题的条款占比虽然不大,但从协定的升级内容来看,对此类议题的关注度在不断提升。这也再次说明了中国在构建面向全球的高标准自由贸易区网络上的决心与努力。

最后,从边界规则和边界内规则来看,中国签订的自由贸易协定章节主要还是集中于边界规则方面,但随着协定签订数量与质量的不断提升,在边界内规则上包含的议题数量也有所增加,如在竞争、环境等边界内规则方面。同时,从协定升级也可以发现,边界内议题的增加量为边界议题的 2 倍。随着边界后措施对各国融入全球价值链和国际分工体系的阻滞作用越发明显,越来越多的国家开始关注企业在跨境后面临的市场环境。同时,国际贸易投资规则的复杂化与治理的失衡,也促使其从边界规则逐渐向边界内规则扩展。如近几年签署的大型自由贸易协定《全面与进步跨太平洋伙伴关系协定》与《区域全面经济伙伴关系协定》均包含了除传统贸易投资议题外的大量边界后规则内容。

表 2-4　中国主要自由贸易协定的章节、条款结构　　　（单位：%）

章节议题	智利	巴基斯坦	新西兰	新加坡	冰岛	韩国	澳大利亚	格鲁吉亚	毛里求斯
初始条款和定义	3.62	5.26	1.69	2.59	2.76	1.70	1.18	2.07	1.77
国民待遇和货物市场准入（货物贸易）	6.52	6.32	5.08	5.17	12.41	4.55	6.27	5.18	5.75
原产地规则和原产地实施程序	24.64	13.68	11.44	11.21	17.24	7.95	9.41	11.40	10.62
海关程序与合作	—	—	6.78	12.07	11.03	5.40	5.49	7.77	—
卫生与植物卫生措施	5.07	7.37	6.78	12.93	—	1.70	4.31	5.70	4.87
技术性贸易壁垒	8.70	7.37	14.83		—	4.26	5.10	5.70	4.87
贸易救济	6.52	3.16	5.51	6.03		4.26	3.92	4.15	3.98
服务贸易*	—	—	13.98	22.42	18.62	17.62	16.47	18.13	16.81
投资	—	11.58	10.17	0.86	2.07	5.68	12.55	—	15.49
电子商务						2.56	4.31		4.42
竞争	—	—	—	—	0.69	3.69		5.70	3.98
知识产权	—	—	3.39	—	2.76	8.81	9.41	9.33	2.21
环境与贸易						2.56	—	3.11	—
合作	8.70	—	2.54	5.17	6.21	12.22	—	1.04	6.19
透明度	5.07	4.21	2.54	—	—	1.14	1.96	1.55	1.77
管理（机构条款）	2.17	3.16	1.69	—	2.07	1.42	1.18	1.55	1.77
争端解决	21.01	31.58	7.20	12.07	19.31	9.94	13.33	11.92	11.06
一般条款和例外	3.62	—	2.97	2.59	—	1.42	3.14	3.11	2.21
最终条款	4.35	6.32	3.39	6.90	4.83	3.13	1.96	2.59	2.21
合计	100	100	100	100	100	100	100	100	100
章节数	14	12	18	14	12	22	17	17	17
条款数	138	95	236	116	145	352	255	193	226

注：（1）由于篇幅限制，这里仅列出部分自由贸易协定，其他内容备索。（2）*依据《服务贸易总协定》的部门分类标准，将金融服务、电信和自然人移动各章节与服务贸易章节合并。（3）百分比之和由于四舍五入的原因，可能并非为 100，误差不超过 1。

资料来源：笔者根据各自由贸易区协定文本整理计算所得。

（二）自由贸易协定涉及行业合作分布结构

在加强自由贸易区成员之间经济、贸易以及投资等多方面合作,促进货物和服务贸易自由化的目标下,行业领域结合的深度能够从微观层面进一步体现双边或多边之间贸易协定联系的紧密程度。由于自由贸易协定文本内容中覆盖的合作行业主要集中于"合作"章节,因此,主要围绕该章节统计对应的行业领域,并依据其他章节、条款以及附件标题涉及的行业对"合作"章节内容范围进行补充①。而对于如与巴基斯坦、澳大利亚等国家和地区签订的自由贸易协定不包含"合作"章节的情况,则依据整个协定文本内容进行合作行业的统计。此外,由于部分行业领域分类存在重叠,基于统计的便利性与可操作性,对涉及的行业进行总结归类,最终得到19个主要行业合作领域（见表2-5）。

表2-5　中国自由贸易区行业合作覆盖分布结构

整体	细分	智利	巴基斯坦	新西兰	新加坡	冰岛	韩国	澳大利亚	格鲁吉亚	毛里求斯
原产地规则和原产地实施程序	规则	15(10.87)	11(11.58)	16(6.78)	13(11.21)	13(8.97)	14(3.98)	13(5.10)	13(6.74)	13(5.75)
	操作、实施程序	19(13.77)	2(2.11)	11(4.66)	7(6.03)	12(8.28)	14(3.98)	11(4.31)	9(4.66)	11(4.87)
行业分类	研究、科学和技术	√*(-)				√*(-)	√*(-)			√*(-)
	教育	√*(-)				√*(-)				√*(-)
	劳动、社会保障和环境合作	√*(-)	√*(-)	√*(-)	√*(-)	√*(+)		√*(+)		
	文化	√*(-)					√*(-)			√*(-)

---

①　部分自由贸易协定文本中虽然未明确提及产业合作,但缔约方之间在实际中确实展开了合作项目。考虑到统计的复杂性,本章的行业合作统计覆盖范围只限定于协定文本内容。

续表

整体	细分	智利	巴基斯坦	新西兰	新加坡	冰岛	韩国	澳大利亚	格鲁吉亚	毛里求斯
行业分类	知识产权	√*(−)	√(+)	√*(+)		√*(+)	√*(+)	√*(+)	√*(+)	√*(+)
	旅游				√*(−)		√*(−)			√*(−)
	政府采购				√*(−)	√*(−)	√(+)			
	信息和通信技术(包含电信)						√*(−)	√*(+)		
	能源与资源				√(−)		√*(−)			
	药品、医疗器械、化妆品与医学						√*(−)		√*(+)	√*(−)
	电子商务						√*(+)	√*(+)	√*(−)	√*(+)
	金融服务	√(−)				√*(+)	√*(+)	√*(+)	√*(+)	√*(−)
	影视						√*(+)			√*(−)
	海洋经济						√*(−)			
	卫生和植物卫生	√*(+)	√*(+)	√*(+)	√*(+)	√*(+)	√*(+)	√*(+)	√*(+)	√*(+)
	交通、运输物流						√*(−)		√*(+)	
	农业						√*(−)			√*(−)
	工业	√*(−)					√*(−)			√*(−)
	中小企业	√*(−)		√*(−)	√*(−)		√*(−)			√*(−)
	合计	9	2	4	5	7	17	6	7	14

注:(1)√表示包含,其中,√(−)表示原有合作章节中包含的行业,√(+)代表依据协定内容对合作章节补充的行业;√*表示行业属于"深度合作"。(2)由于篇幅限制,这里仅列出部分自由贸易协定,其他内容备索。表格中的数字为自由贸易协定文本中对应章节的配套条款数量,括号中数字为条款所占比例。

资料来源:笔者根据各自由贸易区协定文本整理计算所得。

由于协定文本中行业合作内容在深度体现上存在一定差异性,如中国—东盟自由贸易协定第七条其他经济合作领域中的第一款项内容规定:"各缔约方同意在下列五个优先领域加强合作,农业、信息及通信技术……湄公河盆地的开发",并未对其涉及的行业合作领域展开实质性叙述;而中国—智利自由贸易协定第十三章合作中对教育、中小企业以及文化合作等行业领域均通过款项内容对其合作目标、具体合作活动以及未来规划等内容进行了详细的规则或条例阐述。因此,本章基于这一特点,对自由贸易区覆盖的合作行业进行区分,具体而言,对文本研究范围内只是"提及或未展开叙述"的行业归类为"浅度合作"行业,对"提及并通过款项或其他内容进行较为详细叙述①"的行业归类为"深度合作"行业。

从统计结果来看,中国自由贸易区行业合作覆盖范围呈现以下几个特点:

第一,从中国与缔约国及地区的合作行业类型来看,一方面,其合作范围主要集中于研究、科学和技术、劳动、社会保障和环境合作、知识产权、旅游、信息和通信技术(包含电信)、电子商务、金融服务、卫生和植物卫生、农业以及中小企业等行业领域。其中,合作覆盖率较高的行业包含卫生和植物卫生、知识产权以及金融服务等行业,其在中国已缔结的自由贸易协定中覆盖率均高于75%②。另一方面,属于深度合作的行业也主要体现在以上行业领域,且展开深度合作的行业数量大约为未展开深度合作行业的4倍。这说明缔约国及地区与中国均希望通过经济技术领域的深度合作,推动国际产业间、产业内以及产品内联系的密切化,以实现各自依据比较优势获得经济收益。其中,在卫生和植物卫生、知识产权以及中小企业等行业领域的合作深度普遍较高。

第二,从与中国签订自由贸易协定的国家和地区来看,韩国、毛里求斯以及秘鲁等国家与中国展开的合作行业较多,而与巴基斯坦等成员合作的行业领域有待进一步扩展。同时发现,整体上中国与发展中国家合作的行业领域

---

① 对内容的详细叙述即指对合作行业阐述应包含合作目标、具体合作活动、合作形式、联络点以及未来工作计划等至少2项以上内容,而非只是简单提及,如"缔约双方应加强共同商定的服务部门的合作,包括但不限于人力资源开发、研发和机构能力建设"。

② 行业覆盖率=(包含某行业的自由贸易协定个数÷总自由贸易协定个数)×100%。

无论是在"浅度合作"还是"深度合作"上均高于发达国家,但通过协定升级后,这一差距在"浅度合作"领域有所缩小,而在"深度合作"领域有所扩大。这表示中国与发展中国家的行业合作更为密切。同时发现,中国与发展中国家在"深度合作"领域扩展的幅度要高于与发达国家的合作,意味着协定升级对于发展中国家行业合作的深度结合促进效果更为显著。虽然广大发展中国家经济基础相对发达国家较为落后,但其市场潜力巨大,且往往蕴含丰富的资源禀赋和廉价劳动力,所以与其合作能够充分发挥中国的制造业优势。而与发达国家合作能够通过"学习渠道"来促进本国完成产业升级,提升全球价值链地位,但由于经济基础、市场制度以及贸易规则等方面的差距,致使中国在全球价值链中更多从事加工组装等低附加值生产活动,且与发达国家的合作很难接触核心技术环节。因此,深度合作才是突破贸易与技术壁垒、提升产业国内附加值的关键。显然在深度合作方面,中国与发展中国家的行业合作紧密度高于与发达国家的合作。

第三,从协定升级来看,整体上协定升级拓宽了中国与成员之间合作的领域,加大了合作的力度,这说明中国与成员之间的行业合作深度在逐渐增加,从而推进各国价值链的深度合作。但发达国家与发展中国家通过协定升级加深行业合作的途径有所不同。其中,中国与发达国家主要通过新增"深度合作"领域的方式来加深双边或多边之间的行业合作,而与发展中国家的深度合作除新增方式外,还主要通过对已有"浅度合作"领域的深度升级,即在原有合作基础上,进一步扩展合作深度,从而使"浅度合作"演变为"深度合作",同时中国也取消了部分与发展中国家的"浅度合作"领域。这也是从整体上造成"深度合作"行业领域有所增加、"浅度合作"行业领域有所减少的主要原因。进一步从中国签订自由贸易协定的时间线来看,并未发现合作领域总量、"浅度合作"领域数量明显的演变趋势,这意味着中国不断扩展自由贸易区成员的过程中并没有在行业合作方面形成"中国文本",这也可能与不同成员合作条件与目标的异质性相关。

第四,从原产地规则和原产地实施程序来看,除《中国—东盟全面经济合作框架协定》外,其他已签署的自由贸易协定均包含原产地规则和原产地实施程序的具体条款内容。自由贸易区原产地规则主要是指自由贸易区内成员根据协定实施的原则,以确定生产或制造产品原产地的具体规定。原产地规则的实施能够有效提高区域内的资源利用率,降低区域外产业的竞争冲击,从而促进成员之间的贸易互通与产业技术进步。原产地判定规则,通常包含完全获得标准、实质性改变标准以及累积规则等内容,主要用于判定产品是否有资格享受自由贸易区优惠待遇。而原产地规则实施程序主要与原产地规则管理相关,包含原产地登记注册、申请、审核以及签发等内容,用于调节标准主体,可以整体降低原产地规则限制程度。在中国已签订的自由贸易协定中,原产地规则和原产地实施程序配套条款占总条款的比例平均约为13%,说明原产地规则制定与管理始终是自由贸易协定中的重要内容。其中,原产地判定规则的条款规则数量要高于操作、实施程序条款,但从中国签订自由贸易协定不断增加的历程来看,两类原产地规则条款的数量没有发生较大的增减幅度变化,尤其是以5年为一阶段来看中国自由贸易协定的签订历程,可以发现两类原产地规则条款数量基本没发生变化。这说明中国原产地规则制定很可能已形成"中国模版"。当然也不免存在一定异质性,如在与智利签订的自由贸易协定中,原产地规则配套条款覆盖较为全面,而在与巴基斯坦签订的自由贸易协定中,原产地规则条款覆盖则相对欠缺。同时发现,《区域全面经济伙伴关系协定》中也包含较为完整的原产地规则配套条款,这说明跨区域自由贸易协定在企业优惠资格判定上同样较为全面与细致。除此之外,协定升级对文本中的原产地规则条款进行了不同程度的补充,呈现出原产地规则不断完善的趋势。

三、中国自由贸易区网络发展水平呈现的特征

自由贸易区通过增进各缔约方间经贸联系、细化区域产业分工,激发区域内投资热情,进而使资本流动的数量和质量发生飞跃。综合来看,我国发展自

由贸易区的内部、外部条件日益成熟。我国实行改革开放至今,综合国力和国际竞争力得到极大增强,学习、融入和引领重塑国际经济秩序与规则的能力进一步提升,对内部、外部风险的应对政策措施更加成熟,同时也以广阔、优质的市场吸引到更多投资者的青睐,逐渐形成对更大经济和地理范围的"辐射"作用。观察我国产业发展情况可知,现阶段,第一产业保持平衡增长,粮食安全基础牢固,但我国第一产业技术仍相对发达国家水平落后,须进一步开放第一产业领域;第二产业正处于加速转型升级阶段,创新驱动持续深化,开放水平逐年提升;第三产业规模日益壮大,新兴产业蓬勃发展,2022年第三产业增加值占GDP的比重为52.8%,稳居国民经济第一大产业,对外开放取得良好发展。在自由贸易区战略的推进与实施过程中,我国一直综合考虑国际经贸规则变化与国内经济体制改革的现实特点,坚持渐进发展的原则,并在多领域取得明显成效(李彧等,2022)①。

(一)初步建成较为完整的自由贸易区网络

经过20多年的不懈努力,中国初步建成了"依托周边、扩展亚太、面向全球"的自由贸易区网络。从地域分布看,正在从亚洲周边地区迅速向拉丁美洲、非洲、大洋洲和欧洲等洲际扩展。在中国已经签署并实施的自由贸易区中,不仅包括亚洲国家和地区,还涉及大洋洲、欧洲、拉丁美洲及非洲的国家和地区(见图2-1)。

与此同时,中国正在谈判的自由贸易区中将潜在的缔约伙伴扩展至中东地区的6个海湾合作委员会成员、巴勒斯坦和以色列,亚洲的日本和斯里兰卡,欧洲的挪威和摩尔多瓦,以及美洲的巴拿马。北美洲的加拿大、南美洲的哥伦比亚、大洋洲的斐济和巴布亚新几内亚,以及亚洲的尼泊尔、孟加拉国和蒙古国等正在与中国积极开展自由贸易区联合可行性研究。至此,中国自由

---

① 李彧、彭湃:《中国与东盟双边合作发展步入新篇章》,《金融博览》2022年第4期。

贸易区伙伴已经遍布全球五个大洲(李彧等,2022)①。

从经济体量看,不仅包括了老挝、马尔代夫、哥斯达黎加等经济体量较小的国家,以及新西兰、新加坡、智利、冰岛、瑞士等经济体量中等的国家,还包括澳大利亚、韩国等经济体量较大的国家。2020年11月15日,《区域全面经济伙伴关系协定》顺利完成签署,中国与日本在多边自由贸易协定框架下达成合作,同时,也对中日韩自由贸易区建设的进一步推进起到了积极的作用。从经济发展程度看,目前中国的自由贸易区不仅涵盖了"南南型"自由贸易区,也对"南北型"自由贸易区进行了积极尝试。在中国所有正式以及潜在(正在谈判以及正在研究中)的自由贸易区伙伴中,发达国家占10个,分别是韩国、日本、新加坡、澳大利亚、新西兰、加拿大、瑞士、冰岛、以色列和挪威,其他均为发展中国家和地区(李彧等,2022)。

(二)货物贸易自由化水平不断提升

除了合作伙伴的覆盖范围之外,自由贸易区的自由化水平和边界后措施的质量对缔约方经济福利的影响同样至关重要。本着循序渐进、持续深化的基本原则,中国自由贸易区建设在国内经济体制改革的配合下,不断提升开放水平和实施质量,取得了十分显著的成果。中国早期签署的一系列自由贸易区中,在关税减免上给予自由贸易区伙伴的特别优惠待遇相对有限。即使在较长的保护过渡期结束后,实施零关税的海关税目占比和进口贸易额占比仍为70%—80%。经过十几年的发展,国内敏感产业的竞争能力和抗风险能力普遍增强。在近年签署的自由贸易区和诸多自由贸易区升级谈判中,中国大幅提高了货物贸易自由化水平,不仅将免税商品的税目占比和进口占比提高到90%—95%(即极少量的例外产品税目),而且普遍采取力度更大、速度更快的线性减税模式。在原产地规则方面,中国积极探索如何与国际通行的新

---

① 李彧、彭湃:《中国与东盟双边合作发展步入新篇章》,《金融博览》2022年第4期。

规则无缝对接。以中国—新加坡自由贸易区升级协定为例,中国修改了部分石化产品的原产地标准,以税则改变标准和化学反应标准对原有的价值增值标准进行补充,从而增强了自由贸易区原产地规则的科学性、灵活性,提高了该类别商品贸易的自由化水平。

(三)服务贸易和投资开放程度日益加深

服务贸易自由化和投资开放通常会涉及大量国内法律法规的修订,诸多影响因素会被牵扯其中。改革阻力会使这两个领域成为所有自由贸易区谈判中较为艰难的部分。与最初签署的几个自由贸易区主要关注货物贸易自由化和便利化不同,近年来中国已签署和正在谈判的自由贸易区都使用了包含服务贸易自由化和投资在内的一篮子模式。中国承诺给予自由贸易区伙伴"WTO+"优惠待遇的服务贸易分部门也从早期的十几个普遍增加到100个以上,几乎覆盖全部的十二大服务贸易部门。在投资领域,借助上海、天津等自由贸易试验区积累的成熟经验及《中华人民共和国外商投资法》的顺利实施,中国积极顺应国际规则最新趋势,在中国—韩国自由贸易区第二阶段谈判和中国—澳大利亚自由贸易区未来升级谈判中,承诺使用负面清单和准入前国民待遇模式推进投资自由化和便利化谈判。

(四)下一代贸易投资议题和规则议题持续扩展

中国与瑞士、韩国、澳大利亚等国签署的自由贸易区,以及中国—新西兰、中国—新加坡和中国—东盟自由贸易区升级协定中,均涉及了有关下一代贸易投资议题和规则议题的内容,双边合作领域持续扩展。中国与自由贸易区伙伴间不再仅局限于货物贸易、服务贸易、投资、海关程序、卫生和植物卫生措施等传统的边界上壁垒相互减让,而逐渐将自然人移动、知识产权、贸易救济、技术性贸易壁垒、竞争政策、国有企业、劳工标准、环境保护等措施纳入协定内容。在这些较为敏感的新规则议题上达成高度共识,有助于中国和缔约伙伴切实解决国内制度障碍、早日享受自由贸易区带来的经济福利提升,同时也能巩固各成员参与经济全球化的信心与决心。但是,从中国已签署的自由贸易协定情况来看,议题范围不够广泛进而整体条款深度不够的问题仍然存在。中国自由贸易协定文本的内容仍以传统议题为核心,对竞争中立、监管一致性等新一代议题涉及较少,而在立法、视听、公民保护、金融援助、健康、人权、非法移民、反毒品、反洗钱、政治对话、公共管理等多个议题上,中国参与的自由贸易区均不覆盖。因此,中国在自由贸易区深度一体化进程中的发展水平有待进一步提高。

第四节　中国自由贸易区原产地规则特征

一、中国自由贸易区优惠原产地规则发展特征

(一)原产地规则精细化

中国自由贸易协定原产地规则精细化发展首先体现在产品特定原产地规则上。中国早期自由贸易协定产品特定原产地规则对商品的覆盖率低,如中国—东盟自由贸易协定,其产品特定原产地规则是将具有特定标准的商品编码列出,其余商品统一应用区域价值成分标准,具有特定标准的商品仅占全部商品的 10.43%。随后的中国—智利自由贸易协定虽然商品覆盖率提高,但标准的制定主要是从 HS 编码章一级出发,体现出规则制定的粗放性。从中国—新西兰自由贸易协定开始,中国自由贸易协定产品特定原产地规则进入精细化时代,中国—新西兰自由贸易协定产品特定原产地规则将规则制定到 HS 编码品目一级,部分商品采用子目一级的规定,并且特定规则覆盖所有 HS 编码商品,这种产品特定原产地规则形式延续到中国—哥斯达黎加自由贸易协定和中国—冰岛自由贸易协定。从中国—韩国自由贸易协定开始,中国自由贸易协定产品特定原产地规则开始采用细化到 HS 编码子目一级的规则制定方式,包括后续的中国—澳大利亚自由贸易协定、中国—东盟自由贸易协定

（升级）、中国—柬埔寨自由贸易协定和《区域全面经济伙伴关系协定》等。制度性和程序性规则的精细化,一是体现在规则覆盖范围上,如第三方发票和原产地规则分委员会等规则,中国—东盟、中国—新西兰等早期自由贸易协定没有相关规定,随后的中国—哥斯达黎加、中国—韩国自由贸易协定才开始完善相关规则,到后期第三方发票和原产地规则分委员会已成为中国自由贸易协定原产地规则基本规定。二是体现在对规则本身的精细化上,以原产地核查程序为例,中国—东盟自由贸易协定原产地核查程序仅有四条,只说明了进口方海关有权申请核查以及出口方应及时答复,未对具体核查程序和时间进行详细规定,而后续的自由贸易协定逐步对原产地核查程序进行完善,如中国—新西兰自由贸易协定增加了进口方海关申请原产地核查的具体方式,中国—秘鲁自由贸易协定增加了对核查前申请、核查过程和核查后反馈的具体时间范围规定,随后的中国—智利自由贸易协定（升级）、中国—新西兰自由贸易协定（升级）还增加了可使用电子核查的相关内容。

（二）原产地规则优化

中国早期自由贸易协定诸如中国—东盟自由贸易协定、中国—智利自由贸易协定等,距今已生效近二十年,其中原产地规则相关条款设置以及总体结构已不适应新时期国际经贸形势变化以及企业出口活动需要,并且早期由于缺乏自由贸易协定原产地规则谈判经验,中国签订的原产地规则具有明显的自由贸易协定缔约国色彩,如中国—东盟自由贸易协定原产地规则,从产品特定原产地规则结构到制度性和程序性规则设置,基本延续了东盟自由贸易协定原产地规则模版,以单一区域价值成分标准为主。因此,为构建高标准自由贸易区网络,中国以升级的方式对原有自由贸易协定原产地规则内容和结构进行优化。表2-6显示了自由贸易协定原产地规则在升级前后的结构和内容变化,中国—巴基斯坦自由贸易协定原产地规则由于只对原产地证明授权机构进行了修改,因此不在本书讨论范围内。由表2-6可知,原产地规则结构在升级前后变化最大的是中国—东盟自由贸易协定原产地规则,首先是产品特定原产地规则,虽然升级后的中国—东盟自由贸易协定原产地规则仍以区域价值成分标准为主,但是以选择性标准为主体,同时增加了税则归类改变标准的占比,在限制程度变化较小的情况下,产品特定原产地规则结构更合理。其次是制度性和程序性规则,中国—东盟自由贸易协定在升级后增加了微量条款和第三方发票的规则,但仍未设置原产地规则分委员会,而是以联络点的方式进行沟通。其他自由贸易协定在升级后主要变化发生在制度性和程序性规则上,产品特定原产地规则变化较小,如中国—智利自由贸易协定和中国—新西兰自由贸易协定都对直接运输条款中货物在非缔约方的停留时间延长至 12 月内,并增加了原产地证明豁免、原产地核查、原产地规则分委员会等方面的相关规定。

表 2-6　中国已生效的升级自由贸易协定原产地规则结构对比 （单位:%）

自由贸易协定		中国—东盟		中国—智利		中国—新西兰		中国—新加坡	
		升级前	升级后	升级前	升级后	升级前	升级后	升级前	升级后
签订时间		2002 年	2015 年	2005 年	2017 年	2008 年	2021 年	2008 年	2018 年
生效时间		2005 年	2019 年	2006 年	2019 年	2008 年	2022 年	2009 年	2019 年
单一标准	税则归类标准	0.18	11.64	12.04	15.59	87.53	87.53	0.18	2.55
	区域价值成分标准	89.57	25.65	87.96	84.41	0.04	0.04	89.57	89.03
	合计	89.75	37.29	100	100	87.57	87.57	89.75	91.59
选择性标准	税则归类标准、区域价值成分标准	2.43	55.36			0.66	0.66	2.43	0.79
	区域价值成分标准、加工工序标准	7.82	3.29					7.82	7.63
	税则归类标准、区域价值成分标准、加工工序标准		4.07						
	合计	10.25	62.71			0.66	0.66	10.25	8.41

续表

自由贸易协定		中国—东盟		中国—智利		中国—新西兰		中国—新加坡	
		升级前	升级后	升级前	升级后	升级前	升级后	升级前	升级后
复合标准	税则归类标准+区域价值成分标准					2.75	2.75		
	税则归类标准+表示加工工序标准					8.88	8.88		
	区域价值成分标准+表示加工工序标准					0.04	0.04		
	合计					11.67	11.67		
	总计	100	100	100	100	99.90	99.90	100	100
制度性规则	直接运输	—		√		√		—	
	微量条款	√		√		—		—	
程序性规则	核准出口商	×		×		√		×	
	豁免	—		√		√		—	
	原产地核查	—		√		√		—	
	第三方发票	√		—		×		—	
	处罚	—		—		×		√	
	原产地规则分委员会	×		√		√		√	

注:"√"表示自由贸易协定在升级前后该规则发生改变,"×"表示自由贸易协定不存在该规则,"—"表示自由贸易协定在升级前后该规则没有改变。为显简洁,表头省略"自由贸易协定",即中国—东盟代表中国—东盟自由贸易协定,下同。

资料来源:根据协定文本计算整理所得,计算方法为:统计每类标准占总体标准比例,下同。

二、中国自由贸易区原产地规则结构特征

(一)中国—发达国家自由贸易协定原产地规则结构特征

截至 2023 年 11 月底,中国共与 6 个发达国家缔结了双边自由贸易协定,

其原产地规则结构如表2-7所示,首先从产品特定原产地规则分析,中国与发达国家签订的自由贸易协定以单一标准为主,且除中国—新加坡自由贸易协定外,其余自由贸易协定税则归类改变标准占比高于区域价值成分标准,体现出中国与发达国家签订的自由贸易协定偏好使用税则归类改变标准。此外,中国与发达国家签订的自由贸易协定产品特定原产地规则种类多样,税则归类改变标准、区域价值成分标准、加工工序标准及其组合标准均有分布,体现出协定在标准设置上的复杂性。从制度性规则角度分析,中国与发达国家签订的自由贸易协定涵盖齐全,从累积规则、微小加工到附件、微量条款均有详细规定,但对于成套货品的规则,仅有中国—韩国自由贸易协定规定了15%的非原产货物价值上限。对于程序性规则的设置,中国与发达国家自由贸易协定之间有较大差异,不仅体现在对程序性规则涵盖范围上,还体现在对同一程序性规则的具体规定上,以同时生效的中国—韩国自由贸易协定和中国—澳大利亚自由贸易协定为例,两者都规定:在进口方海关对出口方海关反馈的核查结果不满意情况下,在出口方海关同意和协助的前提下,进口方海关可对出口商或者生产商开展核查访问。而中国—韩国自由贸易协定更进一步,对核查访问前书面申请、核查访问时间、核查访问后回馈核查结果等都进行了详细规定。

表2-7　中国—发达国家自由贸易协定原产地规则结构　　（单位:%）

自由贸易协定		中国—新西兰	中国—新加坡	中国—冰岛	中国—瑞士	中韩	中国—澳大利亚
签订时间		2008年	2008年	2013年	2013年	2015年	2015年
生效时间		2008年	2009年	2014年	2014年	2015年	2015年
单一标准	税则归类标准	87.53	0.18	49.39	27.16	75.52	94.42
	区域价值成分标准	0.04	89.57	33.14	22.04	3.11	
	合计	87.57	89.75	82.54	49.20	78.63	94.42

续表

自由贸易协定		中国—新西兰	中国—新加坡	中国—冰岛	中国—瑞士	中韩	中国—澳大利亚
选择性标准	税则归类标准、区域价值成分标准	0.66	2.43		49.59	20.98	1.34
	税则归类标准、加工工序标准				0.29		0.70
	区域价值成分标准、加工工序标准		7.82				
	合计	0.66	10.25		49.88	20.98	2.04
复合标准	税则归类标准＋区域价值成分标准	2.75		17.00	0.46	0.29	1.50
	税则归类标准＋加工工序标准	8.88		0.46	0.40		0.91
	区域价值成分标准＋加工工序标准	0.04			0.06		
	合计	11.67		17.46	0.92	0.29	2.41
总计		99.90	100	100	100	99.90	98.87
制度性规则	累积规则	双边	双边	双边	双边	双边	双边
	微小加工处理	√	√	√	√	√	√
	直接运输	√	√	√	√	√	√
	包装材料容器	√	√	√	√	√	√
	中性成分	√	√	√	√	√	√
	附件、备件及工具	√	√	√	√	√	√
	可互换材料	√	√	√	√	√	√
	微量条款	10	10	10	10	10	10
	成套货品	×	×	×	×	15	×
	区域价值成分标准计算方式	间接法	间接法	间接法	间接法	间接法	间接法

续表

自由贸易协定		中国—新西兰	中国—新加坡	中国—冰岛	中国—瑞士	中韩	中国—澳大利亚
程序性规则	原产地认证	√	√	√	√	√	√
	核准出口商	×	×	√	√	√	×
	第三方发票	×	√	×	×	√	×
	原产地核查	√	√	√	√	√	√
	处罚	×	√	×	×	×	×
	原产地规则分委员会	×	×	×	√	√	×

注:"√"表示自由贸易协定存在该规则,"×"表示自由贸易协定不存在该规则。

资料来源:根据各自由贸易协定文本计算整理所得。

(二)中国—发展中国家自由贸易协定原产地规则结构特征

中国与发展中国家签订的自由贸易协定产品特定原产地规则以单一标准为主,除中国—秘鲁自由贸易协定外,其余自由贸易协定单一标准占比为100%或接近100%。与发达国家不同,除中国—秘鲁自由贸易协定、中国—哥斯达黎加自由贸易协定和中国—柬埔寨自由贸易协定外,中国与发展中国家签订的自由贸易协定产品特定原产地规则区域价值成分标准占比高于税则归类改变标准。此外,选择性标准和复合标准在中国与发展中国家自由贸易协定中占比较低,中国—智利自由贸易协定、中国—巴基斯坦自由贸易协定、中国—格鲁吉亚自由贸易协定选择性标准和复合标准占比几乎为0。上述结构特征表现出中国与发展中国家签订的自由贸易协定产品特定原产地规则结构比较简单,限制性作用不强。在制度性规则中,除中国—巴基斯坦自由贸易协定外,其余自由贸易协定对制度性规则规定比较全面,且相比于与发达国家签订的自由贸易协定,中国与发展中国家签订的自由贸易协定基本都对成套货品进行了规定,因此从制度性规则角度分析,中国与发展中国家签订的自由贸易协定比与发达国家签订的自由贸易协定更完善。在程序性规则中,中国与发展中国家签订的自由贸易协定之间以及与发达国家签订的自由贸易协定之间均存在较大差异,例如核准出口商和第三方发票两项程序性规则,只有存在于中国—毛里求斯自由贸易协定和中国—柬埔寨自由贸易协定中,如表2-8所示。

表2-8　中国—发展中国家自由贸易协定原产地规则结构　（单位:%）

自由贸易协定		中国—智利	中国—巴基斯坦	中国—秘鲁	中国—哥斯达黎加	中国—格鲁吉亚	中国—毛里求斯	中国—柬埔寨
签订时间		2005年	2006年	2009年	2010年	2017年	2019年	2020年
生效时间		2006年	2007年	2010年	2011年	2018年	2021年	2022年
单一标准	税则归类标准	12.04		50.70	96.26	17.04	30.09	48.92
	区域价值成分标准	87.96	100	10.89	0.91	82.64	67.09	25.72
	合计	100	100	61.59	97.17	99.68	97.18	74.64
选择性标准	税则归类标准、区域价值成分标准			29.93	1.29		2.82	18.00
	税则归类标准、加工工序标准							
	区域价值成分标准、加工工序标准							3.29
	税则归类标准、区域价值成分标准、加工工序标准							4.07
	合计			29.93	1.29		2.82	25.36
复合标准	税则归类标准+区域价值成分标准			8.48	0.95	0.13		
	税则归类标准+加工工序标准				0.51			
	区域价值成分标准+加工工序标准					0.19		
	合计			8.48	1.46	0.32		
总计		100	100	100	99.92	100	100	100

续表

自由贸易协定		中国—智利	中国—巴基斯坦	中国—秘鲁	中国—哥斯达黎加	中国—格鲁吉亚	中国—毛里求斯	中国—柬埔寨
制度性规则	累积规则	双边	双边	双边	完全	双边	双边	双边
	微小加工处理	√	√	√	√	√	√	√
	直接运输	√	√	√	√	√	√	√
	包装材料容器	√	√	√	√	√	√	√
	中性成分	√	√	√	√	√	√	√
	附件	√	√	√	√	√	√	√
	可互换材料	√	×	√	√	√	√	√
	微量条款	8	×	10	10	10	10	10
	成套货品	15	×	15	15	15	15	15
	RVC 计算方式	间接法	间接法	间接法	间接法	间接法	间接法	间接法
程序性规则	原产地认证	√	√	√	√	√	√	√
	核准出口商	×	×	×	×	×	√	×
	第三方发票	×	×	×	×	×	×	√
	原产地核查	√	×	√	√	√	√	√
	处罚	√	√	√	√	×	√	×
	原产地规则分委员会	×	×	√	√	×	√	√

注:"√"表示自由贸易协定存在该规则,"×"表示自由贸易协定不存在该规则。
资料来源:根据各自由贸易协定文本计算整理所得。

(三)中国区域性自由贸易协定原产地规则结构特征

中国—东盟自由贸易协定和《区域全面经济伙伴关系协定》是目前中国参与的区域性自由贸易协定[①],《区域全面经济伙伴关系协定》由东盟所倡导,因此两自由贸易协定原产地规则结构存在诸多相似之处,但《区域全面经济

———————

[①] 中国—东盟自由贸易协定应属于双边自由贸易协定,但由于该自由贸易协定涉及多国,因此本书将其视为区域性自由贸易协定。

伙伴关系协定》原产地规则更完善。从产品特定原产地规则分析,中国—东盟和《区域全面经济伙伴关系协定》原产地规则均不存在复合标准,并且两者均以区域价值成分标准为主,但中国—东盟自由贸易协定偏好单一标准,《区域全面经济伙伴关系协定》偏好选择性标准。从制度性规则分析,《区域全面经济伙伴关系协定》比中国—东盟自由贸易协定更加完善,增加了可互换材料和微量条款等方面的规定,并且在区域价值成分计算方式上,《区域全面经济伙伴关系协定》除采用间接法外还采用直接累加法,增加了商品原产地资格判定灵活性。从程序性规则分析,《区域全面经济伙伴关系协定》是目前中国已生效的自由贸易协定中程序性规则覆盖率最高的自由贸易协定,除原产地规则分委员会外,对其他程序性规则均有详细规定。从《区域全面经济伙伴关系协定》原产地规则结构可以看出,《区域全面经济伙伴关系协定》是目前中国签订的最高标准的自由贸易协定,无论是产品特定原产地规则结构的合理性还是制度性和程序性规则覆盖率,均超过中国以往签订的自由贸易协定,表2-9列出了中国区域自由贸易协定原产地规则结构。

表2-9　中国区域自由贸易协定原产地规则结构　　　（单位:%）

自由贸易协定		中国—东盟	区域全面经济伙伴关系协定
签订时间		2002 年	2020 年
生效时间		2005 年	2022 年
单一标准	税则归类标准	0.18	34.19
	区域价值成分标准	89.57	0.48
	合计	89.75	34.67
选择性标准	税则归类标准、区域价值成分标准	2.43	63.82
	税则归类标准、加工工序标准		1.51
	区域价值成分标准、加工工序标准	7.82	
	合计	10.25	65.33

续表

自由贸易协定		中国—东盟	区域全面经济 伙伴关系协定
复合标准	税则归类标准+区域价值成分标准		
	税则归类标准+加工工序标准		
	区域价值成分标准+加工工序标准		
	合计		
	总计	100	100
制度性规则	累积规则	区域部分	区域部分
	微小加工处理	√	√
	直接运输	√	√
	包装材料容器	√	√
	中性成分	√	√
	附件、备件及工具	√	√
	可互换材料	×	√
	微量条款	×	10
	成套货品	×	×
	区域价值成分标准计算方式	间接法	直接、间接
程序性规则	原产地认证	√	√
	核准出口商	×	√
	第三方发票	×	√
	原产地核查	√	√
	处罚	×	√
	原产地规则分委员会	×	×

注:"√"表示自由贸易协定存在该规则,"×"表示自由贸易协定不存在该规则。

资料来源:根据各自由贸易协定文本计算整理所得。

三、中国自由贸易区原产地规则限制程度测度及评价

(一)原产地规则限制指数测算体系

本书以成新轩和郭志尧(2019)①提出的赋值体系为基础,参考杨凯和韩剑(2021)②对相关标准的赋值和赋值方式,构建原产地规则限制指数测算体系,并测算中国自由贸易协定原产地规则限制指数。

商品特定原产地规则赋值:本书将中国自由贸易协定商品特定原产地规则分为以下类型:(1)WO:完全获得标准;(2)CTC:章改变标准;(3)CTH:品目改变标准;(4)CTSH:子目改变标准;(5)EXT:例外情形;(6)RVC:区域价值成分标准;(7)TECH:加工工序标准。对于税则归类改变标准,根据完全获得标准、章改变标准、品目改变标准、子目改变标准等标准的定义,可将其按对商品限制程度排序:完全获得标准≥章改变标准≥品目改变标准≥子目改变标准,分别赋值为 10、8、6、4。对于例外情形,是指在规定某些商品的章改变标准、品目改变标准、子目改变标准等原产地标准时,将某些章、品目、子目商品从标准中排除,增加了相关标准的限制性,由于排除商品情况复杂,难以细化赋值,因此,借鉴杨凯和韩剑(2021)③的做法,当存在例外情形时,在相关标准赋值的基础上统一增加 1 个单位的限制指数。对于区域价值成分标准,根据中国自由贸易协定商品特定原产地规则结构,品目改变标准或者区域价值成分标准 40%使用频率最高,根据等效性原则,区域价值成分标准 40%的赋值与品目改变标准相同,因此,可得到各区域价值成分标准的赋值,详细赋值

---

① 成新轩、郭志尧:《中国自由贸易区优惠原产地规则修正性限制指数体系的构建——兼论中国自由贸易区优惠原产地规则的合理性》,《管理世界》2019 年第 6 期。

② 杨凯、韩剑:《原产地规则与自由贸易协定异质性贸易效应》,《国际贸易问题》2021 年第 8 期。

③ 杨凯、韩剑:《原产地规则与自由贸易协定异质性贸易效应》,《国际贸易问题》2021 年第 8 期。

见表2-10。对于加工工序标准,参考成新轩和郭志尧(2019)[1],赋值为6。除唯一标准外,中国自由贸易协定商品特定原产地规则还存在选择性标准和复合性标准,参考杨凯和韩剑(2021)[2],选择性标准"or"的赋值方法为取指数较小的一个;复合性标准"+"因为满足其中一个标准的同时,也满足了另一个标准中的部分,所以应该是指数较高者再乘以$\sqrt{2}$。此外,卡多特等(Cadot 等,2006)[3]、成新轩和郭志尧(2019)[4]与杨凯和韩剑(2021)[5]认为农产品所涉及的生产链条短,应当降低商品特定原产地规则对农产品的限制,因此,本书对HS1-3章所有标准赋值为原标准赋值一半。

表2-10　商品特定原产地规则赋值

标准	赋值	标准	赋值
完全获得标准	10	区域价值成分标准>60%	10
章改变标准	8	50%<区域价值成分标准≤60%	8
品目改变标准	6	45%<区域价值成分标准≤50%	7
子目改变标准	4	40%<区域价值成分标准≤45%	6.5
加工工序标准	6	区域价值成分标准=40%	6
例外情形	+1	30%<区域价值成分标准<40%	5
or	min(·)	区域价值成分标准≤30%	4
+	max(·) × $\sqrt{2}$		

①　成新轩、郭志尧:《中国自由贸易区优惠原产地规则修正性限制指数体系的构建——兼论中国自由贸易区优惠原产地规则的合理性》,《管理世界》2019年第6期。

②　杨凯、韩剑:《原产地规则与自由贸易协定异质性贸易效应》,《国际贸易问题》2021年第8期。

③　Cadot O., " Product-Specific Rules of Origin in EU and US Preferential Trading Arrangements: An Assessment", *World Trade Review*, Vol.5, No.2, 2006.

④　成新轩、郭志尧:《中国自由贸易区优惠原产地规则修正性限制指数体系的构建——兼论中国自由贸易区优惠原产地规则的合理性》,《管理世界》2019年第6期。

⑤　杨凯、韩剑:《原产地规则与自由贸易协定异质性贸易效应》,《国际贸易问题》2021年第8期。

制度性规则和程序性规则赋值:对于累积规则赋值,成新轩和郭志尧(2019)①统一赋值为-2,成新轩(2012)②与杨凯和韩剑(2021)③则根据不同累积规则类型赋值,累积规则的存在使商品更容易满足原产地标准,累积区范围越广,可供企业选择的中间品范围越广,从而降低原产地规则对商品原产地的限制程度,即累积规则对原产地规则的"放松"程度与累积区范围相关,同时,当累积区范围扩大至世界范围时,原产地规则的限制作用基本不存在,因此,可将累积区经济规模占世界经济规模的比例作为累积规则赋值标准,具体赋值方式如下:

将原产地规则限制指数(ROO)分为累积规则赋值(cr)和除累积规则以外规则赋值(以下称为其他规则赋值,符号为OT),其他规则赋值由自由贸易协定商品特定原产地规则结构和原产地规则自身特性得到,其值为常数,从而可得:

$$ROO_i = cr_i(r) + OT_i \qquad (2\text{-}1)$$

令

$$cr_i(r) = -1 + r\,G_i \qquad (2\text{-}2)$$

其中,$cr_i(r)$为i自由贸易协定累积规则赋值;"-1"为基础赋值,若i自由贸易协定存在累积规则,即可获得基础赋值;r为累积区国内生产总值占世界国内生产总值的比例;G_i为累积系数。

将式(2-2)代入式(2-1)可得:

$$ROO_i = -1 + r\,G_i + OT_i \qquad (2\text{-}3)$$

由上文可知,当$r=1$时,则$ROO=0$,因此:

① 成新轩、郭志尧:《中国自由贸易区优惠原产地规则修正性限制指数体系的构建——兼论中国自由贸易区优惠原产地规则的合理性》,《管理世界》2019年第6期。
② 成新轩:《论东亚地区自由贸易区优惠原产地规则的经济效应》,《当代亚太》2012年第6期。
③ 杨凯、韩剑:《原产地规则与自由贸易协定异质性贸易效应》,《国际贸易问题》2021年第8期。

$$G_i = 1 - OT_i \qquad\qquad (2\text{-}4)$$

整理可得:

$$cr_i = -1 + r(1 - OT_i) \qquad\qquad (2\text{-}5)$$

对于微量条款赋值,微量条款是指当商品不满足商品特定原产地规则时,可通过微量条款获得原产地资格,因此,微量条款的存在相当于为所有商品特定原产地规则增加一条选择性标准。绝大部分中国自由贸易协定微量条款规定非原产材料价值不超过总价值的 10%[1],与 RVC 90% 等效,因此,可将微量条款赋值为 10,并且将微量条款作为选择性标准看待,以中国—瑞士自由贸易协定对 HS12:16.04 的商品特定原产地规则为例,"章改变且非原产材料价值 60%"。按本书赋值标准,"章改变"赋值为 8,"非原产材料价值 60%"赋值为 6,由于是复合标准,将其赋值为 $8 \times \sqrt{2} \approx 11.31$,但中国—瑞士自由贸易协定存在微量条款,微量条款与商品特定原产地规则是"选择"关系,按选择性标准赋值方式,取指数较小的一个,因此,该商品最终赋值为 10。此外,中国—东盟自由贸易协定和中国—巴基斯坦自由贸易协定不存在微量条款,因此,相关标准按原规则赋值。

对于原产地认证,除《区域全面经济伙伴关系协定》外,中国目前已生效的自由贸易协定原产地证明签发方式都是政府签发,成新轩和郭志尧(2019)[2]认为政府签发的原产地证明增加了企业行政成本,应当在整体限制指数中增加一个单位的指数。本书采取该赋值方式,即若原产地证明为政府签发,则增加一个单位的限制指数。

(二)中国自由贸易区原产地规则限制指数及评价

表 2-11 显示了根据本书所构建的原产地规则限制指数测算体系计算的

---

[1] 中国—智利自由贸易协定微量条款规定非原产材料价值不超过总价值 8%。

[2] 成新轩、郭志尧:《中国自由贸易区优惠原产地规则修正性限制指数体系的构建——兼论中国自由贸易区优惠原产地规则的合理性》,《管理世界》2019 年第 6 期。

中国自由贸易区原产地规则限制指数,以 2021 年为标准,原产地规则限制程度最低的自由贸易协定是中国—东盟自由贸易协定,原产地规则限制指数为4.6。其次是中国—巴基斯坦自由贸易协定和中国—新加坡自由贸易协定,原产地规则限制指数同为 4.78。原产地规则限制程度最高的自由贸易协定是中国—冰岛自由贸易协定,原产地规则限制指数为5.83,其次是中国—新西兰自由贸易协定,原产地规则限制指数为 5.25。从时间序列角度分析,得益于中国各自由贸易区地区生产总值占世界国内生产总值的比重不断上升,中国自由贸易区原产地规则限制指数呈现下降趋势,其中,下降速度最快的是中国—东盟自由贸易协定,原产地规则限制指数年均增长率为-1.12%,其次是中国—巴基斯坦自由贸易协定,年均增长率为-1.02%。原产地规则限制指数下降最慢的是中国—澳大利亚自由贸易协定和中国—韩国自由贸易协定,年均增长率①分别为-0.73%和-0.74%。

表 2-11 中国自由贸易区原产地规则限制指数

年份	CAFTA	CHI	PAK	NZL	PER	SGP	CRC	ICE	SUI	KOR	AUS	GEO	MUS
2005	5.51	—	—	—	—	—	—	—	—	—	—	—	—
2006	5.46	6.13	—	—	—	—	—	—	—	—	—	—	—
2007	5.41	6.08	5.52	—	—	—	—	—	—	—	—	—	—
2008	5.34	6.01	5.45	5.98	—	—	—	—	—	—	—	—	—
2009	5.25	5.93	5.38	5.90	5.79	5.38	—	—	—	—	—	—	—
2010	5.18	5.88	5.34	5.85	5.74	5.34	—	—	—	—	—	—	—
2011	5.11	5.80	5.27	5.78	5.67	5.27	5.47	—	—	—	—	—	—
2012	5.04	5.73	5.21	5.71	5.60	5.21	5.41	—	—	—	—	—	—
2013	4.97	5.67	5.15	5.64	5.53	5.15	5.35	—	—	—	—	—	—

① 年均增长率计算公式: $M = \sqrt[n]{L/F} - 1$,其中,M 为年均增长率,n 为年数-1,L 为末年数据,F 为首年数据。

年份	CAFTA	CHI	PAK	NZL	PER	SGP	CRC	ICE	SUI	KOR	AUS	GEO	MUS
2014	4.93	5.62	5.10	5.59	5.48	5.10	5.30	6.21	5.43	—	—	—	—
2015	4.83	5.51	5.00	5.49	5.38	5.00	5.20	6.10	5.33	5.28	5.14	—	—
2016	4.83	5.52	5.00	5.49	5.38	5.01	5.20	6.10	5.33	5.28	5.16	—	—
2017	4.80	5.49	4.97	5.46	5.36	4.98	5.17	6.07	5.31	5.25	5.13	—	—
2018	4.74	5.42	4.92	5.40	5.29	4.92	5.12	6.00	5.25	5.19	5.07	5.21	—
2019	4.72	5.41	4.91	5.39	5.28	4.91	5.10	5.99	5.24	5.18	5.06	5.19	—
2020	4.66	5.35	4.85	5.32	5.22	4.85	5.04	5.91	5.17	5.12	5.00	5.13	—
2021	4.60	5.27	4.78	5.25	5.15	4.78	4.97	5.83	5.10	5.05	4.92	5.06	4.88

资料来源:笔者根据本书测算体系计算所得。

第三章　中国自由贸易区网络一体化水平的测度

　　如何测度区域一体化发展水平,始终是学者们研究经济一体化时重点关注的内容。进入 21 世纪后,区域一体化出现新一轮的发展流潮,国内外学者也将视线聚焦区域的"深度一体化"。随着全球生产网络的范围、形态和结构不断调整变化,国际分工格局相应发生着演进和重构,进而带来了区域主义和多边主义两种趋势的兴衰变化——区域主义快速崛起,多边贸易体制逐渐衰落,自由贸易区正是在此背景下快速发展起来的。早期的区域一体化测度指标的研究主要聚焦于单纯反映一体化的程度测量,如贸易一体化、投资一体化、人口流动一体化、金融一体化、制度一体化及综合一体化等。具体的测度方法可被归纳为定量测度、定价测度、制度性测度和多指标综合测度四类。随着新经济地理学发展,克鲁格曼和维纳布尔斯(Krugman 和 Venables,1990)[1]首次将新经济地理模型引入区域一体化研究,越来越多的学者开始利用新经济地理动态模型揭示区域一体化的发展程度,将区域一体化发展与空间异质性相结合。对于区域一体化程度的研究也不仅仅局限于单纯的指标测度,而

---

　　[1]　Krugman P.R.,Venables A.J.,"Integration and the Competitiveness of Peripheral Industry", *Anthony Venables*,Vol.5,No.2(10),1990.

更多地聚焦于区域一体化发展的差异性研究。2016 年亚洲开发银行（ADB）创立了一个衡量区域经济一体化程度的综合指数 ARC Ⅱ（亚太区域合作与一体化指数），该指数涵盖了贸易和投资、货币与金融、区域价值链、基础设施与互联互通、人员流动、制度与社会一体化六个领域的指标。虽然目前已有部分学者结合区域一体化发展程度指标对自由贸易区发展程度测评指标进行研究，但大部分测度指标仅单纯地反映自由贸易区的发展阶段，对于发展水平尚未形成综合性的测度指标体系。

由于自由贸易区的开放水平主要依托于自由贸易协定议题内容和涵盖范围，随着自由贸易协定议题的增加和规则的深化，自由贸易区一体化的发展更多体现在深度一体化层面。深度一体化本质是区域内成员之间合作范围的扩大，采取更广泛的政策促进区域内市场进一步整合，实现边境后壁垒自由化。但自由贸易协定条款覆盖范围的扩展仅是反映单个自由贸易区深度一体化发展的主要标志。随着全球范围内自由贸易区爆发式的增长，自由贸易区网络结构特征的变化，成为影响自由贸易区网络一体化发展的重要因素。因此，自由贸易区网络的一体化发展不仅反映在自由贸易区深度一体化的发展状态，还表现在自由贸易区网络特征的发展状况。换言之，自由贸易区网络一体化发展表现在两个层面：一方面，是指自由贸易区网络的广度发展，主要指某一经济体作为"轮轴国"与"辐条国"形成的以该经济体为中心的自由贸易区网络的"影响力"。一般而言，一个经济体签订的自由贸易协定数量越多，该经济体与全球自由贸易区网络其他节点的直接和间接关联度越密切，该经济体的影响力也越大。另一方面，是指自由贸易区网络的深度发展，主要概括为某一经济体作为"轮轴国"与所有"辐条国"签订自由贸易协定深度一体化总体发展水平。

第一节 自由贸易协定深度水平
测算理论框架的构建

一、测算指标定义

当前绝大多数区域经济一体化体现为自由贸易协定,自由贸易协定制定明确的贸易规则与内容,意在为成员货物、服务以及投资等方面创造更加广阔的市场,提升双边或多边经贸合作关系和文化联系的紧密度。在自由贸易协定文件中,与区域经济合作内容相关的货物贸易、原产地规则、海关程序和贸易便利化以及争端解决等内容都包含在内。因此,自由贸易协定缔结条款在一定程度上既能体现伙伴国合作范围,也能反映贸易深度水平。目前关于自由贸易协定文本深度水平测算的研究基础主要建立在自由贸易协定框架与世界贸易组织框架下的"WTO+"和"WTO-X"两类议题。两类议题基于是否覆盖特定条款进行领域分类,在此基础上根据"涉及和不涉及"或"包括和不包括"WTO+条款和"WTO-X"条款来构建测算体系并进行权重赋值。以此构建的深度测算体系针对性较强,能够依据研究目的对特定主题进行有效的深度水平测度。但该方法并没有将协定文本的所有内容考虑在内,深度的测算主要针对52项条款议题。

因此,本章基于中国已签署的自由贸易协定,从协定内容反映的广度与深度出发,以合理制定自由贸易协定规则进而实现促进区域经济一体化为目标,构建一套综合测度自由贸易协定广度和深度的测算体系,为评价自由贸易协定深度水平提供新视角。本章将自由贸易协定深度水平测度定义为:广度范围测算基础上的深度纵向信息挖掘,以体现合作领域配套条款的完备程度和紧密参与度。即借助二级编码形式,使用一级指标自由贸易协定覆盖范围(章节覆盖范围)来反映自由贸易区合作广度,二级指标自由贸易协定细致程度(章节配套条款)来测度自由贸易区合作深度,在此基础上通过构建测算体系来综合测度自由贸易协定内容的深度水平。

二、测算体系的假定

(一)文本内容研究范围

自由贸易协定文本依据层次性主要分为章(节)、条(款)、款以及补充附件、附录、脚注、换文、备忘录等内容,也会包含其他国际协定部分内容,如中国—新加坡自由贸易协定文本第八章服务贸易中第七十六条杂项条款规定:"服务贸易总协定附件,即《关于提供服务的自然人流动的附件》《关于空运服务的附件》《关于金融服务的附件》和《关于电信服务的附件》,经必要调整后纳入本协定,并构成协定的一部分"。具体来说:

1. 章节、条款、附件、附录和脚注。章节在文本法律契约关系上体现成员经济与贸易的合作范围,反映自由贸易协定整体的契约内容范围与目标。不同国家或地区与中国签署的自由贸易协定文本依据经济合作的供需性与本国国情的异质性也呈现出一定差异,如中国—格鲁吉亚自由贸易协定包含 17 个章节,中国—韩国自由贸易协定包含 22 个章节,但各自由贸易协定的整体章节覆盖内容范围存在一定共性,如基本都包含货物贸易、服务贸易等内容;条款构成每一章节的内容框架,是缔结契约内容的具体体现,从配套条款的细致度可以反映成员在章节合作上的契合度与紧密度,因此,每一章节的内容深度由条款项决定,即可以通过配套条款数量衡量协定内容的深度。不同自由贸易协定的异质性也主要体现在条款项上,表现为:不同自由贸易协定同一章节的条款数量会存在差异,如中国—新西兰和中国—新加坡的自由贸易协定中服务贸易章节分别包含 22 项条款和 18 项条款;同一自由贸易协定不同章节的条款数量也会不同,如中国—秘鲁自由贸易协定中的原产地规则及与原产地相关的操作程序章节和知识产权章节分别包含 29 项条款和 5 项条款;附件、附录和脚注是对已有章节、条款等内容的补充与说明,实质上,各自由贸易协定文本在最终条款中基本都明确规定附件、附录乃至脚注都构成协定的重要组成部分。

2. 除本协定内容外的其他国际协定部分。自由贸易协定除包括对本章内容补充说明的附件外,还包含对其他国际贸易协定的补充叙述内容,如中国—新西兰自由贸易协定中第一百六十一条总则的第三款内容规定:"为本章之目的,《与贸易有关的知识产权协定》经必要修改后并入本协定,构成本协定的一部分"。除此之外,还有关于服务贸易总协定(GATS)、关税及贸易总协定(GATT)、《世界贸易组织农业协定》和《世界贸易组织实施卫生与植物卫生措施协定》(Agreement on the Application of Sanitary and Phytosanitary Measures,SPS 协定)等内容的补充。此类条款主要作为"纳入性条款"或"适用性条款"的形式体现①。一方面,"纳入性条款"规定应经过必要修改后包含于本协定。其体现协定完善的意愿,但修改直至被纳入的过程通常需要时间长短不等的谈判,即条款经修改后纳入的时间与当前条款的签署时间相比存在滞后性;另一方面,"适用性条款"并未明确指定某项条款纳入本协定文本中,且适用性条款多为国际普遍遵守的规则、规范以及法律条例,各国与中国签署自由贸易协定的基础基本均建立在此类国际通用协定之上,因此该类国际协定内容应作为国际基础环境因素考虑。综上所述,为简化处理,除本协定外的其他国际协定内容不再放入测算体系中。

3. 自由贸易协定的升级协定、补充协定与早期(收获)计划。升级协定是对已有协定内容的修改或扩展,以期通过新条款、新规则等共识的纳入来深化贸易自由化与经济一体化。补充协定则是对原有自由贸易协定内容的延伸与扩展,旨在进一步加强缔约双方之间的合作范围,提升合作效率与竞争力。升

---

① 纳入性条款是指协定中由于出现"纳入、构成、组成"等关键词而将其他国际协定部分内容包含在本协定内容中的条款;适用性条款是指协定中由于出现"适用于、按照"等关键词而将其他国际协定部分内容适用于本协定内容的条款。

级协定与补充协定均是对原有协定内容的优化与完善,因此,将其放入测算体系中,但应注意协定内容生效对应的时间段。本章通过测度不同阶段协定内容广度与深度的综合程度来体现自由贸易协定逐渐完善的过程。对于部分自由贸易协定的早期(收获)计划,如中国—巴基斯坦关于自由贸易协定早期收获计划的协定,由于签署时间在其自由贸易协定之前,且计划内容为当前自由贸易协定的早期收获计划,而本章协定内容研究范围以最新自由贸易协定文本为基准,因此,不再考虑放入测算体系中。

4.款、换文以及备忘录等其他内容。由于测算体系主要依据二级编码来测度自由贸易协定契约内容广度与深度的综合程度,而款是对条款抽象概念的细致性描述,虽涉及深度展开,但其内容归类于同一概念的描述,且未依据"章节—条款形式"进行层次性展开①。因此,本章暂未包含条款项中的具体内容(款);换文是指成员对相同或相似内容互换的照会,可以用于补充某项条约,也可单独用于达成某特定事项协定;而备忘录主要是对协定某项内容的详细说明或达成一定程度的理解、谅解等,以文本形式呈现,便于查对与记忆,是对协定内容的补充。虽然换文与备忘录都是对协定的补充说明,但基本包含于协定的具体内容中,且具体内容主要由二级条款项来体现,所以,测算体系也不再进行重复统计。

虽然该测算体系无法准确测度自由贸易协定所有范围内的详细内容,但一级章节、二级条款项以及附件等内容的综合考量,能够有效反映不同自由贸易协定广度与深度的综合特征,对于不同协定文本的比较也具有一定参考价值。对未来自由贸易协定条款相关的统计与完善工作也存在一定借鉴意义。

---

① 依据"章节—条款形式"的二级编码来构建测算体系,具有协定可比性、测度客观性以及统计便利性的特点。以条款具体内容来抽象此条款概念,从而进一步扩展深度的测度内容,具有一定主观性,因此本章不再包含,这也是本书今后要研究的重点问题。

（二）等效性标准

为便于不同自由贸易协定之间的对比,对不同标准进行赋值之前,要处理等效性问题。首先,不同自由贸易协定中相同内容的等效性。对比不同自由贸易协定中的章节与条款内容,发现个别自由贸易协定条款项在另一自由贸易协定中表现为章节,如投资内容在中国—格鲁吉亚自由贸易协定中归类于第十二章合作领域的第一条款中,而在中国—澳大利亚自由贸易协定中单独被列为第九章投资。考虑到不同自由贸易区缔结协定目标的异质性、合作内容的针对性以及统计的便利性,此类条款不再单独以章节列出,将其归类于对应章节中,即将此类二级条款作为对应的一级章节中的条款项考虑。

其次,同一自由贸易协定中附件、附录以及脚注等(之后简称附件)与章节、条款的等效性。由于自由贸易协定中的附件基本包含于协定章节的条款内容中,因此,只对未具体包含在章节条款项中的附件进行例外考虑。具体来说,在对自由贸易协定文本中关于附件叙述内容充分解读基础上,将此类附件归类于对应的章节中[①],如在中国—格鲁吉亚自由贸易协定中,将关于附件金融服务、自然人移动、运输及相关服务、中医药合作相应的条款对应归类于第八章服务贸易中。

三、测算体系

（一）赋值标准

确定了文本内容范围与等效性标准后,需要设定自由贸易协定文本的赋值标准。首先,章节、条款与款的赋值标准。考虑到章节间、条款间同等级的重要性,对不同章节赋予相同权重,不同条款也赋予相同权重,而款的具体内

---

① 依据文本内容研究范围限定,对"纳入性条款"和"适用性条款"涉及的附件不给予考虑。

容作为条款的解释说明,不再作为次条款进行赋值;其次,附件的赋值标准。基于等效性标准,依据附件的不同类型进行赋值。其中,对于需单独列出的附件,如补充协定中的"货物贸易协定"或"投资协定"等,将附件单独列为一章,附件中协定内容依据自由贸易协定中章节与条款的关系进行条款的整理与赋值。对于包含于章节中的附件:若附件内容是对章节的补充说明,且依据层次性来体现章节的合作深度,则依据附件条款的层次性多次赋予附件与该章其他条款相同的权重,如《亚太贸易协定》第八条中对原产地规则的描述体现在附件二中的十条条款中,且内容明确规定附件二是本协定不可分割的组成部分;若附件内容是对章节的补充说明,但不具备层次性,即不能体现章节的合作深度,则只一次赋予此附件与条款相同的权重,如《中国—新西兰自由贸易协定》中附件十二签证便利化中并不包含条款项,只是对签证承诺的单一叙述,无法体现章节内容的深度性;若附件内容已被条款内容具体描述,即附件与协定条款是对同一内容的相同或类似性描述,依据文本研究范围设定与深度水平测度定义,不再重复赋予权重,如《中国—新西兰自由贸易协定》中附件六原产地证书内容包含于第四章第三十六条原产地证书中的叙述。同时,由于本章依据二级编码(一级章节和二级条款)对自由贸易协定广度与深度进行测定,则作为章节补充附件的深度展开也只限制于附件的一级条款①。

(二)权重赋值

首先,在中国已有自由贸易协定文本结构框架下,依据统计便利性原则,总结章节与条款在议题内容上的共性与差异性,对部分章节进行合并,如将"初始条款"和"总定义"章节合并为同一议题"初始条款和定义",最终形成初始条款和定义、国民待遇和货物市场准入以及原产地规则和原产地实施程序等19个章节议题,以此在全面测度文本内容的前提下使不同自由贸易协定

---

① 附件内容主要以条款或款形式呈现,较少以次条款形式进行深度展开,依据本章设定的二级编码特征,不再对附件中次条款与款进行赋值,从而使附件与协定条款满足等效性标准。

间具有可比性。

其次,根据章节、条款以及附件等内容的赋值标准,测算自由贸易协定的深度水平。但考虑到法律约束力对同一议题的异质性作用,本章在已设定的赋值标准基础上,参考霍恩等(Horn 等,2010)①提出的赋值方法,对章节的合作广度进一步加权处理,具体步骤分为两个阶段:第一阶段,判断协定是否"覆盖"某一章节 X,若文本内容覆盖章节 X,则对章节赋值为"1 分",反之为"0 分"。第二阶段,在覆盖某一章节 X 的前提下,判别该章节是否具有"法律约束力"。依据霍恩等(Horn 等,2010)②的方法,需要在"法律可执行力"与"争端解决机制"上分别进行判别,但由于同一章节不同条款在"法律可执行力"上呈现"混合型",即部分条款具有法律可执行力、部分条款又不具有法律可执行力。因此,本章将"法律可执行性"与"争端解决机制"结合,通过判断章节是否具有法律约束力(即章节项下的任何争议是否均可诉诸自由贸易协定项下的争端解决机制)来进行赋值,若该章节任何条款内容均适用于自由贸易协定项下的争端解决机制,则章节赋值为"2 分",否则依旧为"1 分"。经过以上两个阶段划分后,协定中章节 X 深度的得分取值分别为"0 分""1 分"和"2 分"。

最后,在对一级章节处理基础上,使用二级条款对章节进行进一步赋值,从而获得自由贸易协定的深度水平测算值。具体来说,本章直接使用二级条款的配套数量对一级章节进行加权赋值,但考虑到一级章节与二级条款赋值间的较大赋值差距,对二级条款的赋值进行归一化处理。最终获得协定深度水平指标如下所示:

$$Totaldepth_i = \sum_{m=1}^{19} (chapter_{im} \times clause_{im}) \tag{3-1}$$

---

① Horn H., Mavroidis P. C., Sapir A., "Beyond the WTO? An Anatomy of EU and US Preferential Trade Agreements", *The World Economy*, Vol.33, No.11, 2010.

② Horn H., Mavroidis P. C., Sapir A., "Beyond the WTO? An Anatomy of EU and US Preferential Trade Agreements", *The World Economy*, Vol.33, No.11, 2010.

$$Totaldepth_i^{law} = \sum_{m=1}^{19} \left(chapter_{im}^{law} \times clause_{im} \right) \tag{3-2}$$

式中，$Totaldepth_i$、$Totaldepth_i^{law}$ 分别表示在不考虑和考虑章节议题"法律约束力"下的自由贸易协定 i 的深度水平，$chapter_{im}$ 表示自由贸易协定 i 的第 m 章节对应的合作广度得分，$clause_{im}$ 表示自由贸易协定 i 的第 m 章节配套条款的合作深度得分。该指标综合考虑到了章节以及条款对协定深度水平评价的重要性，能够较为客观地评价协定文本的整体深度。同时，由于各自由贸易协定对相同内容选用相同的赋值方法，因此，不同自由贸易协定之间的测度结果也具有可比性。

四、中国自由贸易协定的深度水平测度

(一)深度水平测度值

基于上文建立的测算体系，对中国已签订的自由贸易协定文本内容进行深度水平测度。表 3-1 中包含了不同自由贸易协定章节对"法律约束性"不加权和加权处理两种情况下的深度水平测度数值。深度水平加权前后对比发现，两者基本保持同等比例的倍数对应关系。但通过不同自由贸易协定的对比发现，加权后的深度水平测度更为合理，如中国与格鲁吉亚签订自由贸易协定的深度水平数值在加权前要小于与新加坡(升级)测算的数值，但数值在加权后发生了相反的变化。其主要原因在于与格鲁吉亚签订的自由贸易协定虽然在总条款数量上略小于新加坡(升级)，但前者具有法律约束力的章节议题要远高于后者。条款规范的法律性能够更有效地约束本国与贸易伙伴的行为规范，降低双边贸易政策的不确定性，因此具有法律约束性的争端解决机制对成员间的深度合作十分重要。

表 3-1 结果显示，《区域全面经济伙伴关系协定》的深度水平较高，其次是与韩国、新西兰(升级)签订的自由贸易协定。其中，《区域全面经济伙伴关系协定》与韩国在章节议题上不具有"法律约束力"的数量虽然较多，但其在

章节议题覆盖领域以及配套条款数量上均远高于其他国家或地区。同时,发现协定升级对不同自由贸易协定的深度水平提升均产生正向影响,说明协定升级有效促进了双边或多边在合作领域上的深度融合与依存,加深了成员贸易与投资关系的紧密度。从自由贸易协定签订的时间线来看,协定深度水平变化只呈现出微弱的递增趋势,这也主要与不同成员在签订自由贸易协定中依据的本国国情、目标等方面相关。其中,可以发现中国与发达国家签订自由贸易协定的深度水平相对于发展中国家来说,更加接近于所有自由贸易协定深度水平的平均值。但与中国展开自由贸易区合作的发展中国家也不乏存在深度结合的国家或地区,如与秘鲁、毛里求斯的合作,两国与中国在自由贸易区合作的议题领域以及配套条款上也处于较高水平。

表3-1　中国自由贸易协定的深度水平

加权类型	东盟①	智利	巴基斯坦	新西兰	新加坡	秘鲁	哥斯达黎加	冰岛	瑞士	韩国
不加权	—	1.54	1.02	2.68	1.28	2.35	1.88	1.63	2.33	4.06
加权	—	2.84	2.02	5.08	2.56	4.50	3.51	2.95	4.33	6.81

加权类型	澳大利亚	东盟(升级)	格鲁吉亚	智利(升级)	新加坡(升级)	巴基斯坦(第二阶段)	毛里求斯	柬埔寨	区域全面经济伙伴关系协定	新西兰(升级)
不加权	2.91	1.87	2.15	2.79	2.23	1.42	2.55	1.77	4.74	3.32
加权	4.76	3.67	4.17	5.10	4.16	2.76	4.41	3.40	7.30	6.07

(二)深度水平测度的信息降维

霍恩等(Horn 等,2010)②通过主成分分析方法对 52 个议题降维处理发

---

①　依据测算体系范围,对于早期收获计划或合作框架协定的协定内容不给予考虑,其作为自由贸易区框架下最先实施的降税计划,是对先行开放市场、优先合作感兴趣领域的"试验田"。其在章节与条款结构上与自由贸易协定存在一定差距,因此,本章没有将其考虑在内。

②　Horn H., Mavroidis P. C., Sapir A., "Beyond the WTO? An Anatomy of EU and US Preferential Trade Agreements", *The World Economy*, Vol.33, No.11, 2010.

现,竞争政策、知识产权等5项条款即可有效反映52个议题的总体特征。由于主成分分析目的在于信息浓缩,本章尝试通过因子分析方法探寻主成分与不同分析项之间的对应关系,即通过章节议题降维的方式来有效测度自由贸易协定的深度水平。具体来说,依据不同自由贸易协定在不同章节议题上的深度水平,通过因子分析的旋转功能将不同章节议题浓缩成几个概括性指标。但结果发现,在自由贸易协定深度水平测度中的各章节议题所占权重较为均匀,无法有效提取可较大程度表示协定深度水平的章节议题。这从侧面说明,在本章设定的测算框架下,自由贸易协定的所有章节议题都具有不可替代性,只有将所有章节议题均考虑在内,才能较为全面地测算协定的深度水平。

（三）其他主要章节议题的深度水平

如果未来中国与其他国家或地区达成自由贸易协定,货物贸易、服务贸易以及投资的自由化与便利化将始终被作为三大核心议题进行贸易谈判。明晰与总结自由贸易协定在此议题上呈现形式、目标范围以及深度水平等方面的数据信息,有助于依据各方利益和实际需求推动未来自由贸易协定谈判进程。本章参照辛格尔(Shingal,2016)[①]对服务贸易条款深度的测算思路,对自由贸易协定章节议题中的货物贸易政策、服务贸易政策以及投资政策等条款的深度水平进行测算。

对于货物贸易政策章节深度,根据自由贸易协定文本中货物贸易配套条款的具体内容,选择以下五个方面对自由贸易协定的货物贸易政策章节进行深度水平衡量:国民待遇条款、农业出口补贴条款、关税减让或消除条款、非关税措施条款以及机制条款,通过对以上五类条款的赋值进行简单加总,得到自由贸易协定货物贸易政策章节的深度水平,取值范围为0至5;对于服务贸易政策章节深度,采用以下五个方面进行衡量:服务贸易自由化总目标条款、国

---

① Shingal A., *Going Beyond the 0/1 Dummy: Estimating the Effect of Heterogeneous Provisions in Services Agreements on Services Trade*, Edward Elgar Publishing, 2016.

民待遇或最惠国待遇条款、自然人流动条款、透明度条款以及审议条款,其取值范围为 0 至 5;对于投资政策章节深度,选择以下五个方面进行衡量:国民待遇与最惠国待遇条款、投资促进条款、国家争端解决条款、机制条款以及例外条款,其取值范围为 0 至 5。

表 3-2 结果显示,在货物贸易政策领域深度较高的国家或地区分别为智利、新西兰、秘鲁、哥斯达黎加、澳大利亚等;在服务贸易政策深度较高的国家或地区分别为新西兰、秘鲁、哥斯达黎加、冰岛、瑞士、澳大利亚、格鲁吉亚、毛里求斯等;在投资贸易政策深度较高的国家或地区分别为东盟、新西兰、秘鲁、韩国、澳大利亚、毛里求斯等。整体来看,中国签订的新西兰、秘鲁、澳大利亚以及智利(升级)等协定在三大核心议题上的整体深度水平均较高。除了中国早期签订的自由贸易协定外,后续签订的自由贸易协定基本涵盖了三大核心议题,同时协定升级对已有协定在部分核心议题上的缺失进行了不同程度的补充与完善。这说明三大核心议题始终在自由贸易区谈判中扮演着重要角色。实际上,区域经济一体化进程就是全球货物贸易、跨国投资以及服务贸易经过长期的发展与融合形成的结果(文洋,2016)①。

货物贸易作为传统的贸易形式,是加快国民经济发展、调节国内生产要素利用率以及扩大劳动就业的重要手段,这也是中国签订的所有自由贸易协定中均包含货物贸易政策的主要原因。服务贸易不同于传统国际货物贸易方式,具有无形性、不可存储性等特点,是提高经济效率、促进国际分工的重要推手。服务贸易对发展中国家以及中小企业十分重要,而发展中国家在服务贸易上的发展起步普遍较晚,中国同样如此。但从中国签订自由贸易协定的历程来看,早期没有覆盖服务贸易内容的自由贸易协定也通过协定升级进行了完善。据《2019 年世界贸易报告》显示,中国自加入世界贸易组织以来,服务贸易额增长近 10 倍,至 2018 年达到 7919 亿美元,发展十分迅速;对于跨国投

---

① 文洋:《自由贸易协定深度一体化的发展趋势及成因分析》,《财经问题研究》2016 年第 11 期。

资,其有利于吸引外资与先进技术与管理经验,优化国内外的资源配置,是带动中国经济尤其是中小企业发展的重要途径。以上三者共同推动了中国对外经贸发展的合作进程。

表 3-2　中国自由贸易协定核心议题的深度水平

贸易政策	东盟	智利	巴基斯坦	新西兰	新加坡	秘鲁	哥斯达黎加	冰岛	瑞士	韩国
货物贸易政策	—	5	4	5	3	5	5	4	3	4
服务贸易政策	—	0	0	5	4	5	5	5	5	4
投资贸易政策	—	0	3	4	0	4	3	3	1	4

贸易政策	澳大利亚	东盟（升级）	格鲁吉亚	智利（升级）	新加坡（升级）	巴基斯坦（第二阶段）	毛里求斯	柬埔寨	区域全面经济伙伴关系协定	新西兰（升级）
货物贸易政策	5	4	3	5	3	4	3	3	4	5
服务贸易政策	5	4	5	4	4	4	5		5	5
投资贸易政策	4	5	0	4	4	3	4	3	3	4

（四）中国自由贸易区行业合作深度指数

依据上一章中自由贸易区网络结构的分析,在"浅度合作"和"深度合作"分类基础上,结合霍恩等（Horn 等,2010）[1]以及霍夫曼等（Hofmann 等,2017）[2]关于贸易议题赋值的思想,对"浅度合作"行业的赋值得分为1,"深度合作"行业的赋值得分为2,构建行业合作深度指数（见表3-3）,以此区分行业合作的紧密度,从而从微观层面评价不同自由贸易协定之间的合作深度差

[1]　Horn H., Mavroidis P. C., Sapir A., "Beyond the WTO? An Anatomy of EU and US Preferential Trade Agreements", *The World Economy*, Vol.33, No.11, 2010.

[2]　Hofmann C., Osnago A., Ruta M., "Horizontal Depth A New Database on the Content of Preferential Trade Agreements", *Policy Research Working Paper*, No.7981, 2017.

异。统计结果显示,行业合作深度指数较高的前三个自由贸易协定分别为与韩国、毛里求斯以及秘鲁签订的协定。从行业合作深度覆盖率来看,中国与新西兰、冰岛、韩国、格鲁吉亚、毛里求斯等国家或地区展开的行业合作均为"深度合作"。同时,除《中国—东盟全面经济合作框架协定》外,协定升级均提升了其他自由贸易协定行业合作深度指数,但东盟的行业合作深度覆盖率提升了6.25%,说明中国与东盟的合作虽然在行业整体上的合作深度有所下降,但其通过减少"浅度合作"、增加"深度合作"领域的方式优化了合作模式,该升级模式对其未来的多边深度经贸结合更为有利。反观新加坡虽然在行业合作深度指数上有所增加,但行业合作深度覆盖率有所下降,这是因为中国与新加坡主要通过增加"浅度合作"的方式来增加行业的整体合作深度,但在已有行业的深度拓展上收效甚微。除此之外,发现近几年签订的自由贸易协定在行业合作深度指数以及覆盖率上基本都高于早期签订的自由贸易协定,这说明现阶段签订的自由贸易协定相对早期来说内容有所改进、深化。

关于行业合作深度的测算体系基本涵盖了协定文本的所有内容,能够较为全面与客观地反映双边或多边在自由贸易区合作范围内的行业结合紧密度。由于测算的内容范围只限定于协定的文本内容,没有考虑到现实中的合作情况,因此会与实际存在一定误差,但该评价体系的提出对自由贸易区行业合作深度的测度与后续研究提供了重要参考价值。

表3-3　中国自由贸易区行业合作深度指数

合作指数	东盟	智利	巴基斯坦	新西兰	新加坡	秘鲁	哥斯达黎加	冰岛	瑞士	韩国
行业合作深度指数	12.00	17.00	3.00	8.00	9.00	25.00	15.00	14.00	15.00	34.00
行业合作深度覆盖率①	50.00	94.44	75.00	100.00	90.00	96.15	83.33	100.00	93.75	100.00

---

①　行业合作深度覆盖率=协定文本中行业合作紧密度得分／总得分×100%。

续表

合作指数	澳大利亚	东盟（升级）	格鲁吉亚	智利（升级）	新加坡（升级）	巴基斯坦（第二阶段）	毛里求斯	柬埔寨	区域全面经济伙伴关系协定	新西兰（升级）
行业合作紧密度指数	11.00	9.00	14.00	24.00	14.00	9.00	28.00	17.00	16.00	14.00
行业合作深度覆盖率	91.67	56.25	100.00	100.00	77.78	90.00	100.00	85.00	100.00	100.00

第二节　中国自由贸易区一体化深度的测算

本部分采用 HMS 方法,综合分析中国自由贸易区一体化深度,所研究的中国自由贸易区为中国与其他缔约伙伴建立的自由贸易区。研究对象不仅包括世界银行官网 PTA 数据库已进行一体化深度测算的自由贸易区,还包括未测算一体化深度的中国—韩国自由贸易区、中国—澳大利亚自由贸易区、中国—格鲁吉亚自由贸易区、《区域全面伙伴关系协定》和日欧经济伙伴关系协定(日欧 EPA),但不包括《亚太优惠贸易协定》(属于优惠贸易协定)、内地与港澳更紧密经贸关系安排、中国—马尔代夫(尚未生效)、中国—毛里求斯(生效时间过短)、中国—柬埔寨(生效时间过短)。所研究的中国自由贸易区一体化深度是指与中国签订的自由贸易协定的一体化深度,包括覆盖力和约束力两大方面。

一、指标构建

霍恩等(Horn 等,2010)①将"第一代"贸易政策议题和"第二代"贸易政

---

① Horn H., Mavroidis P. C., Sapir A., "Beyond the WTO? An Anatomy of EU and US Preferential Trade Agreements", *The World Economy*, Vol.33, No.11, 2010.

策议题分为两类："WTO+"条款和"WTO-X"条款,其中,"WTO+"条款包括 14
项议题,"WTO-X"条款包括 38 项议题,如表 3-4 所示。

表 3-4　条款分类

"WTO+"条款 （14 项）	工业产品减让、农产品减让　海关程序　出口税 卫生和植物检疫（SPS）　技术性贸易壁垒　国有企业 反倾销　反补贴　国家援助　政府采购 与贸易有关的投资措施（TRIMS） 服务贸易自由化（GATS） 与贸易有关的知识产权（TRIPS）
"WTO-X"条款 （38 项）	反腐败　竞争政策　环境　知识产权（IPR）　投资　劳动市场监管 资本流动　消费者保护　数据保护　农业现代化 近似立法　视听产业　公民保护　创新政策　文化合作 经济政策对话　教育与培训　能源问题　财政支持 医疗卫生　人权　非法移民　反毒品　产业合作　信息化 采矿业　反洗钱　核安全　政治对话　公共行政　区域合作 技术与科研　中小企业　社会事务　统计数据对接　税收 恐怖主义　签证与政治庇佑

本书依然沿用此分类,并借鉴盛斌和高疆(2018)①的测度方法,对中国自
由贸易区一体化深度进行测度,具体测度方法,如图 3-1 所示。

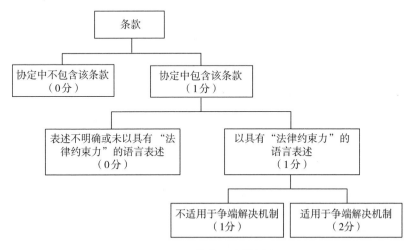

图 3-1　一体化深度的测度

　　①　盛斌、高疆:《中国与全球经济治理:从规则接受者到规则参与者》,《南开学报(哲学社会科学版)》2018 年第 5 期。

以此为基础,为了能够对中国自由贸易区一体化深度进行综合全面的测度,本书共构建了 12 个指数,包括总深度指数、"WTO+"指数、"WTO-X"指数、核心指数、关税指数、非关税指数的覆盖力指数和约束力指数等。各指标数值均在 0—1 之间;指标数值越靠近 1,则表示一体化程度越深。

(一)总深度指数(*fta*)

将"WTO+"和"WTO-X"的全部条款进行加总,用来测度中国自由贸易区一体化总深度。总深度值越高,则代表"WTO+"和"WTO-X"的议题覆盖力(约束力)越高,一体化深度越深。其中,$provision_{m1}$、$provision_{m2}$ 分别表示每项议题的覆盖力深度、约束力深度。

$$总深度指标覆盖力指数:ftaAC = \frac{\sum_{i=1}^{52} provision_{m1}}{\max_{(total_i)}} i = 1, \cdots, n \tag{3-3}$$

$$总深度指标约束力指数:ftaLE = \frac{\sum_{i=1}^{52} provision_{m2}}{\max_{(total_i)}} i = 1, \cdots, n \tag{3-4}$$

(二)"WTO+"指数(*ftap*)和"WTO-X"指数(*ftae*)

根据霍恩(2010)对"第一代"议题和"第二代"议题的分类,设"WTO+"指标和"WTO-X"指标。"WTO+"指标表示在世界贸易组织框架内条款深度;"WTO-X"指标表示在超越世界贸易组织框架的条款深度。深度值越高,则代表议题覆盖力(约束力)越高。其中,$provision_{a1}$、$provision_{a2}$ 分别表示"WTO+"每项议题的覆盖力深度、约束力深度,$provision_{b1}$、$provision_{b2}$ 分别表示"WTO-X"每项议题的覆盖力深度、约束力深度。

$$"WTO+"覆盖力指数:ftapAC = \frac{\sum_{i=1}^{14} provision_{a1}}{\max_{(wto+_i)}} i = 1, \cdots, n \tag{3-5}$$

$$"WTO+"约束力指数:ftapLE = \frac{\sum_{i=1}^{14} provision_{a2}}{\max_{(wto+_i)}} i = 1, \cdots, n \tag{3-6}$$

$$\text{"WTO-X"覆盖力指数：} ftaeAC = \frac{\sum_{i=1}^{38} provision_{b1}}{\max_{(wto-x_i)}} i = 1, \cdots, n \qquad (3-7)$$

$$\text{"WTO-X"约束力指数：} ftaeLE = \frac{\sum_{i=1}^{38} provision_{b2}}{\max_{(wto-x_i)}} i = 1, \cdots, n \qquad (3-8)$$

（三）核心指数（core）

核心指标反映了综合考虑扩大市场准入和保证价值链贸易平稳运行的、与贸易相关的社会性议题，共包括 18 项，涵盖了工业产品减让、农业产品减让、海关程序、出口税、SPS（卫生和植物检疫）、技术性贸易壁垒、国有企业、反倾销、反补贴、TRIMS（与贸易有关的投资措施，Agreement on Trade-Related Investment Measures）、GATS（服务贸易自由化）、TRIPS（与贸易有关的知识产权）、政府采购、竞争政策、投资、IPR（知识产权）、资本流动和国家援助。核心指标深度值越高，代表核心指数覆盖力（约束力）越大，一体化程度越深。其中，$provision_{n1}$、$provision_{n2}$ 分别表示核心议题的覆盖力深度、约束力深度。

$$\text{核心指标覆盖力指数：} coreAC = \frac{\sum_{i=1}^{18} provision_{n1}}{\max_{(core_i)}} i = 1, \cdots, n \qquad (3-9)$$

$$\text{核心指标约束力指数：} coreLE = \frac{\sum_{i=1}^{18} provision_{n2}}{\max_{(core_i)}} i = 1, \cdots, n \qquad (3-10)$$

（四）关税指数（gs）和非关税指数（fgs）

关税指标共包括 6 项议题，分别为工业产品减让、农业产品减让、反倾销、反补贴 TRIMS（与贸易有关的投资措施）、GATS（服务贸易自由化）和 TRIPS（与贸易有关的知识产权）；非关税指标为其余 46 项议题。其中，$provision_{p1}$、$provision_{p2}$ 分别表示关税议题的覆盖力深度、约束力深度；$provision_{q1}$、$provision_{q2}$ 分别表示非关税议题的覆盖力深度、约束力深度。

关税指标覆盖力指数：$gsAC = \dfrac{\sum\limits_{i=1}^{6} provision_{p1}}{\max_{(gs_i)}} i = 1, \cdots, n$ （3-11）

关税指标约束力指数：$gsLE = \dfrac{\sum\limits_{i=1}^{6} provision_{p2}}{\max_{(gs_i)}} i = 1, \cdots, n$ （3-12）

非关税指标覆盖力指数：$fgsAC = \dfrac{\sum\limits_{i=1}^{46} provision_{q1}}{\max_{(fgs_i)}} i = 1, \cdots, n$ （3-13）

非关税指标约束力指数：$fgsLE = \dfrac{\sum\limits_{i=1}^{46} provision_{q2}}{\max_{(fgs_i)}} i = 1, \cdots, n$ （3-14）

通过建立上述指标,对中国签订的 13 个自由贸易区的一体化深度进行测度。此外,为了更好地体现中国自由贸易区一体化深度的现状,本书还对北美自由贸易区、日欧经济伙伴关系协定进行一体化深度测度。测度结果如表 3-5 所示。

表 3-5　各自由贸易区一体化深度

协定名称	生效时间	总覆盖力指数（%）	总约束力指数（%）	"WTO+"覆盖力指数（%）	"WTO+"约束力指数（%）	"WTO-X"覆盖力指数（%）	"WTO-X"约束力指数（%）	核心覆盖力指数（%）	核心约束力指数（%）	关税覆盖力指数（%）	关税约束力指数（%）	非关税覆盖力指数（%）	非关税约束力指数（%）
中国—东盟	2005 年 1 月 1 日	13.46	7.69	42.86	28.57	2.63	0.00	38.89	22.22	83.33	75.00	4.35	0.00
中国—智利	2006 年 10 月 1 日	59.62	26.92	78.57	57.14	52.63	15.79	72.22	50.00	100.00	58.33	54.35	23.91
中国—巴基斯坦	2007 年 7 月 1 日	21.15	18.27	64.29	53.57	5.26	5.26	61.11	52.78	66.67	50.00	15.22	14.13
中国—新西兰	2008 年 7 月 1 日	40.38	37.50	92.86	92.86	21.05	17.11	83.33	83.33	100.00	91.67	32.61	31.52
中国—新加坡	2009 年 1 月 1 日	30.77	26.92	71.43	71.43	15.79	10.53	61.11	61.11	83.33	75.00	23.91	19.57
中国—秘鲁	2010 年 3 月 1 日	48.08	26.92	85.71	85.71	34.21	5.26	77.78	72.22	100.00	91.67	41.30	19.57

续表

协定名称	生效时间	总覆盖力指数（%）	总约束力指数（%）	"WTO+"覆盖力指数（%）	"WTO+"约束力指数（%）	"WTO-X"覆盖力指数（%）	"WTO-X"约束力指数（%）	核心覆盖力指数（%）	核心约束力指数（%）	关税覆盖力指数（%）	关税约束力指数（%）	非关税覆盖力指数（%）	非关税约束力指数（%）
中国—哥斯达黎加	2011年8月1日	50.00	25.96	78.57	71.43	39.47	9.21	83.33	72.22	83.33	58.33	45.65	21.74
中国—冰岛	2014年7月1日	42.31	30.77	85.71	78.57	26.32	13.16	88.89	75.00	83.33	58.33	36.96	25.00
中国—瑞士	2014年7月1日	38.46	28.85	92.86	75.00	18.42	11.84	83.33	72.22	83.33	83.33	32.61	20.65
中国—韩国	2015年12月20日	50.00	38.46	100.00	85.71	31.58	21.05	100.00	86.11	100.00	91.67	43.48	30.43
中国—澳大利亚	2015年12月20日	46.15	29.81	85.71	75.00	31.58	13.16	83.33	72.22	83.33	83.33	41.30	22.83
中国—格鲁吉亚	2018年1月1日	30.77	27.88	85.71	85.71	10.53	6.58	83.33	77.78	100.00	91.67	21.74	18.48
区域全面经济伙伴关系协定	2022年1月1日	46.15	26.92	92.86	82.14	28.95	6.58	83.33	72.22	100.00	83.33	39.13	17.39
最小值		13.46	7.69	42.86	28.57	2.63	0.00	38.89	22.22	66.67	50.00	4.35	0.00
最大值		59.62	38.46	100.00	92.86	52.63	21.05	100.00	86.11	100.00	91.67	54.35	31.52
平均值		39.79	27.14	81.32	72.53	24.49	10.43	76.92	66.88	89.74	76.28	33.28	20.40
北美自由贸易区		42.31	39.42	100.00	100.00	28.57	23.21	100.00		100.00	100.00	34.78	31.52
日欧EPA		44.23	36.54	100.00	100.00	32.14	17.86	100.00	91.67	100.00	100.00	36.96	28.26

二、单个指标测度分析

（一）总深度指数

中国签订的各自由贸易区的总深度一体化指数如图3-2所示。通过观察表3-5和图3-2，可以看出中国—智利总覆盖力一体化深度指数最高，为59.62%；中国—东盟总覆盖力一体化深度指数最低，为13.46%；中国—韩国总约束力一体化深度指数最高，为38.46%；中国—东盟总约束力一体化深度指数最低,为 7.69%;中国自由贸易区平均总覆盖力一体化深度指数为 39.79%,平均总约束力一体化深度指数为 27.14%。北美自由贸易区的总覆盖力一体化深度指数为 42.31%、总约束力一体化深度指数为 39.42%,日欧经济伙伴关系协定的总覆盖力一体化深度指数为 44.23%、总约束力一体化深度指数为 36.54%,均高于中国自由贸易区平均一体化深度指数,可以看到中国自由贸易区一体化深度与发达国家之间的自由贸易区一体化深度还存在一定差距,主要原因是中国自由贸易区在"WTO-X"条款的覆盖力和约束力相对较低。

除此之外,中国—智利、中国—秘鲁、中国—哥斯达黎加、中国—韩国、中国—澳大利亚、《区域全面经济伙伴关系协定》的总覆盖力一体化深度指数高于北美自由贸易区和日欧经济伙伴关系协定的总覆盖力一体化深度指数,然而,除了中国—韩国自由贸易区的总约束力一体化深度指数高于日欧经济伙伴关系协定总约束力一体化深度指数,其余 4 个自由贸易区(中国—智利、中国—秘鲁、中国—哥斯达黎加和中国—澳大利亚)的总约束力一体化深度指数全部低于北美自由贸易区和日欧经济伙伴关系协定的总约束力一体化深度指数。还可以看到,中国—新西兰自由贸易区总覆盖力一体化深度指数虽然低于北美自由贸易区和日欧经济伙伴关系协定的总覆盖力一体化深度指数,但其总约束力一体化深度指数却高于日欧经济伙伴关系协定的总约束力一体化深度指数。由霍夫曼等(Hofmann 等,2017)[1]的研究得知,全球自由贸易区一体化深度(总覆盖力指数)大约为 28.85%,低于中国自由贸易区一体化深度(平均总覆盖力指数)39.79%。综上可以看出,中国自由贸易区一体化深度已经远远超过世界上很多其他地区的一体化深度,并且在世界上处于中高等的位置。

---

① Hofmann C., Osnago A., Ruta M., "Horizontal Depth A New Database on the Content of Preferential Trade Agreements", *Policy Research Working Paper*, No.7981, 2017.

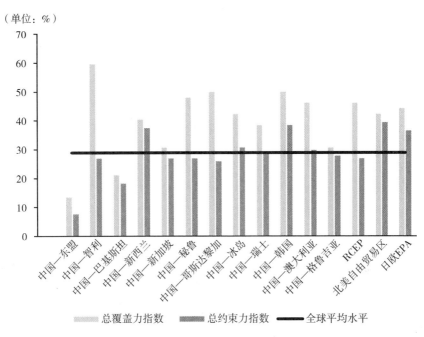

（单位：%）

图3-2　总覆盖力指数和总约束力指数

（二）"WTO+"指数和"WTO-X"指数

通过图3-3和图3-4对"WTO+"和"WTO-X"的对比发现,大多数自由贸易区对"WTO+"的议题覆盖力相对较高,且赋予了较高的强制可执行力,但由图3-5可知,国有企业、政府采购和与贸易有关的投资措施(TRIMS)的覆盖力和约束力相对较低。对于"WTO-X"类议题,覆盖力指数和约束力指数均相对较低,通过图3-6可以看出,反腐败由于《区域全面经济伙伴关系协定》的签署被初次涉及,这是中国自由贸易协定的一大进步,但是很多条款如立法、公民保护、非法移民、反毒品、反洗钱、政治对话等均没有涉及,一方面这些议题与贸易的直接关联比较小;另一方面某些议题涉及国内和国际政治,而我国主张将经济贸易与政治分离。除了部分与发达国家建立的自由贸易区存在一定程度的可执行性,整体这一类议题下的条款法定可执行性普遍偏低,这与发达国家经济发展水平较高,对边界后的贸易规则有着更为迫切明朗的诉求有关,且与发达国家的社会发展程度较高,社会整体法治化建设的水平较高有关。各国总覆盖力指数和总约束力指数存在较大差异主要是因为"WTO-X"覆盖力和约束力存在的差异。

　　中国自由贸易区对于"WTO+"和"WTO-X"议题的一体化深度指数远低于北美自由贸易区和日欧经济伙伴关系协定,尤其是在"WTO-X"议题上,中国自由贸易区的"WTO-X"覆盖力一体化深度指数平均为 24.49%,约束力一体化深度指数平均为 10.43%,而北美自由贸易区的覆盖力一体化深度指数为 28.57%,约束力一体化深度指数为 23.21%,日欧经济伙伴关系协定的一体化深度指数为 32.14%,约束力一体化深度指数为 17.86%(见表 3-5)。此外,由沈铭辉(2017)①可知,美国、日本等发达国家建立的自由贸易区中"WTO-X"议题的覆盖率普遍较高,尤其是美国,其建立的自由贸易区中"WTO-X"议题的数量是中国的两倍。

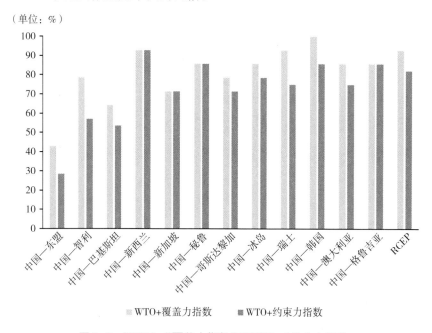

图 3-3　"WTO+"覆盖力指数和"WTO+"约束力指数

---

　　①　沈铭辉:《亚太自贸区:贸易新议题的新探索》,《国际经济合作》2017 年第 7 期。

（单位：%）

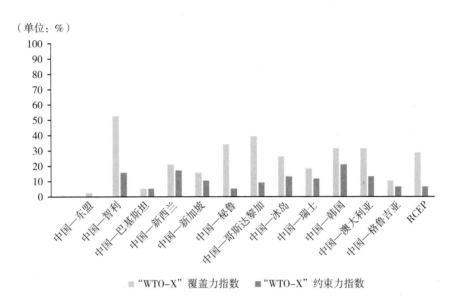

图3-4　"WTO-X"覆盖力指数和"WTO-X"约束力指数

（单位：%）

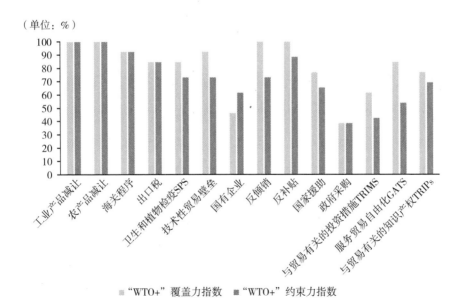

图3-5　"WTO+"覆盖力指数和"WTO+"约束力指数

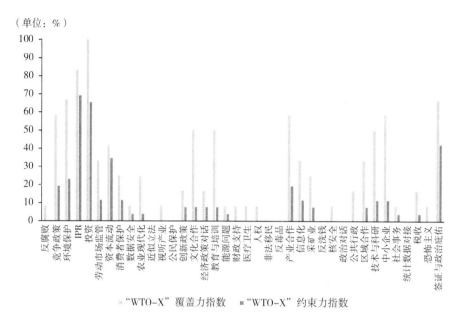

图 3-6 "WTO-X"覆盖力指数和"WTO-X"约束力指数

(三)核心指数

由图 3-7 可知,中国自由贸易区整体一体化深度与核心指数关联性较高,各个自由贸易区基本以核心条款为中心主体内容;且各协定核心约束力指数普遍高于其他非核心议题。这 18 项核心议题囊括了与贸易范畴最相关的 11 项边界措施(工业产品减让、农业产品减让、海关程序、出口税、卫生与植物检疫 SPS、技术性贸易壁垒、反倾销、反补贴、与贸易有关的投资措施 TRIMS、与贸易有关的知识产权 TRIPS、资本流动)和 7 项边界后措施(国有企业、国家援助、政府采购、服务贸易自由化 GATS、竞争政策、投资、知识产权 IPR),在全球贸易往来中具有十分重要的作用,在开展自由贸易区建设时中国优先对这些议题进行谈判是十分重要的。由图 3-8 可知,边界措施的覆盖率指数和约束力指数相对较高,而边界后措施的覆盖力指数和约束力指数与其存在较大差距,尤其是竞争政策,虽然覆盖力指数较高,但约束力指数在这些议题中最低。竞争政策可以禁止经营者的不正当竞争行为,有利于实行有关竞争政策。有关竞争问题进行合作方面的条款,则对防止各国贸易自由化利益受损有益,并且有利于提高经济效率和消费者福利水平。虽然目前中国签订的自由贸易区中大多将竞争政策设为单独章节,体现了对竞争政策的重视,但是在规范表述和争端适用上还是存在较大不足。

由表3-5可知,北美自由贸易区和日欧经济伙伴关系协定的核心覆盖力一体化深度指数均为100%,北美自由贸易区的核心约束力一体化深度指数为100%,日欧经济伙伴关系协定的指数为91.67%,都远远高于中国自由贸易区(平均核心覆盖力一体化深度指数为76.92%、平均核心约束力一体化深度指数66.88%);即使是核心覆盖力一体化深度指数与之相等的中国—韩国自由贸易区,其约束力一体化深度指数也仅为86.11%。区域全面经济伙伴关系协定整合并优化了成员间已有的多个协定,在内容深度上有很大提升(核心覆盖力一体化指数为83.33%,核心约束力一体化指数为72.22%),但与北美自由贸易区和日欧经济伙伴关系协定相比仍存在较大差距。由此可见,中国自由贸易区的核心一体化深度指数与北美自由贸易区和日欧经济伙伴关系协定相比还存在较大差距,关于核心条款的协商仍需加强。

(四)关税指数和非关税指数

由图3-9及表3-5可知,中国自由贸易区平均关税覆盖力一体化深度指数为89.74%,平均约束力一体化深度指数为76.28%;平均非关税覆盖力一体化深度指数为33.28%,平均约束力一体化深度指数为20.40%。北美自由贸易区和日欧经济伙伴关系协定的关税覆盖力一体化深度指数和约束力一体化深度指数均为100%。北美自由贸易区的非关税覆盖力一体化深度指数为34.78%,约束力一体化深度指数为31.52%。日欧经济伙伴关系协定的非关税覆盖力一体化深度指数为36.96%,约束力一体化深度指数为

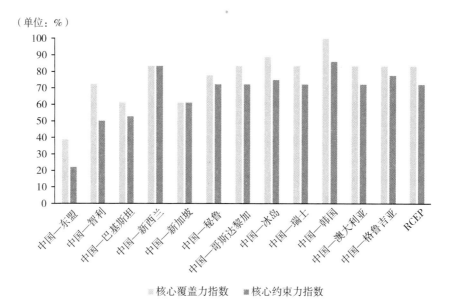

（单位：%）

图 3-7　核心覆盖力指数和核心约束力指数

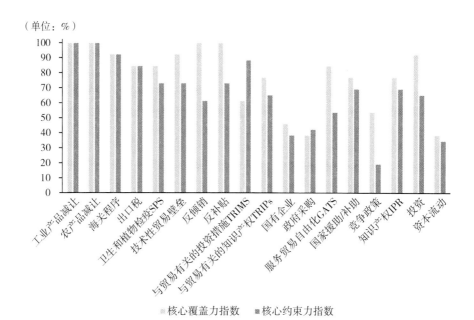

（单位：%）

图 3-8　核心覆盖力指数和核心约束力指数

28.26%。北美自由贸易区和日欧经济伙伴关系协定的非关税一体化深度指数均高于中国自由贸易区平均非关税一体化深度指数。尤其是非关税约束力一体化深度指数，除了中国—新西兰自由贸易区的非关税约束力一体化深度指数为31.52%，其余每个中国自由贸易区非关税约束力一体化深度指数均不高于北美自由贸易区（31.52%）。综上，中国自由贸易区的关税一体化深度指数与美欧相当，但非关税一体化深度指数与之还存在较大差距。

观察关税一体化深度指数与非关税一体化深度指数的数据（见图3-9、图3-10），发现中国自由贸易区更加关注关税措施，这可能是由于中国与自由贸易区伙伴国的经济往来主要集中在商品贸易领域，且关税措施在中国与其他国家签订自由贸易区时已经成为基本内容。

相较于关税一体化深度指数，非关税一体化深度指数相对较低，这可能是由于与中国签订自由贸易协定的国家大多是发展中国家，且自由贸易区伙伴国的环境标准、技术等非关税领域的发展与中国存在较大差异，在谈判时难度较大，因此对非关税方面的措施谈判较少；但是，随着自由贸易区的深入实践，中国与其他国家签订自由贸易协定时也越来越注重非关税议题的谈判，且注重赋予相应条款以法律执行力。

三、综合测度分析

从统计结果来看，中国自由贸易区一体化深度呈现以下几个特点：第一，中国自由贸易区平均总覆盖力一体化深度（39.79%）基本稍高于全球平均水平（28.85%），呈现更加明显的深度一体化趋势，但与发达国家相比还存在一定差距，这表明中国自由贸易区一体化深度仍有待提高。早期与东盟和巴基斯坦签订的自由贸易区的一体化深度均远低于全球平均水平，但此后签订的自由贸易区一体化深度基本都与全球平均水平相当甚至更高。当然，也存在例外情况，例如中国与格鲁吉亚签订的自由贸易区一体化深度明显低于同期

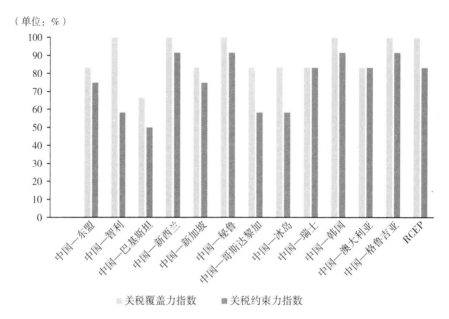

（单位：%）

■ 关税覆盖力指数　■ 关税约束力指数

图3-9　关税覆盖力指数和关税约束力指数

其他自由贸易区的深度。第二,与不同国家签订的自由贸易区一体化深度之间存在一定差异。在中国签订的所有自由贸易区中,一体化深度水平较高的是中国—智利自由贸易区和中国—哥斯达黎加自由贸易区,最低的是中国—东盟自由贸易区。平均而言,中国与发达国家自由贸易区的一体化深度高于中国与发展中国家自由贸易区的一体化深度,但中国—智利自由贸易区是例外。第三,中国自由贸易区约束力一体化指数均低于覆盖力一体化指数,即中国的自由贸易区考虑法律可执行性的深度低于不考虑可执行性的深度,具有一定程度的法律膨胀性。以中国—东盟自由贸易区和中国—智利自由贸易区来说,其约束力深度一体化指数远低于覆盖力深度一体化指数,只是实现了在数量上的覆盖,而没有在争端解决的表述和适用性上进行深入研究,从而导致约束力指数较低。

（单位：%）

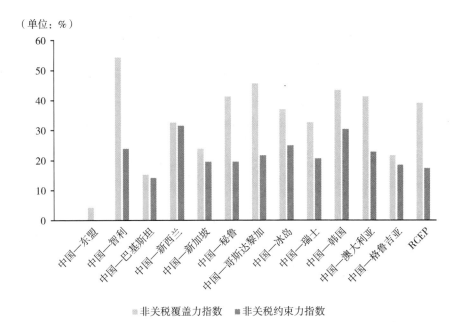

■ 非关税覆盖力指数　■ 非关税约束力指数

图 3-10　非关税覆盖力指数和非关税约束力指数

第三节　自由贸易区网络综合一体化水平分析

一、自由贸易区网络一体化广度水平分析

本节借鉴王开和靳玉英（2013）①、成新轩等（2012）②关于自由贸易区网络的研究,将一国自由贸易区网络的广度发展定义为:在"轮轴—辐条"模式的自由贸易区网络中,一国作为"轮轴国",在全球自由贸易区网络中的地位和价值,换言之就是一国作为全球自由贸易区网络的一个节点对自由贸易区网络和其他节点的"影响力"。一般而言,某一经济体在自由贸易区网络中的"影响

---

① 王开、靳玉英:《全球 FTA 网络形成机制研究》,《财贸经济》2013 年第 9 期。

② 成新轩、武琼、于艳芳:《论优惠原产地规则对中国重叠式自由贸易区的经济影响》,《世界经济研究》2012 年第 5 期。

力"越高,则该经济体作为"轮轴国"的自由贸易区网络"广度"发展水平越高。本书构建了 2008—2019 年全球自由贸易区网络结构,计算了 2005 年和 2018 年自由贸易区的网络度数中心度、接近中心度,计算结果如表 3-6 所示。

表 3-6　2005 年、2018 年自由贸易区网络度数中心度与
接近中心度(排名前 20 的经济体与中国)

按度数中心度结果排序	2005 年			2018 年		
	经济体	度数中心度	接近中心度	经济体	度数中心度	接近中心度
1	约旦	34.483	23.81	欧盟	50.847	64.835
2	突尼斯	33.793	23.126	瑞士	31.073	56.55
3	摩洛哥	33.103	23.052	冰岛	30.508	56.19
4	挪威	28.966	23.732	智利	31.638	54.462
5	瑞士	28.966	23.732	挪威	29.944	56.013
6	冰岛	28.276	23.693	列支敦士登	29.379	55.836
7	列支敦士登	28.276	23.693	墨西哥	28.814	53.963
8	埃及	29.655	22.481	加拿大	28.249	55.313
9	黎巴嫩	29.655	22.481	韩国	29.379	54.462
10	智利	26.897	23.349	秘鲁	27.684	53.313
11	墨西哥	26.207	22.692	埃及	29.379	51.304
12	南非	27.586	21.324	约旦	28.249	53.636
13	以色列	25.517	23.089	越南	29.379	55.486
14	欧盟	25.517	23.539	摩洛哥	27.684	51.009
15	北马其顿	24.138	23.016	突尼斯	27.119	50.716
16	巴勒斯坦	23.448	22.171	黎巴嫩	26.554	50.427
17	法岛	20.69	21.076	乌克兰	25.989	50.142
18	欧盟海外国家和地区(OCT)	19.31	20.597	哥伦比亚	23.729	50.427
19	阿尔及利亚	19.31	20.597	毛里求斯	23.164	46.825
20	叙利亚	19.31	20.597	墨西哥	28.814	53.963
	中国	8.276	19.205	中国	12.429	43.382

如表 3-6 所示,2018 年与 2005 年相比,中国自由贸易区网络的度数中心度、接近中心度均有了提升。中国自由贸易区网络度数中心度和接近中心度发展较快,2005 年中国自由贸易区网络的度数中心度和接近中心度分别为 8.276 和 19.205,2018 年中国自由贸易区网络的度数中心度和接近中心度分别为 12.429 和 43.382。表现在中国签订自由贸易协定的数量快速增长,并呈现出网络化发展趋势。

随着全球范围内自由贸易区爆发式的增长,自由贸易区网络结构特征的变化,成为影响自由贸易区发展的重要因素。利用社会网络分析法中的胡贝尔影响力指数来表示中国自由贸易区网络广度的发展水平,胡贝尔(Hubbell)影响力指数是在复杂网络中某一节点在对其他节点直接影响的基础上,考虑该节点对其他节点的间接影响,同时将外部因素对行动者之间的"影响力"纳入影响力指数,是衡量一个节点"影响力"较为综合的指标。其中衰减因子 α 设定为 0.01。其影响力矩阵为:

$$FTA_{span_i} = (aC)^0 + (aC)^1 + (aC)^2 + \cdots + (aC)^k + \cdots$$

$$FTA_{span_i} = I + \sum_{k=1}^{\infty} a^k C^k \tag{3-15}$$

其中,FTA_{span_i} 表示 i 国自由贸易区广度发展水平,即自由贸易区影响力矩阵;α 为衰减因子,即"影响"产生效应的可能性;C 为关联矩阵,矩阵 C 的列总和表示对应的点得到矩阵中其他点选择的总次数;k 表示矩阵内点之间联系的长度。中国自由贸易区网络的广度发展水平如表 3-7 所示:

表 3-7　2005 年、2018 年 FTA 网络广度发展水平
（排名前 20 的经济体与中国）

结果排序	2005 年		2018 年	
	经济体	胡贝尔指数	经济体	胡贝尔指数
1	约旦	1.738	欧盟	2.719
2	突尼斯	1.727	瑞士	2.273

续表

结果排序	2005 年		2018 年	
	经济体	胡贝尔指数	经济体	胡贝尔指数
3	摩洛哥	1.716	冰岛	2.26
4	挪威	1.656	智利	2.252
5	瑞士	1.656	挪威	2.247
6	冰岛	1.641	列支敦士登	2.229
7	列支敦士登	1.641	墨西哥	2.185
8	埃及	1.638	加拿大	2.181
9	黎巴嫩	1.638	韩国	2.154
10	智利	1.584	秘鲁	2.146
11	墨西哥	1.578	埃及	2.128
12	南非	1.574	约旦	2.121
13	以色列	1.565	越南	2.109
14	欧盟	1.561	摩洛哥	2.099
15	北马其顿	1.539	突尼斯	2.087
16	巴勒斯坦	1.528	黎巴嫩	2.072
17	法岛	1.47	乌克兰	2.053
18	欧盟海外国家和地区（OCT）	1.437	哥伦比亚	2.049
19	阿尔及利亚	1.437	毛里求斯	2.016
20	叙利亚	1.437	墨西哥	2.185
	中国	1.134	中国	1.346

如表 3-7 所示，2018 年与 2005 年相比，中国自由贸易区网络的胡贝尔指数也有了较大的提升，表明在此期间中国积极与其他经济体签署自由贸易协定，中国自由贸易区网络得到较快发展，已初步建立了广覆盖的自由贸易区网

络。但需要注意的是,现阶段中国自由贸易区网络胡贝尔影响力指数虽有较大提升,但整体数值仍然较低,与排名靠前的经济体相比差距较大,表明中国在全球自由贸易区网络中其他节点直接或间接影响力不高。主要原因是与中国签署自由贸易协定的成员多数为经济规模较小的经济体,对世界经济的影响力较小,例如智利、哥斯达黎加、巴基斯坦等。因此中国虽然与较多经济体签署自由贸易协定,建立了广覆盖的自由贸易区网络,但中国作为"轮轴国"在全球自由贸易区网络中总体影响力仍有待提高。

二、自由贸易区网络一体化深度水平分析

(一)单一自由贸易区深度发展水平

本部分利用杜尔等(Dür 等,2014)[①]测度中国自由贸易协定深度,根据文本中是否出现该维度进行赋值。自由贸易区深度的测算主要考虑以下七个方面条款的涵盖情况,具体包括完全自由贸易协定(Full FTA)[②]、技术标准、服务贸易、投资政策、政府采购、竞争政策与知识产权保护等。依据不同自由贸易区在上述各条款方面的实质性涵盖情况进行赋值(若实质性包含某一条款,则在该条款方面取值 1,否则为 0),然后对所有赋值简单加总求和即可得到中国各自由贸易区的深度。具体公式如下:

$$FTA_{depth_{ij}} = \sum_{k=1}^{7} provisions_k \tag{3-16}$$

其中, $FTA_{depth_{ij}}$ 表示 i 国与 j 国缔结的自由贸易协定深度, k 表示协定条款, $provisions$ 表示条款实施实质性的虚拟变量,若包括该实质性条款则 $provisions = 1$,否则 $provisions = 0$。具体深度见表3-8。

---

①　Dür A., Baccini L., Elsig M., "The Design of International Trade Agreements: Introducing a New Dataset", *The Review of International Organizations*, Vol.9, No.3, 2014.

②　所谓完全自由贸易协定(Full FTA),是指在 FTA 中规定完全实现或在绝大多数商品上实现零关税。

表3-8　中国自由贸易协定的条款涵盖情况及其深度

自由贸易协定 合作伙伴	完全 FTA	技术 标准	投资 政策	服务 贸易	政府 采购	竞争 政策	知识 产权	FTA 深度
东盟	1	1	0	1	0	0	0	3
巴基斯坦	1	1	1	1	0	0	0	4
新加坡	1	1	1	1	0	0	0	4
澳大利亚	1	1	1	1	0	0	1	5
瑞士	1	1	1	1	0	1	1	6
韩国	1	1	1	1	0	1	1	6
智利	1	1	1	1	0	0	1	5
新西兰	1	1	1	1	0	0	0	4
秘鲁	1	1	1	1	0	0	1	5
哥斯达黎加	1	1	1	1	0	0	1	5
冰岛	1	1	1	1	0	1	1	6
格鲁吉亚	1	1	1	1	0	1	1	6
区域全面经济伙伴 关系协定	1	1	1	1	0	1	1	6

资料来源:根据数据库 DESTA 整理而得,其中 RCEP 协定深度根据中国自由贸易区服务网 RCEP 协定内容整理而得。

从条款的总体涵盖情况比较来看,中国自由贸易协定普遍包含有完全自由贸易区、服务贸易、投资政策和技术标准四类条款,但在竞争政策和知识产权保护条款方面,则仅在与瑞士、冰岛、韩国等发达国家的自由贸易协定中才包含有。由此可见,中国在当前自由贸易区战略实施过程中,主要实施"第一代"传统国际经贸规则,而对于"第二代"贸易政策则较少包含。从中国自由贸易区深度来看,中国与发达国家签订的自由贸易协定的深度普遍高于与发展中国家签订的自由贸易协定,如中国与东盟、巴基斯坦签订的自由贸易协定的深度分别为 3 和 4,与瑞士、区域全面经济伙伴关系协定、韩国和冰岛签订的自由贸易协定深度均为 6。

（二）自由贸易区网络深度一体化

单一自由贸易区深度发展水平概念是建立在自由贸易区深度一体化研究基础上的,指在降低关税和配额的基础上,采取更广泛的政策来促进区域内市场的进一步整合,其本质为自由贸易区议题范围的扩大、合作程度的加深。当一国与一个以上的国家签订自由贸易协定之后,就形成了"轮轴—辐条"(Hub and Spoke,H&S)结构。本章借鉴东艳等(2009)[①]、文洋(2016)[②]关于自由贸易区深度一体化研究,结合自由贸易区网络的发展特征,认为一国自由贸易区网络深度发展水平是指在"轮轴—辐条"模式的自由贸易区网络中,一国作为"轮轴国"与所有"辐条国"签订的自由贸易协定深度平均发展水平。一般而言,"轮轴国"与所有"辐条国"签订自由贸易协定的平均深度越高,则该国作为"轮轴国"的自由贸易区网络一体化深度发展水平越高。在借鉴关于单一自由贸易协定深度测评方法的基础上,将一国自由贸易区网络深度发展水平指标表示为以下形式:

$$FTA_{depth_i} = \sum \sum_{k=1}^{7} provisions_k / n \tag{3-17}$$

其中,FTA_{depth_i}表示i国自由贸易区网络深度发展水平;$provisions_k$表示自由贸易协定条款实施实质性的虚拟变量,依据自由贸易协定条款实质性涵盖情况进行赋值,若包括该实质性条款则$provisions = 1$,否则$provisions = 0$;k表示协定条款,包括服务贸易、市场准入、投资政策、知识产权、政府采购、竞争政策、技术标准七个二值指标;$\sum_{k=1}^{7} provisions_k$表示将七个指标赋值后加总求和,即得到$i$国某一个自由贸易协定的深度;$n$表示$i$国所签订自由贸易协定的数

---

① 东艳、冯维江、邱薇:《深度一体化:中国自由贸易区战略的新趋势》,《当代亚太》2009年第4期。

② 文洋:《自由贸易协定深度一体化的发展趋势及成因分析》,《财经问题研究》2016年第11期。

量；$\sum\limits_{k=1}^{7} provisions_k$ 表示 i 国与所有缔约国签署的自由贸易协定的总体深度。2005 年、2018 年排名靠前的经济体与中国自由贸易区深度发展指数(结果保留三位小数)如表 3-9 所示。

表 3-9　2005 年、2018 年 FTA 网络深度发展指数

2005 年			2018 年		
按总体 FTA 网络深度结果排序	经济体	FTA 网络深度	按总体 FTA 网络深度结果排序	经济体	FTA 网络深度
1	多米尼加共和国	7.000	1	加勒比论坛国家	7.000
2	洪都拉斯	7.000	2	多米尼加共和国	6.667
3	尼加拉瓜	7.000	3	尼加拉瓜	6.500
4	危地马拉	7.000	4	秘鲁	6.357
5	日本	7.000	5	哥斯达黎加	6.300
6	韩国	7.000	6	巴拿马	6.167
7	哥斯达黎加	7.000	7	美国	6.167
8	萨尔瓦多	6.667	8	智利	6.125
9	巴拿马	6.500	9	危地马拉	6.000
10	智利	6.125	10	多民族玻利维亚国	6.000
11	哥伦比亚	6.000	11	日本	5.933
12	乌拉圭	6.000	12	洪都拉斯	5.875
13	阿拉伯联合酋长国	6.000	13	韩国	5.800
14	美国	5.800	14	新西兰	5.667
15	墨西哥	5.429	15	澳大利亚	5.583
16	新加坡	5.142	16	哥伦比亚	5.455
17	巴基斯坦	5.000	17	墨西哥	5.429
18	新西兰	4.500	18	智利	5.348
19	澳大利亚	4.400	—	—	—
38	中国	2.667	67	中国	4.571

2018 年与 2005 年相比,中国自由贸易区网络深度一体化发展总体呈现上涨的趋势,且与排名靠前的经济体差距逐渐缩小。2005 年中国自由贸易区

深度发展指数为2.667,与排名第一的多米尼加共和国相比低了4.333;2018
年中国自由贸易区深度发展指数为4.571,相较于2005年上涨了71.39%,与
排名第一的经济体加勒比论坛国家(CARIFORUM States)相比低了2.429。这
主要是由于中国签订的自由贸易协定中对传统议题的深化和新议题的不断涌
现,议题涵盖范围由传统的边境上议题向边境后议题不断延伸,进一步向多元
化、深度化方向发展。2005年中国自由贸易区深度指数位列第38名,2018年
中国自由贸易区深度指数位列第67名,2018年排名与2005年相比有较多下
降,表明中国自由贸易区网络深度一体化发展虽然取得了一定成效,但与发达
经济体相比仍存在较大差距,表明中国自由贸易区网络一体化深度仍有待
提高。

三、自由贸易区网络综合一体化发展水平测度

(一)自由贸易区网络综合一体化测度指标体系构建思路

由于自由贸易区自由化水平与自由贸易区深度一体化发展有紧密的联
系,随着自由贸易协定议题内容和涵盖范围的增加和深化,自由贸易区的开放
水平和自由度也随之提升,因此自由贸易区一体化的发展更多体现在深度一
体化层面。深度一体化本质是区域内成员之间合作范围的扩大,采取更广泛
的政策促进区域内市场进一步整合,实现边境后壁垒自由化。但自由贸易协
定条款覆盖范围的扩展仅是反映单个自由贸易区深度一体化发展的主要标
志。随着全球范围内自由贸易区爆发式的增长,自由贸易区网络结构特征的
变化,成为影响自由贸易区网络一体化发展的重要因素。因此,自由贸易区网
络的一体化发展不仅反映在自由贸易协定深度一体化的发展状态,还表现在
自由贸易区网络特征的发展状况。换言之,自由贸易区网络一体化发展表现
在两个层面:一方面,是指自由贸易区网络的广度发展,主要指某一经济体作
为"轮轴国"与"辐条国"形成的以该经济体为中心的自由贸易区网络的"影响

力"。另一方面,是指自由贸易区网络的深度发展,主要概括为某一经济体作为"轮轴国"与所有"辐条国"签订自由贸易协定深度一体化总体发展水平。

(二)自由贸易区网络一体化测度指标体系构建

本书基于自由贸易协定之间的互动性,考虑网络结构性对于自由贸易区网络一体化的影响。在深度一体化的基础上,将自由贸易区一体化发展的广度纳入测算体系。把自由贸易区的广度和深度相结合,综合测度自由贸易区网络一体化发展水平指标。具体计算公式如下:

$$FTA_{Integrated_i} = FTA_{depth_i} \times FTA_{span_i} \tag{3-18}$$

其中,$FTA_{Integrated_i}$表示经济体 i 作为"轮轴国"与"辐条国"形成的自由贸易区网络的一体化水平,FTA_{depth_i}表示经济体 i 签订的有效自由贸易协定的平均深度,FTA_{span_i}表示经济体 i 在全球自由贸易区网络中的胡贝尔指数。2005年、2018年排名靠前的经济体与中国自由贸易区网络一体化发展评价指数(结果保留三位小数)如表3-10所示。

表 3-10 2005 年、2018 年 FTA 网络一体化评价指数

2005 年			2018 年		
按总体 FTA 网络一体化指数结果排序	国家(地区)	FTA 网络一体化指数	按总体 FTA 网络一体化指数结果排序	国家(地区)	FTA 网络一体化指数
1	智利	9.702	1	秘鲁	13.642
2	墨西哥	8.566	2	欧盟	13.232
3	埃及	8.190	3	韩国	12.493
4	摩洛哥	7.436	4	多米尼加共和国	12.373
5	多米尼加共和国	7.357	5	加勒比论坛国家(CARIFORUM States)	12.327
6	阿拉伯联合酋长国	7.230	6	哥斯达黎加	12.203
7	日本	7.196	7	巴拿马	12.130
8	韩国	7.112	8	尼加拉瓜	12.058

续表

2005 年			2018 年		
按总体 FTA 网络一体化指数结果排序	国家（地区）	FTA 网络一体化指数	按总体 FTA 网络一体化指数结果排序	国家（地区）	FTA 网络一体化指数
9	中美洲	7.077	9	智利	12.043
10	萨尔瓦多	6.840	10	加拿大	11.576
11	冰岛	6.713	11	冰岛	11.534
12	挪威	6.624	12	墨西哥	11.429
13	巴拿马	6.565	13	洪都拉斯	11..321
14	黎巴嫩	6.552	14	瑞士	11.289
15	以色列	6.521	15	危地马拉	11.256
16	约旦	6.518	16	哥伦比亚	11.176
17	瑞士	6.348	17	挪威	11.155
18	突尼斯	6.332	18	阿尔巴尼亚	11.071
19	美国	6.212	19	黎巴嫩	10.360
20	北马其顿	6.156	20	萨尔瓦多	9.475
39	中国	3.024	44	中国	6.153

如表 3-10 所示，与 2005 年相比，2018 年大部分国家（地区）的自由贸易区网络一体化指数均有不同程度的提高，中国自由贸易区网络一体化总体发展表现出稳步提升的态势。其中，2005 年中国自由贸易区网络一体化指数为 3.024，2018 年中国自由贸易区网络一体化指数为 6.153。自由贸易区网络一体化水平相比于日本、韩国、新西兰等较发达经济体自由贸易区网络一体化的差距逐渐缩小。这主要由于中国实行自由贸易区战略以来，积极与其他经济体进行贸易谈判，设立自由贸易区，极大地推动了中国融入世界经济发展的步伐，进而促进了中国自由贸易区网络一体化发展。但需要注意的是，2018 年中国自由贸易区网络一体化排名仍然相对靠后，位列第 44。表明中国虽然通过自由贸易区战略发展，使自由贸易区网络一体化水平有了较大提高，但与发达经济体相比仍有较大差距。

第四节 自由贸易区网络综合一体化
水平的影响因素

由于两个及以上的经济体签订自由贸易协定就形成了一种契约关系,因此经济体之间成立自由贸易区的实质是一种关系的形成,即经济体之间通过自由贸易协定建立起一种关联关系。因此,在广度视角下研究自由贸易区网络一体化影响因素的本质是探寻自由贸易区网络背后的影响因素。社会网络分析法(Quadratic Assignment Procedure, QAP)是研究关系的特定方法,通过多频次的反复抽样来估计统计量标准误差。相较于常规参数检验方法,可以对相互独立的关系数据进行参数估计与统计检验,且能够有效规避关系数据具有自相关性和结果含有多重共线性的问题。社会网络矩阵回归分析可以研究一个特定矩阵和多个关系矩阵的回归关系。因此,本节利用社会网络矩阵回归能够更准确地分析出全球自由贸易区网络关系背后的影响因素。

一、指标选取和数据来源

(一)指标选取

1. 共同官方语言(*lang*)

已有研究从理论和实证层面证明了共同语言对于经济体之间签署自由贸易协定的重要影响。由于共同语言体现了双方文化的共通性,因此共同语言能够降低经济体之间的贸易沟通成本,提升贸易便利化水平。基于此共同语言对自由贸易区网络关系形成的影响预期符号为正。本书建立共同语言的0—1二值矩阵,若双方官方语言为共同语言为1,反之则为0。

2. 地缘因素(*adja*)

自然贸易伙伴假说指出,在其他条件一定的情况下,地理距离是影响贸易成本的重要因素,一般来说,贸易成本随着地理距离的增加而增大,因此距离越近的经济体之间成立自由贸易区的概率越大。因而陆地相邻的经济体之间更有动力签署自由贸易协定,因此陆地相邻关系对自由贸易区网络关系形成的影响预期符号为正。本书建立陆地相邻关系的0—1二值矩阵,若双方为陆地相邻的经济体则为1,反之则为0。

3. 经济规模差距(*diff-gdp*)

经济规模差距是影响双边贸易的重要经济因素,两个经济体之间经济规模差距越大,贸易转移效应将使部分国家获利,另一部分国家受损,不利于经济体之间达成自由贸易协定。已有文献研究也指出,经济规模越相似的经济体之间缔结自由贸易协定的可能性越大(Baier 和 Bergstrand,2004)[1]。因此经济规模差距对自由贸易区网络关系形成的影响预期符号为负,经济规模差距越大的经济体之间签署自由贸易协定的概率越小,反之则反。本书采用GDP 之差的绝对值表示自由贸易区成员之间的经济规模差距。

4. 要素禀赋差异(*diff-factor*)

比较优势理论和要素禀赋理论认为,两经济体要素禀赋差异程度与两经济体建立自由贸易区可能性取决于产业内贸易与产业间贸易之间利益变化的比较。随着两经济体要素禀赋差异程度的扩大,产业间贸易利得将超过产业内贸易损失,两经济体之间签署自由贸易协定的可能性逐步增大。基于此要素禀赋差异对自由贸易区网络关系形成的影响预期符号为负。本书参照干春晖等(2011)[2]的研究方法,采用第二产业、第三产业增加值之比描述一国产业结构差异,即通过第二产业服务化的比重反映要素禀赋的差异。其公式如下:$factor = Y_3 / Y_2$,其中,$factor$ 表示要素禀赋差异指标,Y_3、Y_2 分别为第三产业增

---

① Baier S.L.,Bergstrand J.H.,"Economic Determinants of Free Trade Agreements",*Journal of International Economics*,Vol.64,No.1,2004.

② 干春晖、郑若谷、余典范:《中国产业结构变迁对经济增长和波动的影响》,《经济研究》2011 年第5 期。

加值和第二产业增加值。

5. 制度环境差异(*diff-system*)

民主程度差异和地缘政治安全、制度环境差异性等政治因素也是影响和制约自由贸易区建设的重要因素,制度环境差异性越小,签署自由贸易协定的可能性越大。基于此,制度环境差异对自由贸易区网络关系形成的影响预期符号为负。本书利用世界银行发布的全球治理指数构建制度环境差异化指标,反映自由贸易区成员之间制度环境差异的发展程度,其公式为:

$$system = \sum_{j} \left| I_{ij} - I_{cj} \right| \tag{3-19}$$

其中,*system* 表示制度环境差异指标,i、c 表示自由贸易区成员,j 表示全球治理各维度的制度指数。

(二)数据来源

本书针对全球部分经济体之间签署的自由贸易协定建立 0—1 二值矩阵,这些自由贸易协定共涉及 120 个经济体,1000 多个自由贸易区。若两经济体之间存在已签订的自由贸易协定,则这两个经济体对应的矩阵元素值为 1,反之则为 0,依此建立的矩阵为自由贸易区网络矩阵。该矩阵反映了 120 个经济体之间通过签署自由贸易协定而建立起的联系。其中,已签署自由贸易协定的数据来自 WTO-RTA 数据库,只筛选出自由贸易协定形式的区域贸易协定;双边是否有官方共同语言(0—1 二值矩阵表示)和双边是否陆地接壤(0—1 二值矩阵表示)的原始数据来自 CEPII-BACI 数据库;经济规模差距数据采用原始数据来自世界银行 WDI 数据库;要素禀赋差异变量原始数据来自世界银行 WDI 数据库;制度环境差异变量原始数据来源于世界银行全球治理指标数据库。

二、回归结果分析

2008 年国际金融危机爆发后,自由贸易协定迎来了第二次发展高潮①。

---

① 第一次发展浪潮是在 21 世纪初期,多哈回合谈判受挫,自由贸易协定开始兴起。

各国期望通过签订自由贸易协定促进投资和贸易的增长,全球生效的自由贸易协定数量大幅增长,逐步形成高度密集的自由贸易区网络。因此本书选取2009—2018 年的数据进行社会网络矩阵回归分析,在此基础上建立共同官方语言二值矩阵、陆地相邻二值矩阵、国家中心距离矩阵、经济规模差距矩阵、生产要素禀赋差异矩阵为解释变量,以自由贸易区网络为被解释变量的 120×120 维的1-mode 回归模型,选择 5000 次的随机置换,矩阵回归结果如表 3-11 所示。

表 3-11　2009—2018 年 FTA 网络关系影响因素 QAP 回归结果

变量	2009 年	2010 年	2011 年	2012 年	2013 年
陆地相邻 0—1 矩阵 （adja）	0. 2704 *** （0. 1305）	0. 2885 *** （0. 1230）	0. 2901 *** （0. 1233）	0. 2762 *** （0. 1135）	0. 2470 *** （0. 0966）
共同语言 0—1 矩阵 （lang）	0. 2314 *** （0. 1952）	0. 2240 *** （0. 1818）	0. 2221 *** （0. 1798）	0. 2376 *** （0. 1859）	0. 2290 *** （0. 1706）
经济规模差距 （diff-gdp）	−0. 0233 ** （−0. 0657）	−0. 02041 ** （−0. 0615）	−0. 0181 ** （−0. 0604）	−0. 0142 * （−0. 0470）	−0. 0025 （−0. 0080）
要素禀赋差异 （diff-factor）	−0. 0121 ** （−0. 0571）	−0. 0126 ** （−0. 0593）	−0. 0117 ** （−0. 0541）	−0. 0123 ** （−0. 0550）	−0. 0135 （−0. 0607）
制度环境差异 （diff-system）	−0. 0977 *** （−0. 0830）	−0. 0947 *** （−0. 0796）	−0. 0876 *** （−0. 0762）	−0. 0983 *** （−0. 0880）	−0. 1371 *** （−0. 1084）
R^2	0. 080	0. 070	0. 068	0. 067	0. 058
Adj-R^2	0. 079	0. 070	0. 067	0. 067	0. 058
Obs	14280	14280	14280	14280	14280
变量	2014 年	2015 年	2016 年	2017 年	2018 年
陆地相邻 0—1 矩阵 （adja）	0. 2713 *** （0. 1037）	0. 2766 *** （0. 1056）	0. 2252 *** （0. 0890）	0. 2236 *** （0. 0883）	0. 2317 *** （0. 0922）
共同语言 0—1 矩阵 （lang）	0. 2215 *** （0. 1613）	0. 2229 *** （0. 1621）	0. 2270 *** （0. 1569）	0. 2272 *** （0. 1568）	0. 2281 *** （0. 1588）
经济规模差距 （diff-gdp）	−0. 003 （−0. 0096）	−0. 0046 （−0. 0145）	−0. 01035 （−0. 0307）	0. 0091 （0. 0288）	0. 0108 （0. 0367）
要素禀赋差异 （diff-factor）	−0. 0142 ** （−0. 0655）	−0. 0068 （−0. 0373）	0. 0210 ** （−0. 0818）	−0. 0201 *** （−0. 0832）	−0. 0166 ** （−0. 0789）
制度环境差异 （diff-system）	−0. 1255 *** （−0. 1121）	−0. 1154 *** （−0. 0976）	−0. 1433 *** （−0. 1300）	−0. 1473 *** （−0. 1340）	−0. 1344 *** （−0. 1288）
R^2	0. 058	0. 055	0. 061	0. 063	0. 062
Adj R^2	0. 058	0. 055	0. 061	0. 062	0. 062
Obs	14280	14280	14280	14280	14280

注:*** 、** 和 * 分别表示在 1%、5%和 10%的统计水平上显著;括号内为标准化系数。

总体而言,基于 2009—2018 年跨度 10 年的矩阵结果,回归结果的总体拟合程度和解释变量的显著性、系数值都基本一致,未发生明显变化和大幅波动,因而矩阵回归结果总体比较稳健。从自由贸易区网络回归系数绝对值的横向比较看,不同类型解释变量系数大小有所差异,反映了自由贸易区网络一体化的各项影响因素的重要程度有所不同,这与本书所述理论预期相符。以下分别对各变量的回归结果进行汇报。

陆地相邻 0—1 矩阵网。如表 3-11 所示,陆地相邻变量的回归系数都显著为正。陆地相邻变量在自由贸易区网络一体化影响中的系数值介于 0.22—0.30。表明相邻的地缘关系是影响自由贸易区网络一体化形成和发展的重要因素。陆地相邻会明显促进经济体自由贸易区网络广度的发展,进一步引起经济体自由贸易区网络一体化水平的提高。

共同语言 0—1 矩阵网。如表 3-11 所示,回归是否拥有共同语言变量的系数显著为正,是否拥有共同官方语言变量在自由贸易区网络关系中的系数值介于 0.23—0.24,表明拥有共同官方语言是促进自由贸易区网络广度发展,进而影响自由贸易区网络一体化水平提升的重要因素。同时,2009—2018年,共同语言变量的系数逐步增大,这主要由于共同语言的背后反映的是文化的共通性,国际经济危机之后,随着国际关系的紧张,在语言和文化上有共同性的经济体之间更容易达成合作关系。因此,是否有官方共同语言对自由贸易区网络一体化提升的影响力在逐步增大。

经济规模差距网。从经济规模的差距看,经济规模差距变量的回归系数都显著为负。表明经济体之间经济规模差距越小,自由贸易区网络广度发展的可能性越大,自由贸易区网络一体化的水平越高。2009—2018 年,经济规模差距变量的回归系数显著性逐步降低。这主要是由于随着全球供应链和产业链的整合,巨型自由贸易区的逐渐形成和兴起。巨型自由贸易区在合作对象上超越了地域和经济体量差异的限制,更加注重合作理念上的一致性。这种复杂的格局降低了经济规模差距对自由贸易区网络一体化发展的影响程度。

要素禀赋差异网。如表 3-11 所示,产业要素禀赋差异变量的回归系数显著为负。表明要素禀赋差异对自由贸易区网络一体化提升起正向促进作用,要素禀赋差异的扩大会提高自由贸易区网络广度发展的可能性,进而促进自由贸易区网络一体化水平的提高。2009—2018 年,要素禀赋差异变量在自由贸易区网络关系中的系数值介于 0.006—0.02,数值较小,表明要素禀赋差异虽然是影响自由贸易区网络一体化的因素,但并不是最主要因素。

制度环境差异网。如表 3-11 所示,制度环境差异变量的回归系数显著为负。表明制度环境差异对自由贸易区网络形成起正向促进作用,制度环境差异越大,自由贸易区网络广度发展水平越高,进而自由贸易区网络一体化的发展水平越高。2009—2018 年,制度环境差异变量在自由贸易区网络关系中的系数值介于 0.08—0.15,制度环境差异性变量系数整体呈现上升的趋势。表明制度环境有差异性逐步成为经济体寻求经济合作过程中需要考虑的重要因素。

第四章 自由贸易区网络一体化水平对我国产业国际地位的影响机理

目前对自由贸易区和一国产业国际地位的研究比较丰富,已有部分文献对自由贸易区网络特征以及我国在自由贸易区网络中的贸易地位进行了分析,其研究成果在一定程度上对本章具有参考价值,但仍存在拓展的方面,在对我国产业国际地位的研究文献中,一方面,少有学者兼顾到复杂的贸易网络,仅仅从独立的个体去分析我国的产业国际地位。另一方面,在贸易网络对我国产业国际地位影响的研究中,大部分文献仅仅分析了贸易网络所呈现出来的特征,只在理论层面进行对比研究,将贸易网络特征放置于模型中进行实证分析的文献相对匮乏。因此,本节将社会网络分析法和自由贸易区网络结合起来,将我国所参与贸易网络的网络特征指标放入模型中,实证检验自由贸易区网络特征指标对我国产业国际地位的影响,为我国实现高水平开放提出相应的对策。

第一节 自由贸易区网络一体化水平对全球价值链地位的影响机理

一、基本路径分析——基于单一自由贸易区视角

自由贸易区主要通过降低贸易壁垒,减少贸易摩擦来减少中间品贸易成

本,促进成员之间的中间品贸易流量、种类以及质量的提升,进而改变价值链的分布与结构。本部分从贸易自由化、贸易便利化两个层面入手,分析自由贸易区通过减少贸易壁垒、降低中间品关税,增加成员中间品跨境贸易流量,进而影响一国全球价值链分工地位的基本路径。

(一)贸易自由化与全球价值链地位——基于关税视角

本章根据布斯托斯(Bustos,2011)[1]建立理论模型,在假定一国产品市场垄断竞争的背景下,分析中间品关税水平对企业参与全球价值链分工地位以及技术选择上几种可能的影响,基本思路是:将一国出口企业参与全球价值链分工地位与该企业全要素下生产效率、企业研发相联系,再推导出中间品关税对企业高技术出口选择在帕累托分布函数中的比重,进而推断出中间品关税影响中间品贸易,进而影响一国全球价值链分工地位的基本路径。图4-1为企业出口成本选择和利润函数图,具体分析如下:

首先,假定企业面临的标准替代弹性不变(Constant Elasticity of Substitution,CES),需求函数为:

$$q^{(\omega)} = EP^{\sigma-1}\left[p(\omega)\right]^{-\sigma} \tag{4-1}$$

其中,ω 是不同种类的价格,$\sigma = \dfrac{1}{1-\rho} > 1$,$p$ 是行业价格指数:

$$p = \left[\int_0^M p(\omega)^{1-\sigma} \mathrm{d}\omega\right]^{\frac{1}{1-\sigma}} \tag{4-2}$$

其中,M 是国内市场产品种类,E 是国内总支出。在标准替代弹性需求偏好不变条件下,企业采用 l 技术的条件下的定价为 p_l,本章假定企业的边际成本与其全要素生产率 φ 有关即 $\dfrac{1}{\varphi}$,定价 $p_l^d = \dfrac{1}{\rho\varphi}$。对于参与全球价值链的企业而言,采用更为先进的技术可以提高全要素生产率但是面临更高的沉没成

① Bustos P., "Trade Liberalization, Exports, and Technology Upgrading: Evidence on the Impact of MERCOSUR on Argentinian Firms", *American Economic Review*, Vol.101, No.1, 2011.

本,因此本章假定对于参与全球价值链的企业采用现有技术 l 的边际成本为 $\dfrac{\tau}{\varphi}$,即定价 $p_l^x = \dfrac{\tau}{\rho\varphi}$ 。其中, τ 是进口中间品关税水平,固定投入为 $f + f_x$,而研发核心技术 h 的边际成本为 $\dfrac{\tau}{y\varphi}$,即定价为 $p_h^x = \dfrac{\tau}{\rho\varphi\gamma}$,研发核心技术的固定成本比采用现有技术 l 所投入的固定成本更高为 $f + \theta f_x$,其中 $\theta > 1$, $\gamma > 1$ 。

根据标准替代弹性需求函数的性质和最大利润原则企业贸易出口的利润函数为:

$$\pi_l^d(\varphi) = \frac{1}{\sigma}E\,(P\rho)^{\,\sigma-1}\,\varphi^{\sigma-1} - f \tag{4-3}$$

企业采用 l 技术影响中间品进出口贸易进而参与全球价值链,即进口中间品,同时向海外出口的利润函数为:

$$\pi_l^x(\varphi) = (1 + \tau^{1-\sigma})\,\frac{1}{\sigma}E\,(P\rho)^{\,\sigma-1}\,\varphi^{\sigma-1}\,\gamma^{\sigma-1} - f - f_x \tag{4-4}$$

企业采用 h 技术参与全球价值链即进口中间品,同时向海外出口的函数为:

$$\pi_h^d(\varphi) = (1 + \tau^{1-\sigma})\,\frac{1}{\sigma}E\,(P\rho)^{\,\sigma-1}\,\varphi^{\sigma-1}\,\gamma^{\sigma-1} - f - \theta f_x \tag{4-5}$$

本章依据企业进入国内市场的最低生产率为 φ^* 为固定值,根据零利润的原则:

$$\pi_l^d(\varphi^*) = 0 \tag{4-6}$$

$$\frac{1}{\sigma}E\,(P\rho)^{\,\sigma-1}\,(\varphi^*)^{\,\sigma-1} - f = 0 \tag{4-7}$$

企业采用 l 技术使进口中间且出口最终产品的条件是选择生产率 $\varphi > \varphi^*$,而 φ^* 部分可以定义为企业参与全球价值链的最低生产率水平,根据 $\pi_l^d(\varphi) = \pi_l^d(\varphi)$ 和式(4-7)的结论得出:

$$\varphi^x = \varphi^* \tau \left(\frac{f_x}{f}\right)^{\frac{1}{\sigma-1}} \tag{4-8}$$

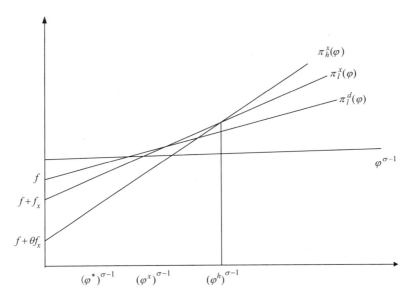

图 4-1 企业出口成本选择和利润函数图

企业参与全球价值链生产的最低生产率水平 φ^x,若企业想参与全球价值链生产必须选择全要素生产率超过 φ^x 的生产水平,因此 φ^x 也可以认为是企业参与全球价值链的"门槛"。由式(4-8)可以看出,φ^x 与进口中间品关税呈正相关性:

$$\frac{\mathrm{d}\varphi^x}{\mathrm{d}\tau} > 0 \tag{4-9}$$

说明中间品关税减让有助于降低企业参与全球价值链的门槛,这就推导出本章的第一个结论。即中间品关税减让通过提升中间品贸易流量,进而促进企业全球价值链参与度的提升。

本章假定参与全球价值链的企业的分工地位服从帕累托分布,由于企业所采用的最低全要素生产率是 φ^*,因此选择采取研发更高技术的企业占总企业的比例为 $\left(\dfrac{\varphi^h}{\varphi^*}\right)^{-k}$,即:

$$P(\varphi > \varphi^h) = \left(\frac{\varphi^h}{\varphi^*}\right)^{-k} \tag{4-10}$$

只有当采用 h 技术的利润超过采用 l 技术的利润时企业才会采用 h 技术。

$$\pi_h^x(\varphi) > \pi_l^x(\varphi) \tag{4-11}$$

假定 φ^h 是企业采用 h 技术的临界全要素生产率, 根据 $\pi_h^x(\varphi) = \pi_l^x(\varphi)$ 的条件和式(4-7)的结论得到:

$$\varphi^h = \varphi^* \frac{1}{(1 + \tau^{1-\sigma})^{\frac{1}{\sigma-1}}} \left(\frac{\theta-1}{\gamma^{\sigma-1}-1} \right)^{\frac{1}{\sigma-1}} \tag{4-12}$$

$$\frac{\varphi^h}{\varphi^*} = \frac{1}{(1 + \tau^{1-\sigma})^{\frac{1}{\sigma-1}}} \left(\frac{\theta-1}{\gamma^{\sigma-1}-1} \right)^{\frac{1}{\sigma-1}} \tag{4-13}$$

对(4-13)求导得到式(4-14):

$$\frac{d\frac{\varphi^h}{\varphi^*}}{d\tau} < 0 \tag{4-14}$$

式(4-14)表示的是中间品关税水平的下降会使采用高技术厂商的比重上升。结合之前的论述, 对于一个行业来说, 企业全球价值链分工地位与其核心技术和全要素生产率有直接关联。对发展中国家来说, 更多参与全球化生产能够转移部分发达国家先进技术, 对于提高全球价值链的分工地位有促进作用。因此, 本章对特定行业 i, 为使论证更为方便, 企业全球价值链分工地位的函数形式如下:

$$GVC^i = g(\varepsilon, \mu) \tag{4-15}$$

其中, $\varepsilon = \frac{\varphi^h}{\varphi^*}(\tau)$ 表示行业中高技术水平企业的比重, $\mu = c(\tau)$ 表示全球价值链参与度, 由式(4-15)可以得出:

$$\frac{dc}{d\tau} < 0 \tag{4-16}$$

对式(4-16)求全微分得:

$$dGVC^i = g_1' d\varepsilon + g_2' dc$$

$$dGVC^i = g_1' \times \frac{d \dfrac{\varphi^h}{\varphi^*}}{d\tau} d\tau + g_2' \times \frac{dc}{d\tau} d\tau \qquad (4\text{-}17)$$

$$\frac{dGVC^i}{d\tau} = g_1' \times \frac{d \dfrac{\varphi^h}{\varphi^*}}{d\tau} + g_2' \times \frac{dc}{d\tau} \qquad (4\text{-}18)$$

根据上文论述有 $g_1'>0$、$g_2'>0$，结合式（4-17）、式（4-18）的结论得出本章的另一个结论：中间品关税减让对于企业全球价值链分工地位的提升有促进作用。

$$\frac{dGVC^i}{d\tau} > 0 \qquad (4\text{-}19)$$

（二）贸易便利化与全球价值链地位

1.基于中间品贸易视角

本部分基于贸易便利化视角，从自由贸易协定成员之间中间品贸易产生的技术溢出效应、制造业服务化效应和竞争效应三方面阐述自由贸易协定贸易便利化通过影响中间品贸易进而改变一国全球价值链布局的基本路径。具体见图4-2。

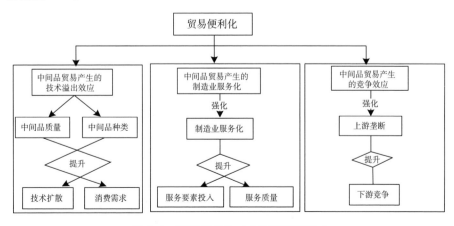

图4-2 贸易便利化对中间品贸易影响

贸易便利化通过中间品贸易的技术溢出效应促进一国价值链地位的提升。中间品出入境过程中,包括运输成本、通关、港口装运等在内的贸易成本和时间成本会随着跨境次数的增加而成倍增加。各国签订的自由贸易协定普遍将贸易便利化和海关程序一体化纳入协定条款,以达到协调自由贸易协定各成员不同的国际贸易通关手续,减少了企业生产过程中中间品跨境投入的贸易成本,促进了中间品跨境贸易种类增加,以及中间投入品质量的提升。而中间品跨境贸易促进了先进的管理经验、创新技术和产业知识在国家之间乃至区域之间的交流扩散。同时中间品贸易的技术扩散效应促进了企业产品生产技术升级,提升了高端制造业差异化水平,降低了低端制造品的消费需求,有利于一国高水平制造业发展,提高了一国制造业价值链地位。

贸易便利化通过中间品贸易的制造业服务化促进一国价值链地位的提升。在制造业生产过程中投入的生产性服务,有利于减少制造业生产过程中不必要的加工组装环节,实现企业制造业价值链增值,进而提升了企业在价值链中的地位。自由贸易协定中涉及的贸易便利条款,包含了通关管理、基础设施建设、信息通信、物流配套服务和货物运输等一系列降低贸易成本和时间成本的措施,均可视为服务要素作为中间品投入品参与产品的跨境生产,服务要素投入的增加有利于促进企业制造业服务化的转变,进而提升一国制造业全球价值链地位。同时,贸易便利化简化了海关通关程序,降低了跨境贸易中的服务联结成本,促进企业产品生产中增加靠近价值链两端的服务环节,进而增加了产品出口的价值增值。

贸易便利化通过中间品贸易的竞争效应促进一国价值链地位的提升。目前上游企业通过垄断对下游企业的低端锁定现象依旧存在。贸易便利化降低了中间品跨境投入的时间成本和贸易成本,有利于不同种类的中间品在不同国家和地区之间进行流转和贸易。一方面,中间品的大量涌入增加了一国市场竞争,有利于促进该国下游企业的产业升级和高端制造业的发展;另一方面,中间品的大量涌入增加了中间品市场的竞争效应,为该国下游企业制造业生产提供了更多的中间品选择,降低了制造业生产成本,提高了制造业出口的价值增加。

2.基于出口库存视角

本部分基于企业库存视角分析贸易便利化对全球价值链的影响。借鉴段文奇和景光正(2021)①关于出口库存、贸易便利化和供应链效率的研究方法。一般来说企业总库存量分为常规量和应急量两部分,常规量是根据企业的日常运营计划而使用的库存量。假设企业经营正常,订货量均衡稳定,则常规存货量为存货量的一半。应急量是指企业为了应对日常经营中的不确定性带来的缺货损失而持有的应急库存量。由定义可知,应急库存量仅与企业经营者对于未来风险的预测和投资偏好有关。

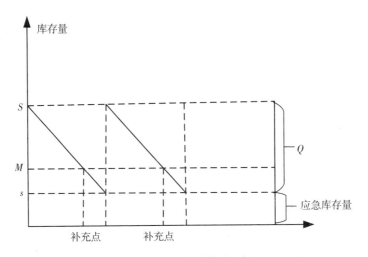

图 4-3　EOQ 存货模型示意图

如图 4-3 所示,总订货量为 Q,则常规存货量为 $\dfrac{Q}{2}$;补货量为 M;目标存货量为 S;应急库存量为 s。

---

① 段文奇、景光正:《贸易便利化、全球价值链嵌入与供应链效率——基于出口企业库存的视角》,《中国工业经济》2021 年第 2 期。

企业的总库存量可以表示为企业的预期库存,则企业的预期库存 $E(V)$ 可以表示为:

$$E(V) = Q/2 + s \qquad (4-20)$$

企业的购买成本,即企业因购买货物产生的货款和货物运输过程中的总费用可表示为:

$$C_p = P \times R \qquad (4-21)$$

其中,C_p 为企业的购买成本,P 为单位货物的价格,R 为企业对货物的总体需求量。

企业的持有存货成本,企业为了持有存货而产生的费用成本,可以表示为:

$$C_h = (Q/2 + s) \times W \qquad (4-22)$$

其中,C_h 为企业的持有存货成本,W 为企业持有货物而产生的单位成本。

企业的存货应急成本,企业为了应对货物销售过程中因不确定性风险和存货短期而产生的费用成本,可以表示为:

$$C_s = F \times (R/Q + s) \times B \qquad (4-23)$$

其中,C_s 为企业的存货应急成本,F 为企业经营者预期因经营风险和存货短缺而产生的存货值,B 为经营风险和存货短缺而产生的存货单位成本费用。

企业的购买成本,即企业因购买存货或生成货物订单时产生的费用成本,可以表示为:

$$C_o = R/Q \times A \qquad (4-24)$$

其中,C_o 为企业的购买成本,A 为生成货物订单产生的单位订单成本。

则可知企业存货的总成本为:

$$C_t = C_p + C_h + C_s + C_o \qquad (4-25)$$

$$C_t = (Q/2 + s) \times W + F \times (R/Q + s) \times B + R/Q \times A\,C_p + P \times R$$

$$(4-26)$$

对 C_t 中的变量 Q 求导可得到使企业库存成本最低的存货量：

$$Q^* = [\,2 \times R \times (A + B \times F)/W\,]^{\frac{1}{2}} \qquad (4-27)$$

由于贸易便利化对营商环境的改善将有效地降低中间品出口过程中的不确定性风险，因此贸易便利化对应急库存量的影响较大，应急库存量可以表示为：

$$s = Z\sigma[\,D,L(T)\,] \qquad (4-28)$$

$$\sigma[\,D,L(T)\,] = \sqrt{\sigma(D)\,\sigma[\,L(T)\,] + [\,L(T)\,]^2\,\sigma(D)^2 + \bar{D}^2\sigma[\,L(T)\,]^2}$$

$$(4-29)$$

其中，T 表示企业经营过程中的贸易便利化水平，$\sigma(D)$ 表示企业预期风险应对所需的库存需求量，$[\,L(T)\,]$ 表示企业预期风险应对所需的库存需求量的标准差，$\bar{D}$ 表示企业预期风险应对所需的库存需求量的均值。

则企业的预期库存量可以表示为：

$$E(V) = Q/2 + s \qquad (4-30)$$

$$E(V) = [\,2 \times R \times (A + B \times F)/W\,]^{\frac{1}{2}}/2 +$$

$$Z\sqrt{\sigma(D)\,\sigma[\,L(T)\,] + [\,L(T)\,]^2\,\sigma(D)^2 + \bar{D}^2\sigma[\,L(T)\,]^2} \qquad (4-31)$$

对 $E(V)$ 求 T 的偏导数可得：

$$\frac{\partial[\,E(V)\,]}{\partial T} = \frac{1}{2}ZA\left\{[\,\sigma(D) + 2\bar{D}^2\,]\frac{\mathrm{d}\sigma[\,L(T)\,]}{\mathrm{d}T} + 2\,\sigma(D)^2 L\frac{\mathrm{d}L}{\mathrm{d}T}\right\} \quad (4-32)$$

其中，$A = \{\sigma(D)\sigma[\,L(T)\,] + [\,L(T)\,]^2\,\sigma(D)^2 + \bar{D}^2\sigma[\,L(T)\,]\}^{\frac{1}{2}}$，且 $A > 0$

当 $\dfrac{\mathrm{d}\sigma[\,L(T)\,]}{\mathrm{d}T} < 0$、$\dfrac{\mathrm{d}L}{\mathrm{d}T} < 0$ 时，$\dfrac{\partial[\,E(V)\,]}{\partial T} < 0$，企业经营活动中面临的贸易便利化水平与企业的库存负相关。

基于以上模型可以总结贸易便利化降低成员进出口企业库存，提升企业供应链效率主要途径:一方面,在全球生产网络逐步扩张的背景下,进出口贸易中的不便利现象带来的负面效应会随着生产网络的扩张进一步增大,一国企业生产的中间品需要经过多次跨境再生产才能生产成为最终品。贸易便利化促进了成员精简海关程序、优化物流配送渠道,有效缩短了成员企业采购进出口货物的过关时间、进出口成本以及企业库存成本,提升企业库存的出货效率,进而提高供应链的效率。另一方面,在各国签订的自由贸易协定普遍将贸易便利化和海关程序一体化纳入协定条款,以达到方便成员企业在进出口通关过程中享受协定条款优惠,进而为成员创造一个便捷且高效的营商环境,有效地降低中间品出口过程中的不确定性风险,促进出口企业库存量削减,提升供应链的运转效率,保证供应链安全,提升企业的价值链贸易。

二、网络路径分析——基于自由贸易区网络一体化视角

(一)自由贸易区网络深度与广度对中间品贸易的影响——基于出口二元边际分析

本部分的计量模型构建基于钱尼(Chaney,2008)[1]的异质性企业贸易模型,并将核心变量定义为双边自由贸易协定深度发展和自由贸易协定广度发展(自由贸易区网络地位纳入模型),以系统分析一国自由贸易区网络一体化发展通过对出口二元边际影响一国的中间品贸易,进而影响其全球价值链分工地位的路径。

根据研究,在一般均衡时,一个生产率为 φ 的企业从 i 国出口到 j 国的贸易流量为 $x_{ij}(\varphi)$,可以通过以下函数表示:

---

① Chaney T.,"Distorted Gravity:The Intensive and Extensive Margins of International Trade", *The American Economic Review*,Vol.98,No.4,2008.

$$x_{ij}^h(\varphi) = \begin{cases} \lambda_3^h \times \left(\dfrac{Y_j}{Y}\right)^{\frac{\sigma_h-1}{\gamma h}} \times \left(\dfrac{\theta_j^h}{w_i \, \tau_{ij}^h}\right)^{\sigma_h-1} \times \varphi^{\sigma_h-1}, \varphi \geqslant \varphi_{ij} \\ \\ 0 \end{cases} \tag{4-33}$$

式(4-33)表示,企业出口必须满足企业的劳动生产率大于行业内劳动生产率阈值,否则不出口,λ_3^h 为常数参数,σ_h 是 h 行业内产品之间的替代弹性。

其中,γ^h 为行业内企业异质性参数,γ^h 越高表示该行业内企业之间的异质性越低);w_i 为工人工资表示的劳动生产率;h 为该企业在 i 国所处的行业类型;Y 为世界总产出;Y_j 为进口国 j 的市场规模;τ_{ij}^h 为 h 行业内的可变贸易成本;θ_j^h 为多边阻力,即进口国 j 相对于世界的远离指数。

进一步得到 h 行业中 i 国出口到 j 国的总贸易流量 x_{ij}^h,通过累加 h 行业内所有企业的出口值可得到,具体如式(4-34)所示:

$$x_{ij}^h = \mu_h \times \frac{Y_i \times Y_j}{Y} \times \left(\frac{w_i \, \tau_{ij}^h}{\theta_j^h}\right)^{-\gamma_h} \times (f_{ij}^h)^{\left[\frac{\gamma_h}{\sigma_h-1}-1\right]} \tag{4-34}$$

其中,μ_h 表示 h 行业内消费者对产品的消费份额,Y_i 表示出口国 i 的市场规模,f_{ij}^h 表示 h 行业内双边固定贸易成本。

基于安克斯(Kancs,2007[1])的方法,总贸易流量 x_{ij}^h 可以进行以下二元边际分解:

$$x_{ij}^h = \widetilde{x_{ij}^h}(\widetilde{\varphi}) \times N_{ij}^h \tag{4-35}$$

其中,$\widetilde{x_{ij}^h}(\widetilde{\varphi})$ 表示 h 行业内具有平均劳动生产率的单位企业平均出口量,N_{ij}^h 表示出口企业数量。参考贝塞代什和普鲁萨(Besedes 和 Prusa,2007)[2]、钱

---

① Kancs D., "Trade Growth in a Heterogeneous Firm Model: Evidence from South Eastern Europe", *World Economy*, Vol.30, No.7, 2007.

② Besedes T., Prusa T.J., "The Role of Extensive and Intensive Margins and Export Growth", *NBER Working Paper*, No.13628, 2007.

学锋和熊平(2010)[①]定义方法,可将单位企业平均出口量 $\widetilde{x}_{ij}^h(\widetilde{\varphi})$ 定义为贸易的集约边际 IM_{ij}^h,出口企业数量 N_{ij}^h 定义为贸易的扩展边际 EM_{ij}^h。

$$IM_{ij}^h = \lambda_3^h \times \left(\frac{Y_j}{Y}\right)^{\frac{\sigma_h-1}{\gamma^h}} \times \left(\frac{\theta_j^h}{w_i\,\tau_{ij}^h}\right)^{\sigma_h-1} \times \widetilde{\varphi}^{\sigma_h-1} \qquad (4-36)$$

$$EM_{ij}^h = \left(\frac{\sigma_h}{\sigma_h-1}\right)^{\sigma_h-1} \frac{Y_i \times Y_j}{Y} f_{ij}^{\frac{\gamma_h}{\sigma_h-1}} \times \left(\frac{w_i\,\tau_{ij}^h}{\theta_j^h}\right)^{-\gamma^h} \qquad (4-37)$$

梅里兹(Melitz,2003)[②]提出中间品贸易成本会影响现有企业的集约边际和扩展边际,进而作用于中间品贸易总量。在此基础上,区分固定贸易成本(Fixed Trade Cost)和可变贸易成本(Variable Trade Cost)对出口二元边际影响的差异性研究得到进一步拓展。这些研究普遍认为,固定成本通常是特定市场的准入成本,因此固定成本的改变仅对出口的扩展边际产生影响,而不会对集约边际产生影响(Eaton 等,2011)[③];可变成本的下降会同时作用于出口集约边际和扩展边际。

自由贸易协定的签署一直被认为是影响贸易成本的重要因素之一。双边自由贸易协定的签订与生效将降低一国贸易成本进而对该国出口的集约边际和扩展边际产生影响。因此,自由贸易区深度发展将通过降低贸易成本进而影响出口的二元边际。首先结合自由贸易协定的规则深度(Depth of Rules)来分析其对出口二元边际的差异性影响。一方面,自由贸易区主要通过降低成员之间的贸易成本,降低贸易壁垒,减少贸易摩擦来促进经贸合作与中间品贸易,进而改变价值链的分布与结构。贸易协定是降低关税、非关税、物流和

---

① 钱学锋、熊平:《中国出口增长的二元边际及其因素决定》,《经济研究》2010 年第 1 期。

② Melitz M.J., "The Impact of Trade on Intra-Industry Reallocation and Aggregate Industrial Productivity", *Econometrica*, Vol.71, No.6, 2003.

③ Eaton J., Kortum S., Kramarz F., "An Anatomy of International Trade: Evidence from French Firms", *Econometrica*, No.79, 2011.

运输等非距离贸易成本变化的主要政策来源(林理升和王晔倩,2006)①。自由贸易区深度一体化发展有利于促进区内要素自由流动,进而降低了中间产品的价格,进而降低企业的生产成本。自由贸易区深度一体化发展通过降低贸易成本不仅增加了现有同质企业的中间品出口,也促进了缔约国之间低贸易量商品交易的增加,即自由贸易区深度一体化通过影响可变贸易成本进而从集约和扩展两个边际影响了中间产品贸易。另一方面,绝大部分自由贸易区深度发展还会引起海关管理和贸易便利化等边境间措施(Border Measures),部分自由贸易协定甚至拓展到投资、资本流动等边境后措施(Behind-the-border Measures)条款内容的完善,这些条款内容的完善对固定贸易成本的下降有直接的促进作用,例如,资本流动的边境后措施的签署带来投资环境改善可以有效地促进基础设施改建和完善,改建升级公共基础设施有利于改善营商环境,促进企业对外贸易周期的稳定性,进而降低企业的交易成本,促进企业产品出口的多样化发展。

同时,在全球自由贸易区网络结构形成的背景下,不同国家在自由贸易区网络中的广度发展(一国自由贸易区节点的地位)也会对其出口二元边际产生影响。从扩展边际来说:一方面,某些国家因为处于自由贸易区网络中关键节点位置,扮演了连接网络中其他节点国家的中介桥梁作用,根据网络分析法相关理论,在复杂网络中拥有较高影响力的节点往往具备控制或调节其他节点获得信息的能力,并且在节点上汇集较大的信息量,一国在自由贸易区网络中的节点地位的影响力提高意味着该国在网络中的信息控制和信息枢纽功能的提升,该国企业更容易获取出口目标国的市场信息,从而降低信息搜索成本和贸易匹配成本,最终促进出口扩展边际增长,进而促进一国中间品贸易的增长。另一方面,自由贸易区网络的扩大促进了中间品贸易网络广延性的发展,一国的中间品贸易网络广延性越高,其中间品进口的产品种类和渠道

---

① 林理升、王晔倩:《运输成本、劳动力流动与制造业区域分布》,《经济研究》2006年第3期。

越多,不但可以更好地利用不同国家的比较优势来弥补自身的资源和技术劣势,还可以更有效地规避对某些国家产生贸易依赖的风险。同时,区域范围内的自由贸易区网络的形成促进了区域生产网络的发展,进而加速了缔约国产业集聚和产业转移,中小企业在专业化分工以及生产与交易过程中的密切合作可以获得外部范围经济,进而促进了中间产品出口沿着扩展边际增长。

从集约边际来说,一国自由贸易区网络地位的提高意味着该国签订了更多数量和关键位置的自由贸易协定。一国与越多的国家和组织建立平稳且友好的经济贸易关系,享受自由贸易协定中优惠政策的范围越广,则该国跨境的投资、贸易和生产越多。通常情况下,贸易成本是交易频次的增函数,因此经过多次跨境的中间品贸易,贸易成本会随着积累的产业链条放大,产生瀑布效应(Koopman 等,2014)[1]。同时,由于自由贸易区的设立存在产业聚集效应,自由贸易区网络的形成有利于引导成员将部分产品生产企业向区域范围内聚集,促进了区域范围内生产网络的形成与发展,进而弱化了全球供应链体系中存在的延迟现象,削减成员之间的边境厚度,极大地削减贸易成本,提高中间品贸易的可达性和关联性,进而带来该国企业进口中间品关税成本的下降,从而降低最终品出口的可变贸易成本,提高出口集约边际(见图4-4)。

(二)自由贸易区网络一体化原产地规则对中间品贸易的影响

1. 单一自由贸易区原产地规则对中间品贸易的影响

作为自由贸易区主要特征的原产地规则,其累积规则和降低原产地证书获得成本对提高生产效率具有重要作用。原产地规则越来越成为影响价值链分工程度的重要因素。原产地规则促使成员产品生产企业为了享受自由贸易

---

① Koopman R., Wang Z., Wei S. J., "Tracing Value-Added and Double Counting in Gross Exports", *American Economic Review*, Vol.104, No.2, 2014.

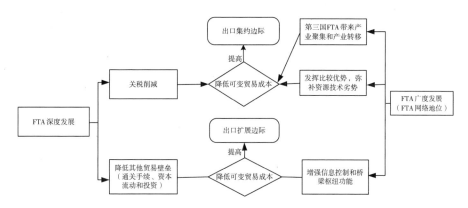

图 4-4　自由贸易区网络深度与广度对中间品贸易的影响

区的优惠条款,而从其他成员购买高成本的中间品(成新轩等,2012)[1]。出口企业为了满足原产地规则必须额外支付一定成本,相关成本的增加会抑制出口企业利用优惠关税进行出口的行为,进而对区域贸易产生限制作用。自由贸易区网络的发展使原产地规则与产品生产阶段的融合程度日益加深、进一步提高了对外的保护程度(尤其是对中间品的保护),在契合全球价值链分工的同时,带来了明显的贸易成本,限制了区域内专业分工的细化,同样也限制了一国参与全球价值链分工的深度。本章从贸易创造效应和贸易转移效应两方面分析原产地规则的影响。

原产地规则对区域内贸易创造效应的影响。在规模报酬不变的完全竞争市场假设下,本章参考冯帆和杨力(2019)[2]的方法进行原产地规则的均衡分析(见图 4-5)。

假设有 A、B 两个国家成立自由贸易区,这两个国家都以价格 P^* 从其他国家进口某产品。假设 A 国不生产该产品,只从国外进口,并且对不同企业

---

①　成新轩、武琼、于艳芳:《论优惠原产地规则对中国重叠式自由贸易区的经济影响》,《世界经济研究》2012 年第 5 期。

②　冯帆、杨力:《FTA 原产地规则对贸易的限制效应——来自产品层面的实证研究》,《现代经济探讨》2019 年第 6 期。

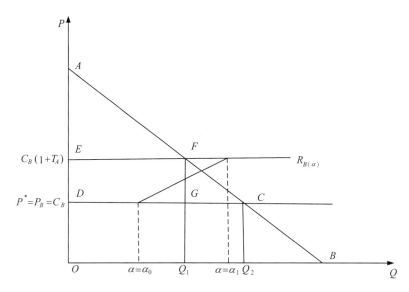

图 4-5　原产地规则对区域内贸易创造效应的影响

征收相同税率的关税 T_A。由于 A、B 两国家已经签订了自由贸易协定,因此 B 国向 A 国出口时候可以享受贸易协定的关税优惠政策。若 B 国对 A 国出口的关税为 0,则 B 国产品的国内价格和生产产品的单位生产成本以及该产品的世界价格相同,即 $P^* = P_B = C_B$。如图 4-5 所示,直线 AB 表示 A 国对该产品的需求曲线,折线 $R_B(\alpha)$ 表示由于贸易协定原产地规则限制程度的调整而产生的不同成本,α_0 和 α_1 分别表示不同原产地规则限制程度下的成本。

当 B 国企业不用原产地规则时,则 B 国不享受关税优惠。成本为 C_B;采用优惠关税时,成本为 $C_B(1 + T_A)$。作为理性厂商,当且仅当 $R_B(\alpha) < C_B(1 + T_A)$ 时,B 国企业才有动力通过申请原产地资格并利用优惠关税进行出口。在 A、B 两国成立自由贸易区之前,A 国市场价格为 $C_B(1 + T_A)$,B 国出口量为 Q_2,消费者剩余为 AEF,关税收入为 $EFDG$。两国成立自由贸易区之后,会根据原产地规则的限制程度不同而出现三种情况。

当 $\alpha \leq \alpha_0$ 时,对应原产地规则限制指数较小,此时 $R_B(\alpha) = C_B = P_B = P^*$,完全竞争条件下,成本等于国内价格和世界市场价格,此时社会福利最大,达到帕累托最优,B 国的出口量也达到最大 Q_1。

当 $\alpha_0 \leq \alpha \leq \alpha_1$ 时,随着 α 的增加,$R_B(\alpha)$ 也增加,而 A 国消费者价格等于 B 国的生产成本,所以 A 国消费者剩余下降,B 国出口量也逐渐下降。

当 $\alpha_1 \leq \alpha$ 时,此时原产地规则限制指数非常大,B 国企业在权衡成本收益后,决定放弃使用优惠政策,而是按照甲国的关税 T_A 进行出口,此时自由贸易区形同虚设。所以,原产地规则的严格程度实际上决定了自由贸易区的开放程度,在某种意义上代替了关税的存在。原产地规则越严格,自由贸易区的贸易创造效应越弱。

2. 自由贸易区网络原产地规则对中间品贸易的影响

自由贸易协定网络化的重叠式发展导致了区域经济运行效率的降低。在自由贸易区网络背景下,每个自由贸易区都有原产地规则,且不同自由贸易区优惠原产地规则之间存在一定差距。一国与多个国家缔结不同的自由贸易协定,则形成了"轮轴—辐条"形式的自由贸易区网络。如果仅"轮轴国"与"辐条国"之间签署了自由贸易协定,"辐条国"之间没有签订任何贸易协定。"轮轴国"与"辐条国"之间可以自由且低成本地进行商品与资源的交换与流动,而"辐条国"之间由于原产地规则的限制,商品贸易流动将面临较高的成本和关税壁垒。"辐条国"为了满足原产地规则,将会面对较高成本的中间品投入。很显然,原产地规则限制了"辐条国"之间商品贸易的自由流动。在"轮轴—辐条"式自由贸易区网络背景下,"轮轴国"的生产者借助自由贸易协定中原产地规则的限制获得了特殊的利益,而"辐条国"却因为原产地规则的限制而面对歧视性待遇。进一步说,原产地原则将导致重叠式自由贸易区网络中的"轮轴国"利用自由贸易协定中优惠条款的便利,保护产品低成本地出口到"辐条国",使其他"辐条国"从该"辐条国"购买成本较高的中间投入品,生产加工成最终品之后免税出口到该"轮轴国"而有利可图。

在重叠式自由贸易区网络背景下,每个自由贸易区都有原产地规则,自由贸易区网络的"意大利面碗现象",就像锅和碗一样使原产地规则出现了多重复制,扩大了"轮轴国"之间的贸易转移效应。首先,重叠式自由贸易区网络的建立有利于促进区域范围内产业的再配置。自由贸易区的成立,降低了成员之间的关税壁垒,促进了成员之间商品和要素的自由流动,引起了成员贸易结构的改变,贸易结构的改变促进了成员产业的再配置效应。自由贸易区对产业的再配置体现在两个层面。一是区域内外产业之间的结构调整,由于区域内外的国家面对不同的关税壁垒,因此自由贸易区的优惠政策会引导资本、技术和人才等要素向高报酬区域聚集,在一定程度上缓解了高端产业生产过程中中间品供需匹配不充分的问题,提高了区域内外产业配置和产业聚集效率。二是区域内成员之间的产业再配置,自由贸易区的优惠政策打破了区域内部要素之间流动的障碍,有利于产业生产要素在成员之间和成员部门之间自由流动,提升了资源品配置产业结构调整的效率,进而促进区域内成员的产业结构得到优化。但对于重叠式的自由贸易区网络,由于"轮轴国"和"辐条国"之间福利效应的差异,"轮轴国"与"辐条国"的产业效应将会出现明显的差异。在区域范围内,"轮轴国"将会出现明显的产业凝聚效应,"辐条国"将会出现明显的分散专业化效应。下面采用一个简单的模型(见图4-6)加以说明。

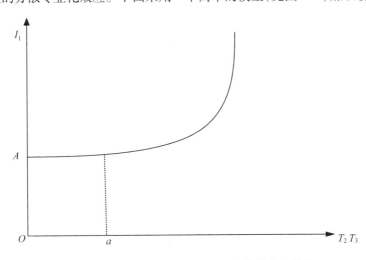

图4-6　重叠性自由贸易协定对区域内的产业影响

假设有三个经济体,分别是 ∂_1、∂_2、∂_3。∂_1 国和 ∂_2 国、∂_3 国分别通过签署贸易协定,而 ∂_2 国和 ∂_3 国之间没有就自由贸易区达成任何协定。这就形成了一个简单的重叠式自由贸易区雏形结构:∂_1 国为重叠式自由贸易区中的"轮轴国",∂_2 国和 ∂_3 国为重叠式自由贸易区中的"辐条国"。在国家之间贸易自由流动的背景下,假定每个国家都有两个部门 Y_1 和 Y_2。假设区域内公司之间没有投入和产出的链条关系,每个国家都能生产替代弹性较大的产品。Y_1 部门的生产特征是规模报酬不变,Y_2 部门的生产特征是规模报酬递增且不完全竞争的公司。

由于 ∂_1 国和 ∂_2 国、∂_3 国分别签署了自由贸易协定,因此 ∂_1 国的产品可以在进入 ∂_2 国和 ∂_3 国市场的时候,享受已签订自由贸易协定的优惠政策。∂_2 国和 ∂_3 国的产品只有在进入 ∂_1 国时候才可以享受已签订自由贸易协定的优惠政策,而 ∂_2 国和 ∂_3 国在进入相互市场的时候,因无法享受优惠政策而面对较高的贸易门槛。所以在生产相似产品的情况下,∂_1 国面对的市场需求要大于 ∂_2 国和 ∂_3 国面对的市场需求。由于 ∂_1 国的出口的产品面对着 ∂_2 国和 ∂_3 国的市场需要,且 ∂_2 国的生产部门存在规模递增效应,当 ∂_1 国需求量增加时企业的生产规模也会随之扩大,相应的生产该类型产品成本更低,竞争力更强,即重叠式自由贸易区的形成对"轮轴国"产生了产业聚集效应。而 ∂_2 国和 ∂_3 国的生产会随着 ∂_1 国生产的扩张而逐渐萎缩,这就是克鲁格曼提出的"轮轴效应"。假设区域内存在投入和产出的关系,由于 ∂_1 国商品的挤占效应,∂_2 国和 ∂_3 国的产品的销量会因为需求市场的萎缩而急剧下降。若 ∂_1 国生产的产品主要是最终品,∂_2 国和 ∂_3 国生产中间品且与 ∂_1 国的最终品相匹配,存在的投入产出的链接机制,∂_2 国和 ∂_3 国将会根据 ∂_1 国最终品的生产和自身的资源优势,并基于与 ∂_1 国签订的自由贸易协定条款内容,选择生产加工中间品,进而达到降低整体生产成本的目的。

第二节 自由贸易区网络特征对我国产业
国际地位影响机理

构建自由贸易区网络将产生复杂的经济效应和非经济效应。首先,自由贸易区战略的实施和贸易网络的构建可以有效促进一国贸易量的增长(李敏,2015)①,提升区域内贸易潜力,并显著提高沿线各区域的国内生产总值、社会福利水平。这种对经济规模和经济质量的改善作用极大受到区内成员自身特点及各国之间经济交往规模和模式的影响。从贸易创造视角来看,贸易国的国内生产总值将促进贸易流量的增长。当自由贸易区网络的构建路径和阶段不同,其经济效应也显著不同(许培源和罗琴秀,2020)②。因此,采用社会网络分析法,将自由贸易区复杂的贸易关系进行直观描述,并利用近年来中国与所建立自由贸易区国家的进出口贸易数据,测算自由贸易区贸易网络特征的各项指标,对于拓展此方法在自由贸易区领域的应用、丰富自由贸易区与产业国际地位提升的相关研究理论具有重要意义,为我国通过构建自由贸易区网络提升在全球价值链中的地位提供参考价值。

一、度数中心性对我国产业国际地位的影响

我国的度数中心性越高,在贸易方面的比较优势就越突出,产业国际竞争力也越强。其原因主要包括:

第一,度数中心性反映了我国与网络中国家建立贸易关系的数量情况,该指数越高,我国贸易伙伴、贸易联系越多,贸易竞争力也越强。具体而言,一方

---

① 李敏:《自由贸易区战略的综合效应分析——基于多国的经验数据》,山东大学 2015 年博士学位论文。

② 许培源、罗琴秀:《"一带一路"自由贸易区网络构建及其经济效应模拟》,《国际经贸探索》2020 年第 12 期。

面,贸易伙伴的增多有助于一国资本存量的积累,不仅可以减少对外贸易的不均衡现象,而且也会产生双重红利,获得价格优势和提高产业竞争力。另一方面,贸易伙伴多元可以降低一国生产成本,提高一国制造业生产效率,增加本国商品贸易多样性,在很大程度上弥补本国的比较劣势,增强商品对外贸易的竞争力。总的来说,我国的度数中心性越高,则将在更广阔的范围内进行贸易,取各国之长处,补本国之短处,提升本国贸易的竞争力。同时,我国通过与其他国家的交往,不断吸收其他国家的技术优势,提升本国的技术更新速度和国际竞争力,进而推动我国产业向产业链更高位置攀升。

第二,度数中心性反映的是我国在贸易网络中的重要性程度,我国在贸易网络中越靠近核心地位,意味着我国获取关键优势资源的能力越强。即我国在贸易网络中的位置与我国吸取其他国家资源的程度紧密相关,且我国度数中心性越高,则吸取资源的机会和能力就越大。苏亚尔通等(Sujaritpong 等,2021)①认为,一国的度数中心性往往在贸易网络中占有重要的位置,因为它不仅可以影响更多的贸易互动,而且还控制着资源的流动方向,且贸易网络中度数中心性较高的国家主导着贸易网络的演变态势。有学者通过对世界贸易网络矩阵进行分析后认为,若一国处于贸易网络核心位置,则其他国家更容易对该国产生强贸易依赖,加速各方贸易资源的积累。不仅如此,最中心的节点比中心性较低的节点具有更高的承载能力,且中心节点不太容易受到长期资源变化和冲击的影响,这也保证了在外界环境不断变化的情况下,拥有较高度数中心性的国家能够在全世界范围内保持对资源的公平获取。总的来说,我国贸易网络度数中心性越高,越容易享有丰富且稳定的资源,加速我国产业国际地位的提升。

第三,较高的度数中心性意味着我国在贸易网络中扮演着"中间人"角色,能够为边缘地区国家和核心地区国家更有效地传递信息,更好地从发达

---

① Sujaritpong O., Yoo-Kong S., Bhadola P., "Analysis and Dynamics of the International Coffee Trade Network", *Journal of Physics:Conference Series*, Vol.1719, No.1, 2021.

国家的技术转移中获利。有学者构建以国家为顶点、国与国之间贸易流动为弧线的国际贸易网络后认为,处于贸易网络中心的国家能够获取更多的技术溢出,用于本国产业链位置的攀升。由此可知,我国的度数中心性越高,就能够在较多的贸易伙伴中进行优势选择,吸取发达国家的先进技术,为本国产业的转型升级创造基础。同时,也有不少学者认为,处于贸易边缘国家的技术供给无法满足本国发展的需要,大量技术需要从外部进口,我国"中间人"角色越重要,就越能充当起技术大国与技术小国之间的"桥梁"作用,越能吸取技术转移过程中对本国有利的技术资源,从而促进本国产业的发展。

由上述分析可知,我国的度数中心性越高,则我国的贸易竞争力就越强,获取资源和信息的能力就越强,同时,通过扮演"中间人"角色,对先进技术的吸收就越多,就越能提升我国产业的国际地位。

二、网络联系强度对我国产业国际地位的影响

网络联系强度从贸易深度层面反映我国在贸易网络中的贸易地位,因此,网络联系强度对我国产业国际地位的提升有着深刻的影响。

第一,互惠性是各国之间进行贸易的动力与基础,贸易网络联系强度的增加可以增强各国贸易的互惠性。在开展国际贸易时,发展中国家需要出口其具有比较优势的资源和劳动力,同时需要从其他国家进口其具有比较劣势的高技术产品。李晨等(2021)[①]认为互惠性的存在与否能够对贸易网络产生深远的影响,因为互惠双方将通过增加贸易深度,推动贸易效率改善,进而扩大双方贸易利益。张莲燕和朱再清(2019)[②]认为,两国贸易深度的增加可以提

---

① 李晨、许美佳、张国亮:《基于复杂网络的水产品贸易格局特征演变研究》,《中国石油大学学报(社会科学版)》2021年第1期。

② 张莲燕、朱再清:《"一带一路"沿线国家农产品贸易整体网络结构及其影响因素》,《中国农业大学学报》2019年第12期。

高两国贸易的互惠性,加速两国资源的相互融合,使两国产业得到共同发展。我国拥有较高的网络联系强度意味着我国在与其他国家建立贸易关系的时候能够展示出较强的贸易互惠性,能更多地为贸易双方带来利益,能促进贸易双方产业国际地位的提升。

第二,贸易深度的提升,可以为我国带来丰富的资源,加速我国资本的积累,提升我国的规模经济,扩大我国生产,加快我国技术进步。党杨等(2020)①认为增加贸易深度、降低要素匹配成本、提高产业关联度、促进一体化贸易是加速人力资本积累的关键。毛勒等(Mauler 等,2021)②认为技术进步可以带来规模经济的提升,而技术的进步则需要各国加强贸易联系,增强贸易交流,提升贸易深度。总的来说,我国的网络联系强度越强,则我国所参与的贸易联系就越密切,我国就会积累较多的资源和资本,为我国的产业地位提升打下坚实的基础。

由上述分析可知,贸易深度可以加强生产要素和资源的优势选择,增强双方的贸易互惠性。另外,贸易深度可以提升规模经济效应,加快技术进步,使我国产业逐渐向高端靠拢。

三、网络异质性对我国产业国际地位的影响

网络异质性用以刻画网络中弱联系的存在性,直观地表现了节点间的相互关系。具体到本章中,网络异质性衡量的是我国贸易伙伴的地理集中度。

第一,较高的网络异质性意味着我国对外贸易的地区分布较广,伙伴多且较为分散,可以在很大程度上降低贸易风险,提升我国对外贸易的稳定性,有

---

① 党杨、高维龙、李士梅:《产业集聚、人力资本积累及空间溢出效应》,《商业研究》2020 年第 6 期。

② Mauler L., Duffner F., Leker J., "Economies of Scale in Battery Cell Manufacturing: The Impact of Material and Process Innovations", *Applied Energy*, Vol.286,2021.

利于我国经济的健康发展。我国的贸易伙伴越集中,如果遇到贸易管制,则我国产业的波动越剧烈,不利于我国经济的发展(马述忠等,2016)①。广泛的贸易地理位置、多元的贸易伙伴,将会促进我国全球价值链的提升(陈丽娴,2017)②。

第二,网络异质性越高,我国就可以更多地接触不同的贸易主体,进行资源的筛选和整合,发展对本国有利的产业结构,提升本国的产业国际地位。汪建新和杨晨(2021)③认为,我国的贸易地理越集中,越容易引发经济不确定性,从而扰乱资本市场,阻碍我国信息的获取和资本的积累,在需求侧和供给侧给予很强的冲击。我国应建立多边合作机制,将信息不对称性和不确定性降到最低。张巧文和白婷戈(Zhang 和 Batinge,2021)④认为,贸易网络大都存在结构洞,在国家的发展过程中,应抓住区域一体化机会推进本国的贸易深度和广度,获取更丰富的资源,占据结构洞的有利地位,加快结构调整,培育有竞争力的产业,在促进贸易网络更加紧密的同时,提升本国的产业国际地位。另外,一国的网络异质性越高,则就拥有较多的贸易关系,就可以在各种资源中进行比较选择,选取对本国产业发展有利的生产要素,促进本国的产业优化和升级。

由上述分析可知,我国异质性越高,则我国更倾向于与更多的贸易伙伴进行贸易,在吸收各国不同资源要素、进行产业优化升级的同时降低贸易风险,提高本国贸易的稳定性,促进产业平稳升级,提高本国产业的国际地位。

---

① 马述忠、任婉婉、吴国杰:《一国农产品贸易网络特征及其对全球价值链分工的影响——基于社会网络分析视角》,《管理世界》2016 年第 3 期。

② 陈丽娴:《全球生产服务贸易网络特征及其对全球价值链分工地位的影响——基于社会网络分析的视角》,《国际商务(对外经济贸易大学学报)》2017 年第 4 期。

③ 汪建新、杨晨:《促进国内国际双循环有效联动的模式、机制与路径》,《经济学家》2021 年第 8 期。

④ Zhang Q. W., Batinge B., "A Social Network Analysis of the Structure and Evolution of Intra-African Trade", *African Development Review*, Vol.33, No.1, 2021.

第三节 自由贸易区优惠原产地规则对
我国产业国际地位的影响机理

自 20 世纪中后期,东亚高速的经济增长得到了世界的关注。东亚经济体多采用外向型的经济发展模式,从亚洲"四小龙"到中国以及东盟,其工业化的过程都经历了两个阶段。第一个阶段是工业化初期,发展中经济体依靠本国廉价劳动力优势参与全球价值链分工以及承接发达国家产业转移,此阶段主要从事产品的加工组装环节。这一过程随着"干中学"、技术外溢等方式推动国内要素禀赋的变化。第二个阶段是工业化中后期,随着国内要素禀赋的变化,国内比较优势发生变化,生产环节向价值链两端延伸,逐步实现全球价值链上的升级。发展中国家要提高其在区域或全球的产业地位,这两个阶段缺一不可,第一个阶段是第二个阶段的前提与基础,第二个阶段是提升一国产业地位的目的。如果工业化初期劳动力价格优势被周边其他要素禀赋相似的经济体所替代,或者因劳动力成本上升而退出了固有环节的生产,升级也就无从谈起了。因此下文中原产地规则凡是有利于提升我国在东亚生产网络中参与度及实现价值链升级的作用,均认为对我国产业地位的提升起到重要作用。

一、优惠原产地规则通过贸易成本影响我国产业地位

20 世纪 90 年代以来,自由贸易区在全球范围内呈现加速发展的趋势。自由贸易区的迅速发展适应了全球价值链分工发展的需要。向世界贸易组织通报的自由贸易区由 1990 年的 50 个迅速增加到 2022 年 4 月的 577 个。作为自由贸易区主要特征的优惠原产地规则在适应全球价值链分工需要而迅速发展的同时,其带来的成本成为阻碍价值链分工深化的新障碍,原产地规则造成的成本包括贸易成本与生产成本,贸易成本包括获得原产地证明的时间成

本与货币成本,生产成本则是为满足原产地规则而改变投入要素的来源与比重而产生,这些成本都提升了产品的制造成本。贸易成本与生产成本均会通过影响一国产品价格竞争力的途径影响一国参与全球价值链的程度,从而影响产业地位,而且原产地规则的贸易成本在全球价值链分工中呈现累加性,这使贸易成本对一国产业地位的影响更为突出。

贸易成本随着全球价值链分工深度与广度的提升而呈现累加性。全球价值链分工的深化意味着一项产品在生产过程中跨越国境的频率提升。每一次跨越国境均会产生相应的贸易成本,其中包括获得原产地证明的时间成本与货币成本,这些贸易成本最终都会累积到产品的最终价格,通过改变产品竞争力强弱,进而改变一国参与全球价值链分工的程度。发展中国家更容易产生贸易成本,这是因为发展中国家的通关效率较低(例如为获得原产地证书较长的等待时间,难以适应及时生产的要求)、交通便利程度较低、物流业发展滞后等。中小企业产生的贸易成本在总成本中比重也更高,这是因为中小企业将不得不像大企业一样花费人力资本了解进出口过程中的相关签发制度、申报材料等。从发展中国家在价值链分工中所处的环节来看,优惠原产地规则产生的贸易成本与生产成本对发展中国家的影响也更大,发展中国家处在价值链的生产组装环节,附加值较低,为了参与全球竞争,生产的最终产品价格不得高于国际市场价格,在进口投入不变的条件下,贸易成本的增加与生产成本的增加挤压了生产组装环节的附加值,企业不得不压低自身的利润率,压低劳动力价格。较低的利润率限制了企业研发投入,限制了其在价值链上的升级。较低的劳动力价格也限制了劳动者用于自身技能培训的投入,较低的劳动者技能又使企业在价值链上的升级越发困难,进而形成了恶性循环。这也是拥有极低劳动成本的非洲,尤其是撒哈拉以南的非洲被排除在全球化之外的原因,基础设施不完善、制度不健全等,显著增加了贸易成本。

我国产业在中高技术、高技术行业地位指数偏低,在贸易网络中处在加工组装环节,依靠较低的附加值参与该价值链的生产,原产地规则产生的贸易成本与生产成本弱化了我国在该环节的比较优势,限制中国在该行业的参与程度,从而影响我国在该行业价值链上的升级与产业地位的提升。此外,我国传统比较优势集中于劳动密集型产业,这种比较优势主要源于我国充足的廉价劳动力资源,随着我国劳动力成本的上升,我国劳动密集型产业有向东南亚国家转移的趋势,原产地规则带来的贸易成本与生产成本无疑影响着我国在该行业的产业地位。

(一)低水平自由贸易区无法有效降低贸易成本

相比于 20 世纪 90 年代的特惠贸易协定,当前的贸易协定除降低关税外,还包含了知识产权保护、服务业市场的开放、投资政策、竞争政策、争端解决机制等条款,这适应了全球价值链生产的需要。跨国公司基于成本最小化的目的将不同生产环节分配到不同国家或地区组织生产,而不同国家在知识产权保护、争议处理办法、服务业开放程度、法律制度等方面存在差异,这会限制全球价值链分工的深化。通过谈判将相关差异协调一致可以降低贸易成本,即高水平的自由贸易区对贸易成本的降低具有显著效应。拉查特等(Laget 等,2018)[1]研究了特惠贸易协定深度与全球价值链融合程度的关系,实证结果为:特惠贸易协定每增加一个条款就会使双边零部件贸易增加 1.5%,再出口附加值增加 0.4%,最深的贸易协定将使零部件贸易增加一倍,再出口附加值增加 22%。从全球签订的自由贸易区来看,发达国家与发达国家签订的自由贸易区协定涉及更多领域,包含更多国境内条款,这些条款是世界贸易组织例外条款,将跨越国境政策的外部性内部化,欧盟对外签订的自由贸易区体现得较为明显。发达国家与发展中国家签订的自由贸易区也涉及了更多的领域及更多国境内条款,这也是基于发达国家掌握着贸易规则的制定权,发展中国家

---

① Laget E., Osnago A., Rocha N., et al., "Deep Trade Agreements and Global Value Chains", *World Bank Group Policy Research Working Paper*, No.8491, 2018.

参与全球价值链分工过程中适应性作出调整,欧盟、美国与发展中国家签订的自由贸易区协定维持了其基本模式,这是基于适应发达国家对外投资与贸易的需要。发展中国家与发展中国家签订的自由贸易区协定水平较低,主要是降低或免除关税,这些条款较少涉及国境内条款,但相比发展中国家较高的关税而言,已经取得了不小的进步。结合全球具体的原产地规则来看,PANEURO(Pan-European Accumulation,泛欧)模式与北美自由贸易区模式采用更多的世界贸易组织例外条款与"WTO+"条款,代表着更高标准、更宽领域的自由贸易发展趋势,可以显著降低不同国家政策制度差异造成的贸易成本。例如中国—东盟自由贸易区原产地规则基本是东盟原产地规则的复制品,比东盟—韩国、东盟—日本自由贸易区原产地规则涉及的领域更窄,更难以和泛欧模式及北美自由贸易区模式相比,这对降低中国—东盟制度、政策差异造成的贸易成本有限,对促进区域内生产要素跨区域自由流动的作用有限,进而对推动区域内分工深化、提升我国在东亚生产网络中产业地位的作用有限。

(二)相互重叠自由贸易区原产地规则的差异提高了贸易成本

"意大利面碗效应"是指相互重叠的自由贸易区采用不同的原产地规则,就像意大利面一样杂乱交织。在亚洲,已经形成了20多个自由贸易区,不同自由贸易区之间原产地规则均存在较大差异。东盟积极推动各种自由贸易区的谈判,已经分别与中国、日本、韩国、印度、澳大利亚、新西兰建立了双边自由贸易区,此外东盟与日本签订的自由贸易区实际上相当于日本与东盟国家分别签订的自由贸易区,日本致力于推动东盟—日本自由贸易区的同时与东盟各个国家分别签订了自由贸易区,采用两轨并行的方式,加重了"意大利面碗效应"。东盟与印度、澳大利亚、新西兰签订的原产地规则也各有差异。企业为了享受优惠关税需要耗费人力成本了解不同原产地规则,增加了贸易成本,这些成本对中小企业来说是难以承担的。中国也积极致力于自由贸区的谈判,已经与东盟、新加坡、智利、巴基斯坦、哥斯达黎加、新西兰、秘鲁、韩国等建立自由贸易区,不同原产地规则的差异性较大,例如中国与东盟、巴基斯坦签订的自由贸易区区域附加值含量为40%,而中国—智利、中国—秘鲁自由贸易区区域附加值含量为40%—50%,中国—新西兰自由贸易区区域附加值含量为30%—50%,有些采用 CTC 标准,而有些采用 VC 标准,再加上不同原产地规则技术条款的要求,无疑会耗费更多企业的时间成本与货币成本。

　　例如,东亚国家与欧盟、北美签订的自由贸易区通常会与泛欧模式或北美自由贸易区模式保持一致,在东亚形成了原产地规则"大杂烩"的现象。相比之下,欧洲委员会对欧盟不同原产地规则兼容性作出努力,适应了欧盟东扩的需要。欧盟除了与欧洲其他国家签订自由贸易区推行泛欧模式外,与世界其他地区建立的自由贸易区也以泛欧模式为模板,例如,欧盟—南非、欧盟—墨西哥和欧盟—智利等自由贸易区原产地规则与泛欧模式基本一致,这降低了原产地规则差异造成的贸易扭曲。北美自由贸易区模式也是美国、加拿大、墨西哥对外签订自由贸易区采用的模板,例如,美国—智利、墨西哥—哥斯达黎加、墨西哥—智利、墨西哥—北三角、加拿大—智利、墨西哥—哥伦比亚、三国集团等自由贸易区都以此为模板。而东亚由于原产地规则差异带来的"意大利面碗效应"产生的贸易成本高于欧盟与北美自由贸易区,这限制着东亚生产网络分工的深化以及东亚国家参与全球价值链分工的深度,更阻碍着东亚国家在全球价值链上的升级。

（三）获取原产地证书的管理成本提升了贸易成本

　　获取原产地证书的管理成本是指出口企业为享受优惠关税待遇而向相关主管部门提出申请并最终获得原产地证书的行政成本。获取原产地规则的管理成本与本国原产地证书的签发制度是相关的。表4-1为泛欧模式、北美自由贸易区模式、原产地规则证明方式。

表 4-1　原产地证明方式

PTA	原产地规则证明方式
泛欧模式	两部私人、官方证明法；有限的自我证明
欧盟—墨西哥	两部私人、官方证明法；有限的自我证明
欧盟—智利	两部私人、官方证明法；有限的自我证明
北美自由贸易区模式	自我证明
美国—智利	自我证明
墨西哥—玻利维亚	自我证明（前四年实行两部私人、官方证明法）
加拿大—智利	自我证明

　　通常而言,自我证明的方式成本相对较低,出口国政府签发的贸易成本相对较高,过多的政府干预会带来较高的贸易成本。欧盟采取两部法获得原产地证明的方式,出口商首先申请,随后出口国颁发,相对而言这种方式带来的行政成本较高。然而欧盟采取了一种可替换性措施"发票申报制度",经常运输且被海关授权的出口商进行发票申报。这样大大降低了原产地证明获取的行政成本。而北美自由贸易区模式主要以自我认证为主,出口商的签名可以作为产品原产地资格的证明。自我证明的方式增加了进口国举证的责任,但也减少了政府的干预。欧盟及北美较高的政府运作效率,降低了获取原产地证书的管理成本。在东亚,东盟以及多个"10+1"都采取了官方证明的方式,政府干预较多。东亚原产地证明主要由政府签发,企业负责提供相关文件,总体而言政府参与较多,出口商的货币成本、时间成本较大,东盟一些国家政府行政效率较低,从企业递交证明材料到最终获得原产地证明甚至需要几个月时间,给企业带来的贸易成本难以估算,严重地阻碍了出口商对原产地规则的使用率。

二、优惠原产地规则通过影响贸易流向影响我国产业地位

　　原产地规则会对贸易流产生影响,埃斯特瓦德奥达尔和索米宁

(Estevadeordal 和 Suominen,2003)[1]认为严格的原产地规则增加了成员之间的贸易流,并在投入要素方面会产生贸易转移现象,原产地规则中的宽松条款会增加贸易流量。杜塔古普塔和斯皮林贝戈(Duttagupta 和 Spilimbergo,2000)[2]认为原产地规则对中间产品将产生贸易转移效应,对最终产品减少贸易转移效应。克鲁格(Krueger,1993)[3]认为原产地规则对区域内中间产品的供应商将起到保护作用。郭杰和杨坚争(2010)[4]采用模型与包络定理分析与证明了原产地规则对最终产品的产量减少效应、中间投入品增加效应与替代效应。

结合相关学者的观点,本章认为,原产地规则中规定的价值含量条款以及技术条款会起到破坏原有价值链并整合区域内价值链的作用。原产地规则中规定了区域附加值含量,会产生三种经济效应:生产成本的增加效应、中间投入品增加效应、中间投入品替代效应。生产成本的增加效应在上文中已经提到,而中间投入品增加效应和替代效应会破坏原有价值链,同时整合区域内价值链的发展。下文通过构建模型说明三种效应。

模型假定:世界由两个国家组成,A 国与 B 国。生产一种商品,只有两种生产要素,分别为 X 与 Y,且同一种生产要素在两国是同质的。Y 在两国价格相同,均为 P_y。A 国 X 的价格为 P_x,B 国 X 的价格为 $P'x$,且 $P_x > P'_x$。X 与 Y 存在相互替代关系。模型如图 4-7 所示。

当没有受到区域价值含量限制时,A 国会采用国内生产要素 Y 与国外生产要素 X 的组合实现利润最大化,等产量曲线 Q_0 与预算线 C_0C_0 相切于 A 点,

① Estevadeordal A.,Suominen K.,"Rules of Origin in the World Trading System",*The Seminar on Regional Trade Agreements & The WTO*,2003.

② Duttagupta R.,Spilimbergo A.,"What Happened to Asian Exports During the Crisis?",*IMF Staff Papers*,Vol.50,No.1,2000.

③ Krueger A.O.,"Virtuous and Vicious Circles in Economic Development",*The American Economic Review*,Vol.83,No.2,1993.

④ 郭杰、杨坚争:《原产地规则的经济效应研究》,《世界经济研究》2010 年第 4 期。

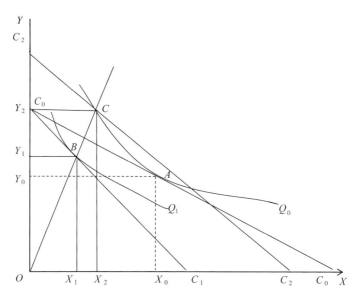

图 4-7　原产地规则经济效应理论模型

此时达到生产者均衡点 $A(X_0、Y_0)$，使用国内生产要素 Y_0 与国外生产要素 X_0。当受到区域价值含量限制时，出口商会部分采用国内 X 生产要素以提高区域附加值含量比重，由于生产要素 X 国内价格高于国外价格，因此生产要素 X 的平均价格上升，引起生产要素 X 与 Y 的相对要素价格变化，在图中反映为预算线 C_0C_0 旋转至 C_0C_1，此时预算线 C_0C_1 与更低的等产量线 Q_1 相切于 $B(X_1、Y_1)$ 点，国内生产要素 Y 的使用量为 Y_1，生产要素 X 的使用量为 X_1，X_1 中包含了价格较低的国外生产要素与为满足区域附加值标准使用的国内要素。如果要维持原来的 Q_0 产量，则新均衡点为图中的 C 点，这是由于为了满足区域附加含量标准，国内生产要素 Y 与国外生产要素 X 的使用量必须维持在 Y_1/X_1，即新的均衡点必须在射线 OC 上，OC 与 Q_0 的交点为 C 点，过 C 点作平行于 C_0C_1 的新预算线 C_2C_2，C_2C_2 与 C_0C_1 的差为成本的增加，即生产成本的增加效应。生产成本的增加效应与对要素价格的扭曲程度正相关，当原产地规则较为严格或苛刻时，对生产要素价格的扭曲程度较高，生产的成本增加效应也对应较高。例如，对区域附加值含量要求较高时，模型中预算线绕 C_0 点顺时针旋转将使预算线更加陡峭,要素价格扭曲更加严重,企业为满足原产地规则提升,生产成本更高。生产成本的增加效应与原产地规则自身带来的贸易成本,部分地抵消了自由贸易区建立带来的好处。当生产成本与贸易成本的上升大于自由贸易区建立带来的好处时,企业会放弃原产地证书的使用,全部抵消了自由贸易区的好处。从生产均衡点 $C(X_2、Y_2)$ 来看,国外 X 生产要素的使用减少,国内 X 生产要素的使用达到了区域附加值含量要求的最低标准,对国内生产要素 X 的使用属于中间投入品的增加效应。由于此时生产要素价格的相对变化导致对生产要素 Y 需求量的增加,由此产生的中间投入品替代效应为 $Y_2—Y_0$。中间投入品的替代效应与增加效应对区域内中间产品的生产商产生了需求,推动了区域内中间产品生产商的发展,新的价值链分工形式得以形成,区域内生产商更充分地参与价值链形式的生产有利于长期的升级。

三、优惠原产地规则通过影响投资流影响我国产业地位

(一)外国直接投资提升了我国在生产网络分工中的重要性

第二次世界大战后东亚经济体陆续取得的巨大成绩赢得了世界瞩目,外资的流入是东亚经济迅速增长的重要原因。20 世纪 90 年代后全球价值链分工模式成为主导,外国直接投资极大地推动了东亚生产网络的形成。乌拉塔和凯威(Urata 和 Kawai,2000)[1]提出的外资—贸易关系就阐释了外资对东亚生产网络形成的推动作用。对外国直接投资的吸收能力成为参与东亚生产网络程度的重要因素。改革开放初期,中国面临着储蓄与投资双缺口,外资既解决了国内投资的不足又引进了发达国家先进的技术及管理经验,利用本国劳动力成本优势,通过加工组装出口参与经济全球化,在传统的"雁型模式"下

---

① Urata S., Kawai H., "The Determinants of the Location of Foreign Direct Investment by Japanese Small and Medium-Sized Enterprises", *Small Business Economics*, Vol.15, 2000.

承接了来自日本等发达经济体的产业转移,逐步实现中国的产业升级。外资提供的资金及技术推动了中国参与全球价值链的生产,并在"干中学"中实现了价值链上的逐步升级,提升了我国在东亚生产网络中的产业地位。

为了反映东亚经济体吸引外资与对外出口之间呈现的关系,进而反映外资对东亚生产网络形成的重要作用,本章计算了 1970 年至 2015 年东亚经济体外国直接投资流入占世界总额的百分比以及东亚经济体出口额占世界总额的百分比,为了说明外国直接投资对中国参与东亚生产网络所起到的重要作用,本章将东亚经济体划分为东盟 10 国,中国、日本、韩国。计算结果如图 4-8、图 4-9 所示。

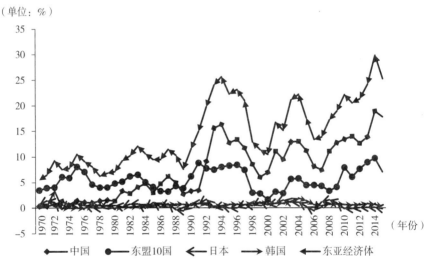

（单位：%）

图 4-8　东亚经济体外国直接投资流入占世界总额百分比

资料来源:UNCTAD 数据库计算所得。

根据图 4-8 与图 4-9,东亚经济体 FDI 流入占世界总额百分比与东亚经济体出口额占世界总额百分比均体现出上升趋势,其中 FDI 流入占比相对出口占比而言波动更为剧烈,但仍然可以发现两者的波动存在某种对应关系,如 1989 年至 1993 年外国直接投资流入与出口所占份额均呈现上升趋势,1993 年至 1999 年均呈现出下降趋势,2010 年、2014 年均是阶段性的波峰。具体到

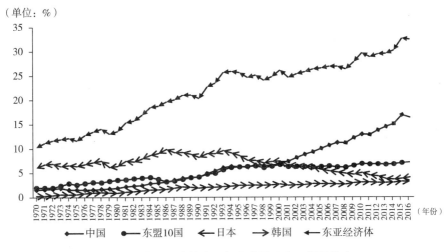

（单位：%）

图 4-9 东亚经济体出口额占世界总出口额百分比

资料来源：UNCTAD 数据库计算所得。

东亚经济体这种对应关系显得更为明显，中国 1978 年改革开放以后出口与 FDI 流入所占份额呈现上升态势，1980 年前外国直接投资流入所占份额为 1% 左右，出口所占份额为 1.5% 左右，1980 年至 1990 年外国直接投资所占份额为 4% 左右，出口所占份额由 2% 上升到 5%。1990 年至 2008 年外国直接投资流入量所占份额为 10% 左右，出口所占份额由 5% 上升到 11%。2008 年至 2015 年外国直接投资流入量所占份额为 15% 左右，出口所占份额由 11% 上升至 18%。东盟 10 国 1970 年至 1990 年外国直接投资流入份额为 5% 左右，出口所占份额不超过 5%。1990 年至 1997 年 FDI 流入所占份额为 7% 左右，出口所占份额上升并超过 5%，1997 年至 2008 年外国直接投资所占份额为 4% 左右，出口所占份额结束了上升趋势，维持在 6% 并保持相对平稳。2008 年至 2015 年 FDI 流入所占份额上升，维持在 8% 左右，出口所占份额也上升至 7%。日本外国直接投资流入比重不足 1%，随着经济泡沫的破裂，日本出口迅速下滑，如图 4-9 所示，出口占世界比重呈下降趋势，这是随着较高的国内劳动成本去工业化的结果，与此同时日本大规模对外投资，将国内生产加工过程转移到东亚邻国。韩国外国直接投资流入量占比及出口占比均较小，不作进一步解释。可以发现,外资对东亚经济体的出口,其深层次反映外资对全球价值链分工的形成起到极为重要的作用。

通过不同经济体的横向对比可以发现,1978 年中国改革开放后外国直接投资流入份额及出口所占份额开始上升,是东亚外国直接投资的主要吸收国。20 世纪 90 年代以后中国外国直接投资吸收份额显著超过东盟,中国吸收的外国直接投资占东亚吸收外国直接投资份额的一半以上。与此对应,中国出口份额占东亚出口份额的比重也在不断上升。这说明中国是东亚地区外国直接投资的主要受益国,外国直接投资提升了中国在东亚生产网络中的参与度,对中国产业地位的提升起到了重要作用。

(二)东亚原产地规则对外国直接投资的影响不利于我国产业地位提升

自由贸易区的形成给予区域内成员关税的减免会提升区域内贸易比重,对域外国家产生贸易转移效应,而原产地规则又会进一步强化这种效应。正如上文所分析原产地规则中的判定货物实质性改变的标准对中间产品贸易的影响。这会使域外国家在区域内的市场份额下降,为了解决这一问题,域外国家会增加对域内国家的投资,将部分生产企业转移到自由贸易区内,以规避对域外国家的不利影响。梅达拉和斯帕马尼亚姆(Medalla 和 Supperamaniam,2008)①认为,原产地规则的限制作用迫使域外国家将部分生产过程转移至自由贸易区内,自由贸易区建立形成的市场规模、自由贸易协定中原产地规则的严格程度等会对外国直接投资流入产生影响。特惠关税与最惠国关税差异越大,对域内企业积极利用原产地证明的激励就越大,从而区外企业会积极对区内投资。较大的市场规模会有助于吸引区外外国直接投资的流入。在关税差异度、市场规模不变的条件下,严格的原产地规则倾向于限制外国直接投资流

---

① Medalla E. M., Supperamaniam M., "Suggested Rules of Origin Regime for EAFTA", *Discussion Papers*, No.DP 2008-22, 2008.

入。此外,也有学者提出了自由贸易区带来的区内市场扩张及贸易增加也会吸引外资流入(Han 等,2004)①。外资包含的技术水平及管理经验与来源国的技术水平是一致的,而对外投资行为主要是发达国家主导的,即使近年来发展中国家的对外投资也是其有竞争力行业的对外投资,因此吸引更多的外资有利于引进先进的生产技术及管理经验,有利于提升东道国参与全球价值链分工的能力。其次在建立自由贸易区过程中,相关国家达成的投资协定也会促进区域内国家之间的相互投资,推动区域内价值链分工的发展及升级。例如 2008 年中国对东盟的直接投资为 24.84 亿美元,而 2010 年签订的投资协定生效后中国对东盟的投资迅速增加,2015 年中国对东盟的直接投资为82.57 亿美元。协定的生效显著增加了中国对发展中经济体如越南、泰国、老挝、柬埔寨等国家的投资,这是中国为获取这些国家廉价劳动力、资源而向东盟发展中经济体产业转移的体现。

从东亚生产网络来看,21 世纪以后东盟逐渐成为东亚自由贸易区"轮轴国",这意味着非自由贸易区成员为了规避贸易转移与贸易替代效应均有动机选择"轮轴国"东盟 10 国作为直接投资的对象,同时东盟与澳大利亚、中国、日本、韩国、印度签订自由贸易协定过程中签订的投资协定也会降低双边投资壁垒,此外东盟劳动力成本优势、资源优势使该地区对外资具有重要的吸引力,周边即将完成或已经完成工业化的经济体将劳动密集型产业转移至东盟。外资的流入使其逐渐成为东亚价值链分工中的生产组装环节。图 4-10、图 4-11 分别为 2010 年、2015 年东亚经济体及域外经济体对东盟投资占东盟吸收外资份额图。

通过对比图 4-10 及图 4-11,东亚经济体对东盟的投资所占份额由 2010年的38.07%上升到 2015 年的50.58%,这说明东亚内部生产网络价值链分工深化。东亚区域外国家基于规避关税壁垒造成贸易转移效应增加,对东盟的

---

① Han D.G.,Yeo T.D.,Yoon Y.M.,et al.,"On the Impacts of Regional Trading Arrangements on FDI:The Cast of the China-Japan-Korea FTA",*Yeungsang Journal*,2004.

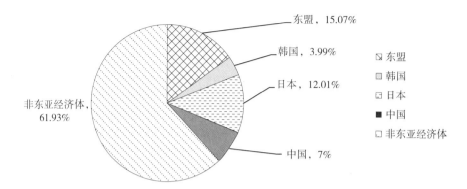

图 4-10　2010 年东盟外资来源国投资比重分解

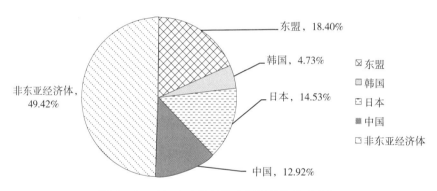

图 4-11　2015 年东盟外资来源国投资比重分解

投资应表现为非东亚经济体投资份额的上升,而与现实相反的情况说明东亚生产网络分工深化对提升域内国家投资份额起了更为重要的作用。东盟由15.07%上升到18.40%,日本由12.01%上升到14.53%,韩国由3.99%上升到4.73%。中国所占投资份额所占比重上升最快,2009 年生效的投资协定起了一定作用。投资与贸易具有相互促进作用,即存在一定的互补性,东亚内部投资比重的上升对应了东亚三个"10+1"成员间中间产品贸易比重份额上升的趋势。原产地规则对自由贸易区内价值链的整合作用既表现为中间产品贸易比重的上升,也表现为区域内投资份额比重的上升。此外,东亚区域内为了规避贸易转移效应,在东亚的投资更多表现为"辐条国"向"轮轴国"的投资。东盟正在成为新兴的世界加工工厂,东盟自身以及东盟与东亚其他国家达成的自由贸易区采用的原产地规则严格程度通常较低,与东盟有着密切生产协作关系的东亚经济体通过向东盟直接投资,而较为容易满足东盟参与的其他自由贸易区的原产地规则标准,这既可以规避贸易转移效应,也符合企业在利润最大化的驱使下在区内寻找劳动力成本低的加工组装基地。例如,中国与日本没有签订自由贸易协定,而中国向东盟投资可以较为容易地使在东盟生产的产品满足东盟—中国自由贸易区、东盟—日本自由贸易区原产地规则的要求。总体而言,东亚现有原产地规则对投资流的影响对处在"轮轴国"的东盟是最为有利的,近年来,中国对外投资的步伐不断加快,2017年我国对外投资流量居世界第二,存量居世界第六,中国对外投资的流向主要是在亚洲地区,通过对外投资,中国部分劳动密集型产业向东南亚转移。同时汽车装配、电子工业成为越南、菲律宾、泰国的支柱产业,发达经济体将部分核心零部件的生产转移至东盟国家,东盟国家提供部分中间产品,而这些行业也是中国产业转型升级重点发展的行业,中国与东盟在承接发达国家高科技产业部分环节产业转移中呈现较强的竞争性,东亚以东盟为"轮轴国"的优惠原产地规则对东盟更为有利,这不利于我国在该行业产业地位的提升。

第四节 自由贸易区优惠原产地规则对企业资源配置的影响机理

一、基本假定

假设只有 A、B、C 三国,A 国只存在一个垄断竞争行业并分别向 B、C 国出口商品,在某时刻 A 国与 B 国签订自由贸易协定,A 国企业为利用自由贸易协定优惠关税税率,需要满足原产地规则,如改变生产加工工序、获取原产地证书等,并增加 A 国企业生产的固定成本和可变成本。

（一）消费者行为

假定 B、C 两国消费者效用为：

$$U_j = \left[\int_{\omega \in \omega_j} q_j(\omega)^\alpha \mathrm{d}\omega \right]^{\frac{1}{\alpha}} \qquad (4-38)$$

其中，$j = B$、C，ω_j 为 j 国生产的产品集，$q_j(\omega)$ 是 j 国对商品 ω 的消费量，$0 < \alpha < 1$，决定了产品间替代弹性，且产品间替代弹性为 $\varepsilon = 1/(1-\alpha)$，并假定 B、C 两国的产品间替代弹性相同。借鉴韩剑等（2018）的研究，可知消费者效用最大化时，商品 ω 的需求函数为：

$$q_j(\omega) = Q_j \left[\frac{p_j(\omega)}{P_j} \right]^{-\varepsilon} \qquad (4-39)$$

其中，Q_j 为 j 国对商品 ω 的需求量，$p_j(\omega)$ 为 j 国商品 ω 的价格，P_j 为 j 国理想价格指数，且 $P_j = \left[\int_{\omega \in \omega_j} p_j(\omega)^{1-\varepsilon} \right]^{\frac{1}{1-\varepsilon}}$。

（二）企业生产行为

借鉴赫尔普曼等（Helpman 等，2008）[1]和余振、周冰惠（2018）[2]，假设 A 国生产要素平均价格为 r，每生产一单位产品 ω 需要投入 $k(\omega)$ 单位生产要素，则每单位产品 ω 生产成本为 $rk(\omega)$，$1/k(\omega)$ 表示企业生产率水平，并服从 Pareto 累积分布函数，即 $G(k) = 1 - k^\varphi$，$\varphi > 1$。A 国企业产品出口到 B、C 国面临出口固定成本和贸易可变成本，假设 A 国向 j 国总出口固定成本为 f_j，贸易可变成本的存在使每单位产品生产成本为原来的 τ_j 倍，$\tau_j > 1$。由于市场是垄断竞争，企业按照边际成本加成定价，因此 A 国企业向 B、C 国最优出

---

① Helpman E., Melitz M., Rubinstein Y., "Estimating Trade Flows: Trading Partners and Trading Volumes", *The Quarterly Journal of Economics*, Vol.123, No.2, 2008.

② 余振、周冰惠：《FTA 对出口商品种类多样化的影响——基于中国自贸区协定的实证分析》，《贵州财经大学学报》2018 年第 6 期。

口价格为：

$$p_j(\omega) = \frac{\tau_j rk(\omega)}{\alpha} \tag{4-40}$$

根据式（4-39），A 国企业面临的出口需求函数为：

$$q_j(\omega) = Q_j \left[\frac{\tau_j rk(\omega)}{\alpha P_j} \right]^{-\varepsilon} \tag{4-41}$$

则 A 国企业利润为：

$$\pi = \sum_{j=B,C} (1 - \alpha) \left[\frac{\tau_j rk(\omega)}{\alpha} \right]^{1-\varepsilon} Q_j P_j^{\varepsilon} - f_j > 0 \tag{4-42}$$

二、优惠原产地规则对企业资源配置的影响机理

如果 A 国与 B 国签订自由贸易协定，并且 A 国企业想要利用自由贸易协定优惠关税税率，为符合原产地规则要求 A 国企业需要改变生产加工工序等，则每单位产品 ω 生产成本增加到原来 θ 倍，$\theta > 1$；同时，为获取原产地证书等，企业出口固定成本增加 f_a。在增加生产成本同时，自由贸易协定优惠关税税率使 A 国企业向 B 国出口的贸易可变成本降低，降低为原来 λ 倍，$\lambda < 1$，此时 A 国企业向 B 国出口最优价格为：

$$P_B^{'}(\omega) = \frac{\theta \lambda \, \tau_B rk(\omega)}{\alpha} \tag{4-43}$$

出口需求为：

$$q_B^{'}(\omega) = Q_B \left[\frac{\theta \lambda \tau_B rk(\omega)}{\alpha P_B} \right]^{-\varepsilon} \tag{4-44}$$

则 A 国企业利用自由贸易协定后的总利润为：

$$\pi_a = (1 - \alpha) \left[\frac{\theta \lambda \, \tau_B rk(\omega)}{\alpha} \right]^{1-\varepsilon} Q_B P_B^{\varepsilon} + (1 - \alpha) \left[\frac{\tau_C rk(\omega)}{\alpha} \right]^{1-\varepsilon}$$

$$Q_C P_C^{\varepsilon} - f_B - f_C - f_a \tag{4-45}$$

A 国企业在自由贸易协定生效前后利润差为：

$$\pi_g = \pi_a - \pi = [(\theta\lambda)^{1-\varepsilon} - 1](1-\alpha)\left[\frac{\tau_B rk(\omega)}{\alpha}\right]^{1-\varepsilon} Q_B P_B^\varepsilon - f_a \quad (4\text{-}46)$$

事实上，π_g 是 A 国企业利用自由贸易协定所获取的额外利润，只有当 $\pi_g > 0$ 企业才有利用自由贸易协定倾向，而

$$\frac{\partial \pi_g}{\partial \theta} = [(1-\varepsilon)\lambda(\theta\lambda)^{-\varepsilon}](1-\alpha)\left[\frac{\tau_B rk(\omega)}{\alpha}\right]^{1-\varepsilon} Q_B P_B^\varepsilon < 0 \quad (4\text{-}47)$$

即原产地规则限制程度增加会降低企业从自由贸易协定获取额外利润，从而降低企业利用自由贸易协定倾向，并且当原产地规则限制程度过高时，使 $\pi_g \leqslant 0$，企业无法从自由贸易协定获取更多利润，甚至比不使用自由贸易协定情况下的利润更低，此时，企业不会改变生产加工工序，而维持原状，即当原产地规则对企业的限制性超过一定限度时，企业不会选择利用自由贸易协定。

A 国企业利用自由贸易协定的充分必要条件为：$\pi_g > 0$，则必要不充分条件为：$\theta\lambda < 1$。因为 $\theta\lambda < 1$，$\varepsilon > 0$，因此：

$$ratio_1 = \frac{q_B^{'}(\omega)}{q_B(\omega)} = (\theta\lambda)^{-\varepsilon} > 1 \quad (4\text{-}48)$$

$$\frac{\partial ratio_1}{\partial \theta} = -\varepsilon\lambda(\theta\lambda)^{-\varepsilon-1} < 0 \quad (4\text{-}49)$$

$$\frac{\partial^2 ratio_1}{\partial \theta^2} = \varepsilon(\varepsilon+1)\lambda^2(\theta\lambda)^{-\varepsilon-2} > 0 \quad (4\text{-}50)$$

由式（4-48）可知，如果企业能够从自由贸易协定获取更多利润，企业会增加向自由贸易协定伙伴国出口，投入更多生产要素增加产量；由式（4-49）可知，原产地规则的限制会阻碍企业向自由贸易协定伙伴国增加出口产量，原产地规则限制程度越高，企业增加的产量越少。式（4-50）表明 $ratio_1$ 是关于 θ 的凹函数，即随着 θ 增加，$ratio_1$ 下降得越慢，说明原产地规则限制程度越高对企业出口变动的影响越低，企业利用自由贸易协定倾向降低。

$$ratio_2 = \cfrac{\cfrac{q'_B(\omega)}{q'_B(\omega) + q_C(\omega)}}{\cfrac{q_B(\omega)}{q_B(\omega) + q_C(\omega)}} = \cfrac{1 + \cfrac{Q_C}{Q_B}\left(\cfrac{P_B\,\tau_C}{P_C\,\tau_B}\right)^{-\varepsilon}}{1 + \cfrac{Q_C}{Q_B}\left(\cfrac{P_B\,\tau_C}{P_C\,\tau_B\theta\lambda}\right)^{-\varepsilon}} > 1 \qquad (4-51)$$

令 $\dfrac{Q_C}{Q_B}\left(\dfrac{P_B\,\tau_C}{P_C\,\tau_B}\right)^{-\varepsilon} = X$，则

$$\frac{\partial ratio_2}{\partial \theta} = -\frac{(1+X)X\varepsilon\,\lambda^{\varepsilon}\,\theta^{\varepsilon-1}}{(1+X(\theta\lambda)^{\varepsilon})^2} < 0 \qquad (4-52)$$

$$\frac{\partial^2 ratio_2}{\partial\theta^2} = \frac{(1+X)X\varepsilon\,\lambda^{\varepsilon}\,\theta^{\varepsilon-2}}{(1+X(\theta\lambda)^{\varepsilon})^3}((\varepsilon+1)X(\theta\lambda)^{\varepsilon}+1-\varepsilon) > 0 \qquad (4-53)$$

由式(4-51)、式(4-52)和式(4-53)可知①，如果企业能够从自由贸易协定获取更多利润，企业向自由贸易协定伙伴国出口产量占企业总产量比重增加，企业内部生产要素向自由贸易协定伙伴国贸易方向流动，但原产地规则会限制企业这一行为，并且原产地规则限制程度越高，企业内部生产要素向与自由贸易协定伙伴国贸易方向流动越少，并且企业向自由贸易协定伙伴国出口倾向降低。

---

① 关于式(3-16)的证明本书不再展开，作者留存备索。

第五章　自由贸易区网络一体化水平对我国产业国际地位的影响效果

第一节　自由贸易区网络一体化水平对我国全球价值链地位的影响效果

　　已有关于自由贸易区如何影响全球价值链的研究,主要从单一自由贸易区深度一体化视角开展,通过分析区域贸易协定文本的深度,构建自由贸易协定深度指数,进而探讨自由贸易协定贸易投资规则对一国全球价值链地位的影响。伴随一国签订多个自由贸易协定、形成了盘根错节的全球自由贸易区网络,传统的双边分析框架已不能对自由贸易区网络的经济效应和发展特征等进行有效的诠释。基于此,本章突破对单一自由贸易区深度一体化发展对我国全球价值链地位影响的分析,以整体自由贸易区网络为研究对象,考虑了我国与不同"辐条国"签订自由贸易协定之间的相互影响,把中国自由贸易区网络一体化细分为中国自由贸易区网络的深度和广度,可以更加精准研究自由贸易区建设中哪些因素对我国在全球价值链中实现产业升级具有促进作用。运用向量自回归模型、社会网络分析法、空间计量模型三种方法,分别从国家整体层面、产业层面和制造业细分行业层面,分析和对比了中国自由贸易区网络的深度与广度对我国全球价值链分工地位的影响及其程度,从而丰富了关于自由贸易区网络发展对我国全球价值链分工地位影响这一问题的多方位和综合性认识。

一、计量模型构建

（一）模型指标的基础测度

1.全球价值链地位的测度

随着全球价值链逐步形成、拓展并紧密化,至少两个以上的生产环节才能实现最终产品的生产,产品生产的价值增值需要通过多次往返国内外得以实现。传统的贸易价值统计方法不再适用。因此,本章基于贸易增加值的核算方法,依据每个经济体出口贸易额中国内增加值和国外增加值的比例,扣除贸易价值增值中的国外增加值。库普曼等(Koopman 等,2010)[1]基于贸易增加值的分析框架提出了全球价值链地位指数的概念,这一概念随后被广泛用于对一国全球价值链分工地位的分析与研究。全球价值链地位指数测度一国在全球价值链中分别作为中间品出口方和中间品进口方时的相对重要性,并以此表征该国参与全球价值链分工时创造增加值的能力。本章使用全球价值链(GVC)地位指数对我国整体、产业层面和制造业细分行业层面的全球价值链分工地位进行衡量,具体计算公式如下:

$$GVC_t^i = \ln\left(1 + \frac{IV_t^i}{EX_t^i}\right) - \ln\left(1 + \frac{FV_t^i}{EX_t^i}\right) \tag{5-1}$$

其中,GVC_t^i 表示中国 t 时期 i 行业的地位指数;IV_t^i 表示中国 t 时期 i 行业的间接增加值出口;FV_t^i 表示中国 t 时期 i 行业出口中包含的国外增加值;EX_t^i 表示中国 t 时期 i 行业的出口总额。可以看出,$GVC_t^i > 0$ 意味着中国 i 行业在 t 时期的全球价值链分工中位于相对上游的环节,表明中国的增加值创造能

---

[1]　Koopman R.,Powers W.,Wang Z.,"Give Credit Where Credit Is Due:Tracing Value Added in Global Production Chains",*NBER Working Papers*,No.16426,2010.

力较强；$GVC_t^i < 0$ 意味着中国 i 行业在 t 时期的全球价值链分工中位于相对下游的环节，表明中国的增加值创造能力较弱。因此，GVC_t^i 数值与中国 i 行业在 t 时期的全球价值链分工中创造增加值的能力成正比，与我国全球价值链地位也成正比。

2. 自由贸易区网络深度和广度发展水平的测度

本部分利用第三章第三节中的胡贝尔影响力指数式（3-15）来表示中国自由贸易区网络广度的发展水平，式（3-17）表示一国自由贸易区网络深度发展水平，详见上文。

（二）向量自回归模型的识别与构建

克里斯托弗·西姆斯（Sims，1980）[1]最早创建了向量自回归模型。向量自回归模型的基础形式为一组联立方程，各方程的右侧变量完全相同，且纳入了全部内生变量的滞后项。随后，这一模型在变量间动态关系的相关研究中得到广泛应用，被学术界广为认可。向量自回归模型中主观因素的影响被较好地控制并减弱，能够从客观的层面提取各变量间关联关系，并通过脉冲分析的方式进一步削弱外部冲击对模型变量及其实际意义的干扰。由于向量自回归模型只有在变量数较少情况下才能表现出较强解释力度，无关联变量的存在导致待估系数增加、样本容量缩小，进而可能形成较大误差，造成预测失误。因此，向量自回归模型恰好契合了本章的研究需要——本章以中国自由贸易区网络深度、广度发展对中国产业全球价值链分工地位为研究对象，考察其动态趋势，且变量数较少。向量自回归模型的一般形式为：

$$y_t = A_1 y_{t-1} + A_1 y_{t-2} + A_3 y_{t-3} + \cdots + A_k y_{t-k} + B x_t + \varepsilon_t, t = 1, 2, \cdots, n$$

$$(5-2)$$

---

① Sims C.A., "Macroeconomics and Reality", *Econometrica*, Vol.48, No.1, 1980.

其中, A 和 B 为模型待估计系数矩阵, 是变量的影响系数; y_t 为 m 维模型内生变量, x_t 为 s 维的外生变量; k 为模型的滞后阶数; ε_t 为 m 维随机误差项, 同时也被假定为白噪声序列; t 为模型的总体样本数。

二、实证分析

(一)数据来源及说明

结合研究目的, 本章在模型中纳入 9 个主要变量的年度数据:中国自由贸易区网络深度发展水平(FTA_{depth})、中国自由贸易区网络广度发展水平(FTA_{span})、中国总体产业全球价值链分工地位(GVC_total)、中国初级产业全球价值链分工地位指数($GVC\_primary$)、中国制造业全球价值链分工地位指数($GVC\_manufacture$)、中国服务业全球价值链分工地位指数($GVC\_service$)、中国劳动密集型产业全球价值链分工地位指数(GVC_labour)、中国资本密集型产业全球价值链分工地位指数($GVC\_capital$)、中国技术密集型产业全球价值链分工地位指数($GVC\_technology$)。在考虑已有数据完整性和可得性的基础上, 选取中国 2007—2019 年的相关宏观数据作为研究的原始数据。其中, 中国自由贸易区网络深度发展水平原始数据来自 DESTA 数据库;中国自由贸易区网络广度发展水平原始数据来自 WTO - RTA 数据库并通过胡贝尔(Hubbell)指数由作者计算获得;中国的全球价值链分工地位指数、中国不同行业全球价值链分工地位指数、中国制造业细分行业全球价值链分工地位指数的原始数据来自对外经贸大学全球价值链研究院制作的 UIBE GVC Indicators 数据库。

(二)模型构建与检验

1. ADF 平稳性检验

由于不相关数列之间可能存在伪回归的现象, 为避免实证结果被伪回归影响并确保研究数据的平稳性,此处首先检验数列平稳性。本章采用传统的 ADF 检验方法检验模型变量,为了降低模型估计的异方差,本章提前对中国的全球价值链分工地位指数、中国不同行业全球价值链分工地位指数、中国制造业细分行业全球价值链分工地位指数分别放大 10 倍处理,结果如表 5-1 所示。

表 5-1 平稳性检验

变量	检验类型	5%临界值	ADF 检验值	p 值	结论
$GVC\_primary$	(C,0,0)	-3.000	-0.863	0.8000	不平稳
$GVC\_manufacture$	(C,0,0)	-3.000	-0.829	0.8106	不平稳
$GVC\_service$	(C,0,0)	-3.000	-1.521	0.5230	不平稳
GVC_labour	(C,0,0)	-3.000	-1.01	0.7494	不平稳
$GVC\_capital$	(C,0,0)	-3.000	-0.98	0.7603	不平稳
$GVC\_technology$	(C,0,0)	-3.000	-1.347	0.6075	不平稳
GVC_total	(C,0,0)	-3.000	-2.164	0.5102	不平稳
FTA_{depth}	(C,0,0)	-3.000	-0.987	0.7579	不平稳
FTA_{span}	(C,0,0)	-3.000	0.011	0.9594	不平稳
$D(GVC\_primary)$	(C,T,0)	-3.600	-3.417	0.0492	平稳
$D(GVC\_manufacture)$	(C,0,0)	-3.000	-3.037	0.0316	平稳
$D(GVC\_service)$	(C,0,0)	-3.000	-3.124	0.0248	平稳
$D(GVC\_labour)$	(C,0,K)	-3.000	-3.098	0.0267	平稳
$D(GVC\_capital)$	(C,T,0)	-3.600	-3.49	0.0000	平稳
$D(GVC\_technology)$	(C,0,0)	-3.000	-3.220	0.0188	平稳
$D(GVC\_total)$	(C,T,0)	-3.600	-3.643	0.0264	平稳
$D(FTA_{depth})$	(C,0,K)	-3.000	-3.389	0.0114	平稳
$D(FTA_{span})$	(C,T,0)	-3.600	-4.112	0.0009	平稳

注:检验类型中的 C、T、K 表示单位根平稳性检验中的常数项、时间趋势项和滞后阶数;D 表示原序列对数的一阶差分形式。

从模型变量原始数据的 ADF 检验结果来看,中国自由贸易区深度发展水平、中国自由贸易区广度发展水平、中国的全球价值链分工地位、中国不同产业全球价值链分工地位和中国制造业细分行业全球价值链分工地位均未通过平稳性检验。故将原始数据处理为一阶差分形式,并再次进行 ADF 检验。结果显示,经差分后的变量通过了平稳性检验,因此本章认为模型变量间的关系是稳定均衡的,可以用于进行后续实证。

2. 最优滞后阶数确定与向量自回归模型稳定性检验

解决变量平稳性问题后,为保障模型回归结果的稳健性,需要设定最优的滞后期数。理论上,滞后期数越大,对变量间动态关系的反映越清晰。但根据实际经验,滞后期数过小可能导致残差自相关,而滞后期数过大将导致自由度锐减,进而降低模型信效度。本章对比了 FPE、LR、AIC、SC、HQ,五个检验统计指标,并考虑检验统计指标 FPE 与 AIC 可能高估滞后阶数的可能,以分析选择三组向量自回归模型的最优滞后期数,最终本章确定三组向量自回归模型最优滞后阶数均为 2 阶。

本章对实证结果的稳健性检验主要根据向量自回归模型稳定性检验的伴随矩阵特征图,最终得出特征根均小于 1,在单位圆内部范围内,表明向量自回归模型(2)具备稳定性,中国自由贸易区网络深度发展、中国自由贸易区网络广度发展与中国的全球价值链分工地位、不同产业全球价值链分工地位、制造业细分行业全球价值链分工地位之间的关系也通过了稳定性检验。并得到模型的基本形式如下:

总体产业层面:

$$
\begin{bmatrix} DGVC\_total_t \\ DFTA_{depth_t} \\ DFTA_{span_t} \end{bmatrix} = \begin{bmatrix} -0.0814 \\ 0.0668 \\ 0.02748 \end{bmatrix} + \begin{bmatrix} 1.3695 & -0.2065 & 2.7033 \\ 0.7350 & -0.3960 & 0.9457 \\ 0.2181 & -0.3486 & -0.04215 \end{bmatrix}
$$

$$
\begin{bmatrix} DGVC\_total_{t-1} \\ DFTA_{depth_{t-1}} \\ DFTA_{span_{t-1}} \end{bmatrix} + \begin{bmatrix} -0.7378 & -0.4831 & 1.6909 \\ -1.1654 & -0.7557 & 0.2886 \\ -0.2151 & -0.0018 & -0.1856 \end{bmatrix} \begin{bmatrix} DGVC\_total_{t-2} \\ DFTA_{depth_{t-2}} \\ DFTA_{span_{t-2}} \end{bmatrix} + \begin{bmatrix} \delta_{1t} \\ \delta_{2t} \\ \delta_{3t} \end{bmatrix}
$$

$$(5-3)$$

不同行业层面：

$$
\begin{bmatrix} DGVC\_primary_t \\ DFTA_{depth_t} \\ DFTA_{span_t} \end{bmatrix} = \begin{bmatrix} 0.1170 \\ 0.2681 \\ 0.01638 \end{bmatrix} + \begin{bmatrix} 0.9409 & -0.1419 & 1.2145 \\ -0.1037 & 0.0822 & -0.8282 \\ 0.1380 & 0.0175 & -0.5653 \end{bmatrix}
$$

$$
\begin{bmatrix} DGVC\_primary_{t-1} \\ DFTA_{depth_{t-1}} \\ DFTA_{span_t} \end{bmatrix} + \begin{bmatrix} -0.3385 & -0.3201 & 1.6467 \\ -0.3071 & -0.5343 & -0.1591 \\ -0.1076 & 0.0445 & -0.1634 \end{bmatrix} \begin{bmatrix} DGVC\_primary_{t-2} \\ DFTA_{depth_{t-2}} \\ DFTA_{span_t} \end{bmatrix} +
$$

$$
\begin{bmatrix} \delta_{1t} \\ \delta_{2t} \\ \delta_{3t} \end{bmatrix} \tag{5-4}
$$

$$
\begin{bmatrix} DGVC\_manufacture_t \\ DFTA_{depth_t} \\ DFTA_{span_t} \end{bmatrix} = \begin{bmatrix} -0.0892 \\ 0.0425 \\ 0.0172 \end{bmatrix} + \begin{bmatrix} 1.4488 & -0.4007 & 0.5554 \\ 0.6688 & -0.4969 & 1.4159 \\ -0.2584 & -0.0672 & -0.0677 \end{bmatrix}
$$

$$
\begin{bmatrix} DGVC\_manufacture_{t-1} \\ DFTA_{depth_{t-1}} \\ DFTA_{span_{t-1}} \end{bmatrix} + \begin{bmatrix} -0.8302 & -0.7057 & 3.1453 \\ -1.0388 & -0.7790 & 1.0799 \\ -0.2026 & -0.0020 & -0.0319 \end{bmatrix}
$$

$$
\begin{bmatrix} DGVC\_manufacture_{t-2} \\ DFTA_{depth_{t-2}} \\ DFTA_{span_{t-2}} \end{bmatrix} + \begin{bmatrix} \delta_{1t} \\ \delta_{2t} \\ \delta_{3t} \end{bmatrix} \tag{5-5}
$$

$$
\begin{bmatrix} DGVC\_service_t \\ DFTA_{depth_t} \\ DFTA_{span_t} \end{bmatrix} = \begin{bmatrix} -0.1185 \\ 0.0551 \\ 0.0351 \end{bmatrix} + \begin{bmatrix} 0.9248 & 0.0235 & 2.1941 \\ 0.5121 & -0.2563 & 0.6209 \\ 0.1658 & 0.0008 & -0.4388 \end{bmatrix}
$$

$$+ \begin{bmatrix} DGVC\_service_{t-1} \\ DFTA_{depth_{t-1}} \\ DFTA_{span_{t-1}} \end{bmatrix} + \begin{bmatrix} -0.2974 & -0.3055 & 1.3460 \\ -0.9621 & -0.7303 & 0.0440 \\ -0.1358 & 0.0042 & -0.2152 \end{bmatrix} \begin{bmatrix} DGVC\_service_{t-2} \\ DFTA_{depth_{t-2}} \\ DFTA_{span_{t-2}} \end{bmatrix} +$$

$$\begin{bmatrix} \delta_{1t} \\ \delta_{2t} \\ \delta_{3t} \end{bmatrix} \tag{5-6}$$

制造业细分行业层面：

$$\begin{bmatrix} DGVC\_labour_t \\ DFTA_{depth_t} \\ DFTA_{span_t} \end{bmatrix} = \begin{bmatrix} 0.0036 \\ 0.1019 \\ 0.0721 \end{bmatrix} + \begin{bmatrix} -0.0546 & 0.103 & 2.2981 \\ 0.5121 & -0.2563 & 0.6209 \\ 0.0451 & 0.0468 & -0.5544 \end{bmatrix}$$

$$\begin{bmatrix} DGVC\_labour_{t-1} \\ DFTA_{depth_{t-1}} \\ DFTA_{span_{t-1}} \end{bmatrix} + \begin{bmatrix} -0.0379 & -0.3962 & 0.5666 \\ 2.1549 & -1.4879 & 2.8913 \\ 0.3846 & -0.1575 & 0.7105 \end{bmatrix} \begin{bmatrix} DGVC\_labour_{t-2} \\ DFTA_{depth_{t-2}} \\ DFTA_{span_{t-2}} \end{bmatrix} + \begin{bmatrix} \delta_{1t} \\ \delta_{2t} \\ \delta_{3t} \end{bmatrix}$$

$$\tag{5-7}$$

$$\begin{bmatrix} DGVC\_capital_t \\ DFTA_{depth_t} \\ DFTA_{span} \end{bmatrix} = \begin{bmatrix} 0.0564 \\ 0.2183 \\ 0.0334 \end{bmatrix} + \begin{bmatrix} 0.1582 & -0.0042 & 0.1547 \\ 0.2902 & 0.1366 & -2.696 \\ 0.1107 & 0.0224 & -0.8187 \end{bmatrix}$$

$$\begin{bmatrix} DGVC\_capital_{t-1} \\ DFTA_{depth_{t-1}} \\ DFTA_{span_{t-1}} \end{bmatrix} + \begin{bmatrix} 0.3266 & -0.3670 & 0.1547 \\ 0.3329 & -0.5247 & -2.063 \\ 0.0993 & 0.0197 & 0.0197 \end{bmatrix} \begin{bmatrix} DGVC\_Capital_{t-2} \\ DFTA_{depth_{t-2}} \\ DFTA_{span_{t-2}} \end{bmatrix} +$$

$$\begin{bmatrix} \delta_{1t} \\ \delta_{2t} \\ \delta_{3t} \end{bmatrix} \tag{5-8}$$

$$
\begin{bmatrix} DGVC\_technology_t \\ DFTA_{depth_t} \\ DFTA_{span_t} \end{bmatrix} = \begin{bmatrix} 0.0655 \\ 0.1590 \\ 0.0167 \end{bmatrix} + \begin{bmatrix} 0.0793 & 0.2071 & 0.1537 \\ 0.6810 & -0.1689 & -1.544 \\ 0.2388 & -0.0952 & -0.3350 \end{bmatrix}
$$

$$
\begin{bmatrix} DGVC\_technology_{t-1} \\ DFTA_{depth}h_{t-1} \\ DFTA_{span_{t-1}} \end{bmatrix} + \begin{bmatrix} 0.0793 & -0.7076 & 1.3016 \\ 0.6151 & -0.9804 & -0.6464 \\ 0.1080 & -0.0788 & 0.0279 \end{bmatrix}
$$

$$
\begin{bmatrix} DGVC\_technology_{t-2} \\ DFTA_{depth_{t-2}} \\ DFTA_{span_{t-2}} \end{bmatrix} + \begin{bmatrix} \delta_{1t} \\ \delta_{2t} \\ \delta_{3t} \end{bmatrix} \tag{5-9}
$$

(三)脉冲响应函数分析

1. 总体产业层面

图 5-1(a)、图 5-1(b)显示了中国自由贸易区网络深度与广度发展对全球价值链分工地位的累计冲击结果。总体来看,中国自由贸易区网络深度和广度发展对中国的全球价值链分工地位呈现相对不同的响应态势。具体来看:给中国自由贸易区网络深度发展一个标准差的冲击后,中国的全球价值链分工地位将会发生双向波动,但波动以正向为主,冲击效果在第 1 期达到峰值,之后略有波动但总体趋于平稳。表明中国自由贸易区网络深度发展能够较显著促进中国的全球价值链分工地位攀升,且该效果将在一定时期内得以持续。给中国自由贸易区网络广度发展一个标准差的冲击后,中国的全球价值链分工地位将会发生较为剧烈的双向波动,该波动同样以正向为主,冲击效果在第 1 期达到顶峰后,随后逐渐弱化并在第 3 期达到最低值 0.01%,虽然在第 3 期后冲击效果有所反弹,但冲击效果一直低于 0.025%。表明中国自由贸易区网络广度发展对中国的全球价值链分工地位的攀升有较为明显的持续促进效果,短期正向促进效果波动性较大,经过一段时间后正向促进作用逐渐减

弱并趋于平稳。

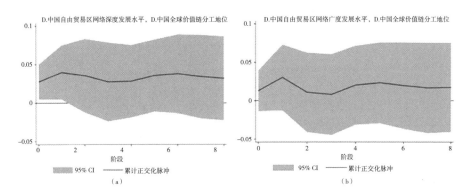

图 5-1　中国自由贸易区网络"深度"和"广度"对中国的全球价值链分工地位脉冲响应
注:按脉冲名称、冲击变量和响应变量绘制的图形。

2. 不同产业层面

图 5-2(a)—图 5-2(f)显示了自由贸易区网络深度和广度发展对我国不同行业全球价值链分工地位的累计冲击结果,总体来看,自由贸易区网络深度和广度发展对我国不同产业全球价值链分工地位呈现相对不同的响应态势。具体来看:初级产业层面,自由贸易区网络深度发展对我国初级产业全球价值链分工地位产生以正向为主的小幅波动,在第5期冲击效果达到峰值0.05%,之后呈现相对平稳的正向冲击趋势,表明自由贸易区网络深度发展对我国初级产业全球价值链分工地位的攀升有持续性的正向促进作用,但影响效果较小;自由贸易区网络广度发展对我国初级产业全球价值链地位攀升产生以正向为主的正负双向的大幅度波动,冲击效果并不显著,在第1期逐渐呈现负向影响趋势,在第2期开始时呈现由负向转正向影响趋势,并在第4期达峰值后,缓慢收敛于0,表明自由贸易区网络广度发展对我国初级产业全球价值链分工地位的攀升有一定的正向促进作用,但随着时间的推移促进作用有限。制造业层面,自由贸易区网络深度发展对我国制造业全球价值链分工地位产生以正向为主且幅度较小的波动,冲击效果在第6期达到最大值,表明自由贸易区网络深度发展对我国制造业价值链攀升具有较显著的促进作用,且该作

用具有一定持续性;自由贸易区网络广度发展对制造业全球价值链分工地位以正向为主的正负双向的大幅度波动,在第 1 期到第 4 期影响效果波动性较大,并在第 1 期脉冲影响效果达到最大,在第 4 期之后脉冲影响效果缓慢收敛于 0,表明自由贸易区网络广度发展对我国制造业的全球价值链分工地位攀升短期存在显著的正向促进效应,但长期促进作用比较有限。从服务业看,自由贸易区网络深度发展对服务业全球价值链分工地位产生以正向为主的小幅度波动,在第 2 期达到峰值,之后影响效果呈现相对平稳的趋势;自由贸易区网络广度发展对服务业的全球价值链分工地位产生以正向为主且幅度较小的波动,表明自由贸易区网络广度发展对我国制造业的全球价值链分工地位产生具有一定促进作用,但该作用程度有限,冲击效果在第 1 期达到最大值,之后脉冲影响效果趋于平稳,表明自由贸易区深度和广度发展对服务业全球价值链分工地位的攀升有持续性的正向促进作用,且促进影响相对稳定。

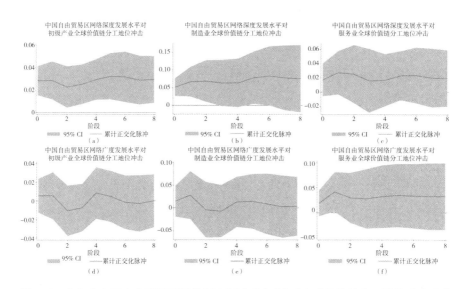

图 5-2　分行业中国自由贸易区网络"深度"和"广度"对全球价值链分工地位脉冲响应

注:按脉冲名称、冲击变量和响应变量绘制的图形。

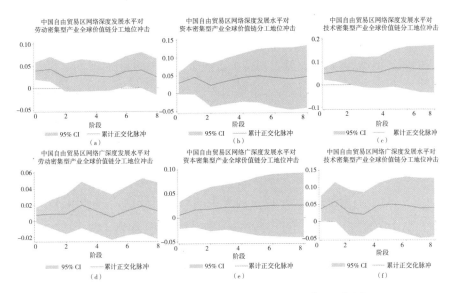

**图 5-3　制造业细分行业中国自由贸易区网络"深度"和
"广度"对全球价值链分工地位脉冲响应**

3.制造业细分行业层面

图 5-3(a)—图 5-3(f)显示了自由贸易区深度和广度发展水平对我国不同制造业细分行业全球价值链分工地位的累计冲击结果,总体来看,自由贸易区网络深度和广度发展对我国不同制造业细分行业全球价值链分工地位攀升呈现相对不同的响应态势。具体来看:劳动密集型产业层面,自由贸易区网络深度发展对我国劳动密集型产业全球价值链地位产生以正向为主的脉冲影响,且影响趋势存在较大波动,在第 1 期和第 7 期影响效果达到最高,并在第 7 期开始下降;自由贸易区网络广度发展对我国劳动密集型产业全球价值链分工地位产生以正向为主的大幅度波动,在第 1 期和第 7 期影响效果达到最高,表明自由贸易区网络深度和广度发展对我国劳动密集型产业全球价值链分工地位的攀升有持续性的正向促进作用,但影响作用波动性较大。资本密集型产业层面,自由贸易区网络深度发展对我国资本密集型产业全球价值链分工地位产生以正向为主的明显波动,在第 2 期前累计脉冲效果波动性较大,

从第 3 期开始呈现持续正向缓慢扩大的趋势,并在期末第 8 期达到顶峰;自由贸易区网络广度发展对我国资本密集型产业全球价值链分工地位产生以正向为主的明显波动,并从开始就呈现持续正向缓慢扩大的趋势,表明自由贸易区网络深度和广度发展对我国资本密集型产业全球价值链分工地位的攀升有持续性的正向促进作用,且促进影响随着时间的推移逐步缓慢增大。技术密集型产业层面,自由贸易区网络深度发展对我国技术密集型产业全球价值链分工地位产生以正向为主的脉冲影响,且波动趋势较平稳,保持在 0.05% 附近;自由贸易区网络广度发展则形成正向为主的双向度波动,脉冲影响效果在第 1 期到第 4 期呈现较强波动性,并在第 1 期达到最大,在第 4 期之后逐渐趋于平稳,表明自由贸易区网络的深度、广度发展将持续性促进我国技术密集型产业全球价值链分工地位的攀升,但自由贸易区深度发展的影响作用相较于自由贸易区网络广度发展更趋于稳定。

基于中国 2007—2019 年自由贸易区网络深度和广度发展对我国在全球价值链分工地位的具体影响趋势,对比分析自由贸易区网络深度和广度如何影响我国在产业整体和细分层面以及制造业细分行业层面的价值链分工地位(见图 5-1、图 5-2 和图 5-3),可以总结出自由贸易区网络发展影响我国在全球价值链分工地位的三个方面特征:

第一,自由贸易区网络深度和广度发展对我国在全球价值链分工地位的攀升均有正向的促进作用,给自由贸易区网络深度和广度发展一个标准差的冲击后,自由贸易区网络深度和广度发展对中国的全球价值链分工地位呈现相对不同的响应态势,但自由贸易区网络深度和广度发展对我国在整体行业层面、不同产业层面和细分行业层面全球价值链分工地位的攀升均产生以正向为主的冲击效果。

第二,自由贸易区网络深度和广度发展对我国在全球价值链分工地位攀升的短期冲击效果优于长期。依据图 5-1、图 5-2 和图 5-3 可知,中国自由贸易区网络深度和广度发展对我国在全球价值链分工地位的攀升的冲击效果普遍在初期有快速增大的趋势,之后逐渐减弱并趋于平稳。这种特征的形成主要是因为中国在参与全球价值链分工合作的初期,依靠自身资源禀赋和劳动力价格优势,依托自由贸易区的政策红利较快地嵌入全球价值链分工体系,促进了全球价值链地位的攀升,但由于中国许多产业仍处于全球价值链的中低端,利用依靠劳动力和土地资源的"低端嵌入"发展模式参与全球价值链分工合作,不仅附加值低,而且随着劳动力成本和土地价格的明显上涨,长期发展不具有比较优势。

第三,自由贸易区网络深度发展对于我国在产业全球价值链分工地位攀升的影响效果优于自由贸易区网络广度发展。自由贸易区网络深度发展对于我国在全球价值链分工地位的攀升有明显且持续的正向促进效果,自由贸易区网络广度发展对我国在全球价值链分工地位的攀升有较为明显波动的正向促进效果,且对初级产业、制造业全球价值链分工地位攀升长期影响作用有限。主要原因是:自由贸易区网络深度发展基于自由贸易协定条款范围扩大、合作程度加深,对全球价值链地位的影响相对直接。自由贸易区网络广度发展基于已签订自由贸易协定的数量的增加,但自由贸易区网络已不是单个自由贸易区的简单加总,因此自由贸易区网络产生的经济效应并不是单个自由贸易区的简单叠加,自由贸易区网络广度发展面临各缔约国间在经济政治等多方面的差异化、多元化特征,甚至部分国家仍经历着政局动荡。同时,各次区域的一体化程度也有所差异,域内不同贸易合作安排复杂交错,导致"意大利面碗效应",增加了贸易固定成本,不利于贸易的扩展边际。

三、实证结果

本节基于向量自回归模型,运用脉冲响应技术,考察了中国2007—2019年自由贸易区网络的深度和广度发展对全球价值链分工地位的具体影响趋势,并对比分析中国自由贸易区网络深度和广度对不同产业价值链和细分行业价值链分工地位影响程度。研究结果表明:第一,自由贸易区网络深度和广度发展对我国在全球价值链分工地位的攀升均有正向的促进作用。第二,自由贸易区网络深度发展对我国在初级产业、制造业和服务业全球价值链分工地位的攀升有持续性的正向促进作用;自由贸易区网络广度发展对初级产业、制造业全球价值链分工地位攀升短期存在波动的正向促进作用,但长期作用有限。第三,自由贸易区网络深度和广度发展对我国劳动、资本和技术密集型产业的全球价值链分工地位提升均具有持续性的积极影响。

第二节　自由贸易区网络特征影响
我国产业国际地位效果

为进一步实证检验贸易网络特征影响我国产业国际地位效果,本节基于2010—2018年26个主要国家或地区的面板数据进行实证分析,对于我国提升产业国际地位的实践提供一定参考。

一、中国自由贸易区网络的特征测度指标

在贸易网络的构建中,多数研究选择首先构建网络邻接矩阵 $A_{ij} = [a_{ij}]$,其中 $a_{ij} = 0$ 或 1 分别表示进出口国之间是/否发生贸易往来。其次,考虑节点间的权重构建权重矩阵,以元素 w_{ij}^t 表示 i 国和 j 国在 t 时期的双边贸易额(也可为其他测度对象), $w_{ij}^t = 0.5(e_{ij}^t + m_{ij}^t)$ 。其中, e_{ij}^t 为 t 时期 i 国对 j 国的出口额, m_{ij}^t 为 t 时期 i 国对 j 国的进口额。权重矩阵应该是对称的,即 $w_{ij}^t = w_{ji}^t$ 。但是,各国在统计口径上并非完全一致,即上述等式并不必然成立,这种情况下我们通常采用最大值法进行对称化处理,令 $w_{ij}^t = \max[w_{ij}^t, w_{ji}^t]$,再对数据进行标准化处理,将该矩阵中的每个元素比上矩阵中的最大值,从而使 $w_{ij}^t \in [0, 1]$ 。在以上基础上,对度数中心性、网络异质性、网络联系强度等指标进行测算,并进行核密度分析。

（一）度数中心性的测度

度数中心性描述了各点间直接联系的程度。度数中心性反映贸易网络中节点的重要程度,是衡量网络中各个节点所处位置的重要变量。具体到贸易网络中,度数中心性可以衡量我国贸易范围的广度以及与我国发生贸易国家的数量,侧面反映了我国在贸易网络中所处的位置。这一指数与我国在网络中的重要程度成正比,若我国度数中心性指数较大,则意味着我国建立大量贸易关系,在贸易网络中起到了"桥梁"作用,且在贸易网络中具有较高的话语权,进而攀升全球价值链的中高端。

本节在梳理现有学者对度数中心性测度方法的基础上,给出了改进之后的测度方法。基于相关测算结果,本节绘制了中国自由贸易区贸易网络关系图,并基于贸易网络关系图分析了我国从 2010 年到 2018 年在贸易网络中的变化过程。

1. 测度方法

本节基于世界银行数据库,选取自由贸易区内 26 个国家或地区 2010—2018 年全部制造业的进出口贸易数据,构建无向矩阵,具体构建方法如下:设定矩阵元素 a_{ij} 表示国家与国家之间是否存在关系,如果两国之间存在贸易往来,且大于 10 亿美元,则有 $a_{ij} = 1$;如果 i 国对 j 国出口与 j 国从 i 国进口都小于 10 亿美元,则 $a_{ij} = 0$。在构建了无向矩阵之后,本节通过式(5-10)计算度数中心性:

$$d_i = \sum_i a_{ij} \tag{5-10}$$

其中, d_i 表示节点 i 的点度数, a_{ij} 为网络邻接矩阵 A_t 对应的元素。本节选取 26 个国家或地区为研究对象,则 $j \in [0, 26]$。另外,若该指标的数值为0,则表示该经济体是一个孤立的点,不与自由贸易区内其他国家或地区存在贸易联系;若该指标的数值为 25,则表示该经济体与自由贸易区内的其他任何国家或地区都存在贸易联系,即该指标的数值与度数中心性,进而与该国在网络中的地位成正比。

2. 中国的度数中心性分析

基于上述测算方法,本节测算了 26 个国家或地区的度数中心性指标,具体数值如表 5-2 所示。通过对比表中的相关数据,可以发现我国的度数中心性呈现以下特征:第一,我国 2010 年、2012 年、2014 年、2016 年、2018 年贸易网络的度数中心性指标排名始终占据排行榜前两位,且我国的度数中心性数值较大,远超其他经济体,这说明我国在自由贸易网络中与较多的国家或地区建立了贸易关系,具有很高的贸易地位。值得注意的是,东盟内经济体的度数中心性近年来不断提高,尤其是马来西亚,不仅度数中心性处于较高位置,而且与中国差距很小,呈彼此追逐状态,这表明自中国—东盟自由贸易区建立以来,中国不断加强与其他经济体的联系,在提升本国度数中心性的同时,也带动了其他经济体的快速发展,实现了双赢。第二,通过对比发现,中国度数中心性指标的数值这几年来有明显的提升,虽然增速较慢,但增长势头不减,且较为平稳,这表明我国在贸易网络中的中心地位得到巩固,同时也体现了中国自由贸易区战略的有效性。借助自由贸易区建设,中国积极推进与区域内经济体的商品贸易,拓展贸易的深度和广度,在贸易网络中的中心地位得到了提升。第三,中国虽然在贸易网络中具有较高的中心位置,拥有较高的贸易地位,但其他经济体的发展也不容忽视。除马来西亚外,日本、韩国、澳大利亚的度数中心性也较高,且十分稳定,这说明中国与这些经济体建立自由贸易区具有良好的贸易基础。中国与这些经济体不仅有广阔的合作空间,而且还存在较强的竞争,各经济体应该加强互动流通,尤其是《区域全面经济伙伴关系协定》签署之后,中国更应该主动承担起大国责任,发挥大国优势,在原有的合作规模之上进一步推动交流,增强本国未来的发展潜力,帮助本国及其他经济体更好地应对挑战,造福于世界各国人民。

表 5-2　2010—2018 年各经济体度数中心性数值

国家或地区	2010 年	2012 年	2014 年	2016 年	2018 年
毛里求斯	6	6	7	5	7
格鲁吉亚	5	6	6	4	7
秘鲁	6	6	6	6	6
新加坡	15	15	16	13	16
智利	5	6	6	5	7
巴基斯坦	9	10	11	10	12
柬埔寨	6	9	7	7	8
马尔代夫	1	2	2	2	2
澳大利亚	18	18	18	16	18
瑞士	10	10	10	11	11
哥斯达黎加	11	12	12	11	11
新西兰	11	11	12	11	12
印度尼西亚	11	12	12	12	13
马来西亚	21	21	22	21	21
菲律宾	12	12	12	12	13
泰国	16	18	18	17	19
文莱	6	8	7	5	8
老挝	4	4	5	4	6
缅甸	14	13	13	12	13
越南	13	14	15	14	18
日本	19	19	19	19	19
韩国	16	16	16	16	16
冰岛	6	6	6	6	6
中国	21	21	21	20	22

3. 中国在贸易网络中的角色和位置分析

国家之间贸易的网络关系图可以更加直观地描述一国在贸易网络中所处的位置以及与其他国家存在的联系。本节采用可视化工具 NETDRAW 分别绘制了 2010 年、2018 年自由贸易区所涉及的 26 个国家或地区的贸易网络图,综合考虑到各经济体发展水平以及各经济体间贸易量的不均衡问题,本节采用 10 亿美元为贸易阈值构建各经济体间贸易网络关系图。如图 5-4、图 5-5 所示,节点代表各个经济体,两节点间存在可视的连线表明其对应的两经济体间贸易额高于 10 亿美元(设定的阈值),即存在较密切贸易往来。且两个节点之间的连线越粗,表明对应经济体间贸易强度越大;经过节点连线数量越多,该点对应经济体越接近网络中心。

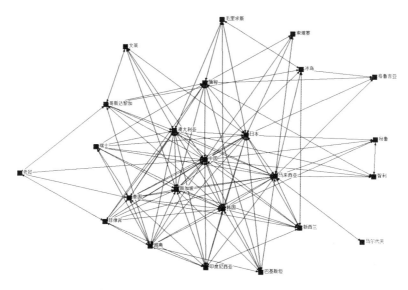

图 5-4 2010 年度数中心性网络拓扑结构

由图 5-4 可知,2010 年贸易网络成体呈现较"稀疏"的状态,即只有少数经济体与多个其他节点形成贸易联系。很大一部分国家或地区只与贸易区内的一个或几个经济体存在贸易联系。另外,处于核心位置的国家或地区与其他经济体存在较多的联系,处于边缘地带的国家或地区与其他经济体的联系较少,且二者的度数中心性数值相差较大,分别处于两个极端。具体分析可知,我国一直与其他经济体存在联系,不仅是与处于核心位置的经济体,就连处于最边缘位置的马尔代夫也与我国有着较强的联系。不仅如此,我国还具有很强的中介性,很多经济体之间的联系都是通过中国建立的,我国起到了串联各个经济体、为各个经济体提供信息资源的作用。由分析可知,与我国相连接的线段数量多且分布广,我国在贸易网络中处于贸易网络的中心,与其他经济体发生了较强的联系,且中心位置凸显,具有较高的度数中心性以及产业地位,占据了贸易网络的中心位置。

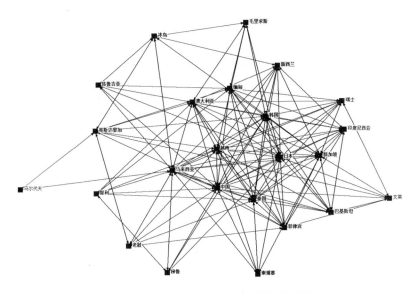

图 5-5　2018 年度数中心性网络拓扑结构

由图 5-5 可知,2018 年贸易网络呈现为更加紧密的状态,网络中多数节点都形成了数量更多、强度更大的关联关系。且相比于 2010 年,处于网络核心区域的经济体大幅增加,与这些核心位置的国家和地区发生贸易联系的经济体数量也明显增加;处于边缘位置的国家和地区数量显著减少,且这部分经济体也与更多其他国家或地区建立了贸易关系,其贸易伙伴范围更趋于多元化,表现为穿过边缘经济体对应节点的连线数量增加。具体来看,2018 年的贸易网络关系图中,与我国相连的线段更加稠密,且相较于 2010 年,线段更加粗实。这说明随着自由贸易区战略的实施,与我国发生贸易联系的经济体进一步增多,贸易量也进一步加强,我国的产业地位得到进一步巩固。虽然其他经济体如日本、新加坡也都进入了核心位置行列,但贸易伙伴和贸易体量数量不如我国巨大,核心位置不如我国明显。另外,我国通过自由贸易区这一途径,不断加强与边缘国家的联系,2010 年处于贸易网络边缘位置的国家或地区,也逐渐通过中国发展各自的贸易伙伴,不断增强贸易联系强度,向网络中间位置靠拢。

(二)网络联系强度的测度

在关系网络中,网络联系强度表示节点间联系紧密程度的大小。对网络联系强度最直接的测量方法是,将两个网络节点之间的对话关系进行叠加。如果该节点与其他节点发生关系较为紧密,则就表示该节点的联系强度较强,在关系网络中较为活跃,具有较高的网络中心位置。网络联系强度体现了复杂网络中各节点关联关系的紧密性。具体到贸易网络中,这一指标反映了贸易网络在"深度"方面的特征。我国的网络联系强度越大,意味着我国贸易份额在双边贸易关系中所占比重越大,与其他各经济体的联系就越深,对我国提升全球价值链参与程度有着深刻的影响。

1. 网络联系强度的测度

网络联系强度反映贸易的深度,该指标的数值越大,该国在对外贸易中所占据的贸易份额越多,与其他国家的贸易联系越深。

本节选取了 2010 年至 2018 年 9 年间各经济体的进出口贸易数据,构建加权贸易网络。具体构建方法为:设定矩阵元素 W_{ij}^t 表示 t 时期的加权网络,$t = 2010, 2011, \cdots, 2018$,$e_{ij}$ 表示 i 经济体对 j 经济体的进口贸易额,m_{ij} 表示 i 经济体对 j 经济体之间的出口贸易额,我们作对称化处理则有:$W_{ij}^t = \dfrac{e_{ij} + m_{ij}}{2}$,考虑到各经济体统计口径的差异,且 e_{ij} 和 m_{ij} 相差不大时,对数值进行最大化处理。为了实现所有的 $W_{ij}^t \in [0,1]$,将矩阵中全部元素除以该矩阵中的最大值。具体见式(5-11):

$$S_i = \sum_j w_{ij} \tag{5-11}$$

2.中国与其他经济体网络联系强度的排名分析

为了更加直观地考察我国在贸易网络中所处的位置,本节在测算 9 年间自由贸易区内 26 个国家或地区网络联系强度的基础上给出了 2010 年、2012年、2014 年、2016 年以及 2018 年网络联系强度排名前 9 位的国家或地区。

表 5-3　2010—2018 年联系强度靠前的经济体

排名	2010 年	2012 年	2014 年	2016 年	2018 年
1	中国	中国	中国	中国	中国
2	日本	日本	日本	日本	日本
3	韩国	韩国	韩国	韩国	韩国
4	马来西亚	马来西亚	马来西亚	马来西亚	马来西亚
5	新加坡	新加坡	新加坡	新加坡	新加坡
6	澳大利亚	澳大利亚	澳大利亚	泰国	泰国
7	泰国	泰国	泰国	澳大利亚	越南
8	印度尼西亚	印度尼西亚	印度尼西亚	越南	澳大利亚
9	冰岛	冰岛	越南	印度尼西亚	印度尼西亚

由表 5-3 可知,在 2010 年到 2018 年间,我国自由贸易区网络中贸易强度最高的前 9 位经济体总体稳定,仅在部分年份稍有波动,说明我国自由贸易区网络的稳定性较强。纵向维度上,2010 年到 2018 年,我国的网络联系排名始终领先于其他经济体,这说明我国的贸易份额远超其他经济体,在贸易网络中具有较高的话语权。横向来说,随着时间的推移,我国始终占据着排行榜第一的位置,具有较强的自稳定性。这说明自由贸易区战略的实施,进一步增加了我国的贸易伙伴,增大了我国的贸易体量,巩固了我国在贸易网络中的产业地位,使我国始终占据着贸易中枢位置,遥遥领先于自由贸易区内的其他经济体。另外,由表 5-3 可知,排名后几位的经济体位置不断发生变动,这说明随着中国自由贸易区战略的推进,自由贸易区内其他国家或地区都在借助这一平台改变现状,不断加强自身的影响力,这也彰显了中国自由贸易区战略的实用性以及高效性。

3.中国与其他经济体网络联系强度大小的比较分析

基于上述测算方法,本节测算了 26 个国家或地区贸易联系强度。由于中国、日本、韩国、马来西亚、新加坡这五个经济体的网络强度排名未发生变化且始终占据排名榜前五位,因此选取这五个经济体作为研究对象进行分析,具体结果见图 5-6。

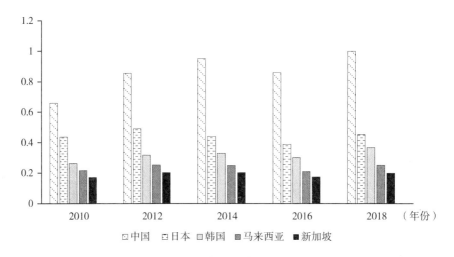

图 5-6　2010—2018 年排名前五的经济体联系强度

由图 5-6 可知,从横向来看,上述五个经济体各自的网络联系强度均在波动中上升。从 2010 年到 2018 年,我国的网络联系强度指标由 2010 年的 0.6594 上升至 2018 年的 1,虽然中间几经波动,但总体呈上升趋势,上升幅度较大。日本的总体增幅较小,从 2010 年的 0.4367 上升至 2018 年的 0.4533,增长率仅为 3.8%,但日本的增长势头不减,这也为中日韩自由贸易区的签署奠定了基础。韩国、马来西亚均呈现跌宕上升趋势,二者均在 2016 年有所下降,又在 2018 年稍有回升,增长幅度不大。值得一提的是,新加坡这 9 年间的网络联系强度变化不大,几乎保持稳定,这与国家政策以及国家固有的资本规模有关。除中国外的其他四个经济体虽变动幅度不大,但均呈上升趋势,中国自由贸易区战略在带动我国经济发展的同时,又能惠及其他国家或地区,与其他经济体共同发展。从纵向来看,我国的数值远远高于其他国家或地区的平均值,2014 年我国的网络联系强度是排名第二位日本网络联系强度的 2 倍之多,是新加坡的 4.7 倍。这表明我国的贸易份额最大,始终处于掌控地位。其余经济体和日本的差距还是相当明显的,日本的份额相对较大,在贸易网络中拥有相对较高的话语权,这也为中日进一步的密切合作奠定了基础。尽管我国的贸易强度较大,但其他几个经济体的增长势头不减,我国在发挥自身核心作用带动贸易区内其他国家或地区迅速发展的同时,也要时刻抓住契机保持自身的增速不减,与其他几个经济体密切合作,实现双赢。

(三)网络异质性的测度

网络异质性刻画网络中"结构洞"与弱关系的存在性。罗纳德·伯特在 1992 年提出了"结构洞"的概念,用于分析具备何种特征的网络能够增加网络行动主体可获得利益回报。具体到贸易网络中,网络异质性表示一国对外贸易的地理集中度,较高的网络异质性意味着我国对外贸易的地区分布较广,伙伴多且较为分散。

1. 网络异质性的测度

网络异质性衡量一国对外贸易的地理集中度,一国若与很多国家存在贸易联系,则可以从中选择有利于自己的资源和信息,从而形成本国的比较优势,我们一般用节点差异性来计算,具体计算方法见式(5-12):

$$dis_i = \frac{(N-1)\sum_j (\frac{w_{ij}}{s_i})^2 - 1}{N-2} \qquad (5\text{-}12)$$

其中,w_{ij} 为边权,s_i 为一国的联系强度,N 为网络中节点的个数。该指标值与 0 较接近,表明连接同一节点的各边的权重差异较小,网络异质性也较大;而该指标的数值越大,意味着经过同一节点的各连线权重差异越显著,即网络异质性越小。

2. 中国网络异质性排名的比较分析

基于上述测算方法,本节测算了 26 个主要国家或地区 2010—2018 年间每隔一年的网络异质性指标,限于篇幅原因,本节列出了每年排名靠前的国家或地区,相关测算结果见表 5-4。

表 5-4　2010—2018 年中国与其他经济体的网络异质性排名

排名	2010 年	2012 年	2014 年	2016 年	2018 年
1	马来西亚	缅甸	缅甸	缅甸	缅甸
2	泰国	马来西亚	泰国	泰国	中国
3	缅甸	泰国	马来西亚	瑞士	泰国
4	越南	中国	中国	马来西亚	马来西亚
5	菲律宾	菲律宾	新西兰	中国	新西兰
6	中国	新加坡	新加坡	新西兰	菲律宾
7	新加坡	新西兰	印度尼西亚	新加坡	哥斯达黎加
8	新西兰	越南	哥斯达黎加	印度尼西亚	瑞士
9	印度尼西亚	印度尼西亚	菲律宾	哥斯达黎加	新加坡
10	瑞士	日本	日本	菲律宾	印度尼西亚
11	澳大利亚	哥斯达黎加	冰岛	日本	日本
12	日本	瑞士	越南	冰岛	秘鲁
13	哥斯达黎加	冰岛	秘鲁	秘鲁	冰岛
14	冰岛	澳大利亚	澳大利亚	越南	越南

由表 5-4 可知,近年来我国的网络异质性排名不断变化。横向来看,我国的网络异质性排名不断提高,说明我国的贸易伙伴数量不断上升,贸易国家地理位置更加分散。纵向来看,一方面,2010—2016 年,我国的网络异质性排名始终在中等位置徘徊,这说明我国的网络异质性相对于贸易区内排名靠前的经济体还有待提高,我国应不断拓展贸易渠道,增加贸易伙伴,将国际贸易分散进行,降低贸易风险,增强本国的网络异质性,提升本国的产业国际地位。另一方面,2012—2016 年,我国的网络异质性排名始终靠前,这说明我国在积极提高自己异质性排名的同时,其他经济体也在积极开拓进取,发展各自的贸

易伙伴,提升各自的网络异质性。另外,2018 年我国的网络异质性排名跃居第二位,赶超了泰国、马来西亚、菲律宾等国家,我国突破了发展瓶颈,自由贸易区建设也取得了巨大进展,我国的产业国际地位得到了进一步提高。值得注意的是,新西兰的网络异质性排名从 2010 年的第 8 位上升到 2018 年的第 5位,上升幅度较大,秘鲁的网络异质性排名也上升较快,在 2014 年进入靠前行列,且之后一直保持上升趋势,这说明中国—新西兰、中国—秘鲁自由贸易区签署以来,我国的贸易伙伴逐渐增多,异质性排名上升,而且伙伴国通过中国这一中介力量发展了更多的贸易伙伴,取得了更高的异质性排名,我国在自由贸易区网络中的核心力和控制力日益凸显,产业国际地位日益提高。

3. 中国同几个发达国家网络异质性的比较分析

本节在测算了 26 个国家或地区的网络异质性指标后,选取了日本、韩国、新加坡、澳大利亚这四个与我国邻近且具有代表性的发达国家作为我国的比较对象,近年来这 5 个国家的贸易网络异质性指标数值的变化趋势(见图5-7)。

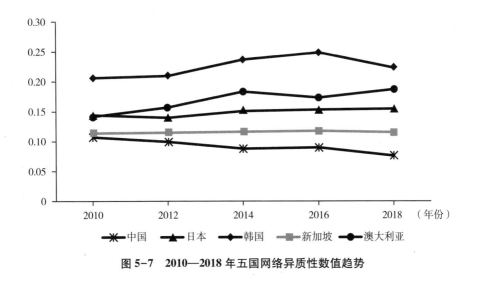

图 5-7　2010—2018 年五国网络异质性数值趋势

由图 5-7 可知,我国的网络异质性指标呈不断下降趋势,且近几年数值远远低于其他四国,因所选取的异质性指标数值与异质性呈反向变动关系,这说明我国的网络异质性高于其他四国,我国具有较多的贸易伙伴。随着中国自由贸易区战略的发展,我国的网络异质性不断提升,我国的贸易伙伴更加分散,贸易元素更加多元。具体来看,我国的网络异质性指标数值由2010年的0.1071下降到2018年的0.0759,下降幅度较大,说明我国的网络异质性有大幅度提升。对比其他国家,韩国的网络异质性指标先上升后下降,由2010年的0.2063上升到2016年的0.2489,再下降到2018年的0.2228,总体波动幅度较大。但2018年数值和2010年相比,仅仅上升了7.99%,上升幅度不大,且下降趋势明显,这说明最近两年韩国的贸易伙伴位置更趋于集中,我国应加强与韩国的互联沟通,进一步研究并推进自由贸易协定的实施,促进双方异质性的提高。澳大利亚呈现稳步上升态势,但增长幅度较小,澳大利亚近年来贸易伙伴地理分布有较小的收缩。日本和新加坡近几年网络异质性指标变化幅度较小,呈现出强稳定性特征,但随着时间的推移,各国自由贸易区建设进程提速,日本和新加坡的网络异质性指标势必会有减少的趋势,贸易伙伴更加广泛。与上述四国相比,虽然我国在网络异质性方面有比较优势,但与贸易区内的其他经济体相比仍还有进步的空间,我国的网络异质性有待进一步加强。我国在扩大自己贸易伙伴范围的同时,也应该注意与其他经济体的差距,我国应与更多经济体建立合作机会,主动扮演好中介角色,为更多边缘国家提供合作交流契机。

(四)三个网络特征指标的核密度图分析

核密度图可以反映网络特征指标总体的变化情况,本节对相关指标进行测算和分析之后,又通过核密度图对三个贸易网络特征指标进行了刻画,具体结果见图5-8。

图5-8显示了2010年、2015年、2018年三个网络特征指标的核密度图。可知:(1)度数中心性指标的核密度图虽然有向右偏离的趋势,但整体接近于

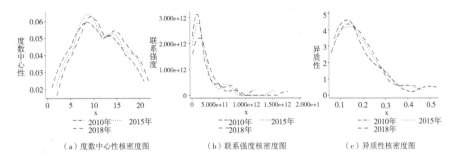

（a）度数中心性核密度图　　（b）联系强度核密度图　　（c）异质性核密度图

图 5-8　度数中心性、联系强度、异质性核密度图

正态分布。这说明大多数经济体的中心性处于中等位置,中心性过高或过低的经济体仅仅占少数。（2）网络联系强度指标的核密度呈现右偏状态。这说明贸易量很大的经济体居于少数,大部分经济体的贸易量都很少。且 2010—2018 年峰值波动下降,这说明贸易量较小的经济体与贸易量较大的经济体之间的差距一直在缩小。（3）网络异质性指标的核密度也呈现右偏状态。表明多数经济体都倾向于寻找多元的贸易伙伴,不再仅仅局限于某个或某几个经济体。相较于 2010 年,2018 年的峰值更高,这说明随着经济的发展,自由贸易区内国家或地区的贸易伙伴范围更加广阔。

二、中国产业国际地位的测度

在自由贸易区网络中,一国出口商品的技术特性往往能反映一国产业参与全球价值链分工地位的高低,进而能够反映出该国的产业地位的高低。因此,本部分在系统梳理现有研究的基础上,用出口技术复杂度指数来衡量我国的产业国际地位。本部分用 Tsi 表示我国的出口技术复杂度指数,具体的测算方法如下:

$$PRODY_i = \sum_j \frac{x_{ji}/X_j}{\sum_j (x_{ji}/X_j)} Y_j \tag{5-13}$$

其中,$PRODY_i$ 表示 i 类制造业产品的技术复杂度指数,x_{ji} 表示 j 国 i 产品

中国自由贸易区网络一体化水平与我国产业国际地位提升研究

的出口额; X_j 表示 j 国制造业全部产品的出口总额; Y_j 表示 j 国的人均国内生产总值。在计算得出 i 类制造业产品的技术复杂度指数后,加权可得我国的出口技术复杂度,从而来衡量我国的产业国际地位:

$$Tsi = \sum_j \frac{x_{ji}}{X_j} PRODY_i \qquad (5-14)$$

基于上述测算方法,本部分测算了 2010—2018 年自由贸易区内 26 个主要国家或地区的出口技术复杂度,表 5-5 给出了 2010—2018 年出口技术复杂度的描述性统计分析结果。

表 5-5　2010—2018 年出口技术复杂度描述性统计分析结果

年份	观测值	平均值	标准差	最小值	最大值
2010	26	26977.50	5223.757	17830.10	37432.48
2011	26	27240.15	4877.851	19177.35	37908.77
2012	26	27601.18	4952.431	19268.03	38766.05
2013	26	27704.69	5431.286	17998.62	39764.82
2014	26	28233.32	5457.888	18760.80	40108.79
2015	26	29424.08	6032.101	19277.42	42172.71
2016	26	29642.93	6085.259	20532.91	43454.00
2017	26	30175.97	6111.897	21463.15	45309.73
2018	26	30957.61	5696.955	22176.72	47195.43

由表 5-5 可知,2010—2018 年,出口技术复杂度指数不断上升,其平均值从 2010 年的 26977.50 上升到 2018 年的 30957.61,增长幅度约为 14.75%。纵向来看,最大值与最小值均呈现波动上升趋势,随着贸易合作的加深,各经济体的出口技术复杂度在不断增长,各经济体的产业国际地位不断提高。横向来看,每年的最大值与最小值的差值相对来说较大,且差值每年有上升趋势,这说明 26 个国家或地区的出口技术复杂度存在一定的差异,且随着贸易深度的增加,两极差距较大。

为了更加形象地描述我国的国际地位,本部分测算了 2010—2018 年 26

274

个国家或地区每两年的出口技术复杂度指标,选取了排名靠前的部分国家或地区并进行了排名统计,具体见表5-6。

表5-6　2010—2018年排名靠前的部分经济体出口技术复杂度

排名	2010 年	2012 年	2014 年	2016 年	2018 年
1	文莱	文莱	文莱	马尔代夫	文莱
2	马尔代夫	马尔代夫	马尔代夫	文莱	马尔代夫
3	缅甸	冰岛	缅甸	冰岛	冰岛
4	冰岛	缅甸	冰岛	澳大利亚	新西兰
5	瑞士	新加坡	澳大利亚	新西兰	新加坡
6	新西兰	瑞士	新加坡	瑞士	瑞士
7	新加坡	新西兰	新西兰	缅甸	哥斯达黎加
8	日本	澳大利亚	瑞士	新加坡	澳大利亚
9	澳大利亚	日本	日本	日本	日本
10	韩国	韩国	马来西亚	哥斯达黎加	缅甸
11	菲律宾	马来西亚	韩国	韩国	韩国
12	哥斯达黎加	秘鲁	哥斯达黎加	马来西亚	马来西亚
13	马来西亚	格鲁吉亚	秘鲁	泰国	中国
14	中国	哥斯达黎加	中国	中国	泰国

由表5-6可知,我国近年来的排名靠后,说明我国出口产品的技术复杂度与发达国家相比还有很大的差距,我国的产业地位相对较低,这与我国大部分通过技术水平较低的环节参与国际分工有关。另外,排在我国前面的经济体如文莱、冰岛、瑞士等一直占据着排行榜前几位,这表明相对发达的国家或地区产业国际地位较高,拥有较高的国际话语权。横向来看,我国近年来的出口技术复杂度一直在提高,先后超越了秘鲁、泰国,虽然变动幅度不大,但总体呈现上升趋势,中国自由贸易区战略的实施提升了我国的出口技术复杂度,提高了我国的产业国际地位。不可否认的是,虽然我国经济发展飞速,且自中国自由贸易区战略实施以来我国的国际地位有了明显提升,但我国的产业国际地位较一些相对发达经济体还具有一定差距,我国应更好地借助自由贸易区

平台与其他经济体展开对话,在发展本国经济的同时带动其他国家一起发展,实现互利共赢。

另外,为了更加清晰地表明我国的产业国际地位变化情况,本部分对比了几个具有代表性的发达国家,具体情况见图5-9。

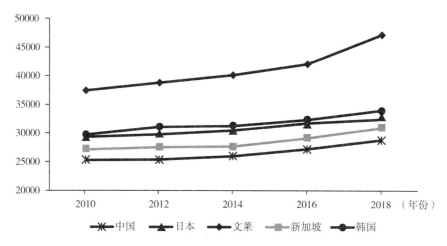

图 5-9　2010—2018 年中国与几个发达国家产业国际地位的趋势比较

图 5-9 显示了中国与文莱、日本、韩国、新加坡这几个发达国家产业国际地位的对比情况。总体来看,五个国家的产业国际地位均呈逐年上升趋势。尤其是文莱,不仅数值远远超过其他国家,而且增速较快,由 2010 年的 37432.48 增长到 2018 年的 47195.43,增长了 26.08%。这表明文莱在全球产业分工中主要从事高附加值的部分,产业国际地位较高,我国与文莱签订自由贸易协定具有很强的互补意义。横向来看,我国的产业国际地位近年来稳步上升,由 2010 年的 25286.26 增加到 2018 年的 28784.56,增加了 13.83%,这说明我国经济形势一片大好,我国自由贸易区战略的实施更是为提高我国的产业国际地位作出巨大贡献。纵向来看,我国的出口技术复杂度数值要低于其他发达国家,这表明相对发达国家在全球产业分工中主要从事高附加值部分,拥有较高的产业地位,我国想要达到发达国家水平,还需要继续发展本国

经济,增强本国产业竞争力,提升本国产业国际地位。近年来,我国的产业国际地位增速较快,除文莱外,增长速度远远超过日本、新加坡、韩国这三个发达国家。虽然我国的产业国际地位相较于其他发达国家仍然很低,但我国的增长势头不减,并且在自由贸易区战略的推动下,不断缩小与韩国、日本等国家的差距,甚至有赶超之势。

三、模型设置及数据说明

(一)模型构建

本章基于前文假设,综合现有学者的研究,构建了以下计量模型:

$$\ln Tsi_{it} = \alpha_1 \ln Degree_{it} + \alpha_2 \ln Strength_{it} + \alpha_3 \ln Disparity_{it} + \alpha_4 \ln PGDP_{it} +$$

$$\alpha_5 \ln Open_{it} + \alpha_6 \ln Fra_{it} + \beta_i + \gamma_t + \varepsilon_{it} \tag{5-15}$$

其中,i 代表国家,t 表示年份。$\ln Tsi_{it}$ 表示一国的产业国际地位;$Degree$ 表示一国的度数中心性;$Strengh$ 表示一国的网络联系强度;$Disparity$ 表示一国的网络异质性;$PGDP$ 表示一国的人均国内生产总值;$Open$ 表示对外开放度;Fra 表示人力资本;β 表示国家效应;γ 表示时间效应;ε 表示随机扰动项。

(二)变量说明

参考现有文献的做法,本章所构模型选取变量如下:

1.被解释变量

出口技术复杂度(Tsi)。通常情况下,出口商品的技术特性的复杂程度与该国产业国际地位成正比。因此,本章将参照豪斯曼等(Hausmann 等,2007)[①]的方法,将出口技术复杂度作为一国的产业国际地位测度指标。

---

① Hausmann R., Hwang J., Rodrik D.,"What You Export Matters", *Journal of Economic Growth*, Vol.12, No.1, 2007.

2. 核心解释变量

(1)度数中心性(*Degree*)。本章用度数中心性来衡量一国在贸易网络中的核心度。(2)网络联系强度(*Strengh*)。网络联系强度衡量了一国对外贸易量的大小,反映一国对外贸易的强度。(3)网络异质性(*Disparity*)。该指标数值越接近0,则异质性越高,一国对外贸易的伙伴越多元,地域分布越广阔。

3. 控制变量

(1)人均国内生产总值(*PGDP*)。一国的人均国内生产总值可以反映一国经济的发展水平,对一国产业国际地位有着重要的影响。(2)贸易开放度(*Open*)。一国贸易开放度越高,则该国对外贸易的深度和广度就越高,就越容易吸取各种优势资源和优势技术用于本国的产业发展。同时,贸易开放度的提高可以拓宽一国市场,增强本土企业的竞争力,推动国内经济增长。

为了更加详细地描绘贸易网络特征的各项指标与一国产业国际地位之间的关系,本章分别绘制了三张散点图,以显示不同网络特征指标与产业国际地位的对应关系。一国的产业地位随着该国度数中心性、网络联系强度的增加而增加,并随该国网络异质性的增强而减小。图5-10展示内容的实际情况与本章所设定的三个假设相契合,即是我国的度数中心性、网络联系强度、网络异质性越高,我国的产业国际地位就越高。

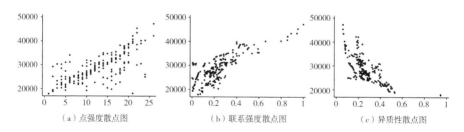

(a)点强度散点图　　(b)联系强度散点图　　(c)异质性散点图

图5-10　贸易网络特征指标与产业国际地位指标散点图

（三）数据来源

自由贸易区内 26 个国家或地区制造业的进出口贸易数据均来自联合国贸易数据库,其中制造业数据为联合国贸易数据库数据中 SITC 编码下 Rev.3 分类中细分 36 个行业囊括 235 条具体货物的全部制造业数据。本章构建的加权矩阵中的每个元素均是由两经济体对同一贸易行为统计值的算术平均数除以矩阵中最大值所得。各变量数据来源如表 5-7 所示。

表 5-7　各变量数据来源

变量	变量含义	数据来源
Tsi	出口技术复杂度	联合国和世界银行数据库测算
Degree	度数中心性	经联合国数据库测算
Strengh	网络联系强度	经联合国数据库测算
Disparity	网络异质性	经联合国数据库测算
PGDP	人均国内生产总值	世界银行数据库
Open	贸易开放度	世界银行数据库
Fra	人力资本	世界银行数据库

四、实证结果

（一）回归分析

基于联合国数据库,本节使用 2010—2018 年 26 个国家或地区的制造业贸易额,分别实证不同因素对产业国际地位的影响。经过豪斯曼检验,其统计值为 0.0046,即在 1% 检验水平下拒绝原假设,因此本章将采用固定效应模型进行回归。本节检验了其他变量不变情况下 3 个网络特征指标对产业国际地位的影响,具体结果如表 5-8 所示。

表 5-8　固定效应模型的基准回归结果

变量	（1）	（2）	（3）	（4）
Degree	0.050** (2.24)			0.042*** (2.93)
Strength		0.020** (2.15)		0.018*** (2.97)
Disparity			−0.085** (−2.46)	−0.083*** (−3.06)
Open	0.170*** (13.82)	0.168*** (13.43)	0.157*** (15.24)	0.132*** (10.64)
PGDP	0.015** (2.20)	0.016** (2.12)	0.020** (2.56)	0.017*** (2.97)
Fra	0.130 (1.61)	0.154** (2.07)	0.107 (1.34)	0.083* (1.15)
Constant	9.780*** (114.75)	9.880*** (78.39)	9.781*** (130.72)	9.781*** (145.22)
Observations	232	232	232	232
R-squared	0.901	0.897	0.911	0.929
Ftest		0	0	0
R2_a		0.895	0.909	0.927
F		1371	1178	961.0

注：*** 表示在1%的水平上显著，** 表示在5%的水平上显著，* 表示在10%的水平上显著。

由表 5-8 可以看出，点强度和联系强度指标系数为正，这说明点强度、网络联系强度这两个核心变量均对我国产业地位的提升具有显著的正效应。异质性指标系数为负，由于异质性衡量指标为负向指标，则异质性也对我国的产业国际地位具有显著正效应。当其他变量不变，度数中心性水平提升1%，我国产业国际地位将相应提升 4.2%；我国在贸易网络中的网络联系强度每增加1%，则产业国际地位提升 1.8%；地理集中度提升 1%，则网络异质性降低1%，产业国际地位相应降低 8.3%。上述结论使前文假设得到验证——度数中心性、网络联系强度、网络异质性的提高可以促进我国产业国际地位的提升。另外，由相关数据可知，网络异质性对我国产业国际地位的影响更为显著。

在贸易开放度方面,上述 4 个模型中,各系数均通过了 1% 的显著性检验,说明贸易开放度能够显著影响我国产业国际地位,贸易开放度每提高 1%,我国的产业国际地位将提高 13.2%。贸易开放度的提高可以促进我国与其他国家的交流互鉴,有利于我国进行国际资源的筛选与整合,通过吸取对本国发展有利的部分,可以节约成本,优化资源配置,达到提升产业国际地位的目的。同时,较高的开放程度将带来更少的贸易阻力,有利于我国贸易深度和广度的增加,进而促进我国产业地位向更高位置爬升。人力资本与人均国内生产总值在模型中均通过了显著性检验。人均国内生产总值在前三个模型中通过了5% 的显著性检验,在第四个模型中通过了 1% 的显著性检验,且人均国内生产总值每提高 1%,产业国际地位就提高 1.7%。人力资本在模型(2)和模型(4)两个模型中分别通过了 5% 和 10% 的显著性检验,且对产业国际地位的提升作用是正向的,雄厚的人力资本基础,将为我国行业的发展创造有利的贸易环境,另外,雄厚的人力资本标志着生产力和人才的充盈,这不仅促进出口产品技术水平的提高,而且会促进该国生产效率的提高,进而促进其产业地位的提高。但模型(1)和模型(3)中,人力资本系数未能通过显著性检验,即单独考虑点强度和网络异质性的影响时,人力资本对我国产业国际地位的促进作用不够明显。

(二)稳健性检验

1. 两步 GMM

鉴于可能存在的内生性问题,我国产业国际地位的提升会影响与其他国家的贸易关联;反之,与其他国家之间贸易联系的增加又会通过知识溢出等渠道影响我国的产业国际地位,为了消除估计结果的误差,使检验结果更具有稳健性,本章将贸易联系强度变量的滞后项作为工具变量,采用两步 GMM 估计法重新进行回归,具体结果如表 5-9 所示。

表 5-9　两步 GMM 结果

变量	（5）	（6）	（7）
Degree	0.058*** (0.0177)	0.049** (0.0149)	0.0311** (0.0128)
Strength	0.0500** (0.0240)	0.0897*** (0.0234)	0.0619*** (0.0222)
Disparity	−0.119*** (0.0109)	−0.0902*** (0.0103)	−0.0590*** (0.00994)
Open		0.0442*** (0.00803)	0.0668*** (0.00657)
PGDP		0.0973*** (0.00263)	0.150*** (0.00402)
Fra			0.337*** (0.0193)
Constant	9.417*** (0.156)	10.57*** (0.136)	10.39*** (0.114)

注:括号内数值为标准误;*** 表示在1%水平上显著,** 表示在5%水平上显著,* 表示在10%水平上显著。

由表 5-9 可知,在模型(5)、模型(6)、模型(7)三个模型中分别控制了不同的变量,且三个核心变量均能够显著促进产业国际地位提升:(1)度数中心性、网络联系强度、网络异质性指标均在5%水平上显著,且网络异质性在1%水平上显著,由此可知网络异质性对我国产业国际地位的影响更为显著,我国应加强这方面的建设。(2)我国贸易开放度、人均国内生产总值、人力资本也均通过了1%水平的检验,表明三个控制变量也均能显著促进我国产业国际地位提升。整体上,本章使用固定效应和两步 GMM 方法得到的结果大体一致,即中国自由贸易区网络特征对我国产业国际地位的攀升具有稳健的促进作用,验证了本章前文所作假设。

2.面板分位数

为了更加全面地分析解释变量对被解释变量在不同水平的差异化影响,也为了检验其他因素是否对基准回归结果造成了影响,本章采用面板分位数回归的方法进行稳健性检验,具体结果如表 5-10 所示。

表 5-10　面板分位数回归结果

变量	(8)	(9)	(10)	(11)
	10%	25%	50%	75%
Degree	0.010 (1.48)	0.010** (2.05)	0.017*** (3.52)	0.016** (2.27)
Strength	0.009*** (2.64)	0.008*** (3.58)	0.005** (2.19)	0.000 (0.06)
Disparity	−0.023*** (−2.61)	−0.021*** (−3.49)	−0.016** (−2.52)	−0.029*** (−3.30)
Open	0.146*** (13.42)	0.148*** (19.65)	0.152*** (19.73)	0.161*** (14.44)
PGDP	0.011*** (3.99)	0.010*** (5.21)	0.009*** (4.44)	0.007** (2.35)
Fra	0.235*** (9.42)	0.234*** (13.54)	0.230*** (12.98)	0.215*** (8.37)
Constant	9.631*** (175.84)	9.656*** (255.16)	9.677*** (249.41)	9.724*** (172.82)
Observations	232	232	232	232

注:括号内为 t 统计值;*** 表示在 1%水平上显著,** 表示在 5%水平上显著,* 表示在 10%水平上显著。

　　面板分位数回归结果呈现了更细化的信息——当我国位于全球价值链中的不同位置,3 项网络特征指标对产业国际地位是否呈现出差异性。由表 5-10 可知,各个变量在不同分位点的系数与基准回归的系数差值基本小于 1.5,且系数一致,在进一步验证了假说的同时,也说明基准回归模型具有很强的稳定性,基准回归结果具有较高的可信度和科学性。另外,面板分位数回归结果中,各个分位点上三个网络特征指标的系数均和基准回归一致,这也进一步验证了基准回归的结论。值得注意的是,在分位点从 10%—75%变化的过程中,度数中心性的系数由 1.48 上升到 3.52,又下降到 2.27,这说明在我国产业国际地位由低到高变化的过程中,度数中心性指标对我国产业国际地位的提升作用先上升后下降,且高分位点对我国产业国际地位提升作用较大;网络联系强度的系数由 2.64 上升到 3.58,又下降到 0.06,这说明在我国产业国际地位由低到高变化的过程中,网络联系强度指标对我国产业国际地位的提升作用也是先上升后下降,但低分位点对我国产业国际地位的提升更具有促进作用;同理,网络异质性指标系数的绝对值由 2.61 上升到 3.49,又下降到 2.52,最后又上升到 3.3,这说明网络异质性指标对我国产业国际地位的影响呈波动上升趋势,且低分位点相对促进作用更大。

3. 替换变量检验

中间中心性的计算方式为通过节点的最短路径的数量与最短路径的最多可能数量的比值,反映一个节点可以在多大程度上对网络中其他节点形成控制。这与度数中心性在模型中作用相同,故用中间中心性指标替代度数中心性指标进行检验。结果如表 5-11 所示。

表 5-11 中间中心性回归结果

变量	(12)	(13)
Degree	0.053** (2.35)	0.035*** (2.70)
Strength		0.018*** (2.98)
Disparity		-0.070*** (-2.92)
Open	0.158*** (14.83)	0.131*** (10.20)
Fra	0.116 (1.48)	0.086* (1.21)
PGDP	0.016** (2.33)	0.018*** (2.93)
Constant	9.809*** (113.60)	9.816*** (136.90)
Observations	232	232
R-squared	0.908	0.928
R2_a		0.926

注: *** 表示在1%的水平上显著,** 表示在5%的水平上显著,* 表示在10%的水平上显著。

由表 5-11 可知,中间中心性指标在模型(12)和模型(13)中均通过了显著性检验,且指标系数为正,这说明中间中心性指标对我国产业国际地位的提升具有显著的促进作用。另外,进行变量替换后,指标系数和本身数值均接近于基准回归结果,即模型的稳定性较强,变量的替换也相对科学。

4.研究结论

本节基于联合国数据库,以 2010—2018 年中国签署的自由贸易协定网络涉及的 26 个国家或地区为样本,构建了贸易网络关系图。在构建无向和有向矩阵的基础上进行了贸易网络特征指标的测度与分析,并实证检验了 3 个贸易网络特征指标对我国产业国际地位的影响。通过分析得到以下结论:

第一,度数中心性的提高对我国产业国际地位的提升有明显的促进作用。这是因为,我国的度数中心性越高,我国的贸易竞争力就越强,获取资源和信息的能力就越强。同时,通过扮演"中间人"角色,对先进技术的吸收就越多,就越能促进该国提升本国的产业国际地位。通过对比各经济体的度数中心性发现,中国和马来西亚近年来一直占据自由贸易区网络的核心位置,且核心度较高。随着世界经济的不断发展,越来越多的国家和地区不断发展贸易伙伴,逐渐向贸易网络中心位置靠拢。

第二,网络联系强度的提高对我国产业国际地位的提升有明显的促进作用。这是因为,较强的网络联系强度可以加强生产要素和资源的优势选择,增强双方的贸易互惠性。另外,较强的贸易深度可以提升规模经济效应,加快技术进步,使我国产业逐渐向高端靠拢。通过各个国家或地区的网络联系强度排名可知,我国的网络联系强度呈现不断增强的趋势,在贸易网络中的排名也具有较明显优势,但自由贸易区内的其他国家也发展迅速,大有赶超我国之势,我国对外贸易的网络联系强度仍有进步的空间。

第三,网络异质性的提高对我国产业国际地位的提升有明显的促进作用。这是因为,我国异质性越高,越倾向于与更多的贸易伙伴进行贸易,在吸收各国不同资源要素、进行产业优化升级的同时又可以降低贸易风险,提高本国贸易的稳定性,促进产业平稳升级,提高本国产业的国际地位。通过将各个国家或地区的网络异质性指标进行对比,我们发现,虽然我国的网络异质性近年来有所提高,但增幅较小,相比于发达国家仍然水平较低,甚至处于贸易网络的中下游位置。

第三节 自由贸易区网络对我国产业国际竞争力的影响效果

近 20 年来,随着经济全球化和改革开放的深入,中国已经充分参与到国际分工中,但所处的分工地位依然没有摆脱"低端锁定"的困局。近几年,欧美等国家开始实施"制造业回流"政策,全球产业链逐渐出现内化趋势。2020年新冠疫情的全球性暴发更使原有的价值链遭受重大冲击,逆全球化的趋势还在蔓延,国家或地区间的合作形式逐渐转向区域性经济合作模式。从一国对外开放的路径看,通过自由贸易区合作形式提升一国产业国际竞争力,成为当前更具现实性的发展路径。截至 2023 年 11 月,中国已签协定的自由贸易区达 22 个(含升级阶段),形成了辐射全球的自由贸易区网络,如何通过自由贸易区网络,提高本国在价值链利益分配机制中的比较优势,进而提升中国制造业的产业竞争力,成为当前亟须研究的问题。

西方国家关于产业国际竞争力理论的研究已比较完善,主要围绕亚当·斯密提出的绝对优势理论、大卫·李嘉图提出的比较优势理论、赫克歇尔—俄林提出的要素禀赋理论和迈克尔·波特提出的竞争优势理论等方面展开。

事实上,诸多学者的研究已经表明,在低端和中低技术制造业中,中国制造业已形成了竞争优势,但在中高和高技术制造业中,我国制造业仍处于竞争劣势位置。虽然国家或地区之间竞争力的比较分析有助于提出产业结构优化的政策,但国际之间制造业的关联性研究也至关重要。实际上,地理配置、产业集聚水平程度、产业关联程度与产业国际竞争力的提升息息相关。刘林青等(2013)①认为高度异质化的国家空间为国家竞争联系的存在提供了支持。也有研究表明,处于竞争优势位置的产业,其集群分布呈现非均匀特征。但该类研究并未对国家之间产业竞争的空间作用机理以及影响因素的空间作用关系进行深入分析。当前关于制造业产业空间关联性的研究多聚焦于国内测度,很少涉及国家之间空间效应与产业国际竞争力关系的研究,而专门针对自由贸易区网络的构建以及其中成员产业空间关联性的研究就更为缺乏。

当前涉及中国自由贸易区网络的研究主要集中在区域经济一体化领域。如张晓君(2016)②针对我国与"一带一路"沿线国家和地区建立的自由贸易区网络提出了增进区域内对接合作的政策建议。也有学者逐渐关注到自由贸易区网络中产业竞争力的互相作用关系。如司传宁(2014)③通过构建自由资本模型发现自由贸易区中产业空间分布呈现非均衡状态。随着2020年11月《区域全面经济伙伴关系协定》(RCEP)的正式签署,中国自由贸易区网络的复杂度得到进一步提升,如何提升国家或地区在网络中的产业国际竞争力成为重点研究问题。但当前将自由贸易区网络空间效应与产业国际竞争力提升相结合的研究还是相对较少,且此类研究的方法多停留在定性分析方面,较少考虑到空间因素的影响效应。

一、计量模型的构建

(一)模型指标的基础测度

1.产业国际竞争力的测度

全球价值链时代,最终产品的生产至少要经历两个以上环节,产品在往返

---

① 刘林青、黄起海、闫志山:《国家空间里的能力加值比赛——基于产业国际竞争力的结构观》,《中国工业经济》2013年第4期。
② 张晓君:《"一带一路"战略下自由贸易区网络构建的挑战与对策》,《法学杂志》2016年第1期。
③ 司传宁:《中韩自由贸易区的空间效应分析》,《山东社会科学》2014年第1期。

国内外多次中实现价值增值。传统的贸易价值统计方法不再适用。因此,本节基于贸易增加值的核算方法,依据每个国家出口贸易额中国内增加值和国外增加值的比例,扣除贸易价值增值中的国外增加值。依据改进后显示性比较优势指数(RCA),对多国产业国际竞争力进行比较分析。指标为:

$$RCA\_L = \frac{\bar{X}_{ia}}{\bar{X}_i} / \frac{X_{wa}}{X_w} \tag{5-16}$$

其中,$\bar{X}_{ia}$、$\bar{X}_i$、X_{wa}、X_w 分别表示某一时期内 i 经济体 a 产业出口中的国内增加值、i 经济体总出口额中的本国增加值、a 产业世界总出口额和世界总出口额。

2. 出口竞争力的测度

为了着重分析制造业的出口竞争力变化,引入产业竞争力分析的常用指标 TC 指数,但由于 TC 指数中包含未剔除的国外增加值,本章对该指标进行改进,分别剔除制造业出口和总出口中的国外增加值部分。且这里主要分析出口带来的竞争力变化,剔除分子和分母中包含的进口额。得到以下改进指标:

$$TC\_L = 产业出口本国增加值/总出口本国增加值 \tag{5-17}$$

3. 相对产值水平的测度

从制造业产值角度出发,采用本国产业与自由贸易区中各成员相同产业总产值之和的比值进行相对产值水平的测量与比较。公式为:

$$STRU_{ij} = X_{ij}/X_i \tag{5-18}$$

其中,X_{ij} 表示 i 国 j 产业的总产值(这里指制造业);X_i 表示中国与某国构成自由贸易区中所有成员或地区 j 产业的总产值。该指标能够有效衡量中国制造业相对产值水平的变化趋势,同时可以从量化角度分析自由贸易区成立对中国制造业相对产值水平带来的影响。

4. 对外贸易开放水平的测度

在开放经济体系中,货物与服务的进出口贸易额是国际贸易量化的直接

体现,考虑到各国经济规模的不同,本章采用一国进出口总额与该国国内生产总值的比值进行表示,公式为:

$$对外贸易开放水平(trade) = 进出口总额/国内生产总值 \qquad (5-19)$$

5. 自由贸易区优惠利用率

由于自由贸易区受惠清单项下的合格进口额数据获取困难,本章借鉴福莱蒂等(Foletti 等,2011)[1]在关税措施方面提出的相对关税优惠指数(RTPI),本章以中国为"轮轴国"建立的自由贸易区网络为研究对象,所以将贸易进口对象设定为中国。虽然该方法不能准确衡量各个国家重叠式自由贸易区背景下的真实优惠利用率情况,但用于横向比较具有重要的参考价值。

6. 原产地规则严格程度的测度

已有研究表明,自由贸易协定中原产地规则的限制水平对出口贸易具有显著的区域贸易约束效应。本章借鉴埃斯特瓦德奥达尔(Estevadeordal,2000)[2]七分制法以及李海莲和韦薇(2016)[3]、成新轩和郭志尧(2019)[4]对原产地规则的构建与修正研究,得出中国与不同自由贸易区成员的优惠原产地规则限制效应指数(SRO)。

7. 外部冲击因素的测度

外部冲击因素一方面源于经济因素,如金融危机、粮食危机和贸易冲突等。另一方面源于非经济因素,如政治变革、恐怖袭击和疫情冲击等。各国十分重视外部冲击带来的不确定性影响,但关于外部冲击的衡量指标并没有统一标准,这里运用景气分析指标——采购经理指数(Purchasing Managers'

---

[1]　Foletti L.,Fugazza M.,Nicita A.,et al.,"Smoke in the(Tariff)Water", *The World Economy*, Vol.34,No.2,2011.

[2]　Estevadeordal A.,"Negotiating Preferential Access:The Case of the North American Free Trade Agreement", *Journal of World Trade*, No.34,2000.

[3]　李海莲、韦薇:《中国区域自由贸易协定中原产地规则的限制指数与贸易效应研究》,《国际经贸探索》2016年第8期。

[4]　成新轩、郭志尧:《中国自由贸易区优惠原产地规则修正性限制指数体系的构建——兼论中国自由贸易区优惠原产地规则的合理性》,《管理世界》2019年第6期。

Index,PMI 指数)作为外部冲击因素的反向代理变量,采购经理指数变化趋势与外部冲击因素造成的影响为反向关系。选用制造业采购经理指数虽然不能真实衡量外部冲击因素对产业的影响,但鉴于该指标具有先导性的优势,对于外部冲击对产业影响的变动趋势监测具有一定的现实意义。

(二)空间矩阵规则的描述

不同于以往过于封闭的国际贸易环境,当今的国际格局呈现为一个开放式系统。一国国际产业地位的变迁理应立足于国际竞争和国际分工的需求。近些年,自由贸易区对制造业竞争力的影响也在不断扩大。依据地理学第一定律,所有事物都与其他事物发生关联,相邻越近事物之间的关联性越强。由于自由贸易区内贸易壁垒逐渐消除,成员之间的产业关联性较贸易区外的联系更为显著。因此,区域内的产业空间关联更有可能发生。如何度量一个区域内不同成员之间制造业产业竞争力的空间相关性及空间交互影响效应成为学者们研究的重点。空间计量模型起源于处理不同地区间的空间依赖性,为本章节研究提供了可能。

1.空间权重矩阵

这里引入空间权重矩阵的概念,用于说明各个国家之间的关联性。具体可表示为:

$$W = \begin{bmatrix} w_{11} & w_{12} & \cdots & w_{1n} \\ w_{21} & w_{21} & \cdots & w_{2n} \\ \vdots & \vdots & \vdots & \vdots \\ w_{n1} & w_{n2} & \cdots & w_{nn} \end{bmatrix} \tag{5-20}$$

其中,W 为空间权重矩阵,用于表示以中国为"轮轴国"的自由贸易区网络中所有国家或地区之间的关联性,w_{ij} 具体表示网络中 i 国和 j 国之间的邻近关系(关联规则)。常用邻近关系的度量起源于地理之间的邻接关系(地理相邻),即地理边界拥有共同边界或共同顶点。但在以中国为"轮轴国"的自由贸易区网络中,各个国家的地理邻接关系并不满足,因为各个国家之间存在不等距离的地理差距,且当今的贸易发生条件也产生了变化。因此需要改变邻近关系的度量公式。基于国际贸易的特征,这里引入三个概念来解决地理不相邻问题。

2. 地理(距离)空间关联规则

考虑到0—1矩阵运输成本的概念,引入距离空间权重矩阵,即根据两成员之间地理距离的倒数进行设定,即 $w_{ij} = 1/d_{ij}^\alpha , (i \neq j)$,否则 w_{ij} 为0。其中, d_{ij} 表示两地区之间的地理距离,参数 α 表示距离差距对中心地区影响的衰减程度,通常设为1。其合理之处在于考量了成员之间的贸易运输成本,两地区之间距离越近,则赋予的权重越大,即产业关联性也会越紧密。

3. 经济(距离)空间关联规则

依据鲍莫尔(Baumol,1986)[1]在1986年提出的"收敛俱乐部"理论,经济基础条件相似的国家或地区更容易收敛于相同的局部稳定状态。本章引入经济距离权重矩阵进一步说明。表示为 $w_{ij} = 1/(\bar{Y}_i - \bar{Y}_j)^\alpha , (i \neq j)$,否则 w_{ij} 为 0。其中, $\bar{Y}_i = \sum\limits_{t=t_0}^{t_1} Y_{it}/(t_1 - t_0)$, Y_{it} 表示 i 国家第 t 年的人均国民总收入水平,参数 α 意义同上。这里邻近关系表示为经济发展程度相似性,即两国之间经济基础差距越小,赋予权重越大,产业联系也就越紧密。

4. 贸易(距离)空间关联规则

贸易开放水平是一个国家或地区对外经济贸易开放程度的具体维度之一,直接影响到国家或地区在全球化产业生产中的垂直分工工序。通常情况下,贸易开放水平相似的国家或地区间更容易进行商品或服务往来,本章以对外贸易开放水平差距的倒数作为权重,来衡量各国相邻程度,表示为

---

① Baumol W., "Productivity Growth, Convergence, and Welfare: What the Long-Run Data Show", *The American Economic Review*, Vol.76, No.5, 1986.

$w_{ij} = 1/(\bar{T}_i - \bar{T}_j)^{\alpha}(i \neq j)$，否则 w_{ij} 为 0。其中，$\bar{T}_i = \sum_{t=t_0}^{t_1} T_{it}/(t_1 - t_0)$，$T_{it}$ 表示 i 国家第 t 年的对外贸易开放水平,参数 α 意义同上。

(三)模型的构建

区别于传统计量模型,空间计量模型假设一个地区的变量会依赖于其他地区变量的变化,而空间相关性的程度与地区间距离、相近程度等因素有关。常用模型为空间自回归模型(SAR)和空间误差模型(SEM),同时也有考虑自变量空间效应的空间杜宾模型(SDM)等。

空间相关性分析的前提是需要检验是否存在相关性,这里引入常用的莫兰指数($Moran's\ I$),用于说明相邻地区之间的差异与联系,从而检验自由贸易区各国家或地区之间的空间分布集聚情况。表示为:

$$Moran's\ I = \sum_{i=1}^{n} \sum_{j=1}^{n} W_{ij}(Y_i - \bar{Y})(Y_j - \bar{Y})/S^2 \sum_{i=1}^{n} \sum_{j=1}^{n} W_{ij} \qquad (5-21)$$

其中,S^2 为 Y_i 的方差,Y_i 表示自由贸易区网络中第 i 个成员的制造业国际竞争力,n 为网络中成员总数,W_{ij} 为空间权重矩阵,用于表征各成员之间的邻近关系。

同时,在传统计量模型残差项也存在空间效应的基础上,需要进行深入分析。SAR 模型主要用于研究邻近地区行为对中心地区行为产生的影响(溢出效应),其空间依赖性体现在因变量的滞后项中,表示为:

$$y_{it} = \rho \sum_{j=1}^{n} W_{ij} y_{jt} + X_{it}\beta + \varepsilon_{it} \qquad (5-22)$$

其中,ρ 为中心地区制造业国际竞争力被影响的反应系数,度量了"邻近"国家制造业国际竞争力对本区域竞争力的影响程度;W_{ij} 为空间权重矩阵元素,通常作标准化处理;y_{it} 为被解释变量,表示国家 i 在年度 t 的制造业国际竞争力;β 对应解释变量 X_{it} 的回归系数;ε_{it} 为随机扰动项;X_{it} 为一系列控制变量。由于每个国家的情况不同,模型中可能存在部分不随时间变动的遗漏变量,因此通常还需引入固定效应,通常方程会同时引入个体效应 α_i 和时间效应 γ_t。

SEM 模型主要用误差项之间的结构关联来体现地区之间的相关性,即空间依赖性体现在误差项的滞后项中。数学表达式为:

$$y_{it} = X_{it}\beta + \varepsilon_{it} \ ; \ \varepsilon_{it} = \lambda \sum_{j=1}^{n} W_{ij}\varepsilon_{jt} + u_{it} \qquad (5\text{-}23)$$

其中,λ 为空间误差系数,用于表示"邻近"地区制造业产业国际竞争力变动带来的误差冲击对本地区产业国际竞争力的影响;u_{it} 为随机扰动项;y_{it}、X_{it}、β、W_{ij} 的含义同式(5-24)。

除了常用的 SAR 和 SEM 模型之外,空间杜宾模型(SDM)也被广泛应用于空间计量分析。相比于 SAR 模型,SDM 模型还考虑了本地区被解释变量被邻近地区解释变量影响等可能性,回归方程为:

$$y_{it} = \rho \sum_{j=1}^{n} W_{ij}y_{jt} + X_{it}\beta_1 + \beta_2 \sum_{j=1}^{n} W_{ij}X_{jt} + \varepsilon_{it} \qquad (5\text{-}24)$$

其中,ρ、y_{it}、X_{it}、β、W_{ij} 的含义同式(5-23)。本节着重研究对外贸易开放水平、自由贸易区优惠利用率、原产地规则严格程度和外部冲击因素所带来的空间溢出效应影响。

二、理论阐述与研究假说

(一)自由贸易区网络中产业国际竞争力与空间效应之间理论逻辑分析

本节从新贸易与新经济地理角度,阐述自由贸易区网络中产业国际竞争力与空间效应之间的逻辑关系。

1. 自由贸易区网络通过自由贸易将各个成员的市场连接在一起

自由贸易使成员市场不再受制于地理距离上的限制,使成员市场之和构成市场规模效应,经济之和构成经济规模效应,从而降低生产者的成本,提升产业规模与类型,使产业获得成本优势。同时,关税水平的取消或降低使空间上的"贸易距离"逐渐取代地理的运输距离,成为生产者产业合作产生考虑的主要因素,使网络中成员能够突破地理距离的限制而产生紧密的贸易关系,从而延长与完善了产业的国际分工合作环节,进而对产业的国际竞争力提升起到促进作用,这种效应实际上源于成员之间产业的溢出效应。虽然"辐条国"之间贸易联系主要通过"轮轴国"产生,但这种网络结构能够推动"辐条国"之间建立自由贸易区(成新轩,2004)[①],进一步提升网络中空间效应带来的产业竞争水平。

2. 自由贸易区网络中贸易空间距离上的缩短促成产业的集聚循环

依据"中心—外围"理论,由于成员之间市场的"无成本连通"[②],产业会在低劳动力成本地区集中,该地区产品数量与工资水平的提升吸引劳动力向中心进一步集聚,形成的产业集聚中心的市场规模效应不断扩大,从而出现区域性的空间集聚现象,产业的集聚使资源配置效率得到提升,产业链与供应链的区域集聚也得以完成,产业国际竞争力得到了提升。克鲁格曼(Krugman,1980)[③]提出的"本国市场效应"正式验证了产业集聚于规模经济与空间距离较短地区的趋势,有助于集聚地区产业的规模优势和分散地区产业的垄断优势。当然集聚方向也与地区的禀赋条件有关。事实上,向心力(潜在集聚因素)与离心力(潜在限制因素)共同决定了区域内产业发生集聚的条件,即自由贸易区网络中成员之间贸易空间距离的差距决定产业的集聚区位选择。

以上依据新贸易与新经济地理角度阐述了自由贸易区网络中产业国际竞争力可能存在的空间效应,实际上主要分为产业集聚效应与溢出效应。

---

① 成新轩:《试析重叠性自由贸易协定现象及其影响》,《现代国际关系》2004年第6期。

② 这里"无成本连通"是指由于自由贸易区关税水平的取消,使成员之间市场连通的贸易关税成本得以取消。

③ Krugman P. R., "Scale Economies, Product Differentiation, and the Pattern of Trade", *American Economic Review*, Vol.70, No.5, 1980.

（二）研究假说

基于上述逻辑关系的理论阐述，提出以下研究假说。

假说1：以中国为"轮轴国"建立的自由贸易区网络内，所有国家或地区之间制造业的产业国际竞争力存在关联性（空间集聚效应），且空间效应具有稳健性。

国家产业结构变化是自由贸易协定对产业结构调整的具体表现（崔庆波，2017）①。克鲁格曼在"中心—外围"理论中提出，"轮轴效应"会使轮轴国产业产生一定的集聚效应，对"辐条国"产业则具有一定的分散效应。一方面，当前自由贸易区中贸易壁垒的消除缓解了运输成本的限制，导致资本和生产转移频率提升。随着规模收益递增，网络集聚力进一步提升，从而使产业发生空间集聚。另一方面，随着自由贸易区的成立，原本两个独立的市场合并为一个更大的市场。区内产业贸易使原本市场规模更大的国家逐渐积累超比例的份额，加大网络内产业分布的不均衡。同时，差异化部门会使厂商集聚于规模增长效率更高的地区，从而进一步促进区域的集聚趋势。

假说2：对外贸易开放水平、自由贸易区优惠利用率和原产地规则严格程度除了对地区本身制造业的市场竞争产生影响外，还对自由贸易区网络区域价值链中各国嵌入垂直化分工产生直接影响，从而使这三种因素也存在空间溢出效应，且该效应具有稳健性。

优惠的自由贸易协定大幅度地降低了跨国研发成本，使跨国研发机构、厂商和供应商之间的科研合作成为可能。当前各国产业嵌入全球价值链的需求不断增长，但由于不同自由贸易区内各国原产地判定规则和管理制度的复杂性和差异性，直接导致成员贸易开放度、优惠利用率和限制规则的不同，从而影响到国家之间的贸易收益产生差异。这里假设提出对外贸易开放水平和

---

① 崔庆波：《自由贸易区的产业结构效应研究》，云南大学2017年博士学位论文。

自由贸易区优惠利用率的提升有助于"邻近国家"制造业国际竞争力产生正向溢出效应,而原产地规则严格程度的提高不利于"邻近国家"制造业国际竞争力的提升。

假说3:基于假说1和假说2,提出在地理(距离)、经济(距离)和贸易(距离)等"邻近"度量因素空间关系规则下,使本国制造业对自由贸易区网络中其他成员的制造业国际竞争力产生不同的空间效应(正向空间自相关或负向空间自相关)和空间溢出效应(正向溢出效应或负向溢出效应)。

从假说1和假说2提出的假设可以看出,一国制造业国际竞争力除了受到国内产业链的影响外,还会受到自由贸易区网络区域产业链的影响。那么一国制造业在网络区域产业链中受到其他成员内制造业产业链的影响程度是否与地缘距离、经济发展水平和对外贸易开放度等个体差异因素相关成为学者们关注的重点。(1)运输成本无论是在工业革命之前还是工业革命之后,一直都是贸易往来考虑的重要因素。依据地理学第一定律,相邻越近的地区越容易产生关联效应。(2)随着运输方式的改进,运输成本不再成为贸易发生所考量的唯一因素,经济发展水平和贸易开放水平都成为货物和服务进出口的重要影响因素。自由贸易区的设立在一定程度上就是基于"相似性国家能够完成利益互补机制"。所以,经济发展水平相似或贸易开放程度相似的国家更容易产生贸易往来,产业的结构调整也更容易受到影响(空间效应)。

假说4:在经济全球化发展背景下,鉴于自由贸易区零壁垒、贸易自由度较高的特点,世界性的外部冲击更容易使全球价值链中断,出现向区域和国内聚合的发展趋势。因此,外部冲击将导致自由贸易区区域网络产生空间分布的变化,从而对其他成员的产业国际竞争力带来变化且表现为负向的溢出冲击效应。

美国次贷危机曾引起全球的金融海啸,对全球价值链构建造成巨大冲击。新冠疫情的全球传播也导致了制造业全球价值链的中断或迟滞,从而使各国产业都受到了一定的冲击。因此,外部冲击影响成为各国调整国际贸易政策的重要考量因素。外部冲击是否会影响经济体未来的国际竞争力走势尚未可知。但通常区域联系越紧密的国家更容易受到不确定因素冲击的影响。对于自由贸易区网络中的各国家和区域整体而言,各国国内价值链嵌入区域价值链的程度、区域价值链连接全球价值链的广度和深度均呈现不断深化态势,所以相对区域局部产业链来说,自由贸易区网络中各个国家之间的产业更容易受到外部冲击因素蔓延的影响。

三、实证分析

(一)数据来源及说明

以中国自由贸易区服务网中已签协定且生效的自由贸易区为研究对象(暂不考虑协定升级阶段),截至 2021 年 1 月,共涉及 17 个自由贸易区[①],包含 25 个国家或地区。同时,以协定全部内容最终签署生效日期为时间研究对象。由于新加坡和柬埔寨属于东盟成员,区域存在重叠,因此分析中只考虑东盟整体。由于部分国家本国贸易附加值数据缺失严重,因此主要围绕中国与新西兰、智利、哥斯达黎加、冰岛和瑞士、韩国和澳大利亚建立起的自由贸易区网络进行分析。

被解释核心变量为 *trade*、*RTPI*、*SRO* 和 *PMI*[②],并将 4 个变量作为空间交互效应的影响因素。同时,基本模型选取了以下控制变量:(1)产业结构(*industry*),采用服务业增加值占国内生产总值比重表示;(2)城镇化率(*city*),依据人口学相关定义,采用城镇人口占总人口的比值进行衡量;(3)经

---

①　区域全面经济伙伴关系协定、中国内地与中国港澳更紧密经贸关系安排、中国—东盟、中国—智利、中国—巴基斯坦、中国—新加坡、中国—新西兰、中国—秘鲁、中国—哥斯达黎加、中国—冰岛、中国—瑞士、中国—韩国、中国—澳大利亚、中国—吉鲁吉斯、中国—毛里求斯、中国—马尔代夫、中国—柬埔寨。

②　RTPI 数据由杨柳纤(2018)中整理获得;SRO 数据由李海莲和韦薇(2016)中整理获得;PMI 由艾德数据中心和英为财情网整理获得;由于中国港澳数据缺失,将中国内地与中国港澳的 RTPI 值和 SRO 值均设为 0,即表示中国内地出口到中国港澳时没有面临歧视。

济发展水平($economic$),选用人均国民总收入作为区域经济发展的代理变量;
(4)R&D 投入(R_D),这里使用研发支出占国内生产总值(GDP)的比值来表示;(5)资本投入($capital$);(6)劳动投入($labor$),依据柯布和道格拉斯提出的制造业生产函数,这里将资本投入定义为固定资本形成总额与本国国内生产总值的比值,劳动投入定义为制造业就业人数与总就业人数比值。

鉴于各个国家或地区制造业本国贸易增加值数据缺失,这里参照盛斌(2002)[①]的合并方法进行行业的合并[②],并依此求得出口中本国增加值。其中,TC 指数计算涉及的 2009—2017 年中国制造业增加值来源于中国海关,由季度数据汇总得到;STRU 计算涉及的 2001—2018 年 22 个国家或地区制造业增加值数据来源于世界银行;显示性比较优势指数计算涉及的海关编码(HS)统计标准下 2002—2016 年 9 个国家或地区的制造业出口额、总出口额数据和贸易附加值比重数据来源于联合国统计司(署)、中国海关和经济合作与发展组织;2002—2016 年对外贸易开放水平、产业结构、城镇化率、区域经济发展水平、R&D 投入、资本投入、劳动投入计算涉及的数据主要来源于中国国家统计局、世界银行和经济合作与发展组织。

(二)自由贸易区网络对中国制造业相对产值水平和竞争力影响的指标分析

本章从自由贸易区网络中成员与中国建立自由贸易区的时间线出发,量化研究以下三个方面:(1)自由贸易区网络对中国制造业产值的影响,包括不同自由贸易区成立对双边自由贸易区和多边自由贸易区网络中中国制造业相

---

① 盛斌:《中国工业贸易保护结构政治经济学的实证分析》,《经济学(季刊)》2002 年第 2 期。

② 由海关编码(HS)统计标准下的商品出口数据按照中国工业行业分类标准进行合并,得到各国制造业出口数据。并在此基础上,依据经济合作与发展组织提供的制造业贸易附加值的分类,参照 2017 年国民经济行业分类(GB/T 4754—2017)中制造业的分类标准,求得各研究地区制造业贸易出口的本国贸易附加值,合并过程详见附表 1。

对产值水平的影响;(2)不同自由贸易区成立对中国制造业出口竞争力的影响;(3)自由贸易区网络中各国制造业国际竞争力的比较分析。

1. 自由贸易区网络对中国制造业产值的影响

首先,借助 STRU 从围绕中国的双边自由贸易区中中国制造业相对产值水平出发,得出结果见表 5-12。结果表明,中国制造业增加值占世界比例呈现递增趋势,2001—2018 年,从 0.07 增长到 0.31,增长幅度接近 343.00%,可见中国的制造业发展趋势较好。从数值大小来看,中国在各自由贸易区的STRU 值均较大,这和中国制造业发展规模与参与国际垂直分工方式相关联。从量化趋势的变动来看,虽然中国的 STRU 值在所有双边自由贸易区中始终呈现递增趋势,但缔结不同新自由贸易区对中国制造业产值增加的促进效果并不显著。其中,中国—东盟自由贸易区成立前后发生了较大变化,STRU 值从 0.75 变化到了 0.81,直至在 2018 年增至 0.87。事实上,在 2007 年前后,中国与东盟制造业的产值都有了较大的增幅,分别为 65.00% 和 32.00%,这间接说明该自由贸易区成立带来的产业福利效应是双向的。

表 5-12 中国不同双边自由贸易区的 STRU 指标

年份	1	2	3	4	5	6	7	8	9	10	11	12	13	14
2001	0.9829	0.7253	0.9808	0.9757	0.9523	0.9712	0.9810	0.9934	0.9974	0.8899	0.7612	0.9096	0.9991	0.0727
2002	0.9865	0.7137	0.9778	0.9777	0.9523	0.9739	0.9818	0.9937	0.9976	0.8882	0.7558	0.9164	0.9990	0.0783
2003	0.9901	0.7288	0.9765	0.9775	0.9571	0.9767	0.9835	0.9945	0.9977	0.8899	0.7684	0.9140	0.9990	0.0832
2004	0.9913	0.7336	0.9764	0.9755	0.9525	0.9753	0.9828	0.9950	0.9977	0.8933	0.7606	0.9036	0.9990	0.0863
2005	0.9926	0.7469	0.9778	0.9746	0.9550	0.9766	0.9831	0.9954	0.9980	0.9038	0.7620	0.9110	0.9989	0.0945
2006	0.9938	0.7494	0.9836	0.9805	0.9576	0.9782	0.9839	0.9958	0.9982	0.9140	0.7787	0.9237	0.9990	0.1064
2007	0.9961	0.7684	0.9855	0.9827	0.9639	0.9823	0.9855	0.9962	0.9985	0.9242	0.8009	0.9356	0.9990	0.1219
2008	0.9971	0.7886	0.9889	0.9832	0.9737	0.9866	0.9869	0.9969	0.9987	0.9303	0.8509	0.9384	0.9991	0.1444
2009	0.9976	0.8098	0.9920	0.9869	0.9762	0.9881	0.9887	0.9973	0.9991	0.9410	0.8728	0.9537	0.9993	0.1725
2010	0.9979	0.8091	0.9918	0.9881	0.9748	0.9879	0.9882	0.9972	0.9991	0.9461	0.8635	0.9546	0.9994	0.1823

年份	1	2	3	4	5	6	7	8	9	10	11	12	13	14
2011	0.9983	0.8261	0.9925	0.9879	0.9779	0.9887	0.9894	0.9976	0.9992	0.9476	0.8761	0.9593	0.9993	0.2055
2012	0.9985	0.8359	0.9931	0.9884	0.9795	0.9894	0.9893	0.9977	0.9994	0.9555	0.8865	0.9612	0.9993	0.2235
2013	0.9986	0.8463	0.9934	0.9894	0.9819	0.9896	0.9899	0.9979	0.9994	0.9581	0.8884	0.9658	0.9994	0.2391
2014	0.9988	0.8556	0.9931	0.9897	0.9825	0.9908	0.9913	0.9981	0.9994	0.9607	0.8914	0.9715	0.9994	0.2508
2015	0.9989	0.8626	0.9939	0.9895	0.9831	0.9913	0.9920	0.9981	0.9995	0.9638	0.8967	0.9745	0.9995	0.2654
2016	0.9988	0.8576	0.9942	0.9897	0.9829	0.9915	0.9921	0.9980	0.9994	0.9641	0.8949	0.9777	0.9995	0.2619
2017	0.9989	0.8597	0.9946	0.9898	0.9824	0.9919	0.9925	0.9981	0.9995	0.9669	0.8940	0.9788	0.9995	0.2702
2018	0.9991	0.8656	0.9953	0.9906	0.9814	0.9921	0.9935	0.9982	0.9995	0.9687	0.9008	0.9797	0.9996	0.3141

注:上述数字编号1—14分别代表中国占各自由贸易区的比例,自由贸易区分别为中国内地—中国港澳、中国—东盟、中国—新西兰、中国—巴基斯坦、中国—新加坡、中国—智利、中国—秘鲁、中国—哥斯达黎加、中国—冰岛、中国—瑞士、中国—韩国、中国—澳大利亚、中国—格鲁吉亚、中国—世界。

其次,从自由贸易区网络角度出发,分析新建自由贸易区成立对已有网络中中国制造业产值带来的冲击或影响。计算结果如表5-13所示。结果显示,与中国建立的所有自由贸易区网络中,中国的STRU值均呈现显著的递增趋势。同时,中国制造业在各个自由贸易区网络中始终占有较大的生产比重。从量化角度来看,在中国内地—中国港澳+东盟网络中,由于东盟10国的加入,中国制造业产值得到了较大增幅,同样发生较大涨幅的自由贸易区网络还有中国内地—中国港澳+东盟+新西兰(由于新西兰的加入)、中国内地—中国港澳+东盟+新西兰+巴基斯坦+新加坡(由于新加坡的加入)。其余自由贸易区网络中中国制造业的产值由于其他成员的加入也有所增加,但效果不明显。

表5-13　中国多边自由贸易区网络 STRU 指标

年份	2	3	4	5	6	7	8	9	10	11	12	13	14
2001	0.9829	0.7163	0.7064	0.6942	0.6708	0.6577	0.6495	0.6467	0.6456	0.5978	0.5034	0.4794	0.4792
2002	0.9865	0.7068	0.6956	0.6848	0.6620	0.6505	0.6427	0.6401	0.6391	0.5916	0.4966	0.4751	0.4749
2003	0.9901	0.7235	0.7111	0.6997	0.6784	0.6675	0.6601	0.6578	0.6568	0.6074	0.5135	0.4898	0.4896

续表

年份	2	3	4	5	6	7	8	9	10	11	12	13	14
2004	0.9913	0.7290	0.7163	0.7037	0.6798	0.6683	0.6606	0.6584	0.6574	0.6096	0.5115	0.4850	0.4848
2005	0.9926	0.7427	0.7304	0.7168	0.6933	0.6820	0.6741	0.6720	0.6711	0.6264	0.5239	0.4984	0.4981
2006	0.9938	0.7459	0.7368	0.7261	0.7035	0.6927	0.6849	0.6829	0.6821	0.6410	0.5422	0.5190	0.5187
2007	0.9961	0.7660	0.7575	0.7476	0.7272	0.7178	0.7103	0.7084	0.7076	0.6688	0.5735	0.5517	0.5514
2008	0.9971	0.7868	0.7799	0.7697	0.7540	0.7464	0.7390	0.7373	0.7366	0.6980	0.6220	0.5976	0.5972
2009	0.9976	0.8082	0.8029	0.7945	0.7793	0.7721	0.7653	0.7638	0.7632	0.7284	0.6585	0.6381	0.6378
2010	0.9979	0.8077	0.8023	0.7947	0.7786	0.7713	0.7643	0.7626	0.7621	0.7304	0.6547	0.6350	0.6347
2011	0.9983	0.8250	0.8198	0.8117	0.7971	0.7899	0.7832	0.7817	0.7813	0.7489	0.6772	0.6583	0.6580
2012	0.9985	0.8348	0.8300	0.8220	0.8081	0.8011	0.7942	0.7928	0.7924	0.7642	0.6961	0.6770	0.6767
2013	0.9986	0.8453	0.8405	0.8331	0.8204	0.8134	0.8067	0.8053	0.8049	0.7776	0.7084	0.6910	0.6907
2014	0.9988	0.8547	0.8497	0.8422	0.8298	0.8235	0.8175	0.8162	0.8158	0.7895	0.7202	0.7053	0.7050
2015	0.9989	0.8617	0.8572	0.8494	0.8373	0.8312	0.8256	0.8243	0.8240	0.7992	0.7318	0.7181	0.7179
2016	0.9988	0.8567	0.8525	0.8450	0.8327	0.8269	0.8215	0.8201	0.8197	0.7954	0.7275	0.7156	0.7153
2017	0.9989	0.8589	0.8549	0.8475	0.8348	0.8291	0.8239	0.8226	0.8223	0.7998	0.7305	0.7191	0.7189
2018	0.9991	0.8649	0.8614	0.8544	0.8408	0.8352	0.8307	0.8295	0.8291	0.8075	0.7416	0.7304	0.7301

注：上述数字编号2—14分别代表中国占各自由贸易区网络的比例，自由贸易区网络分别代表中国内地—中国港澳网络(2)、中国内地—中国港澳+东盟网络(3)、中国内地—中国港澳+东盟+新西兰网络(4)……中国内地—中国港澳+东盟+新西兰+巴基斯坦+新加坡+智利+秘鲁+哥斯达黎加+冰岛+瑞士+韩国+澳大利亚+格鲁吉亚网络(14)。

综上所述，无论是对于双边还是多边的自由贸易区网络，成员的增加对中国制造业产值的提升均有利。且网络区域价值链中的制造业产业结构基本稳定不变，即以中国制造业生产产业链为主导的价值链形成。并且从横向比较来看，中国制造业产值在任何多边自由贸易区网络中所占比例均达到50.00%以上，甚至在2011年之后基本能够保持在80.00%左右。

2. 自由贸易区网络对中国制造业出口竞争力的影响

依据 TC 与 TC_L 指数的计算结果，得到图5-11。结果显示，TC 指数和 TC_L 指数的变化趋势与幅度基本相同，且波动幅度较小。这说明2009—2017年，中国制造业的整体竞争力和出口竞争力均未产生较大幅度的变化。

从量化角度来看,部分国家或地区①与中国建立自由贸易区后,并未对中国制造业的出口竞争力提升产生较大影响。其中,可以观察到中国与智利、秘鲁、哥斯达黎加的自由贸易协定生效后,中国的制造业出口竞争力只呈现出短暂的上升趋势。结合上述的结果得到,随着中国缔结自由贸易协定国家或地区数量的不断增加,只是产值得到了较大提升,产业出口竞争力没有呈现显著的变化。

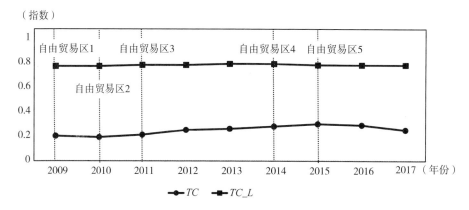

（指数）

图5-11　中国制造业 TC 指数变动

注:其中自由贸易区1、2、3、4、5分别表示中国与巴基斯坦和新加坡、智利和秘鲁、哥斯达黎加、冰岛和瑞士、韩国和澳大利亚签署贸易协定最终生效日期。

3.自由贸易区网络中成员制造业国际竞争力的比较

借助 RCA_L 指数测度各地区制造业在国际贸易中的比较优势。将2002—2016 年自由贸易区网络中各国或地区制造业的 RCA_L 指数反映在图中,如图 5-12 所示。结果表明,各个国家和地区制造业比较优势的差距较大。其中,2002—2006 年,只有中国内地和中国港澳地区的制造业取得了显著的比较优势。2007—2016 年,冰岛的制造业竞争优势逐渐显现,呈现递增趋势,并远高于其他国家或地区。澳大利亚、智利和新西兰的制造业竞争力相对较低,且波动幅度较小,始终低于其他成员。韩国制造业竞争优势在 2006

---

①　主要指巴基斯坦、新加坡、智利、秘鲁、哥斯达黎加、冰岛、瑞士、韩国和澳大利亚。

年得到显著提升之后,基本保持在较高的产业国际竞争力水平。在 2006 年之后,中国的制造业竞争优势呈现下降趋势。

（指数）

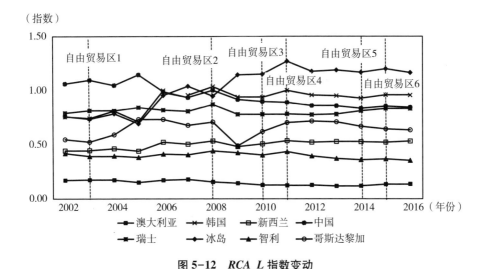

图 5-12　RCA_L 指数变动

注:其中自由贸易区 1、2、3、4、5、6 分别表示中国与中国港澳、新西兰、智利、哥斯达黎加、冰岛和瑞士、韩国和澳大利亚签署贸易协定最终生效日期。

（三）自由贸易区网络中成员制造业国际竞争力的空间相关性

本章采用全局莫兰指数从整体上研究自由贸易区网络中制造业国际竞争力的空间分布,数值如表 5-14 所示。结果说明:（1）在地理距离空间权重矩阵（地理空间关联规则）下,全局莫兰指数显著为正,说明自由贸易区网络中国家或地区之间制造业竞争力呈现显著的正向空间自相关（高高集聚或低低集聚）;（2）对于经济距离空间权重矩阵（经济空间关联规则）,2002—2009 年,空间效应并不显著,但在 2010—2016 年,表现为显著的负向空间自相关（高低集聚或低高集聚）;（3）在贸易距离空间权重矩阵（贸易空间关联规则）下,自由贸易区网络只有在 2014 年之后才呈现出显著的正向空间自相关。

表 5-14 空间相关性检验结果

矩阵 年份 α	地理距离 1	地理距离 2	经济距离 1	经济距离 2	贸易距离 1	贸易距离 2
2002	0.1450** (2.3370)	0.3900** (2.2210)	−0.1650 (−0.2270)	−0.1800 (−0.1640)	−0.1700 (−0.3020)	−0.2520 (−0.5140)
2003	0.1440** (2.3060)	0.3830** (2.1740)	−0.1450 (−0.1130)	−0.1390 (−0.0410)	−0.1760 (−0.3440)	−0.2600 (−0.5400)
2004	0.1530** (2.3930)	0.3990** (2.2520)	−0.1810 (−0.3140)	−0.2030 (−0.2300)	−0.1510 (−0.1760)	−0.2190 (−0.3770)
2005	0.0890* (1.8580)	0.2860* (1.7800)	−0.0380 (0.4920)	0.0580 (0.5460)	−0.2150 (−0.6140)	−0.3390 (−0.8680)
2006	0.1290** (2.2280)	0.3490** (2.0780)	−0.3030 (−1.0260)	−0.4350 (−0.9360)	−0.0300 (0.6550)	−0.0180 (0.4380)
2007	0.1230** (2.1550)	0.3410** (2.0200)	−0.3620 (−1.3450)	−0.5520 (−1.2730)	0.0310 (1.0630)	0.0880 (0.8640)
2008	0.1360** (2.3150)	0.3670** (2.1810)	−0.2880 (−0.9500)	−0.4040 (−0.8510)	−0.0280 (0.6750)	−0.0110 (0.4720)
2009	0.1090** (2.0100)	0.3200* (1.9100)	−0.4160 (−1.6380)	−0.6660 (−1.5960)	0.0670 (1.2930)	0.1690 (1.1790)
2010	0.0870* (1.8890)	0.2750* (1.7810)	−0.4220* (−1.7350)	−0.6760* (−1.6870)	1.2930 (1.3830)	0.1670 (1.2130)
2011	0.0530 (1.6250)	0.2070 (1.5190)	−0.4460* (−1.9250)	−0.7260* (−1.8930)	0.1180* (1.7340)	0.2350 (1.5350)
2012	0.0600* (1.6770)	0.2200 (1.5630)	−0.4320* (−1.8240)	−0.6950* (−1.7790)	0.1060 (1.6350)	0.2110 (1.4220)
2013	0.0560 (1.6420)	0.2120 (1.5270)	−0.4310* (−1.8170)	−0.6920* (−1.7710)	0.1050 (1.6260)	0.2120 (1.4260)
2014	0.0680* (1.7480)	0.2410* (1.6530)	−0.4240* (−1.7740)	−0.6810* (−1.7280)	0.1110* (1.6620)	0.2280 (1.4870)
2015	0.0780* (1.8140)	0.2620* (1.7270)	−0.4250* (−1.7570)	−0.6830* (−1.7140)	0.1240* (1.7410)	0.2540 (1.5820)
2016	0.0780* (1.8060)	0.2610* (1.7170)	−0.4140* (−1.6840)	−0.6600 (−1.6360)	0.1240* (1.7330)	0.2570 (1.5840)

注:*、**、*** 分别表示显著性水平为 10%、5% 和 1%;括号中为 z 统计量值;α 为空间权重矩阵公式中的参数。

从变化趋势来看,莫兰指数值在地理距离权重下呈现下降趋势,而在经济距离和贸易距离空间权重矩阵下逐渐变得显著。这意味着全球贸易地理距离差距对于贸易往来的限制极大减少。经济发展水平和对外贸易开放水平相近的国家或地区之间在网络区域价值链中更容易产生空间关联性。

至此,假说1得以证实,即以中国为"轮轴国"的自由贸易区网络中各成员之间制造业的产业国际竞争力存在关联性(空间效应),且在不同空间关联规则下呈现不同空间自相关性。同时,通过控制参数 α 进行的稳健性检验显示,空间效应存在且具有稳定性。

(四)中国自由贸易区网络中成员制造业国际竞争力的空间效应

依据残差项莫兰指数的检验结果,拒绝了"残差项不存在空间依赖性"的原假设,说明可以进行深入的空间计量分析。为此,本部分重点分析:(1)国际竞争力存在的空间溢出效应;(2)引入 trade、RTPI、SRO 和 PMI 等核心变量来分析其存在的空间溢出效应,并分析此类涉及贸易规则变动的变量引入对原有国际竞争力空间溢出效应带来的影响,并检验假说2、假说3、假说4的正确性。

1.国际竞争力的空间溢出效应

在此主要研究地区间制造业国际竞争力的溢出效应。参照博尔迪尼翁等(Bordignon 等,2003)[1]研究方法,得出的模型估计结果如表5-15、表5-16、表5-17所示。

(1)地理空间关联规则。由表5-15可知,豪斯曼检验结果在下述三个模型中均拒绝了原假设,因此运用固定效应模型进行实证分析。结果显示,地理空间关联规则下,trade 系数显著为正,表明对外贸易自由度的提升能够显著促进本国制造业国际竞争力的提升。W_y 系数显著为负,说明网络中地理邻近国家或地区之间制造业竞争是恶性关系,即两国或地区制造业国际竞争力

---

① Bordignon M., Cerniglia F., Revelli F., "In Search of Yardstick Competition: A Spatial Analysis of ltalianMunicipality Property Tax Setting", *Journal of Urban Economics*, Vol.54, No.2, 2003.

的提升表现为"此消彼长"的态势。

表 5-15　地理距离空间权重矩阵分析结果

地理距离空间权重矩阵									
变量	OLS_FE			SAR_FE			SEM_FE		
constant	0.8030 (1.3600)	-0.1513 (-0.3000)							
economic	-0.1619 *** (-4.0800)	0.0206 (0.6600)	0.0362 (1.0300)	-0.1756 *** (-6.1500)	0.0201 (0.3000)	-0.1878 *** (-8.4600)	-0.1540 *** (-4.0900)	-0.0040 (-0.0500)	-0.1789 *** (-8.7900)
city	0.0048 (0.9100)	0.0093 ** (2.4600)	0.0113 ** (2.6900)	0.0070 (1.3700)	0.0091 (1.0300)	-0.0016 (-0.4200)	0.0054 (0.9600)	0.0057 (0.6000)	-0.0019 (-0.4100)
R_D	-0.0265 (-0.3200)	0.1019 *** (3.6700)	0.1038 *** (5.4900)	-0.0538 (-0.8100)	0.1043 * (1.7400)	-0.0702 * (-1.6600)	-0.0313 (-0.4100)	0.1315 (1.4000)	-0.0228 (-0.4600)
capital	-0.0046 (-1.4200)	-0.0147 ** (-2.8400)	-0.0087 (-1.1900)	-0.0012 (-0.4400)	-0.0144 * (-1.9200)	-0.0033 (-1.1900)	-0.0022 (-1.1200)	-0.0158 * (-1.9200)	-0.0044 ** (-2.1800)
labor	-2.8241 *** (-3.7100)	4.8596 *** (4.5100)	4.9459 *** (4.4100)	-3.3662 *** (-5.2000)	4.8166 ** (2.1400)	-1.8712 * (-1.6800)	-3.0207 *** (-5.7500)	4.0372 (1.5400)	-1.3809 (-1.5300)
industry	0.0019 (0.3400)	-0.0132 *** (-3.3700)	-0.0123 ** (-2.1900)	0.0003 (0.0600)	-0.0132 (-1.5100)	0.0066 (1.5500)	0.0010 (0.1900)	-0.0111 (-1.3000)	0.0074 * (1.6700)
trade	0.0051 ** (2.4000)	0.0046 *** (7.5700)	0.0042 *** (5.8800)	0.0057 *** (3.5600)	0.0047 *** (4.2300)	0.0045 *** (3.6000)	0.0048 *** (2.8000)	0.0049 *** (3.8400)	0.0042 *** (3.5700)
W_y				-0.6066 *** (-3.1600)	-0.0636 (-0.3900)	-1.0193 *** (-5.1400)			
W_u							-0.4093 * (-1.6600)	-0.3931 (-0.9000)	-1.5035 *** (-13.1800)
R^2	0.5086	0.7284	0.7622	0.5278	0.0600	0.5180	0.5029	0.0899	0.4164
Adj_R^2	0.4815	0.7135	0.7180						
F 统计量	1171.5000	402.3200							
Hausman test	拒绝 H$_0$			拒绝 H$_0$			拒绝 H$_0$		
AIC				-349.7499	-105.7765	-397.0091	-337.7286	-108.5052	-414.4734
BIC				-326.5077	-82.5343	-370.8616	-314.4865	-85.2630	-391.2312
个体	控制		控制	控制		控制	控制		控制
时间		控制	控制		控制	控制		控制	控制
Moran's I (error)	拒绝 H$_0$								

注：*、**、*** 分别表示显著性水平为 10%、5% 和 1%；针对括号中的数值，OLS 模型中对应 t 统计量值，SAR 和 SEM 中对应 z 统计量值。

（2）经济空间关联规则。表5—16显示,经济空间关联规则下,*trade*对制造业国际竞争力的影响效应与地理空间关联规则下得出的结论相同。不同之处在于,SAR模型显示经济发展水平相似的国家或地区之间的制造业国际竞争力的空间关联性并不稳健,基本没有通过显著性水平为10%的检验。而SEM模型中显示误差扰动项的空间滞后项系数显著为负,这意味着在随机误差项中存在除控制变量外的其他因素间接影响邻近地区制造业国际竞争力且表现为负向溢出效应。

表5—16　经济距离空间权重矩阵分析结果

经济距离空间权重矩阵						
变量	SAR_FE			SEM_FE		
economic	−0.1630*** (−4.4200)	−0.0081 (−0.1600)	−0.1704*** (−4.0800)	−0.1619*** (−4.1400)	−0.0884** (−2.2200)	−0.1848*** (−4.1000)
city	0.0047 (0.9000)	−0.0012 (−0.2400)	−0.0021 (−0.4900)	0.0039 (0.7500)	−0.0014 (−0.2600)	−0.0038 (−1.3400)
R_D	−0.0274 (−0.3400)	0.0794* (1.9100)	−0.0298 (−0.3900)	−0.0329 (−0.4200)	0.1711*** (4.9200)	−0.0249 (−0.3300)
capital	−0.0046 (−1.4600)	−0.0101* (−1.8200)	−0.0068 (−1.5900)	−0.0053 (−1.4600)	−0.0075 (−0.9400)	−0.0066 (−1.4000)
labor	−2.7607*** (−3.4200)	2.3222 (1.5100)	−1.4905 (−1.6100)	−2.4001*** (−2.7400)	1.6934 (1.1800)	−1.5029 (−1.5300)
industry	0.0025 (0.5200)	−0.0039 (−0.5900)	0.0049 (0.8300)	0.0042 (0.7100)	0.0022 (0.3100)	0.0044 (0.6800)
trade	0.0051** (2.4900)	0.0037*** (4.860)	0.0043** (2.1300)	0.0054** (2.3800)	0.0046*** (4.9300)	0.0037 (1.5200)
W_y	0.0452 (0.4300)	−0.8856*** (−4.180)	−0.1105 (−0.6800)			
W_u				0.2128 (1.4100)	−1.0885*** (−6.2800)	−0.3652*** (−3.3300)
R^2	0.5052	0.0904	0.4410	0.5050	0.1417	0.3814
Hausman test	拒绝 *H*0			拒绝 H₀		
AIC	−332.9095	−157.8822	−355.3193	−335.5419	−151.7079	−361.0836
BIC	−309.6673	−131.7347	−329.1718	−312.2997	−128.4657	−337.8414
个体	控制		控制	控制		控制
时间		控制	控制		控制	控制

注:*、**、***分别表示显著性水平为10%、5%和1%;括号中的数值为z统计量值。

（3）贸易空间关联规则。表5-17表明,*trade*对制造业国际竞争力的影响与上述两种条件下得出的结论相同,再次验证了该因素对因变量影响的稳健性。在贸易空间关联规则下,贸易开放水平相近的国家或地区之间存在显著的空间正相关关系,表现为贸易水平"邻近"地区制造业国际竞争力的上升将通过正向溢出,促进中心地区制造业国际竞争力的提升,即呈现"互赢"的竞争分布格局。

表5-17　贸易距离空间权重矩阵分析结果

贸易距离空间权重矩阵					
变量	SAR_FE			SEM_FE		
economic	-0.1528^{***} (-4.2300)	0.0052 (0.0900)	-0.1667^{***} (-3.5900)	-0.1590^{***} (-4.3300)	-0.1107 (-1.5900)	-0.1666^{***} (-4.0700)
city	0.0019 (0.4200)	0.0100 (1.2200)	-0.0021 (-0.6000)	0.0001 (0.0200)	0.0021 (0.3400)	-0.0014 (-0.4500)
R_D	-0.0532 (-0.8200)	0.1343^{***} (2.8400)	-0.0539 (-1.0000)	-0.0449 (-0.7600)	0.2179^{***} (3.8400)	-0.0393 (-0.6700)
capital	-0.0053^{*} (-1.9000)	-0.0166^{**} (-2.4500)	-0.0069^{*} (-1.7300)	-0.0053 (-1.6400)	-0.0051 (-1.0700)	-0.0065^{*} (-1.7600)
labor	-2.3729^{***} (-3.5600)	4.6362^{**} (2.1700)	-1.4637 (-1.4500)	-1.7481^{**} (-2.2500)	2.1482 (0.9600)	-1.4123 (-1.4300)
industry	0.0031 (0.5800)	-0.0128 (-1.5400)	0.0048 (0.7300)	0.0046 (0.8100)	-0.0029 (-0.5500)	0.0056 (0.9100)
trade	0.0038^{**} (2.1200)	0.0048^{***} (5.3700)	0.0037^{*} (1.8300)	0.0039^{**} (2.0300)	0.0060^{***} (5.1200)	0.0040^{**} (2.1800)
W_y	0.4205^{***} (3.9000)	-0.3380^{**} (-2.1200)	0.3440^{***} (3.6300)			
W_u				0.5426^{***} (3.6800)	-1.0593^{***} (-6.2900)	0.3072 (1.4000)
R^2	0.4147	0.0405	0.3339	0.4427	0.1128	0.4198
Hausman test	拒绝 H_0			拒绝 H_0		
AIC	-346.5664	-108.2478	-361.1524	-355.7563	-160.6781	-361.9010
BIC	-323.3243	-82.1004	-335.0049	-332.5141	-137.4359	-338.6588
个体	控制	控制	控制	控制	控制	控制
时间		控制	控制		控制	控制

注:*、**、***分别表示显著性水平为10%、5%和1%;括号中的数值为z统计量值。

2.核心解释变量的空间溢出效应

SAR 和 SEM 模型分别考虑了因变量和随机扰动项存在的空间效应情况，但不可否认的是自变量也可能存在空间溢出效应。本部分针对假说 2、假说 3、假说 4 的假设，依次引入（1）trade、RTPI、SRO 以及（2）PMI 两组变量，并分析其存在的空间溢出效应，借助 SDM 模型进行空间计量分析，具体模型估计结果如表 5-18、表 5-19 所示。

（1）trade、RTPI 和 SRO。依据表 5-18 分析结果得到：①trade 的系数显著为正，但其空间滞后项系数在地理、经济和贸易空间关联规则下都不显著。即以中国为"轮轴国"的自由贸易区网络区域价值链中，各国家或地区国内制造业价值链融入网络区域价值链程度的加深对"邻近"国家或地区制造业竞争力提升的溢出效应并不明显，只对本国制造业国际竞争力的提升产生显著的正向影响。②从 RTPI 的估计结果来看，只有在地理空间关联规则下，该变量系数与其滞后项系数均显著为正，即对于网络中地理位置邻近的国家或地区间，优惠利用率在区域价值链中起到了正向传导效应。国内制造业借助区域价值链中各国给出的产业优惠待遇，降低企业经营成本，从而使自身和邻国或地区的制造业国际竞争力同时得到提升。③对于 SRO，只有在贸易距离空间权重矩阵下，该变量滞后项显著为正，说明在贸易开放水平相近的国家或地区之间，原产地规则的运用有助于提升"邻近"国家制造业的国际竞争力。原产地规则能够有效规避贸易偏转，促进区域贸易创造效应与转移效应的产生，从而提升各成员产业的竞争力。但原产地规则严格程度上升也会带来规则执行、管理等成本的上升，从而削弱了利益获得。④SDM 模型中因变量的空间滞后项估计结果与 SAR 模型中结果相比，只有在地理距离空间权重矩阵下相同，不同的是在考虑到"邻近"地区对外贸易开放水平、自由贸易区优惠利用率和原产地规则严格程度影响后，在经济距离空间权重矩阵下，制造业国际竞争力的溢出效应从不显著变为显著为负，而在贸易距离空间权重矩阵下，制造业国际竞争力的溢出效应由显著为正变得不再显著。

综上假说2和假说3得到验证。(1)本国制造业价值链涉及的对外贸易开放水平、自由贸易区优惠利用率和原产地规则严格程度都存在不同程度的空间效应影响(空间溢出效应)。(2)其呈现的空间效应影响依据不同空间关联关系有所不同。具体表现为,对外贸易开放水平在三种空间关联规则下的空间溢出效应均不显著,这与假说2中有关对外贸易开放水平的假设相悖;自由贸易区优惠利用率只在地理空间关联规则下表现出显著的正向空间溢出效应,这与假说2中自由贸易区优惠利用率的假设相符;原产地规则严格程度只在贸易空间关联规则下呈现显著的正向空间溢出效应,这与假说2中原产地规则严格程度的假设相悖。

从国内产业价值链和网络区域价值链的关系来看,在该自由贸易区网络中:(1)在地理距离相近的国家或地区中,相比于提升本国制造业国际竞争力,自由贸易区优惠利用率对邻国制造业国际竞争力的正向溢出作用更大;(2)在贸易水平相近的邻国中,原产地规则严格程度的运用对邻国制造业国际竞争力形成显著的正向溢出,但对本国的影响则不显著。这充分说明各成员在积极融入网络区域价值链来获取产业竞争力提升的收益程度远不如对其他成员产业竞争力提升的正向溢出程度,从而使各国产生退出区域经济合作的动机。如近几年来,一些发达国家开始放弃"微笑曲线"的规则,逐渐将制造业生产线回归本土。虽然产业链的本土化趋势已经显现,但在网络区域价值链中,对外贸易开放水平的确能够显著促进本国制造业国际竞争力提升,这也说明未来继续保持良好的对外开放环境是保证产业竞争力提升的重要保障。

表5-18 SDM模型估计结果

SDM			
变量	地理距离	经济距离	贸易距离
trade	0.0059*** (3.2900)	0.0041*** (4.0200)	0.0036** (1.9700)

续表

变量	SDM		
	地理距离	经济距离	贸易距离
RTPI	0.0263 *** (3.5300)	0.0050 (0.5700)	−0.0047 (−0.3800)
SRO	0.0294 (0.9900)	−0.0186 (−0.3000)	−0.0511 (−1.3900)
W_y	−0.4760 ** (−12.8100)	−0.9699 *** (−8.1000)	−0.2462 (−1.5900)
W_ trade	0.0012 (0.2600)	0.0007 (0.4300)	−0.0016 (−0.3200)
W_ RTPI	0.0758 ** (2.0900)	0.0084 (0.3600)	−0.0043 (−0.3200)
W_ SRO	0.0237 (0.2400)	−0.0762 (−0.6800)	0.5669 *** (4.4500)
AIC	−273.2241	−246.4441	−255.6908
BIC	−247.0767	−220.2966	−229.5433

注: *、**、***分别表示显著性水平为10%、5%和1%;括号中的数值为 z 统计量值。

(2)*PMI* 因素。依据表 5-19 结果:①鉴于 *PMI* 指数与外部冲击影响是负相关关系,*W_ PMI* 系数显示,制造业外部冲击因素通过网络区域价值链对网络中贸易水平相近的国家或地区产生了不利的冲击影响。而网络中经济发展水平相近国家或地区间外部冲击溢出效应对制造业国际竞争力影响是正向关系。一般经济发展水平相近国家之间产业结构多存在重叠部分,若一国产业在受到外部冲击的短暂影响后,会通过全球价值链影响到"经济邻近"国家,由于两国产业分工地位在国际分工地位中具有相似性,一国制造业的衰退会提升全球制造业产品生产链条中同一地位国家互补产品的出口。但依据现实情况来看,长期、广度的外部冲击对各个国家整个产业链的影响都是负向效果。至此,关于外部冲击因素的负向溢出效应与假说 4 提出的假设基本符合。②从网络中成员之间的空间关系来看,外部冲击影响更容易通过网络区域价值链在经济发展水平和贸易自由度相似的国家或地区间传导,地缘冲击传播也并不像过去那样显著。

表 5-19　外部冲击因素估计结果

SDM			
变量	地理距离	经济距离	贸易距离
W_PMI	−0.0096 (−1.0700)	−0.0423*** (−2.8700)	0.0479* (1.8700)

注：*、**、*** 分别表示显著性水平为 10%、5% 和 1%；括号中的数值为 z 统计量值。

（五）空间影响因素模型估计结果的敏感性分析

虽然 SAR、SEM 和 SDM 模型在不同空间权重矩阵下都呈现出一定程度空间影响效应，但有必要对模型的稳健性进行检验。这里引入敏感性分析，通过控制空间距离对观测量影响的衰减性，来检验模型系数的稳健性。表 5-20 表明，SAR、SEM 和 SDM 模型在不同空间权重矩阵下，依据参数 α 的不同取值（衰减的不同程度控制），模型系数的方向与显著性均没有发生改变。这充分说明上述模型得出的结果具有稳健性，即由此得到的结论具有可信性。

表 5-20　敏感性分析结果

SAR						
变量	地理距离		经济距离		贸易距离	
α	1	2	1	2	1	2
W_y	−1.0193*** (−5.1400)	−0.5008*** (−4.9300)	−0.1105 (−0.6800)	−0.0096 (−0.0800)	0.3440*** (3.6300)	0.2867*** (3.3600)
SEM						
变量	地理距离		经济距离		贸易距离	
α	1	2	1	2	1	2
W_u	−1.5035*** (−13.1800)	−0.7394*** (−8.0200)	−.03652*** (−3.3300)	−0.1578** (−2.2400)	0.3072 (1.4000)	0.3107* (1.7200)

续表

SDM						
变量	地理距离		经济距离		贸易距离	
α	1	2	1	2	1	2
W_y	−0.4760 ** (−12.8100)	−0.1253 (−0.9900)	−0.9699 *** (−8.1000)	−0.5336 *** (−7.2600)	−0.2462 (−1.5900)	−0.0470 (−0.4900)
W_trade	0.0012 (0.2600)	0.0010 (0.4000)	0.0007 (0.4300)	−0.0001 (−0.0700)	−0.0016 (−0.3200)	−0.0034 (−1.5300)
W_RTPI	0.0758 ** (2.0900)	0.0332 * (1.7200)	0.0084 (0.3600)	0.0102 (0.8600)	−0.0043 (−0.3200)	−0.0044 (−0.8600)
W_SRO	0.0237 (0.2400)	0.0179 (0.3600)	−0.0762 (−0.6800)	−0.0538 (−0.8700)	0.5669 *** (4.4500)	0.2883 *** (4.9000)
W_PMI	−0.0096 (−1.070)	−0.0033 (−0.5900)	−0.0423 *** (−2.8700)	−0.0231 *** (−2.6000)	0.0479 * (1.8700)	0.0255 * (1.8500)

注:*、**、***分别表示显著性水平为10%、5%和1%;括号中的数值为 z 统计量值;α 为空间权重矩阵公式中的参数。

（六）实证结果

本节在较为准确反映各个国家或地区制造业国际竞争力真实情况的基础上,同时考察自由贸易区网络中中国制造业相对产值水平的变化情况。并创新性地将空间效应纳入自由贸易区网络的分析框架中。主要结论如下:

第一,从量化角度看,以中国为"轮轴国"建立的自由贸易区网络中,无论是与中国相关的双边网络还是多边网络,中国制造业的相对产值水平始终呈现递增趋势,中国制造业产值水平在世界中占比也逐步增加,2018 年已经达到了31.00%,即网络中制造业基本形成以中国生产为主导的产业结构。同时,结论表明自由贸易区网络中成员的增加只对中国制造业的相对产值提升产生了较为显著的促进作用,并没有对其出口竞争力产生较大影响。

第二,以中国为"轮轴国"的自由贸易区网络呈现出显著的空间效应。考虑到经济体之间不同的关联性规则,不同空间权重矩阵下的空间相关性并不相同。其中:(1)网络中地理距离相近的国家或地区制造业国际竞争力之间显示出正向空间相关性;(2)经济发展水平相近的国家或地区制造业国际竞争力之间显现出负向空间相关性;(3)对外贸易开放水平相近的国家或地区制造业竞争力之间则呈现出正向空间相关性;(4)在当前自由贸易区网络中,地缘距离的接近不再成为制造业空间关联发生的主要考虑因素,而经济发展水平和贸易水平方面的相近则成为引致经济体间形成产业空间关联的重要因素。

第三,基于因变量和自变量的空间效应发现,不同空间关系下的空间影响效应也不相同。从产业国际竞争力的影响看:(1)对于地理距离邻近的国家或地区之间的制造业国际竞争力呈现"两极化"发展格局。其中,邻近地区之间自由贸易区优惠利用率的提升会显著促进两地区制造业国际竞争力的上升;(2)对于经济发展水平相似的国家或地区之间,制造业国际竞争力的空间溢出效应并不稳健,但在考虑到自由贸易区优惠利用率、原产地规则严格程度和外部冲击因素在网络区域价值链的传导作用后,制造业空间关联呈现出显著的负向溢出效应;(3)贸易开放水平相似的国家或地区之间制造业竞争力提升具有互相促进效果,同时原产地规则严格程度对"邻近国家"制造业国际竞争力的提升产生正向溢出效应。同样在考虑到影响国内产业链嵌入全球价值链的自由贸易区优惠利用率、原产地规则严格程度等规则限制因素后,后者发挥的"贸易规则限制作用"覆盖了贸易开放水平带来的正向影响,使"趋同"空间分布现象变得不再显著;(4)网络中地理和贸易空间关联规则下的成员之间有制造业产业链国内化的趋势;(5)无论在何种空间关联规则下,对外贸易开放水平始终对本国制造业国际竞争力产生正向作用。

第四,外部冲击等不确定性因素会在自由贸易区网络中进行传导,并逐步蔓延到各个国家或地区,且依据不同空间关联规则影响后果亦不相同。具体表现为:(1)在贸易水平相近的国家或地区之间,外部冲击给制造业国际竞争力带来不利影响;(2)外部冲击在经济发展水平相似的国家或地区之间传导为双方制造业国际竞争力带来短暂的正向影响;(3)全球价值链冲击相较于在地缘国家之间的传播,在经济发展水平和贸易自由度相似的国家之间传导效率更快、广度更深。

第四节　中国自由贸易区原产地规则对企业资源配置影响的效果

一、变量选取

(一)被解释变量

根据理论机制分析,如果在自由贸易协定生效后,企业向自由贸易协定伙伴国出口额出现相对变动,则说明企业受到自由贸易协定影响,内部资源配置发生变动,因此,可通过观察原产地规则对企业向自由贸易协定伙伴国相对出口额的影响探究原产地规则对企业资源配置的影响。基于此,本部分构建企业向自由贸易协定伙伴国出口的显性比较优势指数(rca 指数)和企业向自由贸易协定伙伴国出口核心指数(c_ratio)衡量企业向自由贸易协定伙伴国出口相对变动,其中出口显性比较优势指数作为本部分被解释变量,出口核心指数作为稳健性检验指标。具体构建方式如下:

$$rca_{it} = \frac{(export_{it}/\, t\_export_{it})}{(export_{ct}/\, t\_export_{ct})} \tag{5-25}$$

$$c\_ratio_{it} = \frac{export_{it}}{t\_export_{it} - export_{it}} \tag{5-26}$$

其中,i 代表企业,t 代表年份;$export_{it}$ 为企业向自由贸易协定伙伴国总出口额;t_export_{it} 为企业总出口额;$export_{ct}$ 为中国向自由贸易协定伙伴国总出口额;t_export_{ct} 为中国总出口额。

显性比较优势指数在企业向自由贸易协定伙伴国绝对出口比例的基础上控制了宏观层面的出口比例,从而能够衡量企业向自由贸易协定伙伴国的相对出口变动。同时,根据伯纳德等(Beranrd 等,2011)①核心产品与外围产品理论,企业出口显性比较优势指数在一定程度上能够评价企业资源配置效率;出口核心指数(c_ratio)以企业向自由贸易协定伙伴国出口额和企业向非自由贸易协定伙伴国出口额之比作为计算方式,通过企业向自由贸易协定伙伴国和非伙伴国出口的相对关系衡量企业出口的相对变动。两种指标的值越大,企业向自由贸易协定伙伴国出口相对比例越高,从而说明企业内部资源向与自由贸易协定伙伴国贸易的方向集聚,能够表征企业资源配置情况。

(二)核心解释变量

本部分核心解释变量为企业层面的原产地规则限制指数,根据上文测算的中国自由贸易区原产地规则限制指数和企业出口权重构建企业层面的原产地规则限制指数,构建方式如下:

$$roo_{it} = \sum_{j=1}^{n} \gamma_{ij} \times c\_roo_{jt} \tag{5-27}$$

其中,i 代表企业,t 代表年份;roo_{it} 为企业层面的原产地规则限制指数;γ_{ij} 为企业 i 向 j 自由贸易协定伙伴国出口额占企业向自由贸易协定伙伴国总出口额比重;c_roo_{jt} 代表中国与 j 自由贸易协定伙伴国之间的原产地规则限制指数。

(三)控制变量

1. 企业全要素生产率(tfp),本部分参考海德和里斯(Head 和 Ries,2003)②提出的全要素生产率估计方法,估计方程为:

① Beranrd A., Redding S., Schott P., "Multiproduct Firms and Trade Liberalization", *The Quarterly Journal of Economics*, Vol.126, No.3, 2011.
② Head K., Ries J., "Heterogeneity and the FDI Versus Export Decision of Japanese Manufacturers", *Journal of the Japanese & International Economies*, Vol.17, No.4, 2003.

$$tfp_i = \ln\left(\frac{y_i}{l_i}\right) - s\ln\left(\frac{k_i}{l_i}\right) \tag{5-28}$$

其中，y 为工业增加值；l 为企业年平均从业人数；k 为固定资产合计；s 为生产函数中的资本贡献度，参考许和连和王海成（2016）[1]，将 s 设为 1/3。此外，由于工业企业数据库在 2007 年后不再提供工业增加值数据，参考程凯和杨逢珉（2019）[2]的方法，用工业总产值替代。

2. 企业规模（$size$），用企业年平均从业人数表示。

3. 企业生存年限（age），本部分利用以下公式得到企业生存年限：观测年份—企业开业年份。

4. 资本密集度（kl），用固定资产合计与年平均从业人数之比表示。

5. 资本产出比（kc），用固定资产合计与工业总产值之比表示。

6. 负债规模（$debt$），用负债合计表示。

7. 盈利能力（$profit$），用利润总额表示。

（四）变量描述性统计

为防止共线性等异常情况，本部分对控制变量取对数处理，其中负债规模（$debt$）和盈利能力（$profit$）先加 1 再取对数。表 5-21 显示了本部分变量的描述性统计结果。

表 5-21　变量描述性统计

变量	观测数	平均值	标准差	最小值	最大值
rca	153939	1.900	2.678	0	15.824
roo	153939	5.345	0.261	0.068	6.212
tfp	153939	1.506	0.181	-2.352	2.327

---

① 许和连、王海成：《最低工资标准对企业出口产品质量的影响研究》，《世界经济》2016 年第 7 期。

② 程凯、杨逢珉：《FDI、OFDI 对出口产品质量的影响研究》，《经济纬纬》2019 年第 3 期。

续表

变量	观测数	平均值	标准差	最小值	最大值
size	153939	5.619	1.155	2.079	12.372
age	153939	2.218	0.625	0	5.136
kl	153939	3.934	1.389	−6.073	12.704
kc	153939	−1.958	1.141	−11.483	6.295
debt	153939	10.294	1.745	0	18.770
profit	153939	8.043	2.173	0	17.091

二、数据说明

本部分企业层面数据使用两个微观数据库:中国工业企业数据库和中国海关进出口数据库,对于中国工业企业数据库,本部分借鉴勃兰特等(Brandt 等,2012)[1],删除固定资产合计、工业总产值、工业销售产值等指标缺失的数据和异常数据,删除企业成立月份大于 12 和小于 1 的数据,删除职工数小于 8 的数据,删除亏损企业,并只保留制造业企业数据,同时,中国工业企业数据库 2010 年数据缺失严重,无法满足本节研究需要,参考田素华和王璇(2021)[2],将 2010 年数据去除,因此,本部分实证检验观测期为 2005—2009 年和 2011—2014 年。对于中国海关进出口数据库,根据上文原产地规则对企业资源配置的影响机制分析,本节只分析出口企业,并参考樊海潮等(Fan 等,2015)[3],将不从事实际生产活动的贸易公司去除[4]。考虑到加工贸易出口方和进口方之间往往签订长期合同,买卖双方合作较为稳定,自由贸易协定对企

---

① Brandt L., Van Biesebroeck J., Zhang Y., "Creative Accounting or Creative Destruction? Firm-level Productivity Growth in Chinese Manufacturing", *Journal of Development Economics*, Vol.97, No.2, 2012.

② 田素华、王璇:《贸易联系与生产性补贴的出口促进效应——基于 HS-6 位码产品的中国微观数据实证分析》,《国际贸易问题》2021 年第 6 期。

③ Fan H., Li Y.A., Yeaple S.R., "Trade Liberalization, Quality and Export Prices", *Review of Economics and Statistic*, Vol.97, No.5, 2015.

④ 贸易公司定义为企业名称包含"进出口""贸易""外贸""外经""经贸""工贸""科贸"等关键词的企业。

业出口的影响在短期内不显著,因此本节只分析从事一般贸易的企业。此外,本节认为如果企业与自由贸易协定伙伴国之间无贸易往来以及只和自由贸易协定伙伴有贸易,则原产地规则对该企业的资源配置无影响,因此,删除在各观测期内与已生效的自由贸易协定伙伴国无贸易往来和只与自由贸易协定伙伴国进行贸易的企业数据。经过上述数据清洗方法后,本节参考田巍和余淼杰(2013)①根据企业名称、邮政编码和电话号码后七位将工业企业数据和海关数据进行匹配,最终得到企业出口金额和相关财务微观数据。宏观层面数据,中国向各自由贸易协定伙伴国出口额和中国总出口额来自国家统计局网站。

三、模型构建

本节构建以下计量模型:

$$rca_{it} = \alpha_0 + \alpha_1 roo_{it} + \alpha_2 X_{it} + \delta_i + \gamma_t + \varepsilon_{it} \qquad (5-29)$$

其中,i 表示企业,t 表示年份;rca_{it} 表示企业向自由贸易协定伙伴国出口显性比较优势指数;roo_{it} 为企业层面的原产地规则限制指数;X_{it} 为控制变量;δ_i 为企业固定效应,γ_t 为年份固定效应,ε_{it} 为随机扰动项。由于中国工业企业数据库和中国海关数据库限制,本节实证分析时间范围为 2005—2009 年、2011—2014 年。

四、基准回归结果及分析

表 5-22 显示了基准回归结果,列(1)—列(8)为逐步加入控制变量的回归结果,可以看出核心解释变量企业层面的原产地规则限制指数对企业出口显性比较优势指数的影响显著为负,在逐步加入控制变量,roo 系数稳定在-1.8 左右,说明每增加一个单位的原产地规则限制指数,将下降 1.8 个单

---

① 田巍、余淼杰:《企业出口强度与进口中间品贸易自由化:来自中国企业的实证研究》,《管理世界》2013 年第 1 期。

位的企业出口显性比较优势指数,原产地规则阻碍了企业利用自由贸易协定提升产品竞争力,影响了企业内部资源流动。控制变量中,企业全要素生产率(tfp)、企业生存年限(age)、负债规模($debt$)和盈利能力($profit$)对企业出口显性比较优势指数的影响基本显著为正。

表 5-22　基准回归结果

变量	(1)	(2)	(3)	(4)	(5)	(6)	(7)	(8)
roo	-1.935^{***} (-44.24)	-1.918^{***} (-44.02)	-1.922^{***} (-44.14)	-1.914^{***} (-44.07)	-1.852^{***} (-42.90)	-1.852^{***} (-42.92)	-1.851^{***} (-42.88)	-1.840^{***} (-42.67)
tfp		0.501^{***} (10.15)	0.243^{***} (4.91)	0.240^{***} (4.85)	0.140^{***} (2.82)	-0.635^{**} (-2.23)	-0.618^{**} (-2.17)	-0.649^{**} (-2.28)
$size$			0.243^{***} (-30.86)	0.258^{***} (-31.34)	0.257^{***} (-31.29)	0.256^{***} (-31.04)	-0.266^{***} (-22.05)	-0.320^{***} (-22.72)
age				0.102^{***} (6.69)	0.078^{***} (5.10)	0.078^{***} (5.12)	0.077^{***} (5.07)	0.077^{***} (5.04)
kl					0.096^{***} (15.72)	0.209^{***} (5.02)	0.198^{***} (4.60)	0.142^{***} (3.25)
kc						-0.173^{***} (-2.75)	-0.163^{**} (-2.57)	-0.118^{*} (-1.86)
$debt$							0.010 (1.10)	0.017^{*} (1.94)
$profit$								0.043^{***} (7.42)
$\_cons$	12.245^{***} (51.72)	11.395^{***} (45.34)	13.173^{***} (50.85)	12.996^{***} (50.04)	12.482^{***} (48.06)	12.859^{***} (43.95)	12.850^{***} (43.88)	13.028^{***} (44.39)
企业固定效应	是	是	是	是	是	是	是	是
年份固定效应	是	是	是	是	是	是	是	是
N	153939	153939	153939	153939	153939	153939	153939	153939
R^2	0.022	0.023	0.033	0.034	0.036	0.036	0.036	0.037

注:括号内为 t 统计量,*、**、*** 分别表示显著性水平为 10%、5% 和 1%。

五、稳健性检验

(一)变换被解释变量测度指标

为检验本节实证结果稳健性,将被解释变量替换为企业出口核心指数(c_ratio),通过观察企业向自由贸易协定伙伴国与非自由贸易协定伙伴国出口之比的变动,研究原产地规则对企业资源流动的影响。表5-23第1列显示了回归结果,结果表明核心解释变量 roo 系数仍显著为负,证明本节实证结果具有稳健性。

(二)增加控制变量

基本回归中,控制变量都是微观企业层面数据,缺少宏观层面变量,因此,本节以省份为单位增加宏观层面的控制变量,并在回归中控制省份层面的固定效应。宏观层面控制变量包括:(1)企业所在省经济发展水平(a_gdp),用人均国内生产总值(GDP)表示;(2)企业所在省劳动力素质(edu),用每十万人在校大学生数表示;(3)企业所在省行政能力(a_expen),用人均财政一般预算支出表示。表5-23第2列显示了增加宏观层面控制变量后的回归结果,结果显示核心解释变量 roo 系数仍显著为负,说明本节实证结果具有稳健性。

(三)剔除极端值

考虑到极端值会对回归结果产生干扰,本节对被解释变量(rca)进行企业层面的1%和99%截尾处理,并重新回归,回归结果如表5-23第3列所示,与基本回归结果相比,核心解释变量 roo 的系数符号和显著性不变,系数大小略小于基本回归结果,从而证明本节实证结果具有稳健性。

表 5-23 稳健性检验结果

变量	更换被解释变量	增加控制变量	剔除极端值
roo		-1.778*** (-41.55)	-1.709*** (-41.62)
c_ratio	-41.752*** (-3.21)		
tfp	132.321 (0.88)	0.048 (0.17)	-0.369 (-1.39)
size	11.246 (1.48)	-0.371*** (-25.72)	-0.287*** (-21.64)
age	-27.775 (-1.15)	0.073*** (4.80)	0.073*** (5.11)
kl	6.776 (0.41)	-0.001 (-0.03)	0.105*** (2.58)
kc	18.522 (0.55)	0.069 (1.08)	-0.066 (-1.11)
debt	4.643 (0.68)	0.043*** (4.83)	0.015* (1.85)
profit	0.870 (0.46)	0.041*** (7.17)	0.038*** (7.07)
a_expen		0.447* (1.93)	
a_gdp		-0.524** (-2.32)	
edu		-0.067 (-0.47)	
_cons	5.553 (0.04)	14.858*** (11.58)	11.957*** (43.04)
企业固定效应	是	是	是
年份固定效应	是	是	是
省份固定效应		是	
N	153939	153939	150867
R^2	0.000	0.044	0.035

注:括号内为 t 统计量,*、**、*** 分别表示显著性水平为 10%、5% 和 1%。

六、影响机制检验

理论机制分析表明,原产地规则对企业资源配置的影响在于其对产品原产地的限制提高了企业利用自由贸易协定门槛,当企业利用自由贸易协定时会面临改变生产加工工序和获取原产地证明等行为所带来的额外生产成本,生产成本增加会影响企业内部资源流动,这种影响在于,当由原产地规则带来的生产成本低于企业通过利用自由贸易协定降低产品关税水平所获取的额外利润时,企业会倾向利用自由贸易协定,增加向自由贸易协定伙伴国的生产和出口份额;当由原产地规则带来的生产成本超过企业通过利用自由贸易协定获取的额外利润时,企业会放弃利用自由贸易协定,维持原有生产决策不变。为检验上述原产地规则对企业资源配置的影响机制,本节通过以下方法验证:第一步,构建计量模型检验原产地规则是否会增加企业生产成本;第二步,如果第一步结果表明原产地规则能够增加企业生产成本,则根据企业层面原产地规则限制指数排序[1],将企业按分位数分组,对各组企业分别回归,观察 roo 系数符号、显著性和绝对值大小,若企业原产地规则限制指数较高组出现 roo 系数不显著以及各组 roo 系数绝对值出现较大差异,则验证了本节影响机制分析。

针对第一步,本节构建如下计量模型:

$$ex\_cost_{it} = \alpha_0 + \alpha_1 roo_{it} + \alpha_2 X_{it} + \delta_i + \gamma_t + \varepsilon_{it} \tag{5-30}$$

其中,ex_cost_{it} 为企业出口成本,其余变量解释与式(5-29)相同。关于企业出口成本的测度,本节参考刘斌和王乃嘉(2016)[2]的方法计算企业出口成本,计算公式为:

---

[1]　以企业原产地规则限制指数作为分组标准,而不是企业出口成本,是由于本节分析原产地规则所带来的成本对企业出口决策的影响,而企业出口成本不仅包括原产地规则带来的额外成本,还包括其他生产成本,以企业出口成本作为分组标准会降低回归结果可信度。

[2]　刘斌、王乃嘉:《制造业投入服务化与企业出口的二元边际——基于中国微观企业数据的经验研究》,《中国工业经济》2016 年第 9 期。

$$ex\_cost_{it} = ex\_ratio_{it} \times t\_cost_{it} \tag{5-31}$$

其中，ex_ratio_{it} 为出口比率，以企业出口交货值与工业销售产值之比表示；t_cost_{it} 为企业总成本，其值等于企业管理费用+财务费用+产品销售成本+产品销售费用+应付工资总额。2008 年和 2009 年的应付工资总额数据缺失，本节用以下方法补齐：①对于 2007 年、2008 年和 2009 年均存在的企业，用(2007 年企业平均工资)×(2008 年或 2009 年年平均从业人数)表示；②对于 2008 年和 2009 年新出现的企业，用(2008 年或 2009 年城镇职工平均工资)×(2008 年或 2009 年年平均从业人数)表示。

表 5-24 第 1 列显示了回归结果，回归结果表明 roo 系数显著为正，说明原产地规则能够增加企业生产成本，验证了本节理论分析。

针对第二步，本节根据分位数将全样本分为：①前 15%；②前 20%；③20%—40%；④40%—60%四组。① 利用式(5-30)根据分组分别进行回归，回归结果如表 5-24 第 2—5 列所示，其中，第 2 列是 roo 分位数 40%—60%样本结果；第 3 列是 roo 分位数 20%—40%结果；第 4 列是 roo 分位数前 20%结果；第 5 列是 roo 分位数前 15%结果。回归结果表明，第 2—4 列中 roo 系数显著为负，并且系数绝对值随原产地规则限制程度增加呈现下降趋势，第 4 列中 roo 系数已接近于 0，说明原产地规则限制程度越高，当对企业生产成本增加越多，企业对自由贸易协定利用意愿下降，从而对企业向自由贸易协定伙伴国出口变动的影响程度降低；第 5 列中，roo 系数为负但不显著，说明当原产地规则限制程度过高时，对企业出口变动无影响。表 5-24 的回归结果验证了本节理论机制分析。

---

① 由于各年份中均存在大量企业原产地规则限制指数相同的情况，因此本节只分析 roo 分位数前 60%的数据。

表 5-24　影响机制检验结果

变量	ex_cost	rca 分位数 40%—60%	rca 分位数 20%—40%	rca 分位数 前 20%	rca 分位数 前 15%
roo	0.686 *** (10.41)	−7.274 *** (−13.71)	−4.794 *** (−18.11)	−0.407 *** (−5.44)	−0.182 (−1.57)
tfp	2.205 *** (3.95)	2.266 *** (3.09)	0.110 (0.26)	−0.300 (−0.63)	−0.783 (−1.39)
size	0.955 *** (38.47)	−0.361 *** (−11.99)	−0.312 *** (−11.24)	−0.218 *** (−11.04)	−0.216 *** (−9.20)
age	0.515 *** (20.33)	0.061 * (1.68)	0.115 *** (3.89)	0.052 ** (2.45)	0.060 ** (2.43)
kl	−0.255 *** (−2.91)	−0.255 ** (−2.39)	0.008 (0.12)	0.059 (0.86)	0.126 (1.52)
kc	0.224 * (1.75)	0.455 *** (2.89)	0.057 (0.59)	−0.041 (−0.40)	−0.152 (−1.23)
debt	0.366 *** (21.99)	0.004 (0.20)	0.035 * (1.91)	0.007 (0.60)	0.005 (0.35)
profit	−0.132 *** (−13.80)	0.041 *** (3.20)	0.052 *** (4.45)	0.034 *** (4.21)	0.036 *** (3.78)
_cons	−6.268 *** (−13.40)	39.398 *** (14.33)	27.547 *** (19.19)	4.293 *** (8.24)	3.210 *** (4.28)
企业固定效应	是	是	是	是	是
年份固定效应	是	是	是	是	是
N	153939	17737	22143	28399	21299
R^2	0.107	0.043	0.031	0.016	0.013

注:括号内为 t 统计量, *、**、*** 分别表示显著性水平为 10%、5%和 1%。

　　本节通过分样本回归的方式验证了理论机制分析,但仍存在以下问题:(1)回归结果受到数据结构、离群值等因素外在因素干扰;(2)由于企业层面原产地规则限制指数自身特性,大量样本没有纳入回归分析中,降低回归结果可信度。因此,本节借鉴刘啟仁和铁瑛(2020)[①]的研究思路,通过样本切割法

────────────────

　　① 刘啟仁、铁瑛:《企业雇佣结构、中间投入与出口产品质量变动之谜》,《管理世界》2020年第 3 期。

对本节理论机制分析作进一步检验,具体方法见祝树金等(2022)①。样本切割法能够较好解决上述问题,并直观显示随着原产地规则限制程度提高所带来的生产成本增加对企业出口决策的影响。

七、异质性分析

(一)行业异质性

设置原产地规则是为了防止贸易偏转效应,但随着自由贸易区发展,原产地规则的贸易保护作用显现,各国利用原产地规则保护本国劣势产业,输出优势产业,因此,原产地规则对企业资源配置的影响会随产业不同而程度不同,基于此本节进行行业异质性检验。本节分析的对象是制造业企业,其中装备制造业是制造业核心,是为国民经济各行业提供技术装备的战略性产业。因此,本节主要针对装备制造业企业进行异质性检验,按照国民经济行业分类与代码,装备制造业包括八大行业:金属制品业、通用设备制造业、专用设备制造业、汽车制造业、铁路、船舶、航空航天和其他运输设备制造业、电气机械和器材制造业、计算机、通信和其他电子设备制造业、仪器仪表制造业,《国民经济行业分类》在 2011 年修订,因此,本节将行业代码统一归类到 2002 年标准。中国工业企业数据库提供了每个企业所属行业大类,本节基于此按照装备制造业行业代码对企业进行划分,异质性检验结果如表 5-25 所示,可知中国自由贸易区原产地规则对汽车制造业企业出口 rca 指数的影响最大,其次是专用设备制造业企业和铁路、船舶、航空航天和其他运输设备制造业企业,对金属制品业企业和通用设备制造业企业 rca 指数影响较小。

---

① 祝树金、李江、张谦等:《环境信息公开、成本冲击与企业产品质量调整》,《中国工业经济》2022 年第 3 期。

表 5-25 行业异质性检验结果

变量	33	34	35	36	37	38	39	40
roo	−1.781*** (−8.44)	−1.787*** (−14.03)	−2.030*** (−13.80)	−2.301*** (−14.14)	−2.090*** (−12.43)	−1.822*** (−13.68)	−1.877*** (−15.49)	−1.845*** (−9.51)
tfp	−0.062 (−0.04)	−1.225 (−1.31)	−4.271*** (−2.64)	−2.335 (−1.60)	−2.175 (−1.01)	−0.092 (−0.09)	−0.025 (−0.03)	−0.837 (−0.83)
size	−0.193** (−2.07)	−0.302*** (−5.79)	−0.489*** (−8.64)	−0.280*** (−3.86)	−0.216*** (−2.81)	−0.149** (−2.36)	−0.286*** (−6.65)	−0.127** (−2.45)
age	−0.062 (−0.63)	−0.046 (−0.85)	0.163*** (3.00)	0.058 (0.85)	0.182** (2.43)	0.109 (1.53)	0.164*** (3.44)	−0.076 (−1.29)
kl	−0.045 (−0.18)	0.269* (1.78)	0.461* (1.93)	0.290 (1.29)	0.381 (1.23)	−0.000 (−0.00)	0.074 (0.57)	0.097 (0.65)
kc	0.003 (0.01)	−0.323 (−1.47)	−0.773** (−2.19)	−0.391 (−1.19)	−0.398 (−0.87)	0.006 (0.03)	−0.045 (−0.24)	−0.062 (−0.29)
debt	0.066 (1.29)	0.020 (0.63)	0.140*** (4.12)	0.060 (1.27)	−0.004 (−0.07)	0.038 (0.96)	−0.028 (−0.91)	−0.030 (−0.75)
profit	0.000 (0.00)	0.041** (2.09)	0.026 (1.14)	−0.025 (−0.91)	−0.016 (−0.51)	0.021 (0.82)	0.048*** (2.82)	−0.002 (−0.09)
_cons	11.983*** (7.77)	12.738*** (14.19)	16.776*** (14.03)	17.158*** (14.30)	15.221*** (9.59)	10.944*** (11.35)	12.566*** (14.26)	13.600*** (10.89)
企业固定效应	是	是	是	是	是	是	是	是
年份固定效应	是	是	是	是	是	是	是	是
N	3054	10634	12939	7892	6296	3250	14742	10393
R^2	0.025	0.034	0.030	0.027	0.032	0.044	0.038	0.022

注:代码 33 表示金属制品业、34 表示通用设备制造业、35 表示专用设备制造业、36 表示汽车制造业、37 表示铁路、船舶、航空航天和其他运输设备制造业、38 表示电气机械和器材制造业、39 表示计算机、通信和其他电子设备制造业、40 表示仪器仪表制造业。括号内为 t 统计量,*、**、*** 分别表示显著性水平为 10%、5% 和 1%。

(二)企业性质异质性

企业自身性质也会影响原产地规则对企业资源配置的限制程度,一般而言,外资企业因为跨国投资的原因,相较于内资企业具有更丰富的贸易经验,面对原产地规则也具有较强的适应性从而降低原产地规则的限制,并且,相较于国有企业,民营企业更具灵活性,对原产地规则限制也具有较强适应性,基于此,本节根据中国工业企业数据所提供的企业登记注册类型将全样本分为国有企业、民营企业和外资企业,具体划分方式参考田素华和王璇(2021)①,将登记注册类型代码为"110""120""141""142""143""151"归为国有企业,"159""170""171""172""173""174"归为民营企业,三位数的登记注册类型中第一位的数字为2和3的归为外商投资企业。企业性质异质性检验结果如表5-26所示,可知原产地规则对国有企业出口 rca 指数影响最大,系数为 -2.418 并在1%水平上显著,其次是民营企业,系数为 -1.849,影响最小的是外资企业,系数为 -1.817,基本验证了上述分析结论。

表5-26 企业性质异质性检验结果

变量	国有企业	民营企业	外资企业
roo	-2.418^{***} (-7.15)	-1.849^{***} (-29.36)	-1.817^{***} (-30.65)
tfp	-4.132 (-1.49)	-1.908^{***} (-3.87)	0.113 (0.28)
$size$	-0.144 (-1.20)	-0.153^{***} (-6.72)	-0.409^{***} (-21.32)
age	0.262^{**} (2.43)	0.039^{*} (1.78)	0.060^{**} (2.58)
kl	0.707 (1.64)	0.385^{***} (5.11)	0.007 (0.11)
kc	-1.135^{*} (-1.77)	-0.466^{***} (-4.23)	0.095 (1.05)
$debt$	0.034 (0.39)	-0.034^{***} (-2.66)	0.039^{***} (3.06)
$profit$	-0.082^{*} (-1.71)	0.010 (1.07)	0.070^{***} (9.22)

---

① 田素华、王璇:《贸易联系与生产性补贴的出口促进效应——基于 HS-6 位码产品的中国微观数据实证分析》,《国际贸易问题》2021 年第 6 期。

续表

变量	国有企业	民营企业	外资企业
_cons	17.351*** (7.21)	13.364*** (29.86)	12.717*** (30.95)
企业固定效应	是	是	是
年份固定效应	是	是	是
N	1786	65408	81009
R^2	0.031	0.029	0.046

注:括号内为 t 统计量,*、**、*** 分别表示显著性水平为 10%、5%和 1%。

第六章　自由贸易区网络区域价值链与
全球价值链的相关性

第一节　中国自由贸易区区域价值链的构建

近年来,区域经济合作成为国际经济规则重塑的重要平台。2008 年国际金融危机和随后的欧洲债务危机,引发了世界经济格局的调整。随着后危机时代的到来,国际政治经济格局不断调整,逆全球化趋势加速显现,全球新冠疫情、中美贸易摩擦以及乌克兰危机加剧了各类风险的冲击,增长低、通胀低、利率低和债务高、收入差距高和高龄化等多重不利因素的叠加效应更加突出,世界经济可能面临长期陷入增长迟缓、状态低迷的风险,不稳定、不确定性对国际经济环境的威胁日益加剧。以美国为首的发达国家要求改变全球化利益分配格局和打压战略竞争对手的图谋成为一股强大的逆全球化力量,阻碍了全球化进程,导致多边贸易体制出现停滞,规范国际贸易、国际投资和全球产业链秩序的全球经济治理体系面临公平性、有效性、开放性和包容性的挑战。与此相对应,区域一体化却出现了再次的蓬勃发展。当前亚太地区最重要的区域一体化规制主要有三个(含正在谈判中的)——全面与进步跨太平洋伙伴关系协定、区域全面经济伙伴关系和中日韩自由贸易区。三者诞生于不同背景,在成员覆盖范围上既存在部分重叠,又形成互补。2020 年 12 月 30 日,中欧投资协定谈判的完成,预示基于规则与制度的开放型国际经济秩序逐步建立,将与区域全面经济伙伴关系一起重构世界政经版图。可见,无论发达国家还是发展中国家都更加注重以双边或区域为平台推动其发展,这将使区域经济一体化不仅成为国际经济规则的引领和示范者,而且也会成为全球经济治理体系重塑的重要力量,区域内成员的利益将通过区域协定引导国际经济秩序的发展方向。

作为区域经济一体化的重要表现形式,自由贸易区是我国进一步扩大开放、持续推行经济全球化政策的重要抓手和战略,始终受到国家的紧密关注。在我国启动改革开放 40 多年间,为应对内外环境给经济发展带来的双重压力,适应经济发展进入新常态的新需求,发展能够更好融入全球化进程的新经济,我国积极参与并推进自由贸易区谈判进程,以更加完善的自由贸易区战略、更具影响力的自由贸易区网络,力争获取更多全球化的利益;即便全球政治经济秩序受到新冠疫情的巨大冲击,中国自由贸易区建设仍然取得了十分积极的进展(王蕊等,2021)①。在经济全球化受阻、区域化提速的情况下,自由贸易区是区域价值链形成的重要载体,中国如何创造性地与其他国家建立合作共赢的经贸关系,通过构建高水平自由贸易区网络,实现区域价值链与全球价值链的耦合效应,为一国乃至世界经济维持稳定、实现持续性繁荣提供重要的理论与实践价值。

一、区域价值链的内涵

在经济全球化深入发展的过程中,地理因素对价值链环节布局的限制逐渐弱化,越来越多的生产商开始切割价值链,将链条上不同的环节分散化布局到多个国家或地区。正是在这样的背景下,克鲁格曼和维纳布尔斯(Krugman

---

①　王蕊、袁波、宋云潇:《自由贸易区战略实施效果评估及展望》,《国际经济合作》2021 年第 1 期。

和 Venables,1995)①提出了全球价值链的概念,将其定义为一国或地区在全球生产分工网络中,参与或主导部分生产环节,进而获得相应的增加值利益。此后这一理论得到了学术界广泛的认同,基于全球价值链思想进行分析的研究大量涌现。随着学者们对全球价值链的研究更加深入,国内价值链、国外价值链、区域价值链等概念相继出现。一国因嵌入全球价值链而形成的对外价值联系和经济依赖关系,可以从其内部对国内外、区域间中间品的偏好中得以显现。根据克鲁格曼的全球价值链理论,若某产品的每个生产环节,即产品的投入与产出过程均未曾跨越本国国界,则可被归为"国内价值链"。同样,以地理分布为标准,若某产品的不同生产环节位于不同国家或地区,则在这些地区内形成"区域价值链",即一国在某特定经济区域内组织跨境生产活动。作为推动产品区域化、国际化的有效工具,区域贸易协定极大促进了全球价值链的多方位延展。此外,区域贸易协定条款内容的不断深化也推动了全球价值链网络的完善化。胡梅尔斯等(Hummels 等,2001)②在 2001 年首次构建了"垂直专业化率"指数,库普曼等(Koopman 等,2010)③又提出了全球价值链参与度指数和全球价值链位置指数,这些指数基于不同侧重点对一国参与全球价值链分工的程度加以测度。

二、充分利用优惠原产地规则构建区域价值链

(一)优惠原产地规则具有对区域产业链调整的作用

由于优惠原产地规则缺乏国际范围内的统一协调,其作为贸易工具影响

---

① Krugman P. R. , Venables A. J. , "Globalization and the Inequality of Nations", *The Quarterly Journal of Economics*, Vol.110, No.4, 1995.

② Hummels D. , Ishii J. , Yi K. M. , "The Nature and Growth of Vertical Specialization in World Trade", *Journal of International Economics*, Vol.54, No.1, 2001.

③ Koopman R. , Powers W. , Wang Z. , "Give Credit Where Credit Is Due: Tracing Value Added in Global Production Chains", *NBER Working Papers*, No.16426, 2010.

国内弱势产业或强化一国比较优势的特征越来越明显,大国在优惠原产地规则的制定中力图争夺规则的制定权,以使其成为国内产业政策的对外延伸。而发挥战略性贸易工具作用的前提是优惠原产地规则能对不同行业甚至不同产品、不同环节制定差别性的标准,以服务于特定目的。下文先对国际上主要的原产地规则模式、泛欧模式、北美自由贸易区模式和东亚的主要原产地规则模式进行对比说明。表6-1对泛欧模式和北美自由贸易区模式原产地规则构成进行了分解,并梳理了各个自由贸易区原产地规则吸收条款、累积条款、容忍条款。

表 6-1 PANEURO 模式、NAFTA 模式原产地规则构成比重

原产地规则 类型	PANEURO	欧—墨	欧—智	NAFTA	美—智	墨—玻	加—智
加工工序标准	1.39	1.39	1.39	0	0	0	0
区域内价值含量条款	11.46	10.91	11.90	0	0.02	0	0
关税税目改变标准、 关税条款的改变	0	0	0	0.02	0	0	1.22
关税税目改变标准、 关税子目的改变	0.20	0.26	0.20	3.81	22.13	4.26	14.65
关税税目改变标准、 关税目的改变	37.59	38.12	37.42	36.27	34.89	31.27	36.14
关税税目改变标准、 关税章的改变	3.18	3.18	3.18	48.66	29.01	28.47	37.28
合计	40.97	41.56	42.60	88.76	86.03	64.00	89.29
在关税税目改变标准 的基础上联合使用价 值含量标准或技术条 款或三者联合使用	33.49	33.68	32.94	10.70	13.14	35.05	10.67
联合使用价值含量条 款和技术条款	0.08	0.20	0.20	0	0	0	0
完全获得标准	8.32	8.32	8.32	0	0	0	0
其他	4.29	3.94	2.75	0.54	0.51	0.95	0.04
合计	100	100	100	100	100	100	100

续表

原产地规则类型	PANEURO	欧—墨	欧—智	NAFTA	美—智	墨—玻	加—智
区域内价值含量条款标准	50%—70%	50%—70%	50%—70%	50%—60%	35%—45%	60%	50%—60%
容忍条款	10	10	10	7	10	7	9
吸收条款	有	有	有	有	有	有	有
累积条款	对角累积	双边累积	双边累积	双边累积	双边累积	双边累积	双边累积

资料来源：Estevadeordal A.，Suominen K.，Rules of Origin：A World Map and Trade Effects，pp.16—21，作者整理所得。欧—墨为欧盟—墨西哥、欧—智为欧盟—智利、美—智为美国—智利、墨—玻为墨西哥—玻利维亚、加—智为加拿大—智利。

根据表6-1可知，泛欧模式原产地规则较为复杂，其结合了价值含量条款、技术条款、关税税目改变条款，可以说细化到不同产品对应不同适用条款。其中单一使用价值含量条款比重达10%，单一使用关税改变条款达40%，其中以章改变和目改变为主，联合使用两项或两项以上条款的达30%以上。容忍条款上限达10%，积累方式与吸收条款的使用也很好地放松了原产地规则的严格程度。北美自由贸易区模式的典型特征是使用了关税税目改变标准作为主要标准，其比重在80%左右，联合使用两种或两种以上条款超过10%。容忍条款上限在7%—10%，吸收条款与累积条款也较好地放松了原产地规则的严格程度。

东亚建立的自由贸易区形成了以东盟为"轮轴国"，其他国家为"辐条国"的格局，典型的是三个10+1，即东盟—中国自由贸易区、东盟—韩国自由贸易区、东盟—日本自由贸易区，表6-1对包括东盟自身在内的以上自由贸易区原产地规则构成进行分解，以反映东亚原产地规则的主要特征。根据表6-2可以发现中国—东盟自由贸易区使用RVC(40)作为总的标准①，对原产地规则进行修订，在纺织品、渔业、木制品、皮革制品、毛皮、制鞋等行业实行区域附

---

① Medalla E.M.，"Taking Stock of the ROOs in the ASEAN+1 FTAs：Toward Deepening East Asian Integration"，*ERIA Research Project Report*，No.2010-26，2010.

加值含量40%与关税税目改变条款作为可替换性选择,使 RVC(40)或 CH 的比重与东盟接近,其严格程度基本与东盟自由贸易区原产地规则维持一致。韩国—东盟自由贸易区采用了更高比例的完全获得标准,使其严格程度相对中国与东盟有所提升。日本—东盟自由贸易区采用更多的税目改变标准,并且更多地采用税目改变的例外条款来限制投入原材料的来源国,使其严格程度又高于韩国—东盟自由贸易区。

东亚原产地规则与泛欧模式及北美自由贸易区模式相比,采用了区域附加值含量与关税税目改变标准替换性选择是其一大特点,东亚原产地规则总体体现出相对简单,规则单一,40%区域附加值含量这种"一刀切"的方式并不适合所有行业,较少的附加条款也使其很难发挥战略性贸易工具的作用。

表6-2 东盟及三个 10+1 原产地规则构成比重分解

原产地规则	东盟	韩国—东盟	中国—东盟	日本—东盟
完全获得标准	3.54	8.77	0.15	0.06
关税税目改变标准、关税章的改变	0	1.17	0.02	14.07
关税税目改变标准、关税目的改变	0	0.08	0	2.62
关税税目改变标准、关税子目的改变	0	0	0	0.15
合计	0	1.25	0.17	16.9
区域内价值含量条款<40	0	0.69	0	0
区域内价值含量条款=40	2.82	0.42	89.18	4.20
区域内价值含量条款>40	0	0.12	0	0
关税章的改变例外项	0	0	0	4.94
关税目的改变例外项	0	0	0	0.38
区域内价值含量条款(40)/关税目的改变	53.25	78.03	2.33	58.52
区域内价值含量条款(40)/关税子目的改变	13.51	1.17	0	0.63

原产地规则	东盟	韩国—东盟	中国—东盟	日本—东盟
区域内价值含量条款(40)/关税目的改变/区域内价值含量条款(35)+关税子目的改变	2.39	0	0	0
区域内价值含量条款(40)/关税目的改变/纺织品规则	6.51	0	0	0
区域内价值含量条款(40)/关税章的改变/纺织品规则	8.67	0	0	0
区域内价值含量条款(40)/关税章的改变	8.37	9.32	0.134	2.41
其他	0.94	0.24	8.16	12.02
合计	100	100	100	100

发挥优惠原产地规则的战略性贸易工具作用的前提是对不同的行业,甚至不同的产品、环节选取有差别的标准,附加使用容忍条款、吸收条款、微量条款及例外对特殊行业进行保护,以及采用技术条款针对性地对某项生产环节作出要求。例如,东盟判定货物实质性改变的主要标准是区域附加值含量达到40%,这个标准相对于泛欧模式与北美自由贸易区模式较低,这主要是因为东南亚国家从事加工组装环节,电子产品、纺织品、服装品是其主要出口产品,较低的标准使其容易达到。新加坡在对外签订的自由贸易协定中包含了境外加工一项,这主要是为了适应利用其周边国家低成本的加工环节。泛欧模式采用了较高的容忍条款,然而对纺织品与服装却不适用。北美自由贸易区模式容忍条款也不适用于奶制品、柑橘类水果和果汁、可食用动物制品、速溶咖啡、可可制品以及空调、冰箱等一些机械设备,这是基于对国内农业等弱势产业的保护及家电产业的扶植。美国在自由贸易协定谈判中强调对知识产权的保护旨在强化其比较优势。北美自由贸易区对汽车行业区域附加值含量的要求高达62.5%,而一般性产品区域附加值含量标准仅为50%,此外对纺织品服装行业整个加工工序要求必须在区域内完成。不难发现原产地规则制定凸显了对国内弱势产业如农业、纺织业的保护及比较优势产业、支柱产业、

战略产业的扶植。泛欧模式与北美自由贸易区模式在关税改变构成为主标准下大量附加使用了技术条款,确保关键工序在区内完成,强化本国对战略产业核心技术的掌控。美国再工业化的战略目的在于抢占、巩固制造业高端地位,即在全球价值链分工中占据有利的附加值地位。与此相对应,美国积极致力于国际规则制定权的争夺,企图进一步维持其有利的竞争地位。美国积极倡导《跨太平洋战略伙伴关系协定》就是争夺原产地规则的制定权,而美国退出《跨太平洋战略伙伴关系协定》寻求双边谈判,是不满足于《跨太平洋战略伙伴关系协定》的既得利益,企图进一步按照美国意愿签订更有利于美国的原产地规则。

中国—东盟自由贸易区建立过程中,中国放弃了原产地规则的制定权,使中国—东盟自由贸易区原产地规则基本成为东盟自由贸易区的副本,这不符合中国发挥原产地规则战略性贸易工具作用进而推动中国产业升级利益。中国作为世界第一贸易大国,优惠原产地规则的制定权绝不能放弃,中国作为对外开放、自由贸易的积极倡导者,未来会参与更多的自由贸易区,制定符合我国产业政策的原产地规则显得极为迫切。发挥战略性贸易工具作用的优惠原产地规则应该结合中国当前产业发展的现状及升级方向制定。

(二)改进原产地规则以提升中国在东亚区域产业链中的地位

实现价值链升级的前提条件是更深入地参与全球价值链分工,我国仍然是劳动力大国,中西部地区参与全球价值链分工有限,如果不能实现价值链上的升级并在相关国家竞争下失去加工组装该环节,将对我国跨越中等收入陷阱带来灾难性的影响。根据全球价值链地位指数及显性比较优势,中国已经实现了低技术、中低技术行业价值链上的升级,摆脱了单纯的加工组装环节,40%的区域附加值含量符合20世纪末中国制造业以加工贸易为主的特征,然而已经不适合当前发展的需要,相对较低的区域附加值含量不利于带动我国相关产业的发展,外商也可以在中国通过加工组装获得中国原产地证明,加之中国体量巨大,与欧美贸易顺差巨大,轻易获得中国原产地标识容易增加贸易摩擦。因此,中国应该制定区域附加值含量区间,对于低技术行业及中低技术行业制定50%左右的区域附加值含量,这是基于中国已经掌握了该行业整个价值链的技术及设计工艺,区域附加值比重的提升使出口商会优先考虑在中国完成更多环节的生产,有利于中国渐渐失去劳动力优势的传统加工组装行业向中国中西部地区转移,避免此类行业向东南亚劳动力价格低廉国家转移。

对于中高技术制造业及高技术制造业,我国已经掌握了部分核心技术,但总体上中国处在下游生产地位,存在显性比较劣势,虽然部分行业存在显性比较优势但生产地位指数低,这说明我国在该行业从事的是加工组装环节,这种显性比较优势是大量低附加值堆积的结果。中高技术行业及高技术行业的发展对我国制造业转型升级至关重要,也是实现"中国制造2025"的关键所在。近年来,随着中国人均收入的不断提高,中国市场不断扩大,尤其是高端产品市场。发达国家积极致力于通过技术抢占中国市场,纷纷在中国建立研发中心。由于严格的原产地规则会妨碍吸引外资,因此在中、高技术行业应维持原先较低的附加值含量标准,引导外资向中、高技术行业流动。当跨国公司在中国投资设厂时,受雇佣的中国劳动力会提高相关技能,同时一些关键技术在中国的研发也会产生技术外溢效应。另外通过更多采用累积条款、吸收条款、容忍条款对中国战略转型的关键行业作出适当放松,吸引国际中高技术行业在中国投资。

充分利用特定加工制造程序标准,该标准能细化到行业的生产环节。我国可能在某一行业具备显性比较优势或掌握了主要核心技术,然而整个行业的区域附加值含量仍然无法细化到某个特定生产环节,对于产业升级迫切需要突破的重点生产环节和生产工艺,可以提出在区内完成特定加工程序的要求。例如我国计算机市场巨大,然而对计算机核心部件中央处理器(Central Processing Unit,CPU)的生产还没有掌握核心技术,这项技术主要为美国所垄断,我国可以对中央处理器在区内完成提出特殊要求,引导美国在中国投资设厂,在此期间积极鼓励特定生产工艺的扩散,并给予税收等方面的优惠,通过技术外溢、干中学等方式加快对相关技术的掌握,从而实现整个价值链的治理。

(三)降低原产地规则的贸易成本提升我国企业在区域产业链中的参与度

当前我国处在产业转型升级期,部分行业在全球价值链分工环节上正由低附加值环节向高附加值环节升级。然而随着我国劳动力成本的上升,许多劳动密集型产业出现了向东南亚国家转移的趋势,导致中西部地区承接产业转移的机会减少,进而扩大空间层面上的收入差距不平衡。东部地区面临的主要问题是产业升级,中部、西部地区面临的更迫切问题是引进外资,深入参与全球价值链分工,带动相关产业发展。中国在未来一定时间内充当"世界加工工厂"仍然很有必要,中国既要完成"中国创造",也要保留"中国制造"。

中国相对于东南亚的劳动力成本劣势,可以通过降低原产地规则的贸易成本来抵消。用美元衡量中国经济体量已经跃居世界第二位,从购买力平价角度来看,中国经济体量已经跃居世界第一位。世界上越来越多的国家看中中国巨大的市场潜力,希望与中国建立自由贸易区,东亚地区参与自由贸易区的国家已经认识到相互重叠的原产地规则带来的"意大利面碗效应",中国应致力于与相关国家协商,协调我国对外签订原产地规则的一致性,降低"意大利面碗效应"带来的贸易成本,此外要推动重叠的自由贸易区整合,例如积极推动东盟—中—日—韩自由贸易区的建成。

中国致力于深化改革、推进开放,未来更高水平、更宽领域、更加贸易自由化的自由贸易区将成为发展方向,中国可以适应性与发达国家签订相关较高水平的自由贸易区,倒逼国内加快改革,形成内外互动,较高水平的自由贸易区有利于外部性的内部化,降低相关的贸易成本。

积极创新原产地证书的证明形式,采用亚洲国家可以接受的方式,同时积极借鉴域外国家证明方式,放宽使用背对背证明、第三国发票形式的证明等。

减少政府在原产地证明中的参与度,缩短与降低企业获得原产地证明的时间成本和货币成本,提升通关效率。此外中国外贸企业中小企业比重较高,工作人员素质较低,对原产地规则的了解程度较低,政府可以设立相关机构加强对相关人员技术培训,同时简化原产地规则签证操作程序,降低管理成本。社会生产方式与贸易方式及贸易商品是随着技术进步而变化,因此原产地规则中应加入相关的修订机制定期进行修订完善,适应生产与贸易的新变化。此外相比于泛欧模式与北美自由贸易区模式,东亚原产地规则中对宽松条款的使用率不高,提高宽松条款的使用率,放松原产地规则的严格程度减少其对区内自由贸易的阻碍效应。

通过以上降低原产地规则贸易成本的方式降低最终产品成本,提升我国在全球价值链分工的参与度。

第二节　中国自由贸易区区域价值链的经济效应

一、从经济规模角度探究自由贸易区区域价值链的经济效应

自由贸易区区域价值链的经济增长效应可细分为经济规模增长效应和经济质量增长效应。经济规模增长方面,研究视角主要集中在贸易效应、投资效应以及产业效应等方面。

(一)贸易效应

自由贸易区区域价值链形成与深化给贸易带来的深刻影响,主要源于贸易转移与贸易创造两种不同机制。自由贸易区成员因贸易创造效应而实现更大程度的专业化生产,贸易转移则可能使一国进口被自由贸易区中高成本的国家所替代而带来经济损失。上述两种不同方向效应的交织重叠进一步强化了区内成员间的经贸关联。已有学者通过构建贸易引力模型实证检验了中国

自由贸易区对贸易流量的影响,研究发现自由贸易区对于促进贸易发展具有显著的正向影响;还有学者通过 GTAP 模型分析发现自由贸易区内区域价值链的形成会促进成员的比较优势产业产出和实际出口的增加。区域价值链使自由贸易区成员能够发挥自身禀赋优势,凭借自身优势资源和产业融入区域生产网络。中国—东盟自由贸易区成立以来,成员之间的贸易往来日益密切,而这种贸易效应很大程度上来自区域价值链带来的双边进出口产品互补性的增强。此外,自由贸易区内成员的数量会影响到区域价值链的效率和作用发挥程度,自由贸易区成员数量越多其对中国对外贸易的驱动作用越大。

(二)投资效应

同自由贸易区对贸易的影响一致,投资创造和投资转移构成了自由贸易区对投资影响的两种关键机制。当自由贸易区建立消除了投资壁垒,使资本、劳动力、技术等要素能够在区内充分自由流动,进而鼓励成员间相互投资,则构成投资创造效应。而投资转移效应是指由于成员各自的比较优势不同,自由贸易区的设立可能会使投资在国家或地区间转移和调整。从中国自由贸易区网络情况来看,自由贸易区的建立会带来政策预期效应、市场扩大效应等(陈林和郝敏,2015)①,中国—东盟自由贸易区框架下投资规模显著扩大;随着"一带一路"区域价值链的形成并日益紧密,沿线国家面临的投资壁垒得以削减,进而推动投资便利化,而直接投资可以推进这些国家的基础设施更新,进而推动国家经济发展。此外,文化距离、贸易关系、政治关系等多种因素都会影响对外投资规模。

(三)产业效应

关于自由贸易区价值链对产业的影响,可划分为两类:

---

① 陈林、郝敏:《自由贸易区的四维度"红利说"》,《改革》2015 年第 9 期。

一是自由贸易区价值链的建立将有助于产业发展。从自由贸易区降低贸易和投资壁垒出发,要素流动的障碍因自由贸易区的建立而消除,受此影响自由贸易区成员的产业链和价值链布局得以重新调整,各国的比较优势得以发挥,双边国家的产业结构得以提升,这一过程促进了规模经济的形成。此外,自由贸易区价值链还会促使产业集聚效应的产生,缓解内部发展不平衡导致的冲击。

二是自由贸易区价值链的建立会对比较劣势的产业产生冲击。李丽等(2008)①运用 GTAP 模型模拟了中印自由贸易区的影响效应,结果显示中国服务业将在中印自由贸易区建立后受到较严重的冲击。这是由于区域价值链带来了资源的重新配置,而这一过程会使处于竞争劣势的产业被淘汰(陈林和郝敏,2015)②。还有学者通过分析约旦与美国双边自由贸易协定对约旦出口绩效的影响发现,在化学品、蔬菜产品等方面自由贸易协定的影响不大。

二、从经济质量角度探究自由贸易区区域价值链的经济效应

经济质量增长方面,研究视角主要集中在产业集聚和转移、产业转型升级、贸易环境优化及全球生产服务网络稳定性等方面。

(一)以降低贸易成本提升产业国际竞争力

本质上,自由贸易区起到促进产业分工细化作用的根源在于最大限度地降低成员的贸易成本。一国或地区的贸易开放水平将与其在国际贸易中受到的阻力作用成反比。因此,较高的贸易开放度意味着更有利的贸易环境,进而意味着更低的贸易成本。贸易成本指的是在商品最终到达消费者端这一过程

---

① 李丽、陈迅、邵兵家:《中印自由贸易区的构建对双方及世界经济影响计量研究》,《财贸经济》2008 年第 4 期。
② 陈林、郝敏:《自由贸易区的四维度"红利说"》,《改革》2015 年第 9 期。

中,除生产产品的边际成本以外,其他所有用于完成这一过程的支出。更低的贸易成本将有力推动区域内外产业集聚与产业转移,进而起到调整区域价值链分布和结构的作用。关税与非关税因素、运输与物流条件都是影响贸易成本的重要因素。林理升和王晔倩(2006)①指出,较高的运输成本将加速沿海地区的制造业集聚,而签署自由贸易协定将有效削减成员贸易成本。世界贸易组织测算发现:若《贸易便利化协定》实施充分,各成员的贸易成本将平均下降约 14.3%,其中发展中国家贸易成本的降幅更显著,其货物进口的平均通关时间或将缩短 1.5 天,货物出口的平均通关时间有望缩短将近 2 天,出口贸易总量实现 9.9% 的年度增长。此外,信息网络的快速发展使生产者、消费者通过网络平台即可完成交易,各国对电子商务的重视程度极大提升,并逐渐将其纳入区域贸易协定内容,以期增进自由贸易区内各成员的贸易便利化程度。因此,深度区域贸易协定将起到降低贸易成本的作用,进而促进世界范围内中间品贸易规模扩大,深化各国嵌入全球价值链的程度。同时,随着一国提升其对外开放水平,该国在更大范围的经贸往来过程中可以获得更多来自其他国家的发达技术和管理经验,进而促进本国生产效率和提升和产业国际地位的攀升。

(二)以制造业服务化促进产业转型升级

当前,全球价值链和区域价值链中,各国融入生产性服务贸易网络多以跨国公司为主导、以外包为主要形式。相比于传统货物贸易,服务贸易在新型价值链体系中被凸显出来,充当着"黏合剂"的角色、对价值链整合起到重要作用。当前全球价值链中,制造环节创造的价值仅占比 10%,而服务贸易创造价值占比高达 90%。生产性服务推动了"制造业服务化"和"服务业自动化"的并行发展,二者的相互联系对一国生产效率提升具有突出促进作用,其影响

---

① 林理升、王晔倩:《运输成本、劳动力流动与制造业区域分布》,《经济研究》2006 年第 3 期。

甚至超过制造业和服务业各自生产率提高的效果(程大中,2004)①。同时,区域价值链的延长有助于优化贸易结构,降低贸易风险,尤其是保护制造业贸易。在与制造业相对发达国家的贸易中,可以加强技术交流,获取技术溢出,同时学习其科学的管理经验;在与中低水平国家进行贸易时,部分进口将被转化为资本积累形式并代替生产,从而本国可以将更多的资源用于攀升全球价值链地位,进而提升自身产业国际地位。不管是在宏观层面还是细分服务行业层面,自由贸易区均能够对增进成员间贸易关系起到促进作用,作为推动各国生产贸易联通的重要抓手,自由贸易区将在服务贸易等后边境规则领域扮演更重要的角色。

(三)以知识产权保护强化制度保障

随着制造业服务化的发展,知识产权保护也被更多国家所重视。韩剑等(2018)②利用与中国签署贸易协定国家的产品贸易数据研究了包含知识产权条款的 PTA 对双边贸易的影响,研究结果表明加强知识产权保护将促进中国增加知识密集型产品贸易,其中专利和版权密集型产品受到的影响尤为明显。世界贸易组织指出跨国投资使相关的技术、管理经验、资本等有形与无形资产面临新的风险,因此,阻碍外国直接投资的主要原因是企业所有权优势无法得到保障的问题,例如资本安全、东道国对知识产权保护力度不足等,而非投资阻塞问题。当发展中国家更加重视知识产权保护问题,发达国家对其出口与直接投资的意愿将会强化,进而促进东道国的扩张。在现有自由贸易协定深化的过程中,更多国家关注了知识产权、资本流动等议题并支持将其纳入协定框架中,从而为成员间进行经济技术交流提供充分的制度保障和优化的贸易

---

① 程大中:《中国服务业增长的特点、原因及影响——鲍莫尔—富克斯假说及其经验研究》,《中国社会科学》2004 年第 2 期。

② 韩剑、冯帆、李妍:《FTA 知识产权保护与国际贸易:来自中国进出口贸易的证据》,《世界经济》2018 年第 9 期。

环境,吸引各国更高程度地融入全球价值链,带动产业结构优化和技术进步。同时,加强知识产权保护是一把"双刃剑",在促进一国技术进步的同时也会产生阻碍效应。当知识产权较弱引起较强的技术外溢性时,会阻碍外国直接投资的流入,而当知识产权保护非常严格时,会增加模仿成本,阻碍发展中经济体的技术进步。因此,各国需在区域合作中合理设置知识产权保护规则,利用制度优势促进区域内贸易和投资。

(四)以降低不确定性风险稳定全球生产网络

签署深度区域贸易协定是各国降低不确定性风险的有效途径。在价值链生产模式下,相较于国内生产,履约保障成本与风险极大增强。政策风险是各国嵌入全球价值链面临的最大不确定性因素,全球性经济政策的波动将极大冲击价值链构建。世界贸易组织框架下,众多成员内的劳动与就业政策呈现差异化,导致双边和多边贸易往来均面临高昂协调成本。而区域贸易协定则有效改变了这一状态,通过缩小谈判成员范围降低了协调成本,进而提升了成员达成共识并实施执行的可能性。这种制度变迁还降低了企业研发风险,鼓励先进技术研发并在更大范围内应用,推动国家、企业全球价值链地位的提升。阿尔巴格利等(Albagli 等,2011)①指出,当全球经济呈现萧条态势,其典型表现——政策不确定性的风险将极大增加,而自由贸易区能够以相对完善的争端解决机制和透明化的政策监督,为双边贸易提供制度保障,降低成员贸易风险、提升成员贸易优势,进而增强区域和全球生产网络的稳定性。其次,自由贸易区网络的构建使金融资源在产业间实现转移,能够优化金融资源的配置,从而推动区域内金融业成熟化。而金融发展有助于降低企业研发和生产过程中面临的不确定性和外部风险,减少金融系统发展不完善导致的扭曲性结果。

---

① Albagli E., Hellwig C., Tsyvinski A., "Information Aggregation, Investment, and Managerial Incentives", *NBER Working Paper*, No.17330, 2011.

中国通过建设自由贸易区网络,一方面可以分享自身发展的经验帮助广大发展中国家发展;另一方面也可以通过合作实现更大范围的国际分工,提高资源配置效率,为世界发展带来新活力。参与产品内分工将显著推动发展中国家价值链地位的提升(唐海燕和张会清,2009)[①],进而推动全球产业链升级改造。构建以中国为"轮轴"的自由贸易区网络和区域价值链,既满足了中国经济高质量发展的需要,又满足了区内其他国家经济和现代工业发展的要求。通过区域价值链的构建,必然能使全球经济发展的不平衡现状得到改善。显然,逐渐细化的国际分工体系使各国参与全球价值链的长度进一步延伸。因此,从国际分工的角度来看,自由贸易区通过在区域内分配、调整生产环节布局,提升了产业分工细化程度,为实现区域价值链分工合理化与效率提升创造有利的制度环境。

第三节　中国自由贸易区区域价值链与全球价值链的相关性

全球价值链、区域价值链、国家价值链都作为国际中各个国家参与全球经济治理的重要组成部分。区域供应链是全球价值链的部分显现,区域自由贸易协定通过消除区域贸易壁垒、提高贸易便利化程度、提升服务贸易自由化程度,促进区域供应链的形成和发展,提升区域整体和域内各国参与全球经济治理的程度和水平。当前,全球价值链增长环境发生重大改变:区域产业发展面临瓶颈,传统产业升级缓慢,而新兴产业又难以快速崛起;全球范围内贸易局势紧张、技术壁垒加高设置。在这一背景下,探索区域价值链与全球价值链的关联性,并如何实现二者之间的耦合效应具有重要的研究价值。

---

① 唐海燕、张会清:《中国在新型国际分工体系中的地位——基于价值链视角的分析》,《国际贸易问题》2009 年第 2 期。

一、区域价值链与全球价值链的相关性

(一)区域价值链是全球价值链概念的延伸

自"垂直专业化分工""商品链""价值链"等概念提出以来,全球生产分工逐渐从产业间分工、产业内分工向产品内分工转变。生产过程呈现出可分解的特征,且通过"片段化"分布至世界不同地区。全球价值链是商品或服务从概念到最终消费和回收处理所涉及的所有价值活动(葛顺奇和罗伟,2015)[①],这些活动由全球范围的企业协调实现。根据价值链涉及的经济体(及其企业)分布,从国别范围来看,价值链可分为全球价值链、区域价值链和国家价值链(刘仕国等,2015)[②],这些概念是将价值链按照时空布局关系进一步细分得到的。在开放经济条件下,区域价值链和国家价值链均是全球价值链的重要组成部分。通常而言,区域价值链介于国家价值链与全球价值链之间,它是区域一体化集团内部构成的跨国价值链,其基础规律是在价值链分析逻辑中纳入区域要素——产业、技术、资源禀赋等,从而补充和完善了全球价值链理论。

区域价值链是全球价值链的一部分,是全球价值链在区域框架下的延伸。区域市场的出现和扩围催生了区域价值链这一形态,但无论是在市场空间还是价值链条上,发达国家仍掌控着核心环节,从而能够获取域内产业链高端竞争优势,并嵌入区域或全球价值链分工体系。一方面,区域价值链的建立会成为全球价值链重塑的重要因素;另一方面,全球价值链的内化又会促使区域价值链的多分支的形成。因此,区域价值链与全球价值链之间的关系既有有利的一面,又有相互损害的一面。

[①]　葛顺奇、罗伟:《跨国公司进入与中国制造业产业结构——基于全球价值链视角的研究》,《经济研究》2015 年第 11 期。

[②]　刘仕国、吴海英、马涛等:《利用全球价值链促进产业升级》,《国际经济评论》2015 年第1 期。

（二）依托区域价值链可推动实现全球价值链地位的攀升

在现阶段,区域产业发展遭遇重重困难,一方面传统产业面对的产能过剩、投资不足、升级停滞等挑战加剧,另一方面新兴产业难以解决门槛高、周期长等问题。加之全球框架下的经济政治局势动荡、技术壁垒高筑、主要经济体博弈加剧已成为突出特征,各国不仅在技术和资本上开展激烈竞争,对价值链、供应链和产业链"掌控权"的争夺也日益激化。在全球价值链增长环境发生重大改变的情况下,发展中国家亟须通过培育国内价值链在全球代工体系中形成突破并实现产业升级。相关文献研究还表明,区域创新将显著促进产业结构优化,在区域价值链中处于较低位置的企业,将依托自由贸易区带来的优势,扩大自身在全球价值链中的竞争优势,从而扩大在全球的技术引进来源和市场范围,进而依托区域价值链参与全球价值链分工合作(成新轩,2021)①。

中国参与全球价值链主要表现为下游嵌入的方式,但非贸易壁垒迫使中国以区域空间为发展方向,以突破当前困境,即重构国内价值链或者主导区域价值链。通过积极融入全球价值链、提升资源配置效率、推动国内产业升级,中国经济实现了持续快速发展,而中国在长期中仍面临"低端锁定"问题。这一背景下,构建区域价值链是我国实现价值链升级的重要路径。一方面,中国应进一步发掘和利用国内市场空间,加速构建和调整国内价值链,推动产业在内部的整合与升级(刘志彪和张杰,2009)②,国内价值链概念体现了突出的属权特征,其主导力量和市场空间具有完全内生的性质。另一方面,应积极主导

---

① 成新轩:《中国自由贸易区高质量发展:国内国际双循环相互促进的"啮合点"》,《河北大学学报(哲学社会科学版)》2021年第5期。
② 刘志彪、张杰:《从融入全球价值链到构建国家价值链:中国产业升级的战略思考》,《学术月刊》2009年第9期。

区域价值链构建。魏龙和王磊(2016)①针对"一带一路"倡议指出,无论是产业内还是产业间层面,中国与"一带一路"沿线国家和地区的互补性均超过竞争性,确实具备了主导区域价值链的条件。有的学者则强调了中国的主导作用,提出应以中国为中心,积极构建包容性区域价值链治理体系,为中国经济增长实现中高速、产业发展迈上中高端奠定基础。

二、自由贸易区网络是区域价值链与全球价值链耦合的重要依托

随着经济全球化的发展,自由贸易区发展迅速,区域性自由贸易区的建立形成了一个强而有力的"核心经济圈",以产业内分工为主要形式的区域生产网络(Regional Production Networks)形成并不断"扩围",成为国际分工的一种新格局。以自由贸易区为依托的核心经济圈内的要素投入、贸易往来、投资关联等强化了区域经济和产业联系,并逐渐依靠生产网络的发展与扩张成为主导区域价值链的主要因素。此外,自由贸易区通过形成和延伸区域价值链,成为发展中成员参与全球价值链分工的重要依托。首先,区域生产网络能够适应供应链贸易的特点及要素禀赋与地理因素的共同要求:一方面,供应链贸易并非全球性的而是区域性的,全球生产网络日益呈现出区域性的特征;但受限于要素禀赋条件与地理因素,商品的价值链早已突破单一国家或地区限制,中间品要进行多次跨境交易进而显著提高生产成本。其次,当前全球范围内的贸易与投资自由化政策不确定性加剧,各国将发展重点转移至区域框架下的贸易与投资自由化,即后者构成一种次优选择(田祖海和刘劲铭,2021)②。自由贸易协定相关条款内容将直接促进区域贸易与投资自由化,为更高端的资

① 魏龙、王磊:《从嵌入全球价值链到主导区域价值链——"一带一路"战略的经济可行性分析》,《国际贸易问题》2016年第5期。

② 田祖海、刘劲铭:《RCEP下中国制造业的国际分工地位——基于价值链视角的分析》,《北京邮电大学学报(社会科学版)》2021年第5期。

源、要素和技术流入奠定了基础,从而发挥"垫脚石"作用助推成员经济与贸易深度融入全球经济一体化、逐渐攀升至全球价值链高端环节。

随着自由贸易区数量的增多,大国单边主义的兴起,全球价值链出现了内化现象。中国自由贸易区网络是一种以中国为"轮轴",多个成员为"辐条"的网络,每个自由贸易区都会形成单独的一个区域价值链,而不同自由贸易区之间又以中国为"轮轴"而建立产业联系,使各个自由贸易区之间区域价值链形成了相互影响的关系。一些产品的零部件生产,或者说中间品生产集聚在某个自由贸易区内部,出现了区域价值链的局部集聚效应,这必然影响我国在全球价值链的产业地位。从全球价值链视角来看,中国当前已融入全球价值链分工体系,但主要承接的是劳动密集型的低附加值环节,难以接触到高附加值环节,扮演"加工车间"的角色(唐海燕和张会清,2009)[①]。研究表明,缔结自由贸易区确实会增加双边价值链分工联系,即增加中国出口国内增加值含量,但这种影响较小。通过进一步比较与不同的自由贸易区成员之间的出口增加值含量发现,与高收入的价值链上游国家合作,更能提升中国出口增加值,同样的,与下游高收入成员合作,同样提升中国出口国内增加值含量,且后者更体现对中国的依赖程度。此外,开放水平更高的区域贸易协定中,各成员间增加值贸易联系更大。且发达国家之间的增加值贸易联系较发展中国家之间和发展中国家与发达国家之间的增加值贸易联系小很多。因此,作者建议在未来持续推进自由贸易区战略实施和升级中,中国应更加重视并将更多资源投入与发达国家商签自由贸易区,从而为中国产业附加值地位提升创造有利条件,但也要避免陷入"低端锁定"困境,即由于与高收入国家形成上下游的垂直分工关系,而将自身陷入非对称分工关系中弱势的一方,进而阻滞中国产业竞争力的提升。此外,除了经济发展水平,区域、行业、贸易方式等因素也会影响到企业参与自由贸易区前后出口附加值率的变化趋势,如与东盟存在贸易

---

① 唐海燕、张会清:《中国在新型国际分工体系中的地位——基于价值链视角的分析》,《国际贸易问题》2009年第2期。

往来的企业、来自中西部地区的企业,以及资本要素和劳动要素紧密结合的企业,出口附加值率提升更加显著,说明了在未来自由贸易协定谈判中,应当综合考虑区位优势、产业特征、贸易方式等复杂因素,以扩大自由贸易区对中国参与全球价值链、提升全球价值链地位的积极效应。

第七章 中国自由贸易区网络提升我国产业国际地位的对策

第一节 中国自由贸易区内外开放联动

以内外联动的开放主义为核心构建高标准中国自由贸易区网络,从而提升我国产业国际地位。随着外部环境深刻复杂变化,"一带一路"建设有序推进,需要以内外联动的开放主义提升中国自由贸易区网络的整体福利水平。

一、以中国自由贸易区网络倒逼国内深化改革提升出口产品的竞争力

新发展理念由创新、协调、绿色、开放、共享五个方面构成。其中,开放发展理念既是一种先进的思维方式,也是我国重要的思想路线,对于解决新时期内外联动发展具有突出的指导意义。多年来,中国的经济发展一直走"粗放型"路线,造成资源消耗巨大和环境破坏严重等问题。然而随着时间的推移,粗放型发展模式对我国经济增长的带动作用已明显衰弱,我国经济亟待从结构优化、产业转型升级方向寻求新的发展动力。为此,我国应深化内部改革,以中国自由贸易区网络倒逼国内深化改革提升出口产品的竞争力。

（一）增加贸易伙伴，优化贸易结构

尽管现有研究表明，自由贸易区将对扩大中国与缔约伙伴双边贸易规模起到促进作用，但从缔约对象来看，我国缔约伙伴大多数集中于周边地区，以发展中国家和小经济体量的发达国家为主，这在某种程度上意味着中国与现有缔约伙伴持续拓展贸易规模的空间相对有限。一方面，应充分利用已有的合作基础，积极与世界上其他国家建立自由贸易区，增加建立自由贸易区的数量；另一方面，要积极推进与发达国家建立自由贸易区，寻求更高层次的自由贸易区合作。

此外，针对如何确定一些经济体作为中国自由贸易区伙伴的适宜程度，我国应以灵活性、渐进性为原则，首先将部分有强烈自由贸易区建设意愿和需求的国家纳入选择范围，在谈判与规则制定中积累经验，并将这些经验在协商困难、一致协定难以推进的自由贸易区谈判中加以运用，这类自由贸易区通常涉及经济体量较大的国家或发达国家。而选择发展中国家作为我国最先建设自由贸易区伙伴的优势在于，这些国家的经济发展阶段与我国相似程度更高，而相比之下我国实施协定条款的进度更快，能够在产业转移过程中实现成本削减。加之我国的生产和市场规模巨大，构成自由贸易区建设的突出优势。这些优势叠加区域价值链效应，不仅给我国经济发展带来好处，还将对区域内伙伴形成带动作用。通常情况下，与小型发达经济体的谈判推进更简单和顺利，更容易达成一致意见并维持各方利益平衡。且这部分经济体通常以技术密集型产业为比较优势，而我国现阶段竞争力仍集中于劳动密集型产业，因此双方在产业发展方面呈现出较强互补性。同时我国也将在与小型发达国家的谈判中积累经验，逐渐实现与国际高标准规则的衔接，从而为日后与经济体量较大的发达国家谈判打好基础，尤其是美国、欧盟一类经济体。另外，立足周边是我国构建自由贸易区网络的重要原则，周边缔约伙伴将成为我国自由贸易区网络持续扩围、与周边发达国家增进经贸联系的重要"台阶"。在推进自由贸易区谈判的过程中,除了经济与贸易往来,我国还应着力拓展政治上的友好合作关系,特别是与周边国家和部分重要发达国家的政治关系,将极大影响到我国经济发展外部环境的有利程度。

我国的贸易网络异质性虽然近几年有所提升,但还是处于排名的末端,相比于发达国家,还有很大的提升空间。贸易伙伴国过于集中会大大增加我国贸易的风险,一旦主要伙伴国进行贸易管控,我国的制造业贸易将遭受巨大打击。为了降低贸易风险,我国应该将贸易伙伴国范围扩大,不能仅仅依赖几个发达的国家进行国际贸易。在与制造业相对发达国家的贸易中,我国应该加强技术交流,获取技术溢出,同时学习其科学的管理经验,用以弥补我国在此方面的不足。此外,加强与边缘国家联系。处于贸易网络边缘的国家大都自然资源丰富,但基础设施相对落后。我国应加强与边缘国家的贸易,及时给予帮助与支持,一方面可以带去先进的技术帮助其发展本国经济,将一部分进口转化为资本进行积累,通过进口替代生产,将更多的资源投入到全球价值链的攀升中去,提升我国产业的国际地位。另一方面也可以获得优质的资源进行我国的建设,降低我国的生产成本,优化产业结构,实现双赢。帮助边缘国家进入到贸易网络中心位置,有利于贸易网络的稳定,增加贸易网络中各国的互惠性。

(二)提高中国自由贸易协定深度,加强与核心国家联系

中国自由贸易区战略富有成效,对我国产业国际地位的提升具有明显的促进作用。我国一方面要继续推进自由贸易区战略的实施,将正在研究的自由贸易区变为正在谈判的自由贸易区,将正在谈判的自由贸易区变为已经签署的自由贸易区,将已经签署的自由贸易区升级为更高层次的自由贸易区。秉承"合作共赢"的对外发展理念,我国应继续构建涵盖范围广阔、贸易伙伴多元、贸易方式自由的自由贸易区网络,积极与日本、欧盟、美国等主要贸易伙伴签订贸易协定,形成规模较大的自由贸易区。另一方面,我国应提高自由贸

易协定深度。中国应在中国—东盟升级版、中国—新西兰升级版、中国—智利升级版、中国—新加坡升级版的基础上研究与其他国家建立更高标准自由贸易区的可行性。根据与不同国家合作机制的不同,我国应在关税减让水平、技术贸易壁垒、争端解决机制、经济技术合作、简化贸易程序等方面提升自由贸易协定的深度和广度,提高自由贸易协定水平。另外,我国应加强与贸易网络中核心成员的联系。马来西亚、韩国、日本等制造业较为发达的国家在贸易网络中占据着重要的位置,我国对他国核心技术及能源、资源具有较强的依赖性,自由贸易区包含这些国家可以形成较大的区内市场,减少对深度贸易协定促进作用的限制,提升我国专业化分工水平。我国应增加与这些国家的贸易强度,切实扮演好"中间人"角色,为核心国家和边缘国家搭建好桥梁,吸取其优势资源再进行加工制造,逐渐向产业高端位置攀升。

二、以开放主义实现中国自由贸易区网络与全球价值链之间的互利耦合性

在全球、区域和国内产业链互动的贸易区网络,区域价值链是全球价值链的一部分,以"一带一路"倡议、《区域全面经济伙伴关系协定》实施为契机,通过融入区域价值链,嵌入到全球价值链中,提高我国在全球产业链中的位置,进而提高中国自由贸易区网络与全球价值链之间的互利耦合性。

(一)中国自由贸易区网络与"一带一路"对接

"一带一路"建设已成为新型全球化的主要实现形式、全球产业链重构的重要载体、加速全球经济治理体系变革的国际公共品。构建立足周边、辐射"一带一路"、面向全球的自由贸易区网络,是加速建设开放型经济新体制,以开放的态度增强经济发展主动性、赢得国际竞争优势地位的关键路径。当前经济发展步入新常态阶段,"一带一路"和"自由贸易区网络"的建设将会成为影响经济发展的风向标,如何有效地借助这两大手段调控内需、拉动对外投

资,实现我国与"一带一路"沿线国家和地区、自由贸易区伙伴国家深化合作、共同发展,是未来经济工作的重中之重。

发挥"一带一路"在互联互通方面的促进作用,与沿线国家及我国主要贸易伙伴构建自由贸易区,提升自由贸易区对区内分工深化的促进作用,是"一带一路"倡议推动我国经济发展的主要形式。当前,我国经济面临内外双重压力,保持经济中高速增长遭遇突出挑战:国内劳动力优势、人口红利呈现衰减态势,经济发展受到的生态制约加大、产业结构与经济发展阶段的不平衡性突出;海外市场空间不断遭到挤压和侵蚀,美国为首发达国家的逆全球化政策加剧全球经济环境的不确定性。而由于禀赋条件、发展阶段、地理位置等优势,我国与"一带一路"沿线国家和地区在产业发展和贸易结构方面具有较强互补性,双方应发挥各自比较优势,充分挖掘合作潜力。在拓展双方经贸合作关系时,我国应着重注意双方需求的匹配性,将国内产业结构调整的步伐与沿线产业结构升级的过程协调对应,如逐渐转移国内部分边际化的劳动和资源密集型产业,一方面将发展空间和机会更多留给国内新兴、优势产业,另一方面为沿线国家提供就业岗位、发展资金和技术援助。另外,在与沿线国家深化、拓展合作的同时,还应着力培育和增强我国在区域中的影响力,塑造"以我为主、为我所用"的区域价值链,服务于中国自由贸易区网络建设的整体格局和提升全球价值链地位的目标。

(二)推动中国自由贸易区网络区域价值链与全球价值链的耦合发展

在全球化背景下,要加速产业升级、增强产业发展韧性,需深化对"双循环"格局核心脉络的认识和把控,以立足内循环为重点,为国内不同区域经济活动形成联动提供有利条件,努力创造内部需求与供给良性循环的局面。全球价值链、区域价值链、国家价值链都作为国际中各个国家参与全球经济治理的重要组成部分。全球价值链多数情况下以区域供应链的形式表现出来,区域自由贸易协定极大影响着区域价值链的形成和发展。区域贸易壁垒的消除、贸易便利化程度的提高、服务贸易自由化程度的提升,都有利于全球经济治理参与度的提高。区域价值链作为全球价值链的一部分,成为国际贸易规则对全球价值链的一种直接响应。一方面区域价值链的建立会成为全球价值链重塑的重要因素;另一方面全球价值链的内化又会促使区域价值链的多分支的形成。因此,区域价值链与全球价值链之间的关系既有有利的一面,又有相互损害的一面。我国要充分进行技术的利用和资源的整合,打造具有中国特点的技术优势,逐渐向产业链高端攀升,实现自由贸易区区域产业链、全球产业链和我国产业升级的良性互动机制。

第二节　建立成员之间产业利益平衡补偿机制

一、注重中国自由贸易区网络全局利益和成员利益的平衡

关于自由贸易区网络中"轮轴国"与"辐条国"利益分配的研究中,普遍认为"轮轴国"相对于"辐条国"获得更大的福利收益,因为在完全竞争的前提下,这种结构导致了"辐条国"的贸易转移,而在"轮轴国"则不发生。在不完全竞争的前提下,产业聚集在"轮轴国"。东艳(2006)[1]基于古诺模型分析指出,相比于个体自由贸易区,"轮轴—辐条"结构使成员整体福利水平下降。《跨太平洋战略伙伴关系协定》《跨大西洋贸易与投资伙伴关系协定》以欧美国家为主导,是欧美国家意图以自由贸易区为载体构建符合自身诉求的国际经贸规则的重要战略。对中国而言,不断拓展的"轮轴—辐条"体系不仅有助于壮大我国经济实力,让我国在国际利益分配中处于相对有利的地位,还增强了我国地区影响力、国际规则制定话语权,使我国在世界经济治理体系中获得

---

① 东艳:《区域经济一体化新模式——"轮轴—辐条"双边主义的理论与实证分析》,《财经研究》2006年第9期。

更重要的席位,最终实现我国自由贸易区建设的高级目标。通常来说,"轮轴国"的福利水平远高于"辐条国",且随着更多"辐条国"家加入自由贸易区网络,两类经济体的福利差距将进一步扩大——"辐条国"数量增加将提升"轮轴国"福利水平,但同时挤压区内现有"辐条国"的福利。若一国在网络中处于"辐条"地位,开放区域主义、多边贸易自由化将是其提升自身福利水平的最优选择。这种策略下原"轮轴国"的福利将相应受损,但能够为构建开放型世界经济和人类命运共同体作出更大贡献。

当今世界正经历着百年未有之大变局,我国发展面临的国际经济局势已发生深刻变化,全球经贸规则也亟待重构和调整。自由贸易区的迅猛发展进一步凸显了国家自由贸易区战略的重要意义,但同时也加剧了区域内部利益冲突的频率和激烈程度。作为国家战略的重要组成部分,自由贸易区彰显了中国为重塑国际和地区经济秩序所作出的努力,体现了中国自身和地区利益诉求。区别于其他贸易政策,自由贸易区应以政治和安全利益为最终指向,平衡中国自由贸易区网络中国家利益和地区利益显示出突出重要性。

二、建立适度补偿机制实现产业利益的平衡

贸易对于一国产业具有重要影响,有的产业在贸易中获益,有的产业在贸易中受损。由于地区要素禀赋差异、技术条件差异、劳动力素质水平差异等,对外贸易对不同国家或地区、不同性质行业以及从事劳动的不同个体必然形成差异化影响,在宏观、中观和微观层面,主体的利益因贸易效应而重新分配,进而可能加剧收入分配不平衡现象。从国家整体来看,贸易能够带来正向效应,但还应充分考虑到不同微观主体在贸易中的得失,在制定贸易政策的过程中须尽可能平衡利益获得者与受损者的关系。补偿制度正是基于这种情况产生的,旨在调节和平衡不同社会阶层利益和集团政治影响力,且国家整体利益和偏好也是需要考虑的重要因素。贸易分配不均引致了利益受损方的补偿需求,国内部分相对弱势的产业首受其害,因此尽可能保护国内弱势产业也是各

国在自由贸易区谈判中分歧的主要来源。这种背景下,建立适度补偿机制实现产业利益的平衡非常必要。除了推进自身利益最大化,我国还应联合周边国家共同开发区域内优势资源,以实现产业升级以及整体效益提升的目的。

第三节　加强自由贸易区网络内部产业链的联系

党的二十大报告把"推进高水平对外开放"作为"加快构建新发展格局,着力推动高质量发展"的重要内容。自由贸易区建设不仅有利于深化我国参与国际分工的程度,优化国内外资源统筹配置,还有利于发挥、整合我国与伙伴国或各自在技术、资金、劳动力等方面的优势,推动实现产业的跨境整合,进而起到优化产业结构,转变发展方式的效果。因此,在经济利益一致的原则下,我国应着力统筹外部开放和内部转型,优化区域经济一体化与国内经济结构调整、发展方式转变的适配程度和相互促进作用,通过外部条约责任与承诺对国内的体制改革形成激励。

一、加强成员之间产业联系

随着逆全球化影响加剧,全球价值链的纵向分工呈现出规模收缩趋势,而横向分工下的区域化集聚增强。这意味着各生产工序和环节将由布局在不同国家、不同企业的分散状态,转变为收敛至一国内部或若干邻近国家构成的区域内的聚集形态,即形成产业集群式发展。随着全球贸易格局进一步层次化、网络化,各经济体之间由于产业链结合度上升引起的治理连通也进一步得到提升,产业链联系是国与国之间经济联系最重要的基础。中国依托自身的综合优势和制造业的不断升级,逐渐替代日本成为东亚加工制造业中心,在东亚产业链中发挥着越来越重要的作用。当前,中国在全球和亚太区域产业链中的地位不断提升,已与美国、德国并称为全球三大制造业中心,但我国与自由贸易区网络中伙伴国的产业合作多数仍不成熟,尚存较多问题和不足。伴随改革开放,我国的要素禀赋也在发生变化,资本要素日益丰裕,劳动力成本逐渐上升,我国参与全球价值链分工的传统成本优势逐步弱化,部分劳动密集型产业有向东南亚等劳动力成本更低的地区转移的趋势。贸易协定深度提升是适应全球价值链分工的结果,代表了国际贸易规则的演变方向,参与较深的贸易协定(高标准贸易协定)是我国的必然选择。通过参与高标准贸易协定,倒逼国内改革,使我国的法律体制、监管标准等与国际标准接轨,改善贸易、投资的软环境,抵消劳动力成本上升的劣势。同时,也要抓住契机进行产业转移和布局调整,应以产业联动为抓手,使中国与其他国家的经贸合作更有利、密切,积极向高端产业迈进,进而提升全球产业链地位。此外,我国还应格外关注部分产业在全球价值链中的位置和变化态势,既要重视"纱后原则"①在区域贸易协定中的普及程度及其对中国服装品质、工艺提出的新要求,也要着手应对原产地规则中不断调整的"区域价值成分""劳工价值成分"形成的新挑战,同时还应聚焦重点产业在全球价值链中的发展情况,如国计民生领域产业、中国制造 2025 年划定产业、第四次工业革命涉及产业等。

《区域全面经济伙伴关系协定》多边贸易框架覆盖东亚地区,推动形成东亚区域性市场,从而增强了我国周边经济环境稳定性,有利于我国应对并弱化逆全球化趋势的冲击效应,一定程度上为我国企业"走出去"、联通国内国际循环体系创造有利条件。我国应抓住这一机遇,促进中小企业深度融入区域价值链。我国以企业为载体加强对外贸易往来、提升对外直接投资水平的路径实际上有两个层面:一方面要针对性地鼓励、引导和扶持企业"走出去",扩大对重要区域贸易协定成员的直接投资,优化在全球价值链重点区域的横向布局,促进区域内要素和资源的流动提质增效,增强特定产业的全球战略布局的合理性,并积极辐射和影响上下游产业发展。利用企业跨国投资对于生产

---

① 从纱开始规则简称纱后原则,是美国纺织服装 PSR 的标签,该规则要求只有以成员生产的纱为原材料制作的纺织品和服装才能享受优惠关税待遇。

网络的推动作用,扩展进而推动产业升级。同时应积极推进优质商品和服务进入国内市场,与国内企业形成良性竞争态势,倒逼国内企业质量提升的同时又可以扩大国内需求,刺激国内消费。另一方面是要突出强调技术研发和创新化发展,鼓励我国企业对外开展技术合作,促进各类创新资源和要素更多流向企业,以加速形成完善的技术创新体系。

二、提高企业对自由贸易区优惠率利用的综合能力

作为参与国际贸易活动的主要主体,企业须做到充分了解、合法合规使用原产地规则,否则将难以充分利用政策效应实现利润与效益增长,甚至对国家整体利益和形象形成不利影响。随着我国与更多经济体签订自由贸易协定,并加入全球人口最多、经贸规模最大、最具发展潜力的自由贸易区《区域全面经济伙伴关系协定》,我国本土企业需要面临的贸易规则更加繁多复杂,熟练运用不同自由贸易协定的原产地规则更加成为这些企业必备的能力。从政府角度来看,应根据企业特征提供差别化、有针对性的服务:对于中小型企业而言,应充分考虑到其参与意识较低的特点,不仅要采取措施降低其在原产地证申请环节的支出,还需压缩异地调查的不必要流程、严格把控核查风险;而针对大型企业,则应重视其时间管理成本的缩减,提高企业和服务机构运作效率,降低企业在自由贸易区内通关费用,并通过推行电子原产地证书、应用企业自主签证模式等,帮助企业从规则面前的被动"适应者"转变为主动"利用者",从而增强企业适应和利用自由贸易区规则的综合能力。

参 考 文 献

1. 白光裕、庄芮:《全球价值链与国际投资关系研究——中国的视角》,《国际贸易》2015 年第 6 期。

2. 毕克新、付珊娜、杨朝均等:《制造业产业升级与低碳技术突破性创新互动关系研究》,《中国软科学》2017 年第 12 期。

3. 曹监平、张淼:《"一带一路"直接投资网络与全球价值链地位的实证》,《统计与决策》2020 年第 11 期。

4. 陈碧琼、刘会:《中国 OFDI 反向产业结构调整关联效应研究》,《软科学》2014 年第 12 期。

5. 陈晨子、成长春:《产业结构、城镇化与我国经济增长关系的 ECM 模型研究》,《财经理论与实践》2012 年第 6 期。

6. 陈继勇、盛杨怿:《外国直接投资与我国产业结构调整的实证研究——基于资本供给和知识溢出的视角》,《国际贸易问题》2009 年第 1 期。

7. 陈丽娴:《全球生产服务贸易网络特征及其对全球价值链分工地位的影响——基于社会网络分析的视角》,《国际商务(对外经济贸易大学学报)》2017 年第 4 期。

8. 陈林、郝敏:《自由贸易区的四维度"红利说"》,《改革》2015 年第 9 期。

9. 陈林、罗莉娅:《中国外资准入壁垒的政策效应研究——兼议上海自由贸易区改革的政策红利》,《经济研究》2014 年第 4 期。

10. 陈柳钦:《有关全球价值链理论的研究综述》,《重庆工商大学学报(社会科学版)》2009 年第 6 期。

11. 陈乔、程成:《"一带一路"文化贸易网络结构及其效应研究》,《经济经纬》2018 年第 5 期。

12. 陈诗一:《中国的绿色工业革命:基于环境全要素生产率视角的解释(1980—2008)》,《经济研究》2010 年第 11 期。

13. 陈艺毛、李春艳、杨文爽:《我国制造业国际分工地位与产业升级分析——基于增加值贸易视角》,《经济问题》2019 年第 5 期。

14. 成新轩:《重叠式自由贸易区理论与实证研究》,人民出版社 2011 年版。

15. 成新轩:《东亚地区自贸区优惠原产地规则对我国在区域中产业地位的影响研究》,人民出版社 2019 年版。

16. 成新轩:《试析重叠性自由贸易协定现象及其影响》,《现代国际关系》2004 年第 6 期。

17. 成新轩:《论东亚地区自由贸易区优惠原产地规则的经济效应》,《当代亚太》2012 年第 6 期。

18. 成新轩:《东亚区域产业价值链的重塑——基于中国产业战略地位的调整》,《当代亚太》2019 年第 3 期。

19. 成新轩:《中国自由贸易区高质量发展:国内国际双循环相互促进的"啮合点"》,《河北大学学报(哲学社会科学版)》2021 年第 5 期。

20. 成新轩、郭志尧:《中国自由贸易区优惠原产地规则修正性限制指数体系的构建——兼论中国自由贸易区优惠原产地规则的合理性》,《管理世界》2019 年第 6 期。

21. 成新轩、王英:《自由贸易区与多边贸易体制的冲突和协调——基于优惠原产地规则的经验分析》,《世界经济与政治》2009 年第 7 期。

22. 成新轩、武琼、于艳芳:《论优惠原产地规则对中国重叠式自由贸易区的经济影响》,《世界经济研究》2012年第5期。

23. 成新轩、杨博:《中国自由贸易区的空间效应与制造业国际竞争力的提升——基于空间计量模型的分析》,《国际贸易问题》2021年第10期。

24. 成新轩、于荣光:《东亚地区自由贸易区优惠原产地规则对区域专业化分工的影响研究》,《世界经济研究》2018年第8期。

25. 成新轩、张玉柯:《重叠式自由贸易区与多边贸易协议的关系》,《南开学报》2006年第5期。

26. 程大中:《中国服务业增长的特点、原因及影响——鲍莫尔—富克斯假说及其经验研究》,《中国社会科学》2004年第2期。

27. 程大中:《中国参与全球价值链分工的程度及演变趋势——基于跨国投入—产出分析》,《经济研究》2015年第9期。

28. 程凯、杨逢珉:《FDI、OFDI对出口产品质量的影响研究》,《经济经纬》2019年第3期。

29. 褚童:《巨型自由贸易协定框架下国际知识产权规则分析及中国应对方案》,《国际经贸探索》2019年第9期。

30. 崔庆波:《自由贸易区的产业结构效应研究》,云南大学2017年博士学位论文。

31. 戴翔、刘梦:《人才何以成为红利——源于价值链攀升的证据》,《中国工业经济》2018年第4期。

32. 戴翔、郑岚:《制度质量如何影响中国攀升全球价值链》,《国际贸易问题》2015年第12期。

33. 党杨、高维龙、李士梅:《产业集聚、人力资本积累及空间溢出效应》,《商业研究》2020年第6期。

34. 丁宋涛、刘厚俊:《垂直分工演变、价值链重构与"低端锁定"突破——基于全球价值链治理的视角》,《审计与经济研究》2013年第5期。

35. 东艳:《区域经济一体化新模式——"轮轴—辐条"双边主义的理论与实证分析》,《财经研究》2006 年第 9 期。

36. 东艳、冯维江、邱薇:《深度一体化:中国自由贸易区战略的新趋势》,《当代亚太》2009 年第 4 期。

37. 董洪梅:《中国双边自由贸易区建设及其成效研究》,东北师范大学 2019 年博士学位论文。

38. 杜运苏、彭冬冬:《制造业服务化与全球增加值贸易网络地位提升——基于 2000—2014 年世界投入产出表》,《财贸经济》2018 年第 2 期。

39. 段文奇、景光正:《贸易便利化、全球价值链嵌入与供应链效率——基于出口企业库存的视角》,《中国工业经济》2021 年第 2 期。

40. 冯帆、杨力:《FTA 原产地规则对贸易的限制效应——来自产品层面的实证研究》,《现代经济探讨》2019 年第 6 期。

41. 冯冕:《中外自由贸易区发展研究》,东北师范大学 2009 年硕士学位论文。

42. 干春晖、郑若谷、余典范:《中国产业结构变迁对经济增长和波动的影响》,《经济研究》2011 年第 5 期。

43. 高凌云、王洛林:《进口贸易与工业行业全要素生产率》,《经济学(季刊)》2010 年第 2 期。

44. 葛鹏飞、黄秀路、韩先锋:《创新驱动与"一带一路"绿色全要素生产率提升——基于新经济增长模型的异质性创新分析》,《经济科学》2018 年第 1 期。

45. 葛顺奇、罗伟:《跨国公司进入与中国制造业产业结构——基于全球价值链视角的研究》,《经济研究》2015 年第 11 期。

46. 郭杰、杨坚争:《原产地规则的经济效应研究》,《世界经济研究》2010 年第 4 期。

47. 郭俊:《区域贸易协定网络对国际 R&D 溢出的影响——基于 42 国面

板数据的分析》,《商业经济研究》2015 年第 17 期。

48. 郭志尧:《中国自由贸易区原产地规则对中国在全球价值链地位的影响研究》,河北大学 2021 年博士学位论文。

49. 郭志仪、郑钢:《境外直接投资与发展中国家产业结构升级研究》,《宏观经济研究》2007 年第 8 期。

50. 韩剑、冯帆、李妍:《FTA 知识产权保护与国际贸易:来自中国进出口贸易的证据》,《世界经济》2018 年第 9 期。

51. 韩剑、许亚云:《RCEP 及亚太区域贸易协定整合——基于协定文本的量化研究》,《中国工业经济》2021 年第 7 期。

52. 黄繁华、徐林萍:《构建面向全球的高标准自由贸易区网络》,《开发性金融研究》2015 年第 2 期。

53. 黄耀东、唐卉:《中国—东盟自由贸易区建设瓶颈及升级版建设路径研究》,《学术论坛》2016 年第 10 期。

54. 计飞:《中非自由贸易区建设:机遇、挑战与路径分析》,《上海对外经贸大学学报》2020 年第 4 期。

55. 金碚:《中国工业的转型升级》,《中国工业经济》2011 年第 7 期。

56. 金京、戴翔、张二震:《全球要素分工背景下的中国产业转型升级》,《中国工业经济》2013 年第 11 期。

57. 金钰莹、叶广宇、彭说龙:《中国制造业与服务业全球价值链地位 GVC 指数测算》,《统计与决策》2020 年第 18 期。

58. 金中夏、李良松:《TPP 原产地规则对中国的影响及对策——基于全球价值链角度》,《国际金融研究》2014 年第 12 期。

59. 鞠建东、余心玎:《全球价值链上的中国角色——基于中国行业上游度和海关数据的研究》,《南开经济研究》2014 年第 3 期。

60. 黎峰:《全球价值链下的出口产品结构与贸易收益——基于增加值视角》,《世界经济研究》2016 年第 3 期。

61. 李晨、许美佳、张国亮:《基于复杂网络的水产品贸易格局特征演变研究》,《中国石油大学学报(社会科学版)》2021 年第 1 期。

62. 李匆匆、蒋琴儿、顾光同等:《中国林业产业在全球价值链中的位置测度及分析》,《世界林业研究》2019 年第 2 期。

63. 李海莲、韦薇:《中国区域自由贸易协定中原产地规则的限制指数与贸易效应研究》,《国际经贸探索》2016 年第 8 期。

64. 李海莲、邢丽:《原产地规则视角下中国—韩国自由贸易协定建构的利益博弈》,《国际经贸探索》2018 年第 11 期。

65. 李丽、陈迅、邵兵家:《中印自由贸易区的构建对双方及世界经济影响计量研究》,《财贸经济》2008 年第 4 期。

66. 李敏:《自由贸易区战略的综合效应分析——基于多国的经验数据》,山东大学 2015 年博士学位论文。

67. 李瑞琴、王汀汀、胡翠:《FDI 与中国企业出口产品质量升级——基于上下游产业关联的微观检验》,《金融研究》2018 年第 6 期。

68. 李胜旗、毛其淋:《制造业上游垄断与企业出口国内附加值——来自中国的经验证据》,《中国工业经济》2017 年第 3 期。

69. 李贤珠:《中韩产业结构高度化的比较分析——以两国制造业为例》,《世界经济研究》2010 年第 10 期。

70. 李小平、卢现祥:《中国制造业的结构变动和生产率增长》,《世界经济》2007 年第 5 期。

71. 李小平、周记顺、王树柏:《中国制造业出口复杂度的提升和制造业增长》,《世界经济》2015 年第 2 期。

72. 李小平、朱钟棣:《中国工业行业的全要素生产率测算——基于分行业面板数据的研究》,《管理世界》2005 年第 4 期。

73. 李彧、彭湃:《中国与东盟双边合作发展步入新篇章》,《金融博览》2022 年第 4 期。

74. 李正、武友德、胡平平:《1995—2011 年中国制造业全球价值链动态演进过程分析——基于 TiVA 数据库的新兴市场国家比较》,《国际贸易问题》2019 年第 5 期。

75. 厉力:《原产地规则研究综述》,《国际商务研究》2012 年第 4 期。

76. 林理升、王晔倩:《运输成本、劳动力流动与制造业区域分布》,《经济研究》2006 年第 3 期。

77. 林毅夫:《优化产业结构要依据比较优势》,《经济研究参考》1999 年第 15 期。

78. 刘斌、王杰、魏倩:《对外直接投资与价值链参与:分工地位与升级模式》,《数量经济技术经济研究》2015 年第 12 期。

79. 刘斌、王乃嘉:《制造业投入服务化与企业出口的二元边际——基于中国微观企业数据的经验研究》,《中国工业经济》2016 年第 9 期。

80. 刘斌、甄洋、屠新泉:《逆全球化背景下中国 FTA 发展新趋势与战略选择》,《国际贸易》2018 年第 11 期。

81. 刘光溪:《论应对入世的五大关系——兼析认识 WTO 的若干误区》,《学术月刊》2003 年第 10 期。

82. 刘林青、黄起海、闫志山:《国家空间里的能力加值比赛——基于产业国际竞争力的结构观》,《中国工业经济》2013 年第 4 期。

83. 刘林青、谭畅:《国际贸易中出口结构对经济绩效的影响——基于国家空间的社会网络分析》,《国际贸易问题》2016 年第 6 期。

84. 刘培青:《我国国际分工地位衡量指标的重构与测算》,《统计与决策》2017 年第 12 期。

85. 刘啟仁、铁瑛:《企业雇佣结构、中间投入与出口产品质量变动之谜》,《管理世界》2020 年第 3 期。

86. 刘仕国、吴海英、马涛等:《利用全球价值链促进产业升级》,《国际经济评论》2015 年第 1 期。

87. 刘洋：《优惠性原产地规则如何影响投资流向——以中国—新加坡自贸区为例的分析》，《世界经济研究》2014 年第 9 期。

88. 刘宇：《RCEP 知识产权文本模式谈判进路及其选择》，《国际经贸探索》2018 年第 4 期。

89. 刘志彪、张杰：《从融入全球价值链到构建国家价值链：中国产业升级的战略思考》，《学术月刊》2009 年第 9 期。

90. 刘志彪、张少军：《中国地区差距及其纠偏：全球价值链和国内价值链的视角》，《学术月刊》2008 年第 5 期。

91. 刘重力、赵颖：《东亚区域在全球价值链分工中的依赖关系——基于 TiVA 数据的实证分析》，《南开经济研究》2014 年第 5 期。

92. 刘主光、黄丽娜：《中国—东盟自由贸易区贸易便利化对中国出口贸易的影响》，《东南亚纵横》2016 年第 3 期。

93. 刘遵义、陈锡康、杨翠红等：《非竞争型投入占用产出模型及其应用——中美贸易顺差透视》，《中国社会科学》2007 年第 5 期。

94. 卢晓菲、章韬：《全球价值链贸易对区域贸易协定发展的影响研究》，《世界经济研究》2020 年第 4 期。

95. 陆菁、傅诺：《全球数字贸易崛起：发展格局与影响因素分析》，《社会科学战线》2018 年第 11 期。

96. 罗长远、张军：《附加值贸易：基于中国的实证分析》，《经济研究》2014 年第 6 期。

97. 吕萍、于靓：《中国对外直接投资的区域"守门人"国家选择——基于社会网络视角》，《数学的实践与认识》2018 年第 23 期。

98. 吕铁：《制造业结构变化对生产率增长的影响研究》，《管理世界》2002 年第 2 期。

99. 吕延方、方若楠、王冬：《中国服务贸易融入数字全球价值链的测度构建及特征研究》，《数量经济技术经济研究》2020 年第 12 期。

100. 吕越、吕云龙:《全球价值链嵌入会改善制造业企业的生产效率吗——基于双重稳健—倾向得分加权估计》,《财贸经济》2016 年第 3 期。

101. 马述忠、任婉婉、吴国杰:《一国农产品贸易网络特征及其对全球价值链分工的影响——基于社会网络分析视角》,《管理世界》2016 年第 3 期。

102. 马远、张嘉敏:《丝绸之路经济带沿线国家煤炭贸易的社会网络分析》,《价格月刊》2017 年第 1 期。

103. 毛海欧、刘海云:《中国制造业全球生产网络位置如何影响国际分工地位？基于生产性服务业的中介效应》,《世界经济研究》2019 年第 3 期。

104. 孟慧:《面向全球的高标准自由贸易区网络建设研究》,《价格月刊》2014 年第 6 期。

105. 潘文卿、王丰国、李根强:《全球价值链背景下增加值贸易核算理论综述》,《统计研究》2015 年第 3 期。

106. 裴长洪、刘洪愧:《习近平新时代对外开放思想的经济学分析》,《经济研究》2018 年第 2 期。

107. 彭羽、沈玉良、田肖溪:《"一带一路"FTA 网络结构特征及影响因素:基于协定异质性视角》,《世界经济研究》2019 年第 7 期。

108. 钱水土、周永涛:《金融发展、技术进步与产业升级》,《统计研究》2011 年第 11 期。

109. 钱学锋、熊平:《中国出口增长的二元边际及其因素决定》,《经济研究》2010 年第 1 期。

110. 乔小勇、吴晓雪、李翔宇:《增加值贸易与反倾销网络的结构特征及关联效应——基于社会网络分析视角》,《商业研究》2019 年第 12 期。

111. 邱涛:《金砖国家制造业产业在全球价值链分工地位研究》,《现代经济探讨》2021 年第 4 期。

112. 曲如晓、李婧:《世界高技术产品贸易格局及中国的贸易地位分析》,《经济地理》2020 年第 3 期。

113. 邵朝对、李坤望、苏丹妮:《国内价值链与区域经济周期协同:来自中国的经验证据》,《经济研究》2018 年第 3 期。

114. 邵汉华、李莹、汪元盛:《贸易网络地位与出口技术复杂度——基于跨国面板数据的实证分析》,《贵州财经大学学报》2019 年第 3 期。

115. 沈铭辉:《亚太自贸区:贸易新议题的新探索》,《国际经济合作》2017 年第 7 期。

116. 盛斌:《中国工业贸易保护结构政治经济学的实证分析》,《经济学(季刊)》2002 年第 2 期。

117. 盛斌、陈帅:《全球价值链、企业异质性与企业的成本加成》,《产业经济研究》2017 年第 4 期。

118. 盛斌、高疆:《中国与全球经济治理:从规则接受者到规则参与者》,《南开学报(哲学社会科学版)》2018 年第 5 期。

119. 盛斌、毛其淋:《进口贸易自由化是否影响了中国制造业出口技术复杂度》,《世界经济》2017 年第 12 期。

120. 施炳展、邵文波:《中国企业出口产品质量测算及其决定因素——培育出口竞争新优势的微观视角》,《管理世界》2014 年第 9 期。

121. 司传宁:《中韩自由贸易区的空间效应分析》,《山东社会科学》2014 年第 1 期。

122. 宋凌云、王贤彬:《重点产业政策、资源重置与产业生产率》,《管理世界》2013 年第 12 期。

123. 苏杭、郑磊、牟逸飞:《要素禀赋与中国制造业产业升级——基于WIOD 和中国工业企业数据库的分析》,《管理世界》2017 年第 4 期。

124. 苏庆义、高凌云:《全球价值链分工位置及其演进规律》,《统计研究》2015 年第 12 期。

125. 孙爱军:《G20 国家间贸易网络特征研究》,《河海大学学报(哲学社会科学版)》2019 年第 1 期。

126. 孙浬阳:《贸易竞争结构特征、影响因素与发展取向》,《经济学家》2020 年第 6 期。

127. 孙强、谢宇:《社会网络分析视角下全球服务贸易发展失衡研究》,《河北经贸大学学报》2019 年第 2 期。

128. 唐东波:《贸易开放、垂直专业化分工与产业升级》,《世界经济》2013 年第 4 期。

129. 唐海燕、张会清:《中国在新型国际分工体系中的地位——基于价值链视角的分析》,《国际贸易问题》2009 年第 2 期。

130. 唐红李、刘嘉意:《“一带一路”贸易空间关联与我国关税政策优化——基于网络、空间和制度的实证分析》,《财经理论与实践》2018 年第 1 期。

131. 唐魏:《逆全球化背景下中国—新西兰自由贸易区深化合作路径探析》,《对外经贸实务》2020 年第 1 期。

132. 田刚、姜晴晴:《2005—2014 年国际原木贸易格局的社会网络分析》,《世界林业研究》2016 年第 4 期。

133. 田素华、王璇:《贸易联系与生产性补贴的出口促进效应——基于 HS—6 位码产品的中国微观数据实证分析》,《国际贸易问题》2021 年第 6 期。

134. 田巍、余淼杰:《企业出口强度与进口中间品贸易自由化:来自中国企业的实证研究》,《管理世界》2013 年第 1 期。

135. 田祖海、刘劲铭:《RCEP 下中国制造业的国际分工地位——基于价值链视角的分析》,《北京邮电大学学报(社会科学版)》2021 年第 5 期。

136. 童健、刘伟、薛景:《环境规制、要素投入结构与工业行业转型升级》,《经济研究》2016 年第 7 期。

137. 万方、杨友孝:《反倾销指向网络的结构及成因:来自社会网络分析的解释》,《财经研究》2013 年第 11 期。

138. 王方、胡求光:《“一带一路”沿线国家机电产品贸易网络结构分析》,

《亚太经济》2019 年第 5 期。

139. 汪建新、杨晨:《促进国内国际双循环有效联动的模式、机制与路径》,《经济学家》2021 年第 8 期。

140. 王高凤、郑玉:《中国制造业生产分割与全要素生产率——基于生产阶段数的分析》,《产业经济研究》2017 年第 4 期。

141. 王开、靳玉英:《全球 FTA 网络形成机制研究》,《财贸经济》2013 年第 9 期。

142. 王岚:《融入全球价值链对中国制造业国际分工地位的影响》,《统计研究》2014 年第 5 期。

143. 王黎萤、王雁、张迪等:《RCEP 知识产权议题:谈判障碍与应对策略——基于自贸协定知识产权规则变革视角的分析》,《国际经济合作》2019 年第 4 期。

144. 王璐、刘曙光、段佩利等:《丝绸之路经济带沿线国家农产品贸易网络结构特征》,《经济地理》2019 年第 9 期。

145. 王敏、朱泽燕:《中国与"一带一路"沿线国家经贸合作的社会网络分析》,《统计与决策》2019 年第 14 期。

146. 王鹏、尤济红:《产业结构调整中的要素配置效率——兼对"结构红利假说"的再检验》,《经济学动态》2015 年第 10 期。

147. 王蕊、袁波、宋云潇:《自由贸易区战略实施效果评估及展望》,《国际经济合作》2021 年第 1 期。

148. 王直、魏尚进、祝坤福:《总贸易核算法:官方贸易统计与全球价值链的度量》,《中国社会科学》2015 年第 9 期。

149. 王中美:《特惠贸易协定与多边贸易协定:一致或侵蚀》,《国际经贸探索》2013 年第 3 期。

150. 魏龙、王磊:《从嵌入全球价值链到主导区域价值链——"一带一路"战略的经济可行性分析》,《国际贸易问题》2016 年第 5 期。

151. 文洋、王维薇:《亚太地区深度一体化的评价与启示》,《亚太经济》2016 年第 1 期。

152. 文洋:《自由贸易协定深度一体化的发展趋势及成因分析》,《财经问题研究》2016 年第 11 期。

153. 吴小康、韩剑:《中国的自贸区战略只重量而不重质吗?——基于 RTA 文本数据的研究》,《世界经济与政治论坛》2019 年第 4 期。

154. 吴小康、于津平:《原产地规则与中韩自由贸易协定的贸易转移效应》,《国际贸易问题》2021 年第 10 期。

155. 肖宇、高凌云:《如何建设面向全球的自贸区网络》,《开放导报》2018 年第 2 期。

156. 辛超、张平、袁富华:《资本与劳动力配置结构效应——中国案例与国际比较》,《中国工业经济》2015 年第 2 期。

157. 辛娜、袁红林:《全球价值链嵌入与全球高端制造业网络地位:基于增加值贸易视角》,《改革》2019 年第 3 期。

158. 谢千里、罗斯基、张轶凡:《中国工业生产率的增长与收敛》,《经济学(季刊)》2008 年第 3 期。

159. 谢婷婷、潘宇:《金融集聚、产业结构升级与中国经济增长》,《经济经纬》2018 年第 4 期。

160. 徐邦栋、李荣林:《全球价值链参与对出口产品质量的影响》,《南方经济》2020 年第 12 期。

161. 许和连、王海成:《最低工资标准对企业出口产品质量的影响研究》,《世界经济》2016 年第 7 期。

162. 许培源、罗琴秀:《"一带一路"自由贸易区网络构建及其经济效应模拟》,《国际经贸探索》2020 年第 12 期。

163. 许祥云:《东亚 FTA 体系中的原产地规则与东亚生产体系》,《当代亚太》2010 年第 1 期。

164. 许亚云、岳文、韩剑：《高水平区域贸易协定对价值链贸易的影响——基于规则文本深度的研究》，《国际贸易问题》2020 年第 12 期。

165. 闫志俊、于津平：《产品技术复杂度与企业出口增长》，《国际贸易问题》2018 年第 2 期。

166. 杨杰、王挺惠、夏丽：《"金砖国家"制造业全球价值链分工地位测度与竞争力对比分析》，《燕山大学学报（哲学社会科学版）》2020 年第 6 期。

167. 杨凯、韩剑：《原产地规则与自由贸易协定异质性贸易效应》，《国际贸易问题》2021 年第 8 期。

168. 杨丽梅、翟婧帆：《中国与"一带一路"沿线国家贸易网络分析》，《商业经济研究》2019 年第 2 期。

169. 杨连星、刘晓光：《中国 OFDI 逆向技术溢出与出口技术复杂度提升》，《财贸经济》2016 年第 6 期。

170. 杨青龙、刘培：《2003～2012 年国际资源性商品贸易格局的社会网络分析——以煤炭、焦炭为例》，《国际经贸探索》2015 年第 4 期。

171. 杨汝岱：《中国制造业企业全要素生产率研究》，《经济研究》2015 年第 2 期。

172. 杨幸幸：《新一代 FTAs 中金融服务贸易规则研究》，对外经济贸易大学 2018 年博士学位论文。

173. 杨以文、周勤、毛春梅等：《中国制造业全球价值链位置的行业异质性及收敛性测度》，《科技进步与对策》2020 年第 12 期。

174. 杨荣珍、魏倩：《中国对"一带一路"沿线国家直接投资研究》，《价格理论与实践》2018 年第 4 期。

175. 姚洋、张晔：《中国出口品国内技术含量升级的动态研究——来自全国及江苏省、广东省的证据》，《中国社会科学》2008 年第 2 期。

176. 尹政平、杜国臣、李光辉：《多边贸易体制与区域贸易安排的关系与前景》，《国际贸易》2017 年第 7 期。

177. 于荣光、成新轩:《贸易协定深度对我国专业化分工水平的影响研究》,《亚太经济》2021 年第 2 期。

178. 于荣光:《优惠原产地规则对我国在东亚生产网络中产业地位的影响研究》,河北大学 2018 年博士学位论文。

179. 余淼杰、张睿:《中国制造业出口质量的准确衡量:挑战与解决方法》,《经济学(季刊)》2017 年第 2 期。

180. 余振、周冰惠:《FTA 对出口商品种类多样化的影响——基于中国自贸区协定的实证分析》,《贵州财经大学学报》2018 年第 6 期。

181. 詹森华:《"一带一路"沿线国家农产品贸易的竞争性与互补性——基于社会网络分析方法》,《农业经济问题》2018 年第 2 期。

182. 张彬、桑百川:《中国制造业参与国际分工对升级的影响与升级路径选择——基于出口垂直专业化视角的研究》,《产业经济研究》2015 年第 5 期。

183. 张辉:《全球价值链动力机制与产业发展策略》,《中国工业经济》2006 年第 1 期。

184. 张杰:《金融抑制、融资约束与出口产品质量》,《金融研究》2015 年第 6 期。

185. 张杰、陈志远、刘元春:《中国出口国内附加值的测算与变化机制》,《经济研究》2013 年第 10 期。

186. 张军、陈诗一、Gary H.Jefferson:《结构改革与中国工业增长》,《经济研究》2009 年第 7 期。

187. 张军、金煜:《中国的金融深化和生产率关系的再检测:1987—2001》,《经济研究》2005 年第 11 期。

188. 张莲燕、朱再清:《"一带一路"沿线国家农产品贸易整体网络结构及其影响因素》,《中国农业大学学报》2019 年第 12 期。

189. 张茉楠:《RCEP 迈向亚太区域经济一体化》,《金融与经济》2019 年第 11 期。

190. 张鹏杨、唐宜红：《FDI 如何提高我国出口企业国内附加值？——基于全球价值链升级的视角》，《数量经济技术经济研究》2018 年第 7 期。

191. 张晴、于津平：《中间品贸易自由化提升企业产能利用率吗？——来自中国制造业企业的微观证据》，《财经论丛》2020 年第 11 期。

192. 张晓君：《"一带一路"战略下自由贸易区网络构建的挑战与对策》，《法学杂志》2016 年第 1 期。

193. 张中宁：《中美两国自由贸易区战略比较研究》，对外经济贸易大学 2018 年博士学位论文。

194. 张中元：《区域贸易协定的水平深度对参与全球价值链的影响》，《国际贸易问题》2019 年第 8 期。

195. 赵春雨、朱承亮、安树伟：《生产率增长、要素重置与中国经济增长——基于分行业的经验研究》，《中国工业经济》2011 年第 8 期。

196. 赵金龙、顾玉龙：《日本自由贸易区战略的"出口效应"分析》，《国际经贸探索》2017 年第 2 期。

197. 赵凌云、夏雪娟：《中美农业全球价值链嵌入位置与演进路径的对比研究——基于全球价值链生产长度的比较》，《世界农业》2021 年第 1 期。

198. 赵冉冉、闫东升：《全球价值链嵌入对中国工业升级影响的异质性研究——基于中国工业面板数据的实证研究》，《现代经济探讨》2021 年第 3 期。

199. 赵伟、古广东、何元庆：《外向 FDI 与中国技术进步：机理分析与尝试性实证》，《管理世界》2006 年第 7 期。

200. 赵燕梅、祝滨滨、吴云霞：《全球价值链中贸易增加值的测度与比较——以中国、俄罗斯、印度三国贸易为例》，《金融发展研究》2021 年第 1 期。

201. 赵云鹏、叶娇：《对外直接投资对中国产业结构影响研究》，《数量经济技术经济研究》2018 年第 3 期。

202. 郑航、王海燕：《FTA 战略选择下优惠原产地规则的影响因素研究——以中澳 FTA 原产地规则为例的经验考察》，《国际经贸探索》2015 年第

5 期。

203. 郑玉:《中国产业国际分工地位演化及国际比较》,《数量经济技术经济研究》2020 年第 3 期。

204. 周灏:《中国在世界反倾销中角色地位变化的社会网络分析》,《国际贸易问题》2015 年第 1 期。

205. 周茂、陆毅、杜艳等:《开发区设立与地区制造业升级》,《中国工业经济》2018 年第 3 期。

206. 周念利、陈寰琦:《基于〈美墨加协定〉分析数字贸易规则"美式模板"的深化及扩展》,《国际贸易问题》2019 年第 9 期。

207. 周念利、王千:《美式数字贸易规则对亚洲经济体参与 RTAs 的渗透水平研究》,《亚太经济》2019 年第 4 期。

208. 周玉渊:《从东盟自由贸易区到东盟经济共同体:东盟经济一体化再认识》,《当代亚太》2015 年第 3 期。

209. 祝树金、李江、张谦等:《环境信息公开、成本冲击与企业产品质量调整》,《中国工业经济》2022 年第 3 期。

210. 朱廷珺、林薛栋:《非对称一体化如何影响区内技术差距?——基于新经济地理学视角》,《国际经贸探索》2014 年第 8 期。

211. Acemoglu D., Robinson J.A., Lane J.E., "Why Nations Fail.The Origins of Power, Prosperity and Poverty", *International Journal of Social Economics*, Vol.41, No.7, 2014.

212. Akamatsu K., "A Historical Pattern of Economic Growth in Developing Countries", *The Developing Economics*, Vol.1, No.1, 1962.

213. Albagli E., Hellwig C., Tsyvinski A., "Information Aggregation, Investment, and Managerial Incentives", *NBER Working Paper*, No.17330, 2011.

214. Alvstam C.G., Kettunen E., Strom P., "The Service Sector in the Free Trade Agreement between the EU and Singapore:Closing the Gap between Policy

and Business Realities", *Asia Europe Journal*, Vol.15, No.1, 2017.

215. Anderson J.G., Wincoop E.V., "Gravity with Gravitas: A Solution to the Border Puzzle", *American Economic Review*, Vol.93, No.1, 2003.

216. Antràs P., "Conceptual Aspects of Global Value Chains", *World Bank Economic Review*, Vol.34, No.3, 2020.

217. Antràs P., Chor D., Fally T., et al., "Measuring the Upstreamness of Production and Trade Flows", *American Economic Review*, Vol.102, No.3, 2012.

218. Antràs P., Helpman E., "Contractual Frictions and Global Sourcing", *NBER Working Papers*, No.12747, 2006.

219. Armel K., "Understanding the African Continental Free Trade Area: Beyond 'Single Market' to 'Africa's Rejuvenation' Analysis", *Education, Society and Human Studies*, Vol.1, No.2, 2020.

220. Augier P., Gasiorek M., Lai-Tong C., "The Impact of Rules of Origin on Trade Flows: Rules of Origin and the EU-Med Partnership: the Case of Textiles", *Economic Policy*, Vol.20, No.43, 2005.

221. Baldwin R.E., "The Causes of Regionalism", *World Economy*, Vol.20, No.7, 1997.

222. Baldwin R.E., "21st Century Regionalism: Filling the Gap between 21st Century Trade and 20th Century Trade Rules", *World Trade Organization Staff Working Papers*, 2011.

223. Baldwin R.E., Jaimovich D., "Are Free Trade Agreements contagious?", *Journal of International Economics*, Vol.88, No.1, 2012.

224. Baldwin R.E., Lopez-Gonzalez J., "Supply-Chain Trade: A Portrait of Global Patterns and Several Testable Hypotheses", *NBER Working Paper*, No.18957, 2013.

225. Baier S.L., Bergstrand J.H., "Economic Determinants of Free Trade

Agreements", *Journal of International Economics*, Vol.64, No.1, 2004.

226. Banga K., "Digital Technologies and Product Upgrading in Global Value Chains: Empirical Evidence from Indian Manufacturing Firms", *The European Journal of Development Research*, Vol.34, No.1, 2021.

227. Banga R., "Has South Asia Benefited from the Growth of Asian Emerging Economies?", *Global Journal of Emerging Market Economies*, Vol.6, No.3, 2014.

228. Baumol W., "Productivity Growth, Convergence, and Welfare: What the Long-Run Data Show", *The American Economic Review*, Vol.76, No.5, 1986.

229. Beranrd A., Redding S., Schott P., "Multiproduct Firms and Trade Liberalization", *The Quarterly Journal of Economics*, Vol.126, No.3, 2011.

230. Besedes T., Prusa T.J., "The Role of Extensive and Intensive Margins and Export Growth", *NBER Working Paper*, No.13628, 2007.

231. Bhagwati J., "Regionalism versus Multilateralism", *The World Economy*, Vol.15, No.5, 1992.

232. Bordignon M., Cerniglia F., Revelli F., "In Search of Yardstick Competition: A Spatial Analysis of ItalianMunicipality Property Tax Setting", *Journal of Urban Economics*, Vol.54, No.2, 2003.

233. Brandt L., Van Biesebroeck J., Zhang Y., "Creative Accounting or Creative Destruction? Firm-level Productivity Growth in Chinese Manufacturing", *Journal of Development Economics*, Vol.97, No.2, 2012.

234. Bustos P., "Trade Liberalization, Exports, and Technology Upgrading: Evidence on the Impact of MERCOSUR on Argentinian Firms", *American Economic Review*, Vol.101, No.1, 2011

235. Cadot O., "Product-Specific Rules of Origin in EU and US Preferential Trading Arrangements: an Assessment", *World Trade Review*, Vol.5, No.2, 2006.

236. Cadot O., Ing L.Y., "How Restrictive Are ASEAN's Rules of Origin?",

Asian Economic Papers, Vol.15, No.3, 2016.

237. Chaney T., "Distorted Gravity: The Intensive and Extensive Margins of International Trade", *The American Economic Review*, Vol.98, No.4, 2008.

238. Chen J.H., Wan Z., Zhang F.W., et al., "Evaluation and Comparison of the Development Performances of Typical Free Trade Port Zones in China", *Transportation Research Part A: Policy and Practice*, Vol.118, 2018.

239. Chenery H., "Interactions Between Industrialization and Exports", *American Economic Review*, Vol.70, No.2, 1980.

240. Cheong J., Kwak D. W., Tang K. K., "Can Trade Agreements Curtail Trade Creation and Prevent Trade Diversion?", *Review of International Economics*, Vol.23, No.2, 2015.

241. Choi N., "Global Value Chains and East Asian Trade in Value-Added", *Asian Economic Papers*, Vol.14, No.3, 2015.

242. Clark C., *The Conditions of Economic Progress*, New York: Macmillan Company, 1940.

243. Coe D. T., Helpman E., "International R&D Spillovers", *European Economic Review*, Vol.39, No.5, 1995.

244. Corden W.M., *The Theory of Protection*, Oxford University Press, 1972.

245. Del Prete D., Giovannetti G., Marvasi E., "Global Value Chains Participation and Productivity Gains for North African Firms", *Review of World Economics*, Vol.153, No.4, 2017.

246. Dür A., Baccini L., Elsig M., "The Design of International Trade Agreements: Introducing a New Dataset", *The Review of International Organizations*, Vol.9, No.3, 2014.

247. Duttagupta R., Spilimbergo A., "What Happened to Asian Exports During the Crisis?", *IMF Staff Papers*, Vol.50, No.1, 2000.

248. Duttagupta R., Panagariya A., *Free Trade Areas and Rules of Origin*: *Economics and Politics*, Washington, D.C., 2003.

249. Eaton J., Kortum S., "Technology, Geography, and Trade", *Econometrica*, Vol.70, No.5, 2002.

250. Eaton J., Kortum S., Kramarz F., "An Anatomy of International Trade: Evidence from French Firms", *Econometrica*, No.79, 2011.

251. Efogo F.O., "Does Trade in Services Improve African Participation in Global Value Chains?", *African Development Review*, Vol.32, No.4, 2020.

252. Egger P., Larch M., "Interdependent Preferential Trade Agreement Memberships: An Empirical Analysis", *Journal of International Economics*, Vol.76, No.2, 2008.

253. Estevadeordal A., "Negotiating Preferential Access: The Case of the North American Free Trade Agreement", *Journal of World Trade*, No.34, 2000.

254. Estevadeordal A., Suominen K., "Rules of Origin in the World Trading System", *The Seminar on Regional Trade Agreements & The WTO*, 2003.

255. Estevadeordal A., Taylor A M., "Is the Washington Consensus Dead? Growth, Openness, and the Great Llberalization, 1970S – 2000S", *The Review of Economics and Statistics*, Vol.95, No.5, 2013.

256. Ethier W.J., "The New Regionalism", *The Economic Journal*, Vol.108, No.449, 1998.

257. Fagerberg J., "Technological Progress, Structural Change and Productivity Growth: a Comparative Study", *Structural Change and Economic Dynamics*, Vol.11, No.4, 2000.

258. Fan H., Li Y.A., Yeaple S.R., "Trade Liberalization, Quality, and Export Prices", *Review of Economics and Statistic*, Vol.97, No.5, 2015.

259. Feenstra R. C., Romalis J., "International Prices and Endogenous

Quality", *The Quarterly Journal of Economics*, Vol.129, No.2, 2014.

260. Felbermayr G., Teti F., Yalcin E., "Rules of Origin and the Profitability of Trade Deflection", *Journal of International Economics*, Vol.121, 2019.

261. Fernandez R., Portes J., "Returns to Regionalism", *World Bank Economic Review*, Vol.12, No.2, 1998.

262. Foletti L., Fugazza M., Nicita A., et al., "Smoke in the (Tariff) Water", *The World Economy*, Vol.34, No.2, 2011.

263. Galbis V., "Financial Intermediation and Economic Growth in Less-Developed Countries: A Theoretical Approach", *Journal of Development Studies*, Vol.13, No.2, 1977.

264. Gereffi G., "A Commodity Chain Framework for Analyzing Global Industries", *IDS Working Paper*, August 12, 1999.

265. Gereffi G., Humphrey J., Sturgeon T., "The Governance of Global Value Chain", *Review of International Political Economy*, Vol.12, No.1, 2005.

266. Gereffi G., Korzeniewicz M., *Commodity Chains and Global Capitalism*, Westport, CT: Praeger, 1994.

267. Goetz-Charlier A., "Resolving Art-Related Disputes Outside the Courtroom: A Reflective Analysis of the Procedural Aspects of ADR", *The International Journal of Arbitration, Mediation and Dispute Management*, Vol.84, No.4, 2018.

268. Han D.G., Yeo T.D., Yoon Y.M., et al., "On the Impacts of Regional Trading Arrangements on FDI: The Cast of the China-Japan-Korea FTA", *Yeungsang Journal*, 2004.

269. Hausmann R., Hidalgo C.A., "Country Diversification, Product Ubiquity, and Economic Divergence", *HKS Faculty Research Working Paper Series*, No.RWP10-045, 2010.

270. Hausmann R., Hwang J., Rodrik D., "What You Export Matters", *Journal of Economic Growth*, Vol.12, No.1, 2007.

271. Hausmann R., Pritchett L., Rodrik D., "Growth Accelerations", *Journal of Economic Growth*, Vol.10, No.4, 2005.

272. Hausmann R., Rodrik D., "Economic Development as Self-Discovery", *Journal of Development Economics*, Vol.72, No.2, 2003.

273. Head K., Ries J., "Heterogeneity and the FDI Versus Export Decision of Japanese Manufacturers", *Journal of the Japanese & International Economies*, Vol.17, No.4, 2003.

274. Helpman E., Melitz M., Rubinstein Y., "Estimating Trade Flows: Trading Partners and Trading Volumes", *The Quarterly Journal of Economics*, Vol.123, No.2, 2008.

275. Henderson J., *Danger and Opportunity in the Asia-Pacific*, Thompson G(eds), Economic Dynamism in the Asia-Pacific, London: Rout Ledge, 1998.

276. Hiratsuka D., "Escaping from FTA Trap and Spaghetti Bowl Problem in East Asia", *Deepening Economic Integration-The ASEAN Economic Community and Beyond-*, *ERIA Research Project Report*, 2007-1-2, Chiba: IDE-JETRO.

277. Hofmann C., Osnago A., Ruta M., "Horizontal Depth A New Database on the Content of Preferential Trade Agreements", *Policy Research Working Paper*, No.7981, 2017.

278. Horn H., Mavroidis P.C., Sapir A., "Beyond the WTO? An Anatomy of EU and US Preferential Trade Agreements", *The World Economy*, Vol.33, No.11, 2010.

279. Hufbauer G.C., Schott J.J., Dunnigan R., et al., *Nafta. An Assessment*, Washington, D.C., Institute for Intemational Economics, 1993.

280. Hummels D., Ishii J., Yi K.M., "The Nature and Growth of Vertical

Specialization in World Trade", *Journal of International Economics*, Vol. 54, No.1, 2001.

281. Humphrey J., Schmitz H., "How Does Insertion in Global Value Chains Affect Upgrading in Industrial Clusters?", *Regional Studies*, Vol.36, No.9, 2002.

282. Humphrey J., Schmitz H., "Governance and Upgrading Linking Industrial Cluster and Global Value Chain", *IDS Working Paper*, 1 January, Brighton: 2000.

283. Hunt D., "Implications of the Free Trade Agreements between the EU and the Maghrib Economies for Employment in the Latter, Given Current Trends in North African exports: Cline's Fallacy of Composition Revisited", *The Journal of North African Studies*, Vol.10, No.2, 2005.

284. Johnson R. C., Noguera G., "Accounting for Intermediates: Production Sharing and Trade in Value Added", *Journal of International Economics*, Vol.86, No.2, 2012a.

285. Johnson R.C., Noguera G., "Proximity and Production Fragmentation", *The American Economic Review*, Vol.102, No.3, 2012b.

286. Johnson P.B., "Free Trade in Books: A Study of the London Book Trade since 1800", *The Journal of Modern History*, Vol.37, No.2, 1965.

287. Kancs D., "Trade Growth in a Heterogeneous Firm Model: Evidence from South Eastern Europe", *World Economy*, Vol.30, No.7, 2007.

288. Kaplinsky R., "Globalisation and Unequalisation: What Can Be Learned from Value Chain Analysis?", *The Journal of Development Studies*, Vol. 37, No.2, 2000.

289. Kaplinsky R., "The Globalization of Product Markets and Immiserizing Growth: Lessons From the South African Furniture Industry", *World Development*, Vol.30, No.7, 2002.

290. Kaplinsky R., Morris M., *A Handbook For Value Chain Research*, IDRC

Ottawa, 2001.

291. Kaplinsky R., Morris M., "Governance Matters in Value Chains", *Developing Alternatives*, Vol.9, No.1, 2003.

292. Kaplinsky R., Tijaja J., Coomes O. T., "China as a Final Market: The Gabon Timber and Thai Cassava Value Chains", *World Development*, Vol. 39, No.7, 2011.

293. Kawai M., Wignaraja G., "The Asian "Noodle Bowl": Is It Serious for Business?", *ADBI Working Paper Series*, No.136, 2009.

294. Kee H.L., Tang H.W., "Domestic Value Added in Exports: Theory and Firm Evidence from China", *Policy Research Working Paper*, No.7491, 2013.

295. Khandelwal A. K., Schott P. K., Wei S. J., "Trade Liberalization and Embedded Institutional Reform: Evidence from Chinese Exporters", *American Economic Review*, Vol.103, No.6, 2013.

296. Kogut B., "Designing Global Strategies: Comparative and Competitive Value-Added Chains", *Sloan Management Review*, Vol.26, No.4, 1985.

297. Koopman R., Powers W., Wang Z., "Give Credit Where Credit Is Due: Tracing Value Added in Global Production Chains", *NBER Working Papers*, No.16426, 2010.

298. Koopman R., Wang Z., Wei S. J., "How Much of Chinese Exports is Really Made In China? Assessing Domestic Value-Added When Processing Trade is Pervasive", *NBER Working Paper*, No.14109, 2008.

299. Koopman R., Wang Z., Wei S. J., "Estimating Domestic Content in Exports When Processing Trade is Pervasive", *Journal of Development Economics*, Vol.99, No.1, 2012.

300. Koopman R., Wang Z., Wei S. J., "Tracing Value-Added and Double Counting in Gross Exports", *American Economic Review*, Vol.104, No.2, 2014.

301. Krishna P., Poole J. P., Senses M. Z., "Trade Liberalization, Firm Heterogneity, and Wages: New Evidence from Matched Employer-Employee Data", *Policy Research Working Paper*, No.5711, 2011.

302. Krueger A.O., "Virtuous and Vicious Circles in Economic Development", *The American Economic Review*, Vol.83, No.2, 1993.

303. Krueger A.O., "Free Trade Agreements versus Customs Unions", *NBER Working Paper*, No.5084, 1995.

304. Krugman P. R., "Scale Economies, Product Differentiation, and the Pattern of Trade", *American Economic Review*, Vol.70, No.5, 1980.

305. Krugman P. R., "Does the New Trade Theory Require a New Trade Policy?", *World Economy*, Vol.15, No.4, 1992.

306. Krugman P.R., Venables A.J., "Integration and the Competitiveness of Peripheral Industry", *Anthony Venables*, Vol.5, No.2(10), 1990.

307. Krugman P. R., Venables A. J., "Globalization and the Inequality of Nations", *The Quarterly Journal of Economics*, Vol.110, No.4, 1995.

308. Kuznets S., "Economic Progress", *The Manchester School*, Vol. 12, No.1, 1941.

309. Lawrence R. Z., *Regionalism, Multilateralism, and Deeper Integration*, Washington, D.C.: The Brookings Institution, 1996.

310. Laget E., Osnago A., Rocha N., et al., "Deep Trade Agreements and Global Value Chains", *World Bank Group Policy Research Working Paper*, No.8491, 2018.

311. Latrille P., Lee J., "Services Rules in Regional Trade Agreements-How Diverse and How Creative as Compared to the GATS Multilateral Rules?", *WTO Staff Working Papers*, No.19, 2012.

312. Lichoti J.K., Davies J., Kitala P. M., et al., "Social Network Analysis

Provides Insights into African Swine Fever Epidemiology", *Preventive Veterinary Medicine*, Vol.126, 2016.

313. Linden G., Kraemer K.L., Dedrick J., "Who Captures Value in a Global Innovation Network?", *Communications of the ACM*, Vol.52, No.3, 2009.

314. Lydgate E., Winters L.A., "Deep and Not Comprehensive? What the WTO Rules Permit for a UK – EU FTA", *World Trade Review*, Vol.18, No.3, 2019.

315. María Guadalupe González-Ramírez, Santoyo H., Coronado J.A., et al., "The Insertion of Mexico into the Global Value Chain of Berries", *World Development Perspectives*, No.20, 2020.

316. Mauler L., Duffner F., Leker J., "Economies of Scale in Battery Cell Manufacturing: The Impact of Material and Process Innovations", *Applied Energy*, Vol.286, 2021.

317. Meade J.E., *The Theory of Customs Unions*, Amsterdam: North Holland Publishing Company, 1955.

318. Medalla E.M., "Taking Stock of the ROOs in the ASEAN + 1 FTAs: Toward Deepening East Asian Integration", *ERIA Research Project Report*, No.2010-26, 2010.

319. Medalla E.M., Supperamaniam M., "Suggested Rules of Origin Regime for EAFTA", *Discussion Papers*, No.DP 2008-22, 2008.

320. Medvedev D., "Beyond Trade: The Impact of Preferential Trade Agreements on FDI Inflows", *World Development*, Vol.40, No.1, 2011.

321. Melitz M.J., "The Impact of Trade on Intra-Industry Reallocation and Aggregate Industrial Productivity", *Econometrica*, Vol.71, No.6, 2003.

322. Mubamba C., Ramsay G., Abolnik C., et al., "Combining Value Chain and Social Network Analysis as A viable Tool for Informing Targeted Disease

Surveillance in the Rural Poultry Sector of Zambia", *Transboundary and Emerging Diseases*, Vol.65, No.6, 2018.

323. Obeng-Odoom F., *Urban Political Economy*, Edward Elgar Publishing, 2020.

324. Poon S.C., "Beyond the Global Production Networks: A Case of Further Upgrading of Taiwan's Information Technology Industry", *International Journal of Technology and Globalisation*, Vol.1, No.1, 2004.

325. Porter M., *The Competitive Advantage: Creating and Sustaining Superior Performance*, NY: Free Press, 1985.

326. Porter M., "Competitive Advantage of Nations", *Competitive Intelligence Review*, Vol.1, No.1, 1990.

327. Portugal-Perez A., Wilson J. S., *Publication: Why Trade Facilitation Matters to Africa*, Cambridge University Press, 2009.

328. Powell W., "Neither Market Nor Hierarchy: Network Forms of Organization", *Research in Organizational Behavior*, Vol.12, 1990.

329. Prakas Pal D., Dietzenbacher E., Basu D., "Economic Integration: Systemic Measures in an Input-Output Framework", *Economic Systems Research*, Vol.19, No.4, 2007.

330. Rajan R., Zingales L., "Financial Dependence and Growth", *American Economic Review*, Vol.88, No.3, 1998.

331. Richardson M., "Tariff Revenue Competition in a Free Trade Area", *European Economic Review*, Vol.39, No.7, 1995.

332. Roberson P., *The Economics of International Integration*, Routledge, 1980.

333. Rodrik D., "What's So Special about China's Exports?", *NBER Working Paper*, No.11947, 2006.

334. Rodrik D., Subramanian A., Trebbi F., "Institutions Rule: The Primacy of Institutions over Geography and Integration in Economic Development", *NBER Working Paper*, No.9305, 2002.

335. Schaefer M., "Ensuring that Regional Trade Agreements Complement the WTO System: US Unilateralism a Supplement to WTO Initiatives?", *Journal of International Economic Law*, Vol.10, No.3, 2007.

336. Schiff M., Winters L.A., "Regional Integration as Diplomacy", *The World Bank Economic Review*, Vol.12, No.2, 1998.

337. Sepp J., Varblane U., "The Decomposition of Productivity Gap between Estonia and Korea", *Ordnungspolitische Diskurse*, No.3, 2014.

338. Sharon Ahcar, Oriana Galofre, Roberto González, "Regional Integration Processes in Latín America: a Political Approachs", *Revista de Economía del Caribe*, Vol.11, 2013.

339. Shibata H., "Pareto-Optimality and Gains-from-Trade: A Further Elucidation", *Economica*, Vol.41, No.161, 1974.

340. Shingal A., *Going Beyond the 0/1 Dummy: Estimating the Effect of Heterogeneous Provisions in Services Agreements on Services Trade*, Edward Elgar Publishing, 2016.

341. Simo R.Y., "Trade in Services in the African Continental Free Trade Area: Prospects, Challenges and WTO Compatibility", *Journal of International Economic Law*, Vol.23, No.1, 2020.

342. Sims C.A., "Macroeconomics and Reality", *Econometrica*, Vol.48, No.1, 1980.

343. Snyder D., Kick E.L., "Structural Position in the World System and Economic Growth, 1955 – 1970: A Multiple-Network Analysis of Transnational Interactions", *American Journal of Sociology*, No.84, 1979.

344. Srisangnam P., Sabhasri C., Horachaikul S., et al., "Development of BIMSTEC Free Trade Area for Thailand in Indo-Pacific", *Journal of Asian Economic Integration*, Vol.2, No.2, 2020.

345. Sturgeon T. J., "How Do We Define Value Chains and Production Networks?", *IDS Bulletin*, Vol.32, No.3, 2001.

346. Sujaritpong O., Yoo-Kong S., Bhadola P., "Analysis and Dynamics of the International Coffee Trade Network", *Journal of Physics: Conference Series*, Vol.1719, No.1, 2021.

347. Suominen K., Estevadeordal A., "Rules of Origin in Preferential Trading Arrangements: Is All Well with the Spaghetti Bowl in the Americas?", *Economía*, Vol.5, No.2, 2005.

348. Thoenig M., Verdier T., "A Theory of Defensive Skill-Biased Innovation and Globalization", *The American Economic Review*, Vol.93, No.3, 2003.

349. Timmer M.P., Szirmai A., "Productivity Growth in Asian Manufacturing: the Structural Bonus Hypothesis Examined", *Structural Change and Economic Dynamics*, Vol.11, No.4, 2000.

350. Torsekar M.P., "China's Changing Medical Device Exports", *Journal of International Commerce and Economics*, January, 2018.

351. United Nations Industrial Development Organization, "Industrial Development Report 2002/2003: Competing Through Innovation and Learning", *Industrial Development Report*, 2002.

352. Upward R., Wang Z., Zheng J.H., "Weighing China's Export Basket: The Domestic Content and Technology Intensity of Chinese Exports", *Journal of Comparative Economics*, Vol.41, No.2, 2013.

353. Urata S., Kawai H., "The Determinants of the Location of Foreign Direct Investment by Japanese Small and Medium-Sized Enterprises", *Small Business*

Economics, Vol.15, 2000.

354. Valdes R., Tavengwa R., "Intellectual Property Provisions in Regional Trade Agreements", *WTO Staff Working Paper*, No.21, 2012.

355. Viner J., *The Customs Union Issue*, Oxford University Press, 1950.

356. Wally S., Ferrier W. J., Osmond C. P., et al., "Political Coalition Formation and Firm Configurations: The Case of U.S. And EFTA Multinationals in the European Community", *Proceedings of the International Association for Business and Society*, Vol.5, 1994.

357. Wonnacott R. J., "Trade and Investment in a Hub-and-Spoke System Versus a Free Trade Area", *World Economy*, Vol.19, No.3, 1996.

358. Yamawaki H., "International Competitiveness and the Choice of Entry Mode: Japanese Multinationals in the US and European Manufacturing Industries", *Working Paper Series*, No.424, 1993.

359. Zhang Q.W., Batinge B., "A Social Network Analysis of the Structure and Evolution of Intra-African Trade", *African Development Review*, Vol.33, No.1, 2021.

360. Zhou Y., Chen S., Chen M., "Global Value Chain, Regional Trade Networks and Sino-EU FTA", *Structural Change and Economic Dynamics*, No.50, 2019.

后　记

　　2008 年国际金融危机之后,世界经济发展的不确定性、不稳定性逐渐增强。逆全球化成为一股强劲的力量影响着世界经济的发展,发展中国家为了获取开放所带来的利益,更多选择区域经济一体化的发展战略。截止到 2022年 12 月底,向世界贸易组织通知的自由贸易协定达到了 355 个,每个成员都至少签订了一个自由贸易协定,出现了大量轮轴—轮辐式、重叠交叉式的自由贸易协定。这不仅是自由贸易区组织模式的变化,也使自由贸易区经济效应和福利效应研究面临新的课题。我从 1999 年在南开大学攻读博士时就开始关注区域经济一体化问题,此后研究对象从欧盟一体化到东亚区域经济一体化,再扩展到亚太区域经济合作;研究的主题从一体化进程中的宏观经济政策协调,到区域经济一体化发展模式的变化,又进一步深化到区域价值链等方面。无论从研究对象的变化还是研究主题的深化,都体现了世界经济发展中区域经济一体化理论与实践演绎的内在理论和实践的逻辑。本书是在 2007年主持国家社会科学基金青年项目结项成果《重叠式自由贸易区理论与实证研究》、2014 年主持国家社会科学基金重点项目结项成果《东亚地区自贸区原产地规则对我国在区域内产业地位的影响研究》基础上完成的又一拙作,从理论上进行了一定的创新和突破,研究越来越逐渐回归基础理论和经济一体化发展史本源的问题。希望经济学的研究不仅是理论、现实和历史的有机融合,更是追求或超越18世纪时期经济学缜密思辨的哲理本真。

　　本书是我主持国家社会科学基金一般项目的结项成果,也是主持国家社会科学重大项目的阶段性成果,一些博士生郭志尧、刘炳茹、杨博、宋长钰、于荣光、范龙飞、薛振翔都参与了此项目,并围绕此书的篇章、观点等方面作出了贡献,博士生范满江、雷晔雯、王璐琪及硕士生亢尹承、张馨月、栗传昊等在文字校对等方面作出了努力。此书能够顺利出版,人民出版社经济与管理编辑部主任郑海燕编审及相关编辑付出了辛勤的努力,她们认真、敬业的工作态度让我非常感动,在此一并表示感谢。

　　书中难免有些许疏漏和错误,敬请学术界前辈和同仁给予批评和指正!

成新轩

河北大学新校区

2023年11月29日

策划编辑：郑海燕
责任编辑：李甜甜　张　蕾
封面设计：石笑梦
版式设计：胡欣欣

图书在版编目（CIP）数据

中国自由贸易区网络一体化水平与我国产业国际地位提升研究／
　成新轩 著. —北京：人民出版社，2023.12
ISBN 978 - 7 - 01 - 026191 - 1

I. ①中… 　Ⅱ. ①成… 　Ⅲ. ①自由贸易区-产业发展-研究-中国 　Ⅳ. ①F269.2

中国国家版本馆 CIP 数据核字（2023）第 242562 号

中国自由贸易区网络一体化水平与我国产业国际地位提升研究
ZHONGGUO ZIYOU MAOYIQU WANGLUO YITIHUA SHUIPING YU
WOGUO CHANYE GUOJI DIWEI TISHENG YANJIU

成新轩　著

人 民 出 版 社 出版发行
（100706　北京市东城区隆福寺街 99 号）

中煤（北京）印务有限公司印刷　新华书店经销

2023 年 12 月第 1 版　2023 年 12 月北京第 1 次印刷
开本：710 毫米×1000 毫米 1/16　印张：25.25
字数：345 千字

ISBN 978 - 7 - 01 - 026191 - 1　定价：130.00 元

邮购地址 100706　北京市东城区隆福寺街 99 号
人民东方图书销售中心　电话 （010）65250042　65289539